KB181769

세계화 시대의 역행?
자유주의에서 사회협약의 정치로

아일랜드 사회협약 모델의 수립과 진화

세계화 시대의 역행? 자유주의에서 사회협약의 정치로
아일랜드 사회협약 모델의 수립과 진화

1판1쇄 | 2014년 9월 15일

지은이 | 권형기

펴낸이 | 박상훈
주간 | 정민용
편집장 | 안중철
책임편집 | 최미정
편집 | 윤상훈, 이진실, 장윤미(영업 담당)
업무지원 | 김재선

펴낸 곳 | 후마니타스(주)
등록 | 2002년 2월 19일 제300-2003-108호
주소 | 서울 마포구 독막로 23(합정동) 1층 (121-883)
전화 | 편집_02.739.9929 제작·영업_02.722.9960 팩스_0505.333.9960
홈페이지 | www.humanitasbook.co.kr

인쇄 | 천일_031.955.8083 제본 | 일진_031.908.1407

값 25,000원

ⓒ 권형기, 2014
ISBN 978-89-6437-215-9 94300
       978-89-90106-64-3 (세트)

이 도서의 국립중앙도서관 출판시도서목록(CIP)은 e-CIP 홈페이지(http://www.nl.go.kr/ecip)에서
이용하실 수 있습니다.(CIP제어번호: CIP2014026556)

● 이 저서는 2013년도 정부재원(교육부 인문사회 연구역량강화사업비)으로 한국연구재단의 지원을 받아 수행된
  연구다(NRF-2013S1A3A2054523).

세계화 시대의 역행?
자유주의에서 사회협약의 정치로

아일랜드 사회협약 모델의 수립과 진화

권형기 지음

후마니타스

| **차례** |

| 약어표 |

약어	원어	우리말
ASTI	Association of Secondary Teachers Ireland	아일랜드중등교사협회
BATU	Building and Allied Trades' Union	건설·연합노조
CII	Confederation of Irish Industry	아일랜드산업연맹
CIU	Congress of Irish Unions	아일랜드노조회의
CORI	Conference of Religious of Ireland	아일랜드전국가톨릭기구
EEC	European Economic Community	유럽경제공동체
EI	Enterprise Ireland	엔터프라이즈아일랜드
EMU	European Monetary Union	유럽통화동맹
ESRI	Economic and Social Research Institute	사회경제연구원
FIE	Federation of Irish Employers	아일랜드고용주연합
FII	Federation of Irish Industries	아일랜드산업연합
FUE	Federated Union of Employers	고용주총연합
FWUI	Federated Workers Union of Ireland	아일랜드연합노조
IBEC	Irish Business and Employers' Confederation	아일랜드기업고용주총연맹
ICTU	Irish Congress of Trade Unions	아일랜드노동총동맹
IDA	Industrial Development Authority	산업발전청
IDATU	Irish Distributive and Administrative Union	아일랜드유통·행정노조
IMPACT	Irish Municipal Public and Civil Trade Union	아일랜드시공무원노조
INOU	Irish National Organization of the Unemployed	전국실업자단체
INTO	Irish National Teachers' Organisation	아일랜드전국교사조직
INUVGATA	Irish National Union of Vintners, Grocers and Allied Trades Assistants	전국포도주상·식료품상상업사용인연합
ISME	Irish Small and Medium Enterprises Association	아일랜드중소기업협회
ITGWU	Irish Transport and General Workers' Union	아일랜드수송·일반노조
ITUC	Irish Trade Unions Congress	아일랜드노조협의회
LGPSU	Local Government and Public Services Union	지방정부공공서비스노조
LRC	Labour Relations Commission	노사분쟁조정위원회
MANDATE	retail, bar and administrative workers' union	소매업·서비스업·행정직노조
NCPP	National Centre for Partnership and Performance	파트너십 성과 센터
NDC	National Development Corporation	국가개발공사
NESC	National Economic and Social Council	국가사회경제위원회
NIEC	National Industrial and Economic Council	국가산업경제위원회
NSD	National Software Directorate	국가소프트웨어이사회
PSBB	Public Service Benchmarking Body	공공서비스벤치마킹기구
SIPTU	Services, Industrial, Professional and Technical Union	서비스업·산업·전문직·기술직노조
TSCG	Treaty on Stability, Coordination and Governance	안정·조정·거버넌스협약
TUI	Teachers' Union of Ireland	아일랜드교원노조
UPTCUS	Union of Professional and Technical Civil Servants	전문기술공무원노조

일러두기

1. 외래어 고유명사의 우리말 표기는 국립국어원의 외래어 표기법을 따랐다. 그러나 관행적으로
   굳어진 표기는 그대로 사용했으며, 처음 나온 곳이나 필요한 경우 원어를 병기했다.
2. 책이나 신문 등은 겹낫표(『 』), 논문은 큰따옴표(" "), 법률명은 가랑이표(〈 〉)를 사용했다.
3. 인용문에서 사용하고 있는 [ ]는 독자의 이해를 돕기 위한 필자의 첨언이다.

2004년쯤인지 아니면 2005년쯤인지 모르겠다. 내가 영국 옆에 붙어 있는 조그만 섬나라 아일랜드에 관심을 가지기 시작한 때가. 그러나 분명 기억하는 것은 처음에 내가 왜 아일랜드에 관심을 가지게 되었는가 하는 것이다. 그것은 다분히 이론적 차원의 궁금증 때문이었다. 당시 세계화를 배경으로 신자유주의 수렴론이 지배하던 지적 분위기에서, 그리고 제도주의에 기초한 '다양한 자본주의' 논의가 다소 힘겨운 저항을 하고 있던 상황에서, 나는 우연히 책에서 접한 아일랜드 사례를 보면서 대단히 큰 충격과 의문에 빠졌었다. 아일랜드는 당시 신자유주의의 대표 격인 영국의 대처리즘과는 완연히 다른, 더구나 신자유주의자들이 '이미 죽었다'고 취급하는 '코포라티즘적 사회협약'을 통해서 엄청난 성공을 거두었기 때문이다. 더구나 나의 박사 학위 논문("Fairness and Division of Labour in Market Society: A Comparison of the U.S. and German Automotive Industries," 2002)에서 이미 비판했듯이, 당시 신자유주의의 논리에 유일하게 대항하던 제도주의의 논리에도 불만을 가지고 있던 나로서는 아일랜드 사례가 그야말로 의문의 대상이었다. 왜냐하면 아일랜드가 신자유주의로 수렴하지 않고 영국과는 다른 사회협약 모델을 발전시킨 것은 제도주의가 주장하듯이 국내 제도적 조건들로 인해 '경로 의존적' 적응을 한 것이 아니었기 때문이다. 1990년대 많은 코포라티즘 문헌들과 심지어 2001년 피터 홀과 데이비드 소스키스의 자본주의 다양성 학파가 보여 주듯이, 아일랜드는 영국과 같이 전통적으로 자유주의적 다원주의 체제로서 코포라티즘적 사회 조정이 이루어지기 어려운 국가로 분류되어 왔다. 그런데 어떻게 제도적 조건이 부재한 나라에서 코포라티즘적 사회 조정이 성공할 수 있었을까?

사실 이런 의문은 단순히 이론적 차원의 것만은 아니었다. 1985년 대학에 입학한 이후 내가 겪은 한국의 역사적 사건들을 통해서 나에게는 떠나지 않는 의문이 있었다. 1987년 민주화와 1997년 외환 위기를 거치면서 나에게는 '단순 시장'이나 '형식적 민주주의'를 넘어서, '경제적으로 효율적이면서 동시에 보다 심화된 민주 사회에는 어떤 형태들이 존재할 수 있고, 그것은 어떻게 가능할 것인가?' 하는 문제가 항상 중심에 있었다. 그래서 서유럽 선진 국가들이 가진 자본주의와 민주주의의 다양한 결합 방식들이 나에게는 항상 중요한 관심의 대상이었고, 우리나라는 어디로 어떻게 가야 하는지에 대한 판단의 준거와 전망을 가지고 싶었다. 좋은 모델이라도 그대로 모방할 수도 없고 해서도 안 된다고 하더라도, 유효한 여러 유형들을 참고하는 것은 우리에게 판단의 기준과 창조적 조합을 위한 레퍼토리를 준다는 점에서 중요하다. 사실 아일랜드 발전 모델은 하나도 버릴 것이 없는 완벽한 모델이 결코 아니다. 많은 약점을 가지고 있다. 그럼에도 불구하고 아일랜드 모델이 우리에게 여전히 훌륭한 시사점을 주는 것은 부인할 수 없다.

2005년 정도에 시작한 나의 아일랜드 연구는 그동안 논문의 형태로 여러 각도의 문제의식에서 출판되었다. 참고문헌에 있는 권형기(2009a; 2009b), Kwon(2012b; 2012c; 2013) 등이 그것이다. 이 책은 이 논문들의 논리에 많은 부분 기대고 있음을 부인할 수 없다. 그러나 그대로 옮겨 왔다기보다는 유사한 논리에 기초하되 논의를 더 확대하고 발전시키기 위해 노력했다. 또 이미 출간된 논문들에서 다루지 않았던 문제들에 대해서도 분석을 추가했다.

그런데 더 중요한 것은 그간 아일랜드에 대한 나의 연구가 논문들을 하나씩 발표하는 과정에서 점점 더 새로운 문제의식으로 변화해 갔다는 것이다. 처음에는 '1987년을 전후로 제도적 조건들이 부재한 상태에서 아일랜드가 어떻게 코포라티즘적 사회 조정 체제를 수립했는가'에 관심이 있었다. 그러나 그 이후인 2008년 여름 아일랜드를 방문해 정부 관계자, 기업인, 노동 관계자들과 심층 면담을 하는 와중에 나는 아일랜드 모델이 심각한 문제에 봉착했음을 알게 되었다. 그리고 2008년 10월 세계 금융 위기로 아일랜드는 심각한 국가 부도의 위기에 빠지게 되었다. 아일랜드는 유사하게 국가 부채 위기에 직면했던 그리스, 포르투갈, 스페인 등 다른 유럽 국가들 중 가장 먼저 성공적으로 위기에서 벗어났지만 위기 이후 많은 사람들은 아일랜드에 대해서 관심을 잃었다. 그러나 나는 '아일랜드가 왜 위기에 빠졌는지 그리고 어떻게 이를 극복하는지'에 관해 새롭게 관심을 가지기 시작했다.

많은 사람들은 당시 아일랜드 위기를 1997년 한국의 외환 위기 때와 같이 2008년 세계 금융 위기라는 외부에서 촉발된 위기 때문이라든지, 아니면 외국자본에 의존한 종속적 발전이 가져온 구조적 허약성의 필연적 결과로 보는 경향이 있었다. 그러나 이런 인식들은 이 책에서 자세히 살펴보겠지만 사실이 아니었다. 최근에 아일랜드가 위기에 빠진 것이 구조적 허약성 때문이라면 그전 1990년대와 2000년대 전반부에 아일랜드가 보여 준 세계가 주목할 정도의 고도성장은 어떻게 이루어진 것인가? 그것은 단지 허상인가? 만약 그렇지 않다면 그것이 가능했던 논리는 무엇인가? 왜 2000년대 전반까지 훌륭하게 작동하던 것이 그 이후에는 문제가 발생하게 되었는가? 이 책에서 분석한 바에 따르면, 아일랜드 사회협약 모델 혹은 발전 모델은 2008년 세계 금융 위기가 오기 전인 2000년대 초에 이미 변질되고 있었다. 아일랜드 사회협약 체제는 형식적으로는 1987년 처음 수립된 이래 2008년까지 안정적으로 재생산되고 있었지만, 실제 내용에 있어서는 크게 변화해 오고 있었던 것이다.

이것은 나에게 '겉으로는 안정적이지만 실제로는 진화하고 변화해 가는 제도를 어떻게 설명할 것인가' 하는 문제를 던져 주었다. 2000년대 중후반 비교정치경제 이론 지형이 에이브너 그라이프와 데이비드 레이틴의 논문(Greif and Laitin 2004)에서처럼 기존의 제도주의나 신자유주의의 정태적 설명에 대한 (자기)비판에서 촉발되어 제도의 '내생적 진화'에 관심을 가질 때, 나는 다시 아일랜드의 사회협약 체제가 안정적인 제도화의 시기에 실질적으로는 변화해 왔다는 사실에 주목하기 시작했던 것이다. 기존 대부분의 비교정치 이론들은, 짧은 '위기 국면'에서 정치에 의해 특정 제도나 체제가 수립되면 장기간의 안정적인 시기에는 제도의 구속력에 의해 동일한 행위 패턴이 반복된다고 보았다. 이런 '단절적 균형이론'에서는 새로운 외부 충격에 의한 짧은 '중대 국면'이 아니면 장기간의 균형 상태에서는 제도와 행위 패턴이 변화 없이 동일하게 반복된다고 본다. 그러나 이 이론 틀은 안정적인 '정상 국면'에서 진행되는 '내생적 진화'의 과정을 포착하기 어려운 한계를 지니고 있었고 나는 새로운 이론적 대안이 필요하다고 생각했다. 이 책은 이런 문제의식들하에서 진화해 온 나의 아일랜드 연구의 한 매듭을 짓고자 하는 시도다.

• • •

이 책이 장기간 진행되어 온 만큼 많은 분들에게 진 빚도 크다. 이 지면을 빌어 그분들에게 감사의 뜻을 표하고 싶다. 먼저 학문의 세계로 나를 인도하고 유학 이후 곧장 교단에 안정적으로 설 수 있도록 진심 어린 보살핌을 아끼지 않으신 서울대학교 정치학과 은사님들, 특히 황수익 선생님과 최명 선생님께 턱없이 부족하지만 이렇게나마 감사의 마음을 전하고 싶다. 그리고 항상 나의 새로운 문제의식에 관심을 기울여 주시고 '통찰력 있는 코멘트'를 해주신 나의 시카고 대학 스승인 개리 헤리겔 교수에게도 감사의 마음을 전하고 싶다. 이 책이 나오기까지 출간되어 온 논문들에 대해 정성 어린 비판과 조언을 해준 오리건 대학의 제럴드 버크 교수를 비롯한 많은 익명의 심사자들에게도 감사를 드린다.

또 나의 아일랜드 연구를 책으로 엮을 수 있도록 행정적·재정적 지원을 제공해 주신 분들께도 감사의 뜻을 전한다. 먼저 "네 책을 누가 보겠냐"며 걱정하면서도 이 책이 나올 수 있도록 물심양면으로 도와준 서울대학교 한국정치연구소와 당시 소장이자 나의 동료 교수인 백창재 교수에게 이 자리를 빌려 심심한 감사를 드린다. 또 이 책은 2013년 정부(교육부)의 재원으로 한국연구재단의 지원을 받아 수행된 연구다. 한국연구재단에도 감사의 마음을 전하고 싶다. 그리고 본 연구의 출판을 선뜻 받아 준 박상훈 후마니타스 대표에게도 감사를 드린다.

그리고 이 책이 진행되는 동안 인터뷰 녹취록 작성에서부터 자료 찾기와 도표 만들기, 교정 등 자질구레한 일을 마다하지 않고 도와준 나의 연구 조교들 김경미, 손희정, 이현, 그리고 지금은 미국에서 유학 중인 김동규, 김미선에게 진심으로 고마운 마음을 전한다.

끝으로 장기간 연구하느라 제대로 놀아 주지 못했던 나의 아들 권우혁과 항상 조용히 나를 지켜봐 준 아내 최정희에게 미안함과 감사의 마음을 전한다. 그리고 항상 강직하나 누구보다 따뜻한 마음으로 동생을 보살 펴 온 나의 형님 권오성과 마음의 후원을 아끼지 않는 나의 모든 가족들에 게 감사를 전한다. 무엇보다 대학 시절 데모로 속 썩일 때나 유학으로 멀 리 떠나 있을 때나 한시라도 자식 걱정에 마음을 놓지 않으면서도 아들이 하는 일이라면 무엇이든 믿고 지켜봐 주시던 나의 부모님, 그저 그 이름을 조용히 부르기만 해도 가슴이 먹먹해지는 나의 아버님과 어머님에게 이 책을 바친다.

2014년 9월
관악 연구실에서

제1장

문제 제기

이 책은 세계화 시대에 가장 독보적인 성공을 거둔 아일랜드의 '켈틱 타이거'Celtic Tiger라는 경제성장은 어떻게 가능했는지, 특히 기존의 지배적인 이론적 예상과 달리 아일랜드는 어떻게 사회협약을 통해서 성공을 거두었는지, 더구나 사회협약을 위한 제도적 조건이 미비한 상태에서 그런 성공이 어떻게 가능했는지를 살펴보고자 한다.

아일랜드가 세계의 많은 정책 입안자들뿐만 아니라 정치경제학자들의 주목을 받기 시작한 것은, 먼저 소위 말하는 '켈틱 타이거'라는 별칭이 보여 주듯이 아일랜드가 1990년대에 세계화의 도전에도 불구하고 가장 성공적인 경제 도약의 모습을 보여 주었기 때문이다. 1980년대 후반까지 아일랜드는 서유럽에서 가장 발전이 뒤처진 국가들 중 하나였다. 그러나 1990년대 세계화의 도전으로 인해 선진 자본주의국가들이 고전을 면치 못할 때 아일랜드는 유럽의 최빈국에서 '유럽의 광채'shining light라고 불릴 만큼 유럽에서 가장 부유한 국가로 도약했다. 1인당 국민소득에서 식민 지배국이었던 영국을 훨씬 앞서 가기 시작했던 것이다.

아일랜드가 사람들의 주목을 받은 또 다른 이유는 아일랜드의 성공이 사회협약social pacts; social partnership에 기초해 있다는 것이다. 1990년대 접어들면서 자본·상품·인력의 자유로운 이동으로 대표되는 세계화의 경향이 가속화됨에 따라 기존의 지배적 발전 모델들인 독일의 코포라티즘적 조직 자본주의, 일본의 발전주의 국가 모델, 그리고 북구의 케인스주의적 복지국가 등은 심각한 문제를 노출시키고 있었다. 이와 반대로 1980년대까지 상대적으로 열세에 있던 미국과 영국의 경제가 1990년대 들어와 다시금 활성화되는 것을 배경으로 자유시장에 기초한 신자유주의 모델이 모두가 받아들여야 할 모델로 각광을 받기 시작했다. 많은 신자유주의자들은 1990년대와 2000년대 유럽의 병폐가 경직된 노동시장, 국가와 사회 내 비시장적 조정에서 오는 비효율성으로 인한 것이라고 지적하면서, 세계화에 성공적으로 적응하기 위해서는 자본과 시장의 요구에 신속하고 유연하게 적응할 수 있는 자유시장 체제로 바뀌어야 한다고 주장했다. 이처럼 세계화의 압력으로 인해 각국이 점차 자유시장 모델로 수렴해 간다고 보는 것은 비단 신자유주의자들만의 시각은 아니다. 마르크스주의적 경향의 좌파들도 세계화로 인해 각국 경제가 노동의 약화와 신자유주의로의 이행을 경험하고 있다고 주장할 뿐만 아니라(Harvey 2005), 심지어 자본주의 다양성을 강조하는 제도주의 학자들도 세계화로 인해 국가들 간의 차이는 존재하지만 모두가 신자유주의적 방향으로 이동했다는 것은 인정하는 추세다(Hall and Soskice 2003, 243-249; Hall and Gingerich 2004, 33-36; Hancké et al. 2007, 8-9).

그런데 세계화 시대에는 코포라티즘과 발전주의 국가 등 조정 자본주의 모델은 더 이상 작동하지 않는다는 것이 지배적 담론이 된 1990년대에 아일랜드는 코포라티즘적 사회협약을 통해 엄청난 경제적 성공을 거두었다. 아일랜드는 1987년에 처음으로 사회협약을 체결한 이래 거의 3년을 주기로 최근까지 모두 여덟 차례에 걸쳐 사회협약을 맺어 왔다. 아일랜드 정부, 자본 그리고 노동을 비롯한 사회 세력이 거시 경제정책과 사회정책을 함께 협의하고 조정하는 '사회 파트너십'social partnership 혹은 코포라티즘적 '사회 협치'social concertation를 발전시켜 왔던 것이다. 사회협약에 바탕을 둔 아일랜드의 급격한 성공은 특히 자본 일방적 혹은 노동 배제적 앵글로색슨 자유시장 모델의 전형이라고 할 수 있는 영국과 대별되는 발전 방식에 기초해 있었다(Taylor 2005).

2008년 위기 이후에도 아일랜드는 기존의 정부, 자본, 그리고 노동의 삼자 체계에 기초한 사회협약은 해체했지만 '크로크파크 합의'Croke Park Agreement에서 보이듯 새로운 조정 메커니즘을 통해서 안정적으로 위기를 극복했다. 2008년 말 미국발 금융 위기와 더불어 부동산 버블의 붕괴로 인해서 아일랜드는 그리스, 포르투갈, 스페인 등과 함께 국가 채무 위기에 빠져 유럽연합EU와 국제통화기금IMF의 구제금융에 기댈 수밖에 없는 상황에 직면했다. 그러나 아일랜드는 일곱 차례에 걸친 연속적인 긴축재정 정책을 통해서 2013년 12월부로 채무 위기 국가들 중에서 가장 먼저 국제 구제금융 체제에서 벗어나는 데 성공했다. 여기서 주목할 사실은 긴축재정이 야기하는 갈등적 상황을 해결하는 과정에서 아일랜드는 다른 국가들에 비해서 사회 통합적 방식을 통해 상대적으로 안정적인 재정 건전화를 추진했다는 것이다. 채무 위기에 빠졌던 다른 국가들은 국제 구제금융에 따른 긴축재정의 강화로 많은 사회적 불만과 저항에 직면했다. 특히 그리스의 경우는 엄청난 소요 사태로 많은 사상자를 냈으며 국민적 저항에 직면했다. 그러나 아일랜드는 이와 대조적으로 크로크파크 합의가 보여 주듯이 사회적 합의와 조정을 통해서 안정적이고 성공적으로 공공 부문의 임금 삭감과 효율성 개선을 추진할 수 있었다.

한편 아일랜드 사회협약 모델이 주목을 끄는 또 다른 이유는 아일랜드는 북유럽의 코포라티즘적 국가들과 달리 '자유시장 모델'인 영국과 유사하게 코포라티즘적 사회 조정을 위한 제도적 조건들이 거의 부재한 상태였으며, 그래서 사회협약이 "거의 이루어질 것 같지 않은 곳"unlikely places 이었다는 점 때문이다(Avdagic et al. 2011, 6). 이것은 세계화 시대의 지배적 담론인 신자유주의에 대한 가장 유효한 대안적 이론으로 제시된 신제도주의의 담론에 긴장을 불러일으키는 지점이다. '세계화 시대에 각국은 자유시장에 기초한 신자유주의 모델로 전환할 것이다'라는 신자유주의 수렴론에 대항해 경험적·이론적으로 대안을 제시하는 중심 담론은 신제도주의였다. 신제도주의의 입장은, 세계화 시대에도 각국의 발전 방식은 신자유주의적으로 수렴하기보다는 각국의 제도적 조건으로 인해 상이한 발전 모델을 지속할 것이라는 것이다. 특히 신제도주의의 대표적 주창자인 홀과 소스키스는 '자본주의 다양성'Varieties of Capitalism, VoC 논의를 통해 각국은 자체의 제도가 주는 이점을 살리려고 하기 때문에 기존의 발전 모델을 더욱 강화하는 방향으로 발전할 것이라고 주장한다(Hall and Soskice 2001). 즉 조정시장경제Coordinated Market Economies, CMEs는 시장적 자본주의로 수렴하기보다는 조정 자본주의 모델을 강화할 것이고, 자유시장경제 Liberal Market Economies, LMEs 국가들은 자유시장 기제를 더욱 강화하는 방향으로 변해 갈 것이라는 것이다. 그러나 아일랜드 사회협약 모델은 영국과 다른 방식으로 발전했다는 점에서는 '수렴론'을 비판하는 '다양성' 이론을 지지하지만 그렇다고 신제도주의의 입장이 옳음을 보여 주는 것도 아니다. 정반대로 오히려 아일랜드 사회협약은 코포라티즘적 제도가 미비한 상태에서 이루어졌다는 점에서 신제도주의의 문제점을 지적하는 경험적 사례라고 할 수 있다. 아일랜드는 신제도주의자들이 인정하듯이 전통적으로 영국과 미국 같이 자유시장경제 체제로 분류되던 국가였다. 1980년대까지 많은 코포라티즘 연구자들은 아일랜드를 비코포라티즘적 다원주의 국가로 분류했다. 노동과 자본의 포괄적·독점적 이익대표 체계라기보다는 다양한 조직들 간의 경쟁 체제, 정상 조직peak associations의 위계적 권위 부재, 코포라티즘 국가들에 전형적인 강력한 사회민주당의 부재 등으로 특징지어지는 아일랜드는 코포라티즘적 조정 국가라기보다는 영미식의 자유주의적 다원주의 체제로 분류되었다. 사실 아일랜드는 영국의 식민지 경험으로 인해 영국식 자유주의와 다원주의에 기초한 제도적 전통을 가지고 있었다. 그래서 1960년대까지는 유럽 대륙 국가들과 같은 단체교섭을 시도조차 하지 못했고, 1970년대에는 경제 위기 극복을 위해 여러 차례 임금 조정과 코포라티즘적 삼자 협상을 시도하지만 영국처럼 역시 실패했다. 제도주의자들이 주장하듯이 영국과 같은 다원주의적 이익집단 체계 때문에 조정이 어려웠던 것이다. 그러나 1980년대 후반 아일랜드는 신제도주의자들의 예상과 달리, 영국처럼 비시장적 조정을 포기하고 자유시장을 강화하는 방향으로 가기보다는 이와는 반대로 사회협약을 통한 조정을 시도했고, 나아가 제도적 조건이 부족한 상태에서도 성공적으로 사회협약 모델을 발전시켰다.

제도적 조건이 부재함에도 불구하고 아일랜드는 어떻게 코포라티즘적 사회 조정 체제를 수립할 수 있었는가? 또, 설사 수립했다 하더라도 세계화 시대에 어떻게 사회협약 모델의 유효성을 지속시킬 수 있었는가? 아일랜드는 세계화 시대에 어떻게 서유럽의 최빈국에서 가장 부유한 나라로 발전할 수 있었는가? 많은 사람들은 아일랜드가 외국의 직접투자를 적극적으로 유치함으로써 발전했다고 한다. 실제로 아일랜드는 1970년대와 1980년대에도 외국인직접투자FDI 유치를 통해 산업화를 이루어 왔다. 그러나 1980년대 동안 10%가 훨씬 넘는 실업률과 높은 해외 이민율이 지속되었다는 점에서 알 수 있듯이 아일랜드는 1980년대 후반까지도 경제적 후진성을 면치 못했다. 따라서 단순히 외자 도입만으로는 1990년대와 2000년대의 '켈틱 타이거'라 불리는 경제적 성공을 설명하기 어렵다. 반면 1987년의 사회협약을 계기로 아일랜드는 반전에 성공했다. 즉 사회협약과 적극적인 발전주의 국가 전략이 이런 반전의 주역이라고 할 수 있다. 그렇다면 사회협약은 어떻게 아일랜드의 경제발전에 기여하게 되었는가? 무엇보다도 제도적 여건이 미비한 상태에서 아일랜드는 어떻게 코포라티즘적 사회 조정 모델을 발전시킬 수 있었는가? 그것도 세계화의 도전 속에서 전통적으로 코포라티즘적 제도가 굳건한 스웨덴을 비롯한 많은 국가들이 사회적 조정에 실패하는 시기에 제도적 조건이 부재한 가운데 어떻게 아일랜드는 사회 조정 모델을 성공적으로 도입했고 20년 넘게 안정적으로 제도화할 수 있었던 것인가?

제도적 조건이 미비함에도 경로 혁신적 전환으로 사회 조정 모델을 수립해 20년 넘게 안정적인 제도로 정착시킬 수 있었던 아일랜드 사회협약 모델을 이해하기 위해서, 이 책은 기존의 지배적 이론들이라고 할 수 있는 신자유주의뿐만 아니라 신제도주의에 대한 비판을 통해 새로운 대안적 이론을 모색하고자 한다.

이 책은 신자유주의의 주장과 달리 세계화 시대에도 경제적 효율성이 다양할 수 있다는 점을 그리고 신제도주의의 주장과 달리 경제적 효율성이 제도적 조건에 의해 일방적으로 규정되는 것이 아니라 주요 행위자들에 의해 능동적으로 구성된다는 점을 강조하고자 한다. 그래서 본 연구는 대안적 이론으로 '행위자들에 의한 적극적 구성의 정치'에 주목하는 관점을 제시하고자 한다. 본 연구는 신제도주의와 달리 제도가 행위자의 선택을 일방적으로 규정한다고 보지 않는다. 반대로 본 연구는 최근의 '담론제도주의'discursive institutionalism 혹은 '프래그머티즘적 구성주의'pragmatic constructivism의 합리적 핵심을 비판적으로 받아들임으로써 제도적 조건이 부족함에도 불구하고 새로운 체제가 수립되는 '경로 혁신적 전환'뿐만 아니라 수립된 제도의 의미가 실천 과정에서 지속적으로 진화하는 역동적인 과정에 초점을 둔다. 다시 말하면 본 연구는 제도에 의한 행위자의 일방적인 규정보다는 행위자들에 의한 제도의 적극적인 해석과 구성, 즉 행위자들이 구체적인 상호작용과 실천 속에서 적극적으로 제도를 해석하고 아이디어와 해석의 변경을 통해 제도의 의미와 자신의 선호를 재구성한다는 점에 주목함으로써 아일랜드 사회협약 모델의 수립과 변화, 그리고 최근의 붕괴와 새로운 조정 제도의 수립이라는 동태적인 변화를 설명하고자 한다.

아일랜드가 위계적 정상 조직, 포괄적·독점적 이익대표 체계, 강력한 사회민주당 등 전통적인 코포라티즘을 위한 제도적 조건이 미비함에도 불구하고, 코포라티즘적 사회협약Corporatist social pacts 모델을 수립하는 데 성공한 이유는 무엇보다 주요 행위자들 간에 사회적 합의social consensus 혹은 문제 진단과 바람직한 해결책에 대한 '공유된 인식'shared understanding을 가질 수 있었기 때문이다. 이런 사회적 합의는 포괄적·위계적 이익대표 체계와 같은 공식적 제도들을 대신해 수직적·수평적 조정을 가능하게 하는 '기능적 대체물'functional equivalents로 작용했던 것이다. 1980년대 후반 아일랜드의 주요 정치경제 행위자들은 위기에 대한 진단뿐만 아니라 사회협약 모델이 가지는 실현 가능성과 바람직함에 대한 사회적 합의를 이루는 데 성공했다. 아일랜드에서 이런 사회적 합의는 1960년대 이래 겪어온 사회 발전과 협상의 경험 과정에서 주요 행위자들이 자신들의 전략과 제도들에 대한 반성적 해석을 통해서 선호와 아이디어가 변화했기 때문에 가능했다. 반대로 코포라티즘 제도들을 가장 잘 갖추었다고 평가받던 스웨덴이나 덴마크 등이 1980년대와 1990년대 전반 사회협약 혹은 코포라티즘적 사회 조정에 실패한 이유는 주요 행위자들 간에 위기 진단과 해결책 그리고 사회협약 모델의 가치에 대한 사회적 합의가 붕괴했기 때문이었다.

또한 이 책에서 강조하고자 하는 것은 '사회적 합의'의 내용은 결코 동일하게 지속·반복되는 것이 아니라는 것이다. 아일랜드 사례에서 보듯이 1987년 이래 수립된 사회협약 모델은 그것의 의미가 지속적으로 변화해 왔다. 처음에는 위기관리 체제로 시작해 성장 모델로 발전했으며, 2000년대 이후에는 사회정의 실현의 방법 그리고 경제적 붐의 관리라는 차원에서 고려되었다. 그리고 주요 행위자들은 사회협약의 지속적인 유지를 위해서라도 기존의 정당화 논리와 다른 새로운 합리화의 원리를 필요로 했다. 예를 들면, 1990년대는 임금 안정 및 경쟁력 강화와 일자리 창출 간에 사회적 교환이 강조된 반면, 2000년대 이후에는 점점 더 부의 공정한 배분이라는 사회적 정의가 강조되었다. 이런 '정상 시기' 동안 사회협약의 의미가 거쳐 온 동태적인 변화를 이해하지 못하고서는 왜 1980년대 후반과 2008년 이후 아일랜드가 직면한 두 유사한 위기가 상이한 결과 — 1987년 사회협약의 수립과 2009년 사회협약의 해체 — 로 귀결되었는지를 이해하기 어렵다.

본 연구는 제도의 동태적인 내생적 진화endogenous changes를 강조하는 새로운 이론을 모색하고자 한다. 본 연구가 제도의 내생적 진화에 주목하는 이유는 먼저 전쟁·공황·세계화 같은 외생적 충격만으로는 제도의 변화를 설명하기 어렵기 때문이다. 예를 들면, 유사한 세계화의 변화에도 불구하고 아일랜드는 영국의 신자유주의 모델과는 다른 사회협약 모델을 발전시켰다. 국내 제도적 상이성을 강조하는 기존의 제도주의 입장에서는 내생적 변화를 설명하는 데 한계가 있다. 아일랜드에서 사회협약이 수립된 이후 2009년 붕괴되기까지 약 20년간의 사회협약의 안정적 제도화

시기는 결코 동일한 제도의 반복을 의미하는 것이 아니다. 다시 말해 제도적 안정성 혹은 지속성은 결코 제도의 정태 상태institutional stasis를 의미하는 것이 아니라는 것이다. 기존의 신제도주의나 합리적 선택 제도주의에서 설명하는 '단절적 균형이론'punctuated equilibrium theorem에서는 '중대 국면'critical juncture에서 일단 발전 경로와 패턴이 정해지면 이후 정상 시기에는 그저 동일한 제도와 선호, 그리고 행위의 패턴이 반복되고 지속되는 것으로 가정한다. 이런 이유로 인해 변화를 설명하기 위해서는 오직 전쟁, 세계 공황, 혹은 세계화 같은 외적 충격 요인에 의존할 수밖에 없다. 그러나 정상 시기에서도 제도의 의미는 지속적으로 변화하는데, 이런 내생적 진화를 이해할 때에만 위기 시기에 제도가 변화하는 방향을 이해할 수 있다.

따라서 본 연구는 이론적 대안으로 먼저 제도의 의미와 자신들의 선호를 적극적으로 '반성'하고 '재해석'하는 행위자들에 초점을 두는 관점을 취하고자 한다. 실천 과정에서 행위자의 담론 상호작용을 강조하는 것은 역사 제도주의, 합리적 선택 제도주의, 그리고 사회학적 제도주의의 문제점을 극복하고 보다 동태적인 제도 변화를 설명하기 위한 노력의 일환이다. 이를 위해 본 연구는 최근 기존 제도주의 접근의 정태성을 극복하고 제도의 내생적·점진적 변화를 보다 잘 설명하고자 시도한 역사 제도주의, 합리적 제도주의 내부의 자기비판적 발전들, 그리고 제4의 제도주의로 제시되는 '담론 제도주의' 혹은 '아이디어 접근', 나아가 '행위자들의 아이디어는 완결된 형태로 존재하기보다는 실천과 상호작용 과정에서 변해감'을 강조하는 '프래그머티즘적 구성주의'의 입장을 비판적으로 수용한다(Kwon 2013).

아일랜드 발전 모델과 사회협약 제도의 수립과 진화를 이해하기 위해서 본 연구는 아일랜드의 주요 행위자들에 대한 인터뷰뿐만 아니라 노동시장·노사관계 관련 전문 주간지인 『노사관계 뉴스』Industrial Relations News,

IRN, 『아이리시 타임스』*The Irish Times* 같은 주요 일간지들, 정부 주요 보고서들을 1차 자료로 이용했다. 인터뷰는 주로 아일랜드 사회협약의 주요 행위자들을 대상으로 2008년 여름에 이루어졌는데, 먼저 노동 측으로는 '아일랜드노동총동맹'ICTU, 아일랜드 최대 일반 노조인 '서비스업·산업·전문직·기술직노조'SIPTU, 사회협약 이탈 경험을 가진 '아일랜드중등교사협회'ASTI와, 자본 측과는 '아일랜드기업고용주총연맹'IBEC을 비롯한 주요 대기업들의 임직원들과 인터뷰를 했다. 주요 기업들로는 국내 제조업체뿐만 아니라 아일랜드 은행Bank of Ireland 같은 금융기관, 주요 외국계 제조업체들과 면담을 했다. 정부 측으로는 '노사분쟁조정위원회'LRC, 사회협약 평가 협의 기구들인 '파트너십 성과 센터'NCPP, 삼자 협의 기구인 '국가사회경제위원회'NESC의 주요 책임자들을 면담했다. 그리고 정부 주요 경제 발전 기구들로는 해외투자 유치와 다국적기업 전담 기구인 '산업발전청' IDA, 국내 기업 발전을 책임진 '엔터프라이즈아일랜드'EI, 경제와 고용 문제를 관할하는 '포르파스'Forfás의 주요 책임자들과 면담을 했다. 그 외에도 사회경제 발전에 대한 정부 전문 연구 기관인 '사회경제연구원'ESRI의 주요 책임 연구원들을 비롯해 주요 대학의 전문 연구자들을 방문해 인터뷰를 했다. 인터뷰는 이후 한편으로는 이메일 교환을 통해서 지속적으로 보충되었고, 다른 한편으로는 추가적인 정부 보고서 및 신문과 주간지 자료들을 통해서 보완되었다. 끝으로 이 책은 아일랜드 경제발전 및 사회협약과 관련된 거의 대부분의 주요 논문들과 책들을 2차 자료로 참조했다.

이 책의 구성은 다음과 같다.

제2장에서는 먼저 비교정치경제 이론들에 대한 비판적 검토를 통해서 아일랜드 사례의 독특성을 위치 짓고자 한다. 이를 통해 아일랜드 사례가 기존의 지배적인 비교정치경제 이론들로는 설명하기 어려운 지점이 있음을 지적하고 새로운 이론적 틀을 모색할 필요성을 강조한다.

제3장 이후부터는 아일랜드 발전 모델의 실질적인 내용과 역사를 다루고자 한다. 먼저 제3장에서는 아일랜드 경제 사회 발전의 성과를 비교의 시각에서 살펴본다. 과연 아일랜드는 얼마나 발전했는가? '켈틱 타이거'는 얼마나 아일랜드 사회를 변모시켰는가? 이 장에서는 다른 국가들 특히 유럽의 여러 선진 국가들과 비교할 때 아일랜드의 경제적 성과가 어떻게 다른지를 비교 검토한다. 그리고 이런 '켈틱 타이거'를 가능하게 한 원인이 무엇인지 크게 세 가지 차원에서 살펴볼 것이다. 즉 외국인직접투자 FDI, 사회협약, 발전주의 국가 등이 그것이다.

제4장에서는 아일랜드 경제발전 모델이 어떻게 수립되었는지 역사적 관점에서 살펴보고자 한다. '켈틱 타이거'를 가능하게 한 제도적 맥락들 중 사회협약은 제5장 이후에서 구체적으로 살펴보기로 하고 제4장에서는 외국인직접투자에 기초한 산업화와 발전주의 국가의 형성을 중심으로 살펴볼 것이다. 외국인직접투자에 기초한 산업화, 발전주의 국가, 사회협약 체제 등과 같은 아일랜드 발전 모델의 구성 요소들은 역사적 실천 과정에서 이루어진 주요 행위자들의 해석과 선택, 그리고 투쟁의 산물이다. 즉 1950년대 후반 등장한 외국인직접투자에 기초한 아일랜드의 산업화 전략은 1930년대 '경제적 민족주의'에 대한 반성과 재해석을 둘러싼 역사적 선택과 투쟁의 결과라고 할 수 있다. 이 장에서는 먼저 한국과 유사하게 식민지 경험을 가지고 독립된 민족경제를 구성하려던 아일랜드가 어떻게 한국과 달리 토착인 소유 기업보다 외국인 소유 기업에 의한 발전 방향을 취하게 되었는지 살펴볼 것이다. 다음으로는 1980년대 말에 등장한 아일랜드 발전주의 국가는 왜, 어떻게 수립되었으며 그리고 2000년대 중반 이후 왜 약화되었는지를 검토한다.

제5장부터 제7장까지는 아일랜드 발전 모델의 핵심인 사회협약 모델을 분석할 것이다. 먼저 제5장에서는 1987년 사회협약이 수립되기 이전

과 이후 아일랜드가 실제로 얼마나 또 어떻게 변했는지를 살펴본다. 먼저 전환의 전체적인 과정을 개괄하기 위해서 통계 지표들에 기초해 비교 시각에서 변화의 정도를 평가한다. 그리고 1987년 이전 시기의 아일랜드 노사관계를 특징지었던 자유주의적 다원주의 체제가 어떠했는지를 좀 더 구체적으로 살펴볼 것이다.

제6장에서는 아일랜드가 제도적 조건들이 미비함에도 불구하고 어떻게 1987년 이후 경로 혁신적인 전환을 이루었는지에 초점을 둔다. 아일랜드는 왜 1987년 이전, 특히 1970년대에는 코포라티즘적 사회 조정을 시도했지만 실패했고 반대로 1987년 이후에는 성공했는가? 무엇이 이런 차이를 유발했는가? 이 장에서는 먼저 1987년 이전의 실패 요인을 비판적으로 살펴본 다음, 1987년 이후에는 어떻게 제도적 조건이 미비함에도 불구하고 사회적 조정에 성공했는지를 구체적으로 분석할 것이다. 또한 분석을 통해 기존의 설명들이 가지는 한계를 지적하고 1987년 이전과 이후를 동시에 설명할 수 있는 변수로서 주요 행위자들의 아이디어와 사회적 합의에 주목한다.

제7장에서는 아일랜드 사회협약이 최근의 위기에서 해체되고 왜 새로운 제3의 조정 체제로 전환했는지를 분석할 것이다. 2008년 말 세계 금융 위기가 전 세계적으로 확산되자, 아일랜드는 1987년과 유사하게 높은 실업, 국가 부도에 가까운 재정 파탄, 심각한 경제 위축을 경험한다. 그러나 1987년과 2008년의 두 위기 시기에 아일랜드의 대응은 달랐다. 1987년에는 노·사·정 삼자를 축으로 한 코포라티즘적 사회 파트너십을 통해서 위기를 극복하고 이후 급격한 경제성장을 이루었던 반면, 최근의 위기에서는 오히려 반대로 사회협약을 해체했다. 왜 이런 위기 대응 방식의 차이가 발생했을까? 위기 대응 방식의 차이는 단순히 글로벌 위기라는 외적 충격이나 제도적 조건들만으로는 설명하기 어렵다. 이 장에서 본 연구는

위기 발생 이전에 이미 사회협약의 안정적 재생산 과정에서 사회협약의 의미가 변화했음에 주목하고 이를 통해 2008년의 위기 대응 방식이 1987년과 왜 달랐는지 그 이유를 설명할 것이다. 이를 위해 제7장에서는 먼저 1980년대의 위기와 2008~12년의 위기에 대한 아일랜드 대응 방식의 차이를 살펴보고 이 과정에서 기존 이론의 설명들이 가지는 한계를 지적할 것이다. 그리고 이에 대한 대안으로 사회협약의 의미가 안정적인 재생산 과정에서 어떻게 변화했는지에 초점을 두어 제도의 내생적 변화 과정을 분석한다.

제8장은 본 연구의 마지막 장으로 앞에서 분석한 아일랜드의 경험 사례를 정리하고 이를 통해서 이론적·실천적 함의를 도출하고자 한다.

제2장

정치경제 이론들과
아일랜드 사회협약

이 장에서는 세계화에 대한 각국의 적응 과정들을 설명하는 정치경제의 지배적인 이론들과 아일랜드 사회협약 모델 간에 존재하는 긴장을 살펴봄으로써 기존 이론들의 문제점을 비판하고 이에 대한 대안적 이론을 모색하고자 한다.

1980년대 이후 가속화되고 있는 세계화로 인해서 선진 자본주의국가들은 새로운 재편을 모색했다. '먼델-플레밍 공리'Mundell-Fleming theorem에서 지적하듯이 1990년대 이후 스웨덴의 복지 자본주의를 비롯해서 전후 수립된 케인스주의적 복지국가 모델은 자본의 유동성 증대로 말미암아 그 유효성이 많이 상실되었다. 또한 코포라티즘적 조직 자본주의라고 할 수 있는 독일도 1980년대와 달리 1990년대 들어와서 심각한 문제들에 봉착했고, 발전주의 국가 모델의 전형이라고 할 수 있는 일본도 1990년대 들어와서는 '잃어버린 10년'으로 표현되는 장기 침체에 직면했다. 그런데 이와는 대조적으로 미국을 비롯한 영미권 국가들은 1990년대 들면서 오히려 부활하는 모습을 보여 주었다.

신자유주의는 이런 현실 변화를 배경으로 '자유시장의 보편적 타당성'이 설득력을 얻으면서 지배적인 담론이 되었다. 그리고 신자유주의에 대한 비판으로는 마르크스주의의 도덕적인 비판과 신제도주의에 기초한 '자본주의 다양성' 논의가 제기되었다. 이것이 1990년대 이후 비교정치경제 이론적 논쟁의 제 1라운드라고 할 수 있다. 마르크스주의적 비판은 세계화와 더불어 각국이 기존의 사회민주주의적 조정이나 복지 체제를 포기하고 자유시장 체제로 수렴할 것이라고 전제한다는 점에서는 신자유주의의 주장과 유사하지만 착취 구조의 심화라는 도덕적 비판을 강조한다는 점에서 신자유주의적 견해와 입장을 달리한다. 이에 비해 신제도주의자들은 각국의 제도적 조건에 따라 자본주의의 효율성은 다양할 수 있다는 전제하에 각국은 다양한 경로 의존적인 자본주의 발전 모델을 유지할 것이라고 주장한다.

그러나 신제도주의의 '자본주의 다양성' 논의는 현실의 다양한 적응과 변화의 과정을 설명하는 데 한계를 보이는 약점이 있었다. 다시 말해 신제도주의는 지나치게 정태적이라는 비판을 받고 있다. 이에 따라 어떻게 하면 각국에서 전개되고 있는 경험적 적응 과정들을 보다 체계적으로 설명할 것인가를 두고 다시금 논쟁이 달구어졌다. 그 논쟁의 초점은 상이한 발전 모델의 유형화나 분류보다는 변화 과정에 있었다. 즉 다양한 제도주의 흐름들 — 역사 제도주의, 사회학적 제도주의, 합리적 선택 제도주의 — 내부에서 모두가 변화에 초점을 둔 자기비판을 통해서 새로운 이론을 모색하고 있다. 특히 최근의 대안적 시도들은 변화를 설명함에 있어 외적 충격에 따른 외생적 변화가 아니라 내생적 변화 혹은 진화를 어떻게 설명할 것인가에 초점을 두고 있다. 이것이 지금 현재도 진행되고 있는 비교정치경제 이론적 논쟁의 제2라운드라고 할 수 있다.

　이 장에서는 이런 논쟁적인 이론 발전 과정을 관통하는 지배적인 이론적 입장들과 아일랜드 모델 사이의 긴장을 보여 주고자 한다. 신자유주의자들이나 마르크스주의자들의 주장과 달리, 아일랜드는 미국이나 영국식 자유시장 모델이 아닌 코포라티즘적 사회 조정을 통해 엄청난 경제적 성공을 거두었다. 1990년대 이루어진 '켈틱 타이거'는 세계화의 흐름 속에서도 코포라티즘적 사회 파트너십이 유효함을 보여 주었다. 그런데 이런 아일랜드 사회협약 모델은 신제도주의 이론을 정면으로 반박하는 경험적 사례였다. 아일랜드는 전통적으로 영국식 자유주의적 다원주의에 기초해 있었고 코포라티즘적 사회 조정을 위한 제도적 조건이 미비했음에도 불구하고 신제도주의의 경로 의존적 발전 주장과 달리 경로 혁신적 발전을 이루었던 것이다.

　논쟁의 제2라운드라고 할 수 있는 최근의 대안적 시도들, 특히 자기반성을 통해 새롭게 발전한 다양한 신제도주의 이론들도 또한 아일랜드 사회협약 모델의 진화를 설명하는 데 많은 한계가 있다. 시간의 개념을 가져와서 제도적 실천의 '증가하는 이득 혹은 누적적 효과'increasing returns를 강조하는 폴 피어슨류의 역사 제도주의의 시도, 자기 파괴적 과정self-undermining process을 강조하는 그라이프와 레이틴류의 합리적 선택 이론의 시도, 그리고 이를 차용해 독일의 자본주의의 해체를 설명하는 볼프강 슈트렉류의 역사 제도주의, 나아가 역사적 행위자들의 유형에 따른 다양한 제도의 내생적 변화 형태를 설명하는 캐슬린 텔렌류의 역사 제도주의의 시도들 등이 변화에 초점을 두고 새로운 이론적 대안을 모색하고 있다(Pierson 2004; Greif and Laitin 2004; Streeck 2009; Mahoney and Thelen 2010). 그러나 이런 이론들도 아일랜드의 코포라티즘적 사회 조정 체제의 생성과 진화, 그리고 이 체제가 2009년 가시화된 위기의 순간에 기존 사회협약 모델의 단순한 해체가 아닌 제3의 형태로 변화한 것을 설명하는 데에는 많은 한계를 가진다. 이들의 문제는 어떻게 제도적 조건이 부재한 아일랜드에서 코포라티즘적 사회 조정 체제인 사회협약 모델이 수립되었는지 그리고 어떻게 외적 충격 이전에 이미 사회협약의 의미가 변화하고 있었는지, 그래서 2008년 위기 이후에 기존 사회협약 모델에 변화를 시도하면서도 왜 단순히 자유시장 모델로 복귀하는 것이 아니라 제3의 조정 체제인 '구조화된 사회적 대화' 체제를 수립할 수 있었는지를 설명하기 어렵다는 데 있다.

이 장에서는 이런 아일랜드의 사회협약 모델이 수립되고 진화하는 동태적인 과정을 이해하기 위해서 기존 이론들에 대한 비판적 검토를 바탕으로 새로운 이론적 대안을 모색하고자 한다. 본 연구의 대안적 시도는 최근의 '담론 제도주의'와 '프래그머티즘적 사회 구성주의'에 기초해 있다. 본 연구는 신자유주의자들이 주장하는 '자유시장경제의 보편적 타당성' 주장과 달리 경제적 효율성은 다양한 제도적·실천적 조건들에 의해 상이한 모습을 보여 줄 수 있다고 보는 점에서 신제도주의의 논의에 보다 가깝다고 할 수 있다. 그러나 이런 효율성은 제도적 조건에 의해 규정되어 있는 것이 아니라 행위자들의 다양한 아이디어와 해석 그리고 이들 간의 정치에 의해 끊임없이 새롭게 재구성될 수 있다고 본다는 점에서 기존의 제도주의와 구별된다. 본 연구가 제도적 조건 대신에 강조하고자 하는 것은 주요 행위자들의 의미 해석 능력과 행위자들 간의 사회적 합의다. 아일랜드에서 제도적 조건이 미비함에도 불구하고 코포라티즘적 사회 조정이 가능했던 이유는 문제 진단과 해결책에 대한 사회적 합의 혹은 '공유된 이해'가 있었기 때문이다. 그리고 제도의 내생적 변화를 설명하고자 하는 본 연구가 무엇보다 강조하고 싶은 것은 이런 '공유된 의식'과 제도의 의미가 고정되어 있거나 동일하게 반복되는 것이 아니라는 것이다. 대부분의 제도주의자들이나 합리적 선택 이론이 제도의 변화를 설명하기 위해 도입하는 '단절적 균형이론'과 대조적으로, 본 연구가 강조하는 것은 제도의 의미가 실천 과정에서 제도 자체의 재생산 — 예를 들어, 사회협약의 재생산 — 을 위해서라도 새로운 해석과 정당화를 요구하기 때문에 변화해 간다는 것이다. 다시 말해 제도의 의미는 주어진 것이 아니라 주요 행위자들이 제도를 사용하고 실천하는 과정에서 새로운 도전들에 직면하고 그 도전을 극복하기 위해 제도를 재해석·재정의함으로써 지속적으로 새롭게 구성되어 간다는 것이다.

이 장의 첫 번째 절에서는 먼저 기존의 지배적 이론들을 비판적으로 살펴볼 것이다. 비판의 준거점은 각국의 다양한 비교정치적 경험 사례에 의존하겠지만 대부분은 아일랜드의 코포라티즘적 사회협약 모델의 수립과 진화가 될 것이다. 두 번째 절에서는 본 연구의 이론적 대안을 간략히 제시하고자 한다.

1. 정치경제 이론들의 비판적 검토

이 절에서는 세계화에 대한 선진 자본주의국가들의 적응 과정을 분석한 비교정치경제 이론들을 비판적으로 분석한다. 세계화와 더불어 지배적인 담론으로 등장한 신자유주의 그리고 이에 대한 비판적 대응으로 등장한 신제도주의의 다양한 흐름들이 대상이 될 것이다. 신자유주의가 '각국의 정치경제 체제가 자유시장경제LMEs로 수렴할 것'이라고 주장하는 것에 반해, 신제도주의자들은 '문화적·제도적 조건들에 따라 각국은 다양한 형태의 자본주의를 유지할 것'이라고 주장한다. 신제도주의는 다시 '어떻게,

왜 다양성이 유지될 수 있는지'를 두고 역사 제도주의, 합리적 선택 제도주의 그리고 사회학적 제도주의로 흔히 구분된다.

그러나 이런 신제도주의의 다양한 흐름들은 신자유주의의 수렴론에 맞서 '자본주의 형태의 다양성'diversity of capitalism[1]을 강조하는 과정에서 변화를 무시하는 대단히 정태적인 경향을 보여 주었다. 무엇보다 기존 제도주의 이론들은 변화를 주로 외적 충격으로밖에는 설명할 수 없는 이론적 구조를 가지고 있다. 즉 사회학적 제도주의의 '과대 사회화된 행위자' oversocialized actor, 역사 제도주의의 '자기 강화적 경로 의존성'self-reinforcing path-dependence, 합리적 선택 이론의 '자기 강화적 균형이론'self-reinforcing equilibrium은 제도 변화를 설명하기 위해서 반드시 외적인 충격을 요구하지 않을 수 없다. 최근 이런 문제를 비판하면서 제도주의 내부의 다양한 흐름들은 제도 변화에 초점을 두고 자기비판적 발전을 시도했다. 그러나 최근의 이론들도 여전히 제3의 형태로 적응해 가는 아일랜드의 동태적인 변화를 설명하기에는 많은 한계를 가진다. 이 절에서는 지배적인 정치경제 이론들이 어떤 논쟁적 맥락에서 등장했고 각국의 재편과 적응 과정을 설명하는 데 어떤 약점을 가지는지, 특히 아일랜드 사회협약 모델의 수립과 진

1_여기서 저자가 '자본주의 다양성' 대신에 '자본주의 형태의 다양성'이라는 표현을 굳이 사용하는 이유는 2001년 홀과 소스키스의 저명한 책인 『자본주의 다양성』(*Varieties of Capitalism, VoC*)과 구별하기 위해서다. 홀과 소스키스의 '자본주의 다양성' 문헌은 다양한 자본주의 작동방식을 연구하는 논쟁을 촉발하는 계기를 마련하고 하나의 학파(VoC School)를 형성하기도 했다. 그러나 이 책은 자신들의 독특한 접근인 합리적 선택 제도주의를 대표하는 것이기 때문에 실제로 상이한 제도주의 접근들에 기초해 다양한 자본주의 형태와 작동 방식을 설명하는 많은 논의들을 축소시킬 수 있다. 홀과 소스키스의 '자본주의 다양성' 논의는 전체 '자본주의 형태의 다양성' 논의의 일부에 지나지 않는다.

화를 설명하는 데 있어서 어떤 문제점이 있는지를 비판적으로 살펴보고
자 한다.

1) 논쟁의 제1라운드: 세계화 시대의 다양한 자본주의들

(1) 세계화와 수렴론: 신자유주의와 마르크스주의

1990년대 세계화가 가속화되면서 지배적인 담론으로 등장한 것은 신자
유주의 패러다임이라고 할 수 있다. 이것은 1980년대와 비교할 때 실제
경험과 이론 차원에서의 급격한 전환을 의미했다. 1980년대까지는 두 번
의 오일쇼크와 세계경제의 위기를 경험하면서도 사회민주적 코포라티즘
혹은 조직 자본주의로 분류되던 오스트리아를 비롯한 유럽 소국들과 독
일, 그리고 '발전주의 국가'의 전형이라고 불리던 일본과 한국이 자유시장
에 가장 가깝다는 영국과 미국에 비해 월등히 경제적 성과가 좋았다. 이
같은 경험을 배경으로 1980년대까지는 사회민주적 코포라티즘과 발전주
의 국가 모델이 비교정치경제 이론의 대표 모델이었다.[2]

그러나 세계화가 가속화되는 1990년대에는 분위기가 완전히 바뀌었
다. 1990년대 초반 자유시장 모델의 대안으로 여겨지던 독일과 일본은 심
각한 경제 위기에 빠지게 되었는데, 이와는 대조적으로 자유시장 모델에
가까운 미국과 영국은 대단히 높은 경제적 성과를 보여 주었다. 1980년대

2_사회민주적 코포라티즘과 조직 자본주의에 대한 대표적 문헌으로는 Katzenstein(1985),
　Scharpf(1987), Berger ed.(1981), Streeck(1992) 참조. 그리고 발전주의 국가에 대해
　서는 Johnson(1982), Amsden(1989), Wade(1990) 참조.

까지 낮은 실업률과 낮은 인플레이션으로 높은 경제적 성과를 보여 주던 유럽의 많은 코포라티즘 국가들은 1990년대 들어와 높은 실업률을 보여 주었던 반면, 미국과 영국은 팽창적 모습을 보여 주었던 것이다. 이런 실제 정치경제의 변화를 배경으로 이론적 지형도 변화했다. 정치경제학자 제프리 개럿은 1980년대와 구별되는 1990년대의 전환을 그의 대표 저작인 『글로벌 경제체제에서 당파성 정치』*Partisan Politics in the Global Economy* (1998)의 서문에서 다음과 같이 압축적으로 묘사하고 있다.

나는 15년 전에 당파성 정치partisan politics와 경제에 대해서 생각하기 시작했다. 15년 전 당시에는 사회민주적 코포라티즘 국가들이 낮은 인플레이션과 낮은 실업률로 다른 민주적 산업국가들보다 1970년대의 경제적 폭풍을 더 잘 견뎌 냈다는 사실이 정치학자와 사회학자들에 의해 확인되고 있었다. 그러나 이런 주장이 광범위한 인정을 받자마자 곧 세계는 변화한 것 같았다. 이제 사회민주적 코포라티즘은 하나의 사치a luxury로서 새로운 글로벌 시장의 시대에는 더 이상 작동할 수 없게 되었다는 것이 1980년대와 1990년대에 일반적으로 받아들여지는 통념이 되었다(Garrett 1998, xiii).

1990년대 미국의 경제학자들과 정책 입안자들을 비롯한 신자유주의자들은 미국과 영국의 상대적으로 높은 경제성장률과 고용 상승을, 독일을 비롯한 유럽 대륙 국가들의 고실업, 저성장과 대조시키면서 미국식 자유시장 모델의 유효성을 강조했다(Gilpin 2000, 320).[3] 그리고 코포라티즘

3_신자유주의자들의 주장에 대해서는 Friedman(2006), Strange(1996; 1997), Ohmae (1996; 1990), OECD(1994), Moses(1994), Siebert(1997) 등을 참조.

이론들에 의해 강조되던 여러 제도적 조건들이 오히려 비효율의 원인이라고 지목했다. 신자유주의자들에 따르면 잘 조직화된 노조와 중앙 집중화된 집단 협상 체제, 그리고 국가의 적극적 개입과 관대한 복지 체제 같은 제도들이 바로 유럽의 높은 실업과 저성장의 원인이라는 것이다. 1980년대까지 학계에서 많은 학자들에 의해 성공적 조정을 위한 제도적 조건들로 강조되던 요소들이 이제 비판의 대상이 된 것이다(Siebert 1997; OECD 1994; Berliner 1999; Lodovici 2000; Blau and Kahn 2002; Strange 1996, 1997; Gobeyn 1993). 신자유주의자들은 신고전파 경제학에서 규정하는 '자유시장 모델의 보편적 유효성'을 전제하면서 선진 자본주의 경제 체제들은 다양성에서 후퇴하고 영미식 자유시장 모델로 수렴할 것이라고 주장한다. 예를 들면 수잔 스트레인지는 1997년 '세계화 과정에서 다양한 자본주의 체제가 계속 유지될 것인가'를 둘러싼 논쟁에서 다음과 같이 주장한다.

자본주의적 생산양식의 씨앗들seeds은 매우 상이한 정원들에서 성숙해 왔다. 그리고 매우 상이한 정원사들의 손에 의해, 지금 그렇듯이, 매우 다른 문화들과 사회조직들 그리고 매우 상이한 헌법과 법률, 그리고 정책들의 영향 아래에서 진화해 왔다는 것은 주어진 사실이다. 이와 같은 상이성은 글로벌 차원에서 변화된 구조적 힘들이 강제하는 현재와 같은 조건들 아래에서도 지속될 수 있을 것인가? 혹은 이와는 달리 보다 많은 재화와 서비스들을 위해 통합된 세계시장이라는 공통 논리로 말미암아 이와 같은 낡은 차이들은 천천히 그러나 확실히 변형될 것이며, 자본주의적 생산과 교환의 민족국가적 형태들은 하나의 공통된 형태로 수렴될 것인가? 나는 후자를 확신했고 지금도 확신한다 (Strange 1997, 182).

신자유주의자들은 세계화로 인한 자본의 급격한 유동성, 글로벌 차원에서의 직접적 경쟁, 그리고 해외직접투자의 증가를 배경으로 선진 자본주의국가들은 필연적으로 가장 효율적인 자유시장 체제를 채택하지 않을 수 없을 것이라고 주장한다. 신자유주의의 주장은 최근 가장 영향력 있는 신자유주의 주창자 가운데 한 사람인 토머스 프리드먼의 세계화에 따른 '국경 없는 평평한 지구' 논의에 의해 다시금 강화되고 있다(Friedman 2006). 프리드먼은 세계화로 인해서 더 이상 국경이나 민족경제의 특수성이 지속되기보다는 상호 침투의 동질화homogenization 과정을 거쳐 다양한 국민경제들은 단일의 효율 체제로 수렴할 것이라고 강조한다. 많은 신자유주의자들은 자본과 시장을 향한 글로벌 차원의 경쟁, 자본과 노동의 상호 침투로 인해서 조세 구조와 기업지배구조, 노동시장 등에서 소위 말하는 영미식 자유시장 모델을 채택하지 않을 수 없을 것이라고 주장한다. 특히 동유럽을 비롯한 신흥 시장들은 글로벌 자본을 유치하기 위한 경쟁에서 불가피하게 영미식 자유시장 모델에 적응해 가지 않을 수 없을 것이라고 본다(Gilpin 2000, 320; Keune et al. 2009, 94).

이런 신자유주의 담론은 1990년대 들어 미국 내 경제학자들과 관료들 사이에서 지배적인 담론이 되었을 뿐만 아니라, 심지어 1980년대까지 미국 자유시장 모델에 대한 대안으로 강조되던 독일과 일본에서도 힘을 얻게 되었다. 일본과 독일에서 신자유주의자들은 경직된 제도들의 비효율성을 극복하기 위해서 새로운 개혁이 필요하고 이를 위해 영미식 자유시장 체제를 도입해야 함을 역설하고 있다(Siebert 1997; Hansmann and Kraakman 2000; Dornbusch 1998; Lindsey and Lukas 1998; Chuma et al. 2004; Feldman 2003).

주목할 사실은 '각국의 독특한 제도들 때문에 자본주의의 형태는 다양하다'라고 주장하던 많은 제도주의자들조차 최근 신자유주의 수렴론에

동조하는 모습을 보여 주고 있다는 것이다(Hassel 1999, Lane 2005; Streeck 2009). 예를 들면, 1990년대까지 영국과 독일 자본주의 체제의 상이성을 강조하던 크리스텔 레인은 2005년 모르간 등이 편저한 한 논쟁적 저서(Morgan et al. 2005)에서 다음과 같이 언급하면서 독일 모델의 해체와 영미식 모델로의 수렴을 받아들이고 있다.

> 나는 [이 글에서] 수렴convergence 과정이 실제로 발생하고 있다는 논쟁적인 주장을 할 것이다. 수렴은 다양하게 정의되어 왔다. 이 글에서 그것은 조정시장경제 모델의 자유시장경제로의 일방적 적응을 의미한다(Lane 2005, 79).

레인은 독일의 조정 자본주의가 많은 제도주의자들이 주장하듯이 혼합형으로 변화했다고 보기보다는 주주 가치의 압력에 의해 영미식 자유시장 자본주의로 수렴하고 있다고 주장한다(Lane 2005). 레인에 따르면 독일 자본주의의 제도들은 상호 밀접히 연관되어 있는데 이런 조건에서 독일 거대 기업들이 국제화와 더불어 점점 주주 가치에 따라 움직임으로써 기존의 조정적 자본주의를 해체하고 영미식으로 수렴한다는 것이다(Lane 2005).

무엇보다 독일 모델의 이론적 대변자 가운데 한 사람이라고 할 수 있는 슈트렉도 최근에는 세계화 과정에서 독일의 조정적 자본주의 모델이 해체되어 미국식 신자유주의적 모델로 수렴되어 간다고 주장한다(Streeck 2009). 슈트렉에 따르면 해체의 과정은 다만 속도에서 차이가 날 뿐이지 해체와 자유시장 체제로의 수렴은 피할 수 없는 것이다.

더욱 주목할 사실은 심지어 마르크스주의적 비판자들조차 현실 진단에서는 신자유주의와 일맥상통한다는 것이다. 즉 마르크스주의적 비판들도 현실적으로 각국은 신자유주의적으로 변화했다고 본다는 점에서 신자유주의자들의 현실 분석을 수용하고 있다. 예를 들면, 데이비드 하비 같은 마르크스주의자는 신자유주의가 글로벌 차원의 부르주아계급 지배의 강화와 착취의 심화라고 비판하고 있지만, 기본적으로는 자유시장경제 체제가 각국의 정치와 민족적 특수성을 넘어 우세를 점하게 되었다고 주장한다(Harvey 2005). 하비는, 신자유주의화는 미국의 헤게모니를 강화할 뿐만 아니라 글로벌 차원의 모든 것을 금융화함으로써 기존의 힘을 생산 부문에서 금융 부문으로 이전하고 있다고 지적하고, 이 점에서 자본과 자본주의의 국적은 중요하지 않다고 강조한다.

> 이러한 [세계화에 따른] 새로운 계급 편성이 초국적인 것으로 고려되어야 하는가, 또는 계급을 여전히 국민국가의 매개변수 안에 한정적으로 자리 잡은 것으로 이해할 수 있는가에 대한 의문이다. 이는 제기될 때마다 많은 논란을 불러일으켰다. 나의 입장은 다음과 같다. 어디에서든 지배계급이 자신의 활동 범위를 제한해 특정 국민국가 내에서만 충성을 다하는 경우란 역사적으로 많이 과장된 것이다. 미국 대 영국, 미국 대 프랑스, 미국 대 독일, 또는 미국 대 한국이라는 식으로 자본가계급의 대립을 논하는 것은 무의미하다(하비 2007, 54)

이런 맥락에서 하비 역시 세계 자본주의국가들은 신자유주의와 함께 미국과 영국이 주도하는 자유시장의 신자유주의 모델로 적응해 간다고 본다. 그 이유는 발전이 지리적으로 불균등한 상태에서 글로벌 차원의 경쟁은 가장 효율적인 모델을 따라가게 되어 있는데, 세계화된 현재에서는 "확실히 영국과 미국이 그 길을 이끌고 있기 때문"이라는 것이다(Harvey 2005, 88).

아일랜드에서도 키런 알렌, 피다 커비, 데니스 오히어런 같은 마르크스주의적 비판자들은 아일랜드 사회협약 모델을 신자유주의적이라고 비판한다. 이들에 따르면 아일랜드 사회협약은 글로벌 자본을 유치하는 데 모든 노력이 집중되어 있고, 국가의 정책은 글로벌 자본, 특히 미국 자본의 영향력하에 놓여 있다는 것이다. 이들은 전통적인 전후 사회민주주의 복지국가를 기준으로 볼 때 아일랜드 사회협약은 국가경쟁력에 초점을 두는 반면, 사회정책이나 사회 불평등 이슈들은 주변화했다고 비판한다. 그리고 마르크스주의자들은 또한 과거 코포라티즘에 대한 비판과 같이 아일랜드의 코포라티즘적 사회협약 모델은 글로벌 자본의 이해를 대변하며 사회 비판 세력들이나 노동 세력들을 체제 내로 끌어들여 그들의 비판적 정신과 활동을 약화시키고 경쟁력 강화에만 초점을 두는 '위장된 신자유주의'disguised neoliberalism라고 본다(O'Hearn 2003; 2001, 176-90; 1998; Kirby 2010a; 2010b; 2010c; 2002; Allen 2010; 2009; 2003).

그러나 이런 마르크스주의적 비판은 전후 케인스주의적 사회민주주의 이외에는 모두 자본의 지배를 강화하는 신자유주의적인 것으로 규정함으로써 세계화라는 변화된 국제 상황에서 다양한 적응 과정과 방식의 차이가 가져오는 결과를 외면하는 한계를 가지고 있다. 세계화가 곧 자본의 지배이자 신자유주의화를 의미한다고 보는 마르크스주의적 설명은 다소 과장된 면이 없지 않다.

먼저 아일랜드 마르크스주의자들의 주장과 달리, 아일랜드 사회협약 모델의 실행 과정에서 소득의 불평등이 증가했다는 것은 사실이 아니다. 또한 사회협약이 노조 친화적이지 않았다는 것도 지나친 폄하다. 오히려 정반대로 마거릿 대처 이후의 영국과 비교하면 아일랜드에서는 노조의 발언권과 조직력이 훨씬 강하게 유지·향상되어 왔다는 것은 누구나 인정하는 바다. 사회협약하에서 아일랜드 노조는 사회 내에서 정당성을 인정받았을 뿐만 아니라 아일랜드 정치체제 내에서 정부의 정책결정 과정에 공식적인 접근access to government이 가능한 특권적 지위를 부여받았으며, 제안된 사회경제 정책을 거부veto할 수 있는 힘을 가지고 있었다(Donaghey and Teague 2007, 39; Teague and Donaghey 2009, 58). 아일랜드 노사문제 전문가인 패트릭 거니글은 필자와의 인터뷰에서 '영국과 아일랜드의 적응 방식 차이가 얼마나 큰 결과를 가져왔는지'에 대해 다음과 같이 말하고 있다.

> 아일랜드와 영국은 둘 다 시장경쟁, 자유방임, 자발성이라는 유사한 전통을 공유해 왔다. 하지만 대처가 집권한 시기를 전후로 우리는 대단히 상이한 방향으로 움직이기 시작했다. 대처가 집권했을 때 영국은 대단히 엄격한 입법화를 통해서 전통적으로 용인되던 노조의 많은 자유들을 폐지했다. 그들은 노조를 배제하고 입법을 통해서 노조를 통제하는 정치체제를 만들었다. 노조는 모든 정책 과정에서 배제되었고 완전히 주변화되었다. 하지만 아일랜드는 완전히 다른 길을 갔다. 노조는 [거의 모든 사회경제] 정책의 결정 과정에 참여하게 되었다. 아일랜드에는 영국처럼 노조에 반대하는 정당은 거의 없다. 대처 이후 지금까지 영국에서 노조는 쇠퇴를 거듭했고 회복하지 못했다. 아일랜드 노조는 원래 영국보다 약했는데 지금 보자. …… 영국에 비해 아일랜드 노조는 거시 정책 결정에 훨씬 강력한 영향력을 가지고 있다. 아일랜드 노조는 경쟁력 향상을 통해서 높은 임금 상승과 사회보장 그리고 건강 보험을 확보했고, 보다 안정적인 고용 보장을 가지게 되었다. 그런데 전반적인 결론은 사회협약을 통해서 노조뿐만 아니라 고용주, 정부 모두가 이득을 보게 되었다는 것이다(2008년 6월 23일, 노사문제 전문가인 패트릭 거니글과 인터뷰).

아일랜드에서 사회협약은 국민적 통합을 통해서 세계화 시대에 국가 경쟁력을 향상시켰다는 점에서 영국의 노조 파괴적 혹은 신자유주의적 자유시장 모델과는 엄청난 차이를 가져왔던 것이다(Taylor 2005). 이런 측면에서 볼 때 마르크스주의자들뿐만 아니라 신자유주의자들은 세계화에 따른 실제 각국의 다양한 적응 과정과 이에 따른 상이한 효과를 분석하는 데 한계를 가진다.

그렇다면 세계화는 국민경제에 아무런 변화를 가져오지 않았다는 것인가? 전혀 그렇지 않다. 사실 세계화에 따라 제2차 세계대전 후 지속되던 케인스주의나 사회민주주의 체제는 새로운 적응과 변화를 하지 않을 수 없었다는 점에서 신자유주의적 주장이 타당한 점이 없지는 않다. 약간의 과장이 없지는 않지만 '먼델-플레밍 공리' 혹은 '불경한 삼위일체'unholy trinity 이론이 보여 주듯이 글로벌 차원에서 자본 유동성이 높을 경우 제2차 세계대전 이후 수립된 케인스주의적 수요 조절 정책은 한계를 가질 수밖에 없다. 즉 '먼델-플레밍 공리'에 따르면 환율 안정, 자본 유동성, 그리고 국내 통화정책의 독립성은 동시에 획득될 수 없다는 것이다(Andrews 1994; Goodman and Pauly 1993; Frieden 1991). 어떤 국가가 케인스주의적 정책에 따라 고용과 경기 진작을 위한 수단으로 팽창적 통화정책을 추구한다면, 금융 세계화와 자본의 유동성이 극도로 높은 상황에서 국가의 자본에 대한 통제는 대단히 어려워지고 그 비용은 점점 더 커질 것이기 때문이다. 이에 따라 제2차 세계대전 후 자본의 국제 이동을 통제하던 브레턴우즈 체제와 달리 자본의 단기적 유동성이 높은 현재의 국제정치경제 상황에서 국가는 과거와 같은 완전고용보다는 재정정책과 통화정책을 통해서 재정 건전성과 통화 안정 그리고 국제수지 균형에 정책의 우선순위를 두는 경향이 있다(Moses 1995; 1994).

또한 마르크스주의자들이 지적하듯이 금융 세계화와 자본의 자유로운 이동으로 인해서 노동이나 국가권력에 비해 자본의 사회정치적 힘이 상대적으로 증가한 것은 사실이다. 약간의 과장이 있지만, '국가를 넘나들며 투자처를 옮기겠다'는 자본의 위협은 국가와 노동에 양보를 강요하고 있다. 이에 따라 각국의 정부와 노동은 자유로이 움직이는 글로벌 자본을 유치하기 위해서 서로 경쟁하고 있다(Mueller 1996).

이런 상황에서 단일한 형태로 움직이는 것은 아니지만 많은 국가들은 조세 구조의 변화를 꾀하고 있다. 즉 많은 국가들이 조세율을 낮추고 조세 수입원을 확대하는 경향을 보여 주고 있다. 이는 법인세 개혁의 부담을 전적으로 노동에게 전가한 것은 아니지만 사회민주주의 정부들이 기존의 조세정책을 유지하는 것에 어려움을 겪고 있음을 시사한다(Clayton and Pontusson 1998; Ganghof and Genschel 1999).

한편 글로벌 차원의 경쟁 격화와 글로벌 시장의 급격한 변동에 대처하기 위한 유연 생산 체제flexible production의 도입과 함께 조직 노동의 영향력도 점점 더 약화되어 왔다. 많은 국가들에서 경쟁력 향상을 위해서 임금 상승을 조절하고 생산 체제의 유연화를 위해서 비정규직 노동과 노동시간 유연화를 도입했기 때문이다(Grahl and Teague 1997, 418; Lash and Urry 1987; Streeck and Schmitter 1991).

그러나 세계화에 따른 기존 케인스주의적 사회민주주의 정책의 유효성이 약화되었다는 것이 곧 신자유주의적 자유시장 모델의 우월성 혹은 보편적 타당성을 의미하는 것은 아니다. 영국과 구별되는 아일랜드·덴마크·네덜란드의 성공적인 사례들에서 보듯이 세계화의 도전에 대한 효과적인 적응 방식에는 여전히 다양한 선택이 존재한다. 이것은 곧 세계화의 도전에 대응하는 효과적인 방식을 새롭게 구성하는 국내 정치가 중요하다는 것을 의미한다.

케인스주의적 수요 조절 정책이 유효하지 않게 되었다고 하더라도 생산의 공급 측면에서 다양한 조절 방식이 존재한다. 임금을 어떤 방식으로 어떻게 책정할 것인가? 즉 시장에 맡겨둘 것인가, 아니면 사회적 합의와 조정에 의해 안정화할 수 있을 것인가? 또 다국적기업들의 글로벌 유동성에도 불구하고 각국의 조세 정책이 반드시 '바닥을 향한 경쟁'race-to-the bottom으로 귀결되는 것은 아니었다(Jensen 2006, 53-71). 글로벌 기업들이 반드시 세금이 낮은 국가를 투자 대상으로 선호하는 것은 아니기 때문이다. 덴마크의 사례에서 보듯이 글로벌 기업들은 높은 세금과 재정지출에도 불구하고 안정적인 사회 조직망, 높은 생산성과 과학기술 수준을 갖춘 국가를 선호할 수 있다. 신자유주의자들이 주장하는 '노동시장 제도의 발전과 경제적 성과 사이에 반비례하는 상관관계'는 찾아보기 힘들다. 오히려 많은 통계적 경험 연구들은 노동시장 제도들의 발전과 경제적 성과 간에 일관된 상관관계를 찾을 수 없음을 보여 준다(Traxler et al. 2001; OECD 2004, chap. 3; Kwon 2007).

아일랜드와 덴마크 사례에서 보듯이 관대한 복지와 중앙 집중화된 사회적 조정이 오히려 사회 통합뿐만 아니라 고도의 경제성장을 가져올 수도 있다. 노동시장 제도들과 광범위한 사회 안전망은 경제성장에 결코 부정적이지 않다. 케인스주의처럼 통화나 수요 측면은 아니라 하더라도 공급 측면의 다양한 요소와 제도들의 조합은 새로운 효율적 체제를 창출할 수 있다. 다시 말하면 과학·기술·임금·인플레이션과 사회정책을 누가, 어떻게 조합하는지에 따라서 전혀 다른 정치체제와 경쟁력 향상을 위한 새로운 방식들이 나타날 수 있다는 것이다(Scharpf 2000, 51-123; Rhodes 2001, 171-173).

실제로, 아일랜드·덴마크·네덜란드의 성공 사례를 보면 공급 측면의 다양한 요소들과 제도들의 효과적인 결합을 볼 수 있다. 먼저 1990년대에 세계화에도 불구하고 안정적인 경제성장과 고용 창출이라는 면에서 크게 성공을 거둔 이들 세 나라들은 '정부의 후퇴와 자유시장'이라는 신자유주의 체제가 아니라 사회협약에 의한 협력적 조정을 통해 성공한 국가들이다(Auer 2000, 35; Kwon 2007). 이 국가들은 사회복지 지출을 급격히 줄이지도 않았고 국가의 사적 영역에 대한 개입을 근본적으로 축소하지도 않았으며 영국처럼 코포라티즘적 사회 조정을 포기하지도 않았다(Auer 2000, 2-7). 반대로 이 국가들은 새로운 사회협약을 통해서 국가의 사회경제정책에 대한 사회 파트너들의 참여를 더욱 확대했을 뿐만 아니라 국가의 적극적 역할도 더욱 발전시켰다.

구체적으로 보면 심지어 덴마크·아일랜드·네덜란드의 코포라티즘적 사회 조정을 통한 조정도 '효율성을 위한 다양한 조합'에서는 상이한 모습을 보여 주기도 한다. 최근 성공적인 국가들이 발전시킨 코포라티즘적 사회 조정은 단순히 임금 책정이나 노동조건 같은 노동시장의 문제뿐만 아니라 거시 경제정책과 사회정책을 모두 포함하고 있다. 아일랜드와 네덜란드는 사회협약을 통해 임금 안정과 노동시간 유연성을 도입함으로써 높은 경제성장과 고용 성장을 성취할 수 있었다. 특히 네덜란드는 코포라티즘적 사회협약을 통해 파트타임 시간제 노동을 도입하는 한편 임금 불평등을 줄이고 시간제 노동에 대한 안정적인 사회보장을 강화함으로써 자유시장 체제와는 달리 노동 유연성과 사회보장의 안정성을 동시에 실현하는 체제를 만들 수 있었다. 또한 아일랜드와 덴마크는 기술 훈련의 확대를 비롯한 높은 수준의 적극적 노동시장 정책을 통해서 경쟁력을 높였다. 특히 덴마크는 합의적 사회 조정을 통해서 '유연한 노동시장', '높은 사회복지', '높은 재취업 훈련'의 이른바 '유연 안정화 모델'Flexicurity Model을 수립함으로써 크게 성공했다(Auer 2000; Kwon 2013; 2007; Campbell et al. eds. 2006; Kristensen and Lilja eds. 2011; Visser and Hemerijck 1997).

신자유주의자들이나 이를 비판하는 마르크스주의자들은 세계화로 인한 구조적 도전을 지나치게 강조함으로써 실제로 유효한 다양한 적응 형태들을 무시하는 경향이 있다. 특히 신자유주의자들처럼 세계화 시대에는 개인주의적 자유시장 모델이 가장 유효하다고 주장하는 것은 지나친 과장일 뿐만 아니라 개별 국가들의 다양한 선택들을 보지 못하는 문제가 있다. 전후 케인스주의적 수요관리 모델이나 경직된 포드주의적 생산체계는 자본 유동성의 증가와 급변하는 세계시장의 격화된 경쟁에 적응하기에는 어려움이 많지만 그렇다고 이에 대한 적응 방식으로 반드시 신고전파 경제학에서 주장하는 자유시장 모델만이 유효한 것은 아니다. 앞에서 언급했듯이 공급 차원의 다양한 요소들의 구성과 결합 방식에서 국가마다 상이한 적응 방식들이 존재한다.

(2) 신제도주의의 다양한 흐름과 문제점

신제도주의가 효율성의 다양한 형태를 강조한다는 점에서 본 연구는 신제도주의와 맥을 같이한다. '제도적 맥락에 따른 다양한 효율성'은 '다양한 자본주의 형태들' 논의의 대표 저작인 홀과 소스키스의 『자본주의 다양성』(1998)이 나오기 훨씬 이전에도 제도주의자들에 의해 강조되었다. 1980년대를 풍미한 코포라티즘 이론을 비롯해서 많은 이론들은 이미 이익대표 체계 같은 정치사회 제도가 다원주의적인지, 코포라티즘적인지에 따라 경제적 조직 방식과 성과가 다르다고 주장했다. 예를 들면, 1986년 피터 홀은 '왜 국가들은 유사한 경제적 문제들을 다루는 데 상이한 정책경로들과 다양한 정치적 전략을 추진하는가'를 설명하기 위해서 각국의 제도적 상이성을 강조한다(Hall 1986). 홀은 자본·노동·국가를 조직하는 각국의 제도적 차이에 기초해, 유럽의 주요 국가들인 영국, 독일, 프랑스 등의 상이한 경제정책 패턴을 분석했다. 세계화가 급속도로 진행되고 신자유주의 담론이 지배적인 상황에서 로널드 도어, 볼프강 슈트렉, 조나스 폰투손, 프랑스의 대표적 조절 이론가인 로베르 브아예 같은 제도주의자들은 콜린 크라우치와 슈트렉의 편저인 『현대 자본주의 정치경제』*Political*

Economy of Modern Capitalism(1997)를 통해서 세계화에도 불구하고 상이한 각국의 발전 모델을 분석하고 있다. 이처럼 2001년 출판된 홀과 소스키스의 저서『자본주의 다양성』은 '제도에 기초한 각국의 다양한 발전 패턴'을 강조하는 제도주의 흐름에서 한 부분에 불과하다. 다만 홀과 소스키스는 합리적 선택 제도주의에 기초해 회사 단위firm-level의 합리적 선택이 어떻게 세계화에도 불구하고 상이하고 동시에 여전히 모두 유효할 수 있는지 그 논리를 보다 명확히 보여 주었다(Hall and Soskice 2001). 그래서 홀과 소스키스의『자본주의 다양성』은 자본주의 다양성 논의를 보다 확산시키는 계기를 마련했다는 점에서 현대 정치경제 이론 지형에서 중요한 위치를 차지한다.

신제도주의의 주요 주장들은 분석의 방법과 강조점에 따라 역사 제도주의, 합리적 선택 제도주의, 사회학적 제도주의로 구분되기도 하지만 신자유주의 흐름과 구별해 다음과 같은 공통점을 가진다(Hall and Taylor 1996). 첫째, '자유시장의 보편적 타당성'을 주장하는 신자유주의자들과 달리 경제적 효율성은 제도적 맥락들에 따라 상이하다는 것이다. 둘째, 각국은 자신들의 제도적 조건들에 맞는 상이한 발전 경로가 있는데 역사적으로 경로 의존적 모습을 보여 준다는 것이다. 셋째, 각국이 상이한 발전 경로를 보여 주는 이유는 제도적 조건들에 의해 행위자들의 선택이 제한을 받기 때문이라는 것이다. 신제도주의자들의 주장을 좀 더 자세히 살펴보자.

먼저 신제도주의자들은 신자유주의의 영미식 자유시장 모델로의 수렴론에 대해서 반대한다. 앞에서 언급했듯이 이미 1986년에 홀은『경제 조정』에서 유럽의 주요 국가들이 각국의 제도적 조건들 때문에 어떻게 상이한 정책 패턴의 경로를 보여 주는지를 분석했다. 홀에 따르면 영국·독일·프랑스는 노동·자본·국가의 조직 방식과 국제정치경제에서의 위치가 상이함에 따라 유사한 경제적 문제를 해결함에 있어서도 전후부터 1980년대 초까지 서로 상이한 경제정책 패턴을 보여 주었다고 한다(Hall 1986).

예를 들어, 독일의 경우는 수출 촉진을 위해 자국 통화인 마르크 Deutsch Mark를 저평가 상태로 유지하려 하고 대신 디플레이션 통화정책을 사용했다. 실제로 독일은 1967~72년 사이 짧게 케인스주의적 팽창정책을 사용한 적은 있지만 전후 나머지 대부부의 기간 동안 긴축통화 정책을 펴왔다. 그리고 독일은 산업정책에서도 국가의 개입을 최소화하고 대부분은 노사 간 자율 조정의 방식을 선호했다. 반면 영국의 경우는 영국의 파운드가 강하게 유지되도록 고평가 환율정책을 쓰고 통화정책에서도 소위 말하는 '스톱-고 정책'stop-go policy으로 불황기에는 케인스주의적 통화 팽창 정책을 쓰다가 강한 파운드를 유지하기 위해서 다시 디플레이션으로 급격히 선회하는 정책을 반복한다. 이에 비해 프랑스는 케인스주의적 통화정책으로 적극적인 국가 개입과 팽창정책을 쓰고 대외 수출을 유지하기 위해서는 저평가devaluation 환율정책을 유지했다. 특히 프랑스는 경기를 진작하기 위해서 막대한 재정적자를 유발하는 팽창적 재정정책을 사용했다. 또한 독일과 달리 프랑스는 대표 기업들을 육성하기 위해서 적극적으로 시장에 개입하고 합병을 조장했을 뿐만 아니라 전략 산업을 선별적으로 지원하는 정책을 구사했다.

홀은 이런 정책 패턴들의 차이가 노동·자본·국가의 조직 방식에서 존재하는 제도적 차이 때문이라고 주장한다(Hall 1986). 그에 따르면 영국이 자국 통화의 고평가 환율정책을 추구하는 것은 금융자본과 산업자본이 분리되어 있고 금융자본 우위로 영국 자본주의가 조직되어 있기 때문이다. 또 프랑스·독일 은행들과 달리 영국 금융자본은 국내 산업과 상대적으로 독립적이며 국제적 경향을 보여 준다. 반면 독일이나 프랑스의 경우는 산업자본을 중심으로 경제가 조직되어 있고, 은행과 산업이 밀접하게 결합되어 있기 때문에 은행과 금융은 모두 산업의 성공과 수출에 의존한다. 그래서 산업의 수출을 위해서 자국 통화의 저평가를 유지하려고 한다는 것이다. 또한 영국이 반복되는 '스톱-고 정책'을 쓰는 이유는 노동이 다원주의적으로 조직되어 있어서 협력적 조정이 어려울 뿐만 아니라 안정적 통화정책을 보전하려는 금융자본의 이익이 강하게 작용하기 때문이다. 그리고 영국은 프랑스와 달리 자유주의적 전통에 기초해서 국가가 산업에 개입하는 것을 최소화했다. 반면 독일은 프랑스, 영국과 달리 노사가 중앙 집중적으로 잘 조직되어 있어서 국가의 개입보다는 사회 내 집단 협상을 통해서 자율적 조정이 가능했다. 이에 비해 프랑스는 독일과 같이 노조가 잘 조직되어 있지 않기 때문에 코포라티즘적 사회 조정에는 실패했지만, 영국과 달리 강한 국가 제도를 기초로 국가에 의한 일방적 가격통제 정책과 산업정책 그리고 주기적인 통화 저평가 정책을 구사할 수 있었다.

한편 '자본주의 다양성' 논의를 논쟁의 한가운데로 불러온 홀과 소스키스의 대표 저작인 『자본주의 다양성』은 세계화 시대에 각국 자본주의가 어떻게 다양한 형태로 분화·공존할 수 있는지 명료한 논리를 보여 주었다. 홀과 소스키스는 상이한 제도적 맥락에서 회사 단위의 합리적 선택의 결과가 어떻게 상이한 자본주의 발전 패턴으로 귀결되는지 그 논리를 보여 주고 있다(Hall and Soskice 2001).

먼저 홀과 소스키스는 자본주의 생산방식을 크게 다섯 가지의 측면으로 나누어 분석한다. 그것은 임금과 노동조건 등을 결정하는 '노사관계', 자본 동원 방식인 '기업지배구조', 회사 내 '임노동 관계', '교육과 훈련 체계', '회사 간 관계' 등이다. 그런데 여기서 주목할 점은 자본주의 조직에는 여러 문제들이 있겠지만 홀과 소스키스는 무엇보다 행위자들 간의 관계 조정의 문제에 주목한다는 것이다. 왜냐하면 각자의 이익을 추구하는 자본주의 관계에서는 신고전파 경제학이 가정하는 완전 경쟁 시장과 달리 정보와 상품 교환이 항상 불완전하기 때문이다. 어떤 회사가 자본주의적으로 생산을 함에 있어서 노동과 다른 회사들과의 관계를 조정하려 할 때 사용할 수 있는 방법은 크게 두 가지로 나눌 수 있는데, 그것은 전략적 상호작용과 익명성에 기초한 시장 관계로 구분해 볼 수 있다. 홀과 소스키스에 따르면 어떤 회사가 어떤 전략을 쓸지는 제도적 맥락에 의존한다. 자본주의적 시장 관계가 다소 안정적이고 '신뢰할 수 있는 상호작용'credible commitments을 위한 제도적 조건들이 충분할 때 회사는 전략적 상호 조정을 택하는 반면, 시장이 대단히 유동적이고 신뢰할 수 있는 상호작용을 보장할 제도적 조건들이 부재할 경우에 회사는 익명성에 기초한 시장 조정을 택한다는 것이다.

홀과 소스키스에 따르면 회사의 조정 능력과 방식에 따라 전형적인 자본주의 생산 모델은 크게 두 부류로 나뉜다. '조정시장경제'CMEs와 '자유시장경제'LMEs가 그것이다. 미국과 영국을 비롯한 자유시장경제 체제에서 회사들은 주로 '위계'hierarchy 아니면 '서로 소원한 경쟁적 시장 관계'arm's-length and competitive market relations로 조정 문제를 해결한다. 여기서 '소원한 시장 관계'란 신고전파 경제학에서 의미하는 시장 관계로서 경쟁과 '공식적 계약 관계'를 의미한다. 이런 시장 관계에서 주요 행위자들 혹은 회사들은 가격 신호에 따라 행동한다(Hall and Soskice 2001, 8). 반면 조정시장경제에서 회사들은 다른 행위자들과 주로 비시장적 관계non-market relations에 의존한다. 비시장적 조정이란 일반적으로 보다 광범위한 관계적 조정relational coordination, 형식적 계약 관계보다는 불완전한 계약, 네트워크 내부의 사적 정보 교환에 의존하는 네트워크 모니터링, 그리고 경쟁적 관계라기보다는 협력적 관계에 보다 의존하는 것을 의미한다. 이런 제도적 조건들 아래에서 회사들의 합리적 선택의 결과는 서로 다른데 자유시장경제에서는 주로 경쟁적 시장에서 수요와 공급에 의해 결정되는 반면, 조정시장경제에서는 주로 회사들과 다른 주요 행위자들 간 전략적 상호작용에 의해 결정된다(Hall and Soskice 2001, 8).

그런데 홀과 소스키스는 여러 글들에서 자본주의국가들을 주로 1970년대와 1980년대 경험적 측정 데이터들에 기초해 위의 두 유형(조정시장경제와 자유시장경제)으로 분류했다(Hall and Soskice 2001, 17-21; Soskice 1999, 104-105; Hall and Gingerich 2004, 8-9). 그들의 분류에 따르면 경제협력개발기구OECD 국가들을 대상으로 했을 때 미국·영국·오스트레일리아·캐나다·뉴질랜드·아일랜드가 자유시장경제로 분류되었다.[4] 이들 자유시장경제 국가들은 주로 발전된 주식시장, 분산된 주식 보유, 잦은 적대적 인수합병M&A, 약한 노동조합과 약한 산업 조직들, 낮은 임노동 보호, 유동적인 노동시장을 특징으로 한다. 이런 자유시장경제에서 임금은 주로 개별 고용주와 노동자들 사이의 자유계약을 통해 이루어진다. 그리고 노동자 기술 훈련은 전반적으로 낮은 수준의 일반 기술에 국한되는 경향이 있다. 왜냐하면 고용주들 간 조정이 어려워 타회사에 의한 기술자 '가로채기'poaching의 위험 때문에 기술 훈련에 대한 투자가 적고 또한 노동자들도 자유시장에서 다양한 직업에 적응하기 위해 보다 일반적인 기술을 배우는 경향이 있기 때문이다.

4_여기서 아일랜드에 주목할 필요가 있는데, 아일랜드는 이들 '자본주의 다양성' 학파들의 분류에 따르면 영국·미국과 같이 자유시장경제로 분류된다. 이것은 주로 1987년 이전의 아일랜드 데이터에 의존했기 때문이다. 실제로 이 책의 제3장에서 보듯이 아일랜드는 1987년 이전까지는 영국식 자유주의적 다원주의 체제라고 할 수 있었다. 그러나 아일랜드는 1987년 이후 20여 년간의 사회협약을 통해서 코포라티즘적 사회 조정의 경제 체제를 발전시켰다.

한편 조정시장경제는 독일을 이념형으로 하여 일본·스위스·네덜란드·벨기에·스웨덴·노르웨이·덴마크·핀란드·오스트리아를 포함한다.[5] 조정시장경제는 잘 조직되고 영향력이 큰 고용주 단체들과 강력한 노동조합 그리고 회사 내에 잘 조직된 노동자 평의회를 특징으로 한다. 조정시장경제에서는 고용 보호의 수준이 높아서 노동시장은 자유시장경제처럼 유동적이지 않고 장기 고용이 이루어진다. 조정시장경제에서 임금과 노동조건, 기술 훈련은 주로 고용주 단체들과 노조들에 의해 조정된다. 여기서 노동자들의 기술 훈련은 자유시장경제에서 흔히 보이는 것과 달리 산업 특수적이거나 기업 특수적인 경향이 강하다. 왜냐하면 산업 차원의 사회적 조정에 의해 기술자 '가로채기' 위험이 적고, 고용 안정 제도에 의해 고용주도 노동자도 특정 산업과 기업에 특수한 기술을 익히려는 경향이 강하다. 조정시장경제에서 회사들은 고용주 단체에 소속감이 높고 순환 출자가 많아서 상호 조정이 용이하다. 회사들이 이런 산업 단체들을 통해 서로 긴밀하게 연계되어 있어 경영자들은 주식시장의 변동이나 단기

5_홀과 소스키스는 프랑스를 비롯한 라틴계 남유럽 경제들인 이탈리아 스페인 포르투갈 그리스 터키는 다소 모호한 중립적 위치로 분류한다. 이들 라틴계 국가들은 사실 전형적인 조정시장경제 체제와 다소 다르다. 예를 들면 프랑스는 독일과 같이 사회 내에서 조정이 미약하고 주로 국가 주도의 조정을 보여 준다. 또한 남유럽 국가들은 장기간의 고용 체제와 같이 조정시장경제의 특징을 가지지만 노동자들의 기술훈련은 낮다. 또한 약한 노조와 이데올로기 대립으로 인해 사회적 조정이 어렵다(Hall and Soskice 2001). 그래서 비비안 슈미트는 유럽의 자본주의 모델을 홀과 소스키스처럼 두 유형으로 나누는 것이 아니라 세 유형, 즉 영국과 미국의 '시장 자본주의'(Market capitalism), 독일 네덜란드 스웨덴을 모델로 하는 '관리 자본주의'(Managed capitalism) 그리고 마지막으로 프랑스와 이탈리아를 이상적 모델로 하는 '국가 자본주의'(State capitalism)로 분류하고 있다(Schmidt 2002, 112-118).

간의 이윤보다는 장기간의 평판과 이득에 초점을 둔다. 조정시장경제에서는 회사들 간에 상호 협력을 통해서 실질적인 기술 이전이 잘 이루어지는 경향이 있다. 그래서 단기간의 급진적 혁신을 추구하는 자유시장경제와 달리 조정시장경제에서는 고숙련 노동과 회사 간 협력을 통한 점진적이고 지속적인 혁신을 추구하는 경향이 있다.

홀과 소스키스를 비롯한 '자본주의 다양성 학파'에 따르면, 세계화에도 불구하고 자본주의국가들의 발전 모델은 결코 자유시장 모델로 수렴하지 않는다. 특히 기존의 다른 제도주의자들과 달리 홀과 소스키스는 자본주의 모델의 국가 간 다양성이 단순히 자유화에 대한 기존 제도들과 문화에 의한 저항의 결과라기보다는 회사를 비롯한 주요 행위자들의 적극적이고 합리적인 선택의 결과라고 주장한다. 홀과 소스키스 같은 합리적 선택 제도주의의 관점은 제도적 조건들이 주는 이점들이 상이하기 때문에 행위자들이 '비교 제도 우위'comparative institutional advantages를 이용하는 합리적 선택을 하다 보면 자연스럽게 '조정시장경제'와 '자유시장경제'라는 두 개의 균형점으로 귀결된다고 본다(Hall and Soskice 2001, 56).

예를 들면, 세계화와 유럽 통합의 과정 속에서도 영국 기업들은 자유시장경제 제도들을 보호하고 강화하려고 하지만 반대로 독일 회사들과 주요 행위자들은 금융 자유화 같은 자유시장 요소들을 받아들이기를 거부하고 오히려 네트워크 모니터링을 위한 제도들을 더욱 강화하려고 한다는 것이다(Hall and Soskice 2001, 53). 이런 경향은 단순히 경제적 차원만이 아니라 사회 전체의 정치적인 차원에서도 나타난다. 영국과 미국 같은 자유시장 체제 정부와 회사들은 시장 메커니즘을 충분히 이용할 수 있도록 자유화를 지지하지만 반대로 독일과 같은 조정시장경제 체제에서 정부와 회사들은 기존의 조정 제도들을 유지·강화하려 하고 자유화에 대해서는 거부하는 경향을 보여 준다는 것이다. 그래서 홀과 소스키스는 세계화에 따른 정치의 차이를 다음과 같이 기술하고 있다.

> 여기[조정시장경제 체제]에서 정부는 탈규제에 덜 호의적이다. 왜냐하면 그것은 국가의 비교 제도 우위를 위협하기 때문이다. 심지어 이런 조건들에서조차 탈규제를 원하는 요구들이 있을지도 모르지만, 기업 공동체는 그것을 잘 지원하지 않으려 할 가능성이 높다. 왜냐하면 많은 회사들은 [협력적 조정을 위한] 관계적 계약 체제로부터 오는 이점을 살리려 하는데, 관계적 계약은 이를 지탱하는 규제 레짐들의 존재에 의존하기 때문이다. 이런 경제체제에서 회사들과 노동자들은 [조정 제도들을] 보호할 공통의 이해를 가지고 있다. 왜냐하면 그들은 산업 특수적 기술과 같은 많은 공동의 특수 자산co-specific assets을 가지고 있기 때문이다(Hall and Soskice 2001, 58).

이처럼 홀과 소스키스의 '자본주의 다양성' 학파는, 세계화의 충격에도 불구하고 각국의 주요 행위자들은 자국의 제도들이 제공하는 '비교 제도 우위'를 고려해 합리적 선택을 하며, 이 때문에 기존의 자체 모델을 더욱 강화하는 경향이 있음에 주목한다. 그래서 자본주의 다양성 학파는 결국 자본주의 모델들 간의 상이성은 더욱 커질 것이라고 주장한다. 제도적 맥락에 따른 기업과 노동 등 주요 행위자들의 합리적 선택은 전국적 차원의 정치에서도 그대로 드러난다. 즉 자유시장경제에서는 자유시장의 강화로 소득 불균형이 악화되고 계급 간 갈등이 격화되는 반면, 조정시장경제에서는 고용주들과 노동자들이 산업 특수적 기술과 같은 공통의 자산들에 대한 공통된 이해를 가지기 때문에 이들은 계급 연합을 형성해 현재의 제도적 이점을 살리려 하며, 이에 따라 자유화와 탈규제에 반대하는 경향을 보여 준다(Hall and Gingerich 2004, 33; Thelen 2000).

또한 홀과 소스키스는 각국 제도들이 가지는 '제도적 상호 보완성'

institutional complementarity(이하, 제도적 상보성)으로 인해서 발전 패턴의 변화가 어렵다고 주장한다. 홀과 소스키스에 따르면, 각국의 제도들은 서로 긴밀히 연결되어 있기 때문에, 한 영역에서 제도 개혁을 요구하더라도 그것이 제대로 작동하기 위해서는 다른 이웃 영역에서의 재조정을 필요로 한다. 그래서 어느 영역이든 제도 변화는 사실 비용이 너무 많이 들기 때문에 제도 변화가 일어나기 어렵다는 것이다. 결국 홀과 소스키스에 기초한 '자본주의 다양성' 학파의 주장에 따르면 자유시장에 유리한 세계화의 외적 충격으로 인해서 조정시장경제 체제들도 어느 정도는 자유경제 체제의 방향으로 움직일지 모르지만, 자유시장 체제 국가들이 훨씬 더 많이 자유화의 방향으로 움직이기 때문에 실제로 두 모델 간의 차이는 줄어들기는커녕 오히려 더욱 커지게 된다고 한다(Hall and Soskice 2001, 53-55; 60-64; Hall and Gingereich 2004; Hancké et al. 2007, 17-20; Hall and Soskice 2003, 243-249).

그러나 이처럼 홀과 소스키스를 비롯한 제도주의자들은 제도에 의한 자본주의 모델의 지속성을 지나치게 강조함으로써 실제 1990년대 일어난 많은 변화들을 설명하는 데 한계가 있다. 제도주의자들은 신자유주의자들의 수렴론에 대한 비판으로 다양성을 오직 제도나 발전 경로의 '지속성'으로만 설명함으로써, 1990년대와 2000년대의 많은 경험적 사례들이 보여 주듯이 오히려 '변화와 적응' 과정에서 다양한 모델의 생성과 발전이 가능할 수 있음을 보지 못했다(Streeck and Thelen 2005; Thelen 2004; Herrigel 2010; Kwon 2004a; 2007).

먼저 홀과 소스키스의 합리적 선택 제도주의에 기초한 '자본주의 다양성' 학파의 문제점부터 먼저 살펴보자. '자본주의 다양성' 학파에 따르면, 가장 중요한 회사들의 합리적 선택, 특히 고용주들의 합리적 선택으로 인해 자유시장경제이든 조정시장경제이든 자기 모델을 재강화하는 경향이 있다고 한다. 그래서 세계화에도 불구하고 합리적 선택의 결과 두 개의 균형점으로 더욱 자기 체제를 강화하는 방향으로 움직인다는 것이다(Hall and Soskice 2001). 그러나 최근의 많은 경험 연구들에 따르면 주요 행위자들은 자기 모델을 강화하는 쪽으로 움직이는 것만은 아니었다. 특히 조정시장경제의 고용주들은 기존의 조정 제도들에 대한 지지를 철회하는 경향이 있었다.

예를 들면, 독일의 고용주들은 노동시장과 자본시장에서 기존의 조정을 포기하고 탈규제적 개혁을 추진했다(Thelen and van Wijnbergen 2003; Kinderman 2005). 독일 경제의 주요 행위자들인 은행가들, 기업 경영자들, 노동자들은 기존의 조정 자본주의를 위한 계급 연합을 해체하고 외부 투자자를 포함해 '주주 가치' 실현을 강조하는 새로운 계급 연합을 구성하고 있다(Höpner 2001; Deeg 2005). 또한 고용주 내부에서도 중소기업 고용주들은 거대 기업들이 지지하는 기존의 조정적 노사관계를 해체하고자 했다(Berndt 2000). 실제로 독일 정치경제의 대표적 학자인 슈트렉이 경험적으로 보여 주듯이 독일은 기존의 중앙 집중적인 코포라티즘 조정 모델을 점진적으로 해체해왔다(Streeck 2009). 산업 수준의 단체교섭에 의해 적용을 받는 노동자들의 비율은 1995년 72%이던 것이 2006년에는 57%로 줄었고, 작업장 비율도 같은 기간 53%에서 37%로 줄었다. 이에 비해 작업장 단위의 '특별 협상'Öffnungsklauseln을 도입하는 비율은 1999/2000년 22%이던 것이 2004/2005년에는 75%로 증가했다(Streeck 2009, 39-41). 그런데 산업 수준에서 이루어지던 기존의 중앙 집중적이고 코포라티즘적인 조정 방식이 해체된다는 것이 곧 슈트렉이 주장하듯이 미국식의 자유시장 모델로 수렴하는 것을 의미하는 것은 아니다. 독일은 회사 단위에서 보다 유연한 새로운 조정 체제를 수립함으로써 미국과는 전혀 다른 세계화에 대한 적응 방식과 결과를 보여 준다(Kwon 2012a, 2002; Herrigel

2010, 206-226). 바로 이 점에서 이런 변화, 즉 '변화 과정에서의 새로운 분화'는 모델의 '자기 강화적 지속성'을 강조하는 '자본주의 다양성' 학파나 경로 의존성을 강조하는 많은 제도주의자들로서는 설명하기 어렵다.

무엇보다 이 책에서 설명하고자 하는 아일랜드 사례는 '자본주의 다양성 학파'나 신제도주의자들이 주장하는 '자기 강화적 경로 의존성'과는 정반대의 경향을 보여 주는 사례라고 할 수 있다. 아일랜드는 기존의 자기 모델과 확연히 구별되는 '경로 혁신적' 전환을 이룬 사례라고 할 수 있다. 아래 장들에서 구체적으로 살펴보듯이 아일랜드는 기존에 영국 식민지의 전통하에서 영국식 자유주의적 다원주의 제도에 기초한 앵글로색슨 자유 시장 모델로 흔히 분류되었다. 그러나 아일랜드는 1987년 이후 중앙 집중적 사회협약을 시작으로 20여 년간 여덟 차례에 걸쳐 지속적으로 기존의 사회협약을 갱신하면서 코포라티즘적 사회 조정 체제를 안착시키는 데 성공했다. 이처럼 독일과 아일랜드 사례는 '경로 강화적 적응'과는 구별되는 새로운 변화를 이해하기 위한 새로운 이론적 대안을 요구한다.

아일랜드 사례에서 주목할 만한 또 다른 이론적 시사점은 외적 충격만으로는 새로운 변화를 설명할 수 없다는 것이다. 아일랜드는 국제적으로 가장 개방된 소국들 중 하나이지만 세계화의 도전에도 불구하고 자유 시장 모델의 방향으로 나가기보다는 오히려 코포라티즘적 사회 조정을 통해서 성공적으로 경제 도약을 이룬 국가다. 홀과 소스키스의 '자본주의 다양성 학파'를 비롯한 많은 신제도주의자들은 '세계화'를 각국이 자유시장 모델 방향으로 변화하도록 외부에서 충격을 가하는 것이라고 가정한다. 다만 그럼에도 불구하고 여전히 자본주의 다양성이 지속되거나 더욱 심화되는 이유는 국내 주요 행위자들이 국내 제도들이 주는 이점을 더욱 살리기 위해 기존 제도들을 강화하기 때문이든지 아니면, 로널드 도어 같은 '사회학적 제도주의자들'처럼, 문화 지체 현상으로 비공식적 문화는 변화하기 어렵기 때문이라고 주장한다(Dore 2000). 그러나 아일랜드 사례에서 보듯이 외부 충격은 자유주의적이라고 하더라도 국내 정치에 의해서 전혀 다른 방향으로 움직일 수 있고 또한 성공할 수도 있다. 따라서 아일랜드의 사회협약 체제로의 전환과 진화를 설명하기 위해서는 외적 충격 요인만이 아니라 변화의 내적 논리가 요구된다.

그런데 기존의 다양한 제도주의 흐름들의 문제는 제도의 변화를 설명하기 위해서는 외생적 변화에 의존하지 않을 수밖에 없는 논리적 구조를 가지고 있다는 것이다. 앞에서도 언급했듯이 신제도주의 내부의 다양한 흐름인 역사 제도주의, 합리적 선택 제도주의, 사회학적 제도주의는 발전 경로의 지속성을 설명하기 위해 제도에 의한 일방적 규정성과 자기 강화적 재생산 과정을 강조하기 때문에 내생적 진화나 변화의 과정을 설명하기 어렵다.

(가) 역사 제도주의

먼저 제도주의 중에서 가장 오래되고 뿌리가 깊은 역사 제도주의를 보자. 역사 제도주의는 1950년대와 1960년대를 풍미하던 행태주의에 대한 비판으로 역사적·제도적 맥락을 강조하면서 시작되었다. 역사 제도주의는 베링턴 무어의 『독재와 민주주의의 사회적 기원』*The Social Origins of Dictatorship and Democracy*(1966)에서 출발해, 테다 스카치폴의 『국가와 사회혁명』*States and Social Revolutions*(1979)으로 이어지는 '비교역사 분석' 문헌들에서 발전했다. 또한 역사 제도주의는 1970년대 오일쇼크에 대한 대응으로 각국의 적응 전략이 상이함을 설명하기 위한 시도들 속에서 더욱 주목을 받아 왔다. 피터 카첸스타인의 『권력과 부 사이』*Between Power and Plenty*(1978), 수잔 버거가 편저한 『서유럽 이익 조직 체계』*Organizing Interests in Western Europe*(1981), 피터 거비치의 『위기의 정치』*Politics in Hard Times*(1986), 피터 홀의

『경제 조정』*Governing the Economy*(1986) 등의 대표 저작들을 통해 본 역사 제도주의는 1960년대 근대화론의 수렴론이나 전통적인 이익집단 이론의 탈역사적 접근뿐만 아니라 마르크스주의적 접근을 비판하면서 계급이나 이익집단들이 역사적·제도적 맥락으로 인해 상이한 위기 대응 방식을 보여 준다는 것을 강조했다(Thelen and Steinmo 1992, 5-6; Weir and Skocpol 1985). 역사 제도주의는 합리적 선택 이론과 달리 행위자들의 합리성은 보편적 성격의 이익 극대화가 아니라 규범을 준수하는 데서 나오는 것으로 제도적 맥락에서 형성된다고 본다(Thelen and Steinmo 1992, 8). 그러나 역사 제도주의는 제도적 맥락에서 행위자들의 이익이나 전략이 결정된다고 봄으로써 행위자에 대한 제도의 일방적 규정을 과도하게 전제하고 행위자들의 상호작용 과정에서 발생하는 자기 정체성과 이익의 적극적인 구성을 보지 못하는 측면이 있다.

이것은 사실 역사 제도주의에 내재한 역사와 시간에 대한 불완전한 이해와 연결된다. 역사 제도주의에서 역사는 특히 중요시되는데 그것의 의미는 주로 경로 의존성, 시간적 배열, 국면으로 이해된다. 피어슨과 스카치폴은 역사 제도주의 접근들에서 역사가 의미하는 전형적 논리들을 다음과 같이 명확하게 언급하고 있다.

왜 역사가 인과적으로 결정적일 수 있는지에 대한 핵심적 사례는 역사 제도주의 학파에 공통된 경로 의존성에 대한 주장들이다. 경로 의존성은 명확한 의미가 없는 유행 같은 개념이다. 그러나 대부분의 역사 제도주의 학자들에서 그것은 정치체제에서 자기 강화적 혹은 긍정적 피드백positive feedback 과정들을 지칭한다. 명확한 논리는 다음과 같은 경로 의존적 과정에 포함된다. 즉 어떤 중대 국면에서 창출된 결과들은 이후 특정 패턴이 계속 반복해서 발생하도록 재강화하는 피드백 메커니즘을 창출한다(Pierson and Skocpol 2002, 699).

역사 제도주의에 따르면 '중대 국면'에서 행위자들의 정치에 의해 특정 발전 경로가 일단 수립되면locked-in, 행위자들은 이 경로 혹은 패턴을 뒤집기가 쉽지 않고 또다시 새로운 '비상 국면'이 오기 전까지 장기간 제도적 논리와 구속력constraints에 의해 특정 패턴이 지속적으로 반복된다는 것이다. 이런 역사 제도주의의 경로 의존성 개념은 당시 풍미하던 기능주의에 대한 주요한 비판의 논거를 제공했다. 기능주의는 현재의 기능 혹은 필요에 의해 어떤 제도의 역사적 발생을 필연적이고 자연스러운 것으로 가정한다. 이에 반해 역사 제도주의자들은 현실에서 이루어지는 행위자들의 행동들과 이 행동들의 장기적 결과들 사이에는 차이가 있음을 강조한다(Thelen 2004, 25-26). 역사 제도주의는 기능주의와 달리 제도의 발생과 의미는 현재의 필요나 기능으로 추정될 수 없다고 주장한다. 역사 제도주의에 따르면 제도의 의미는 그것이 어느 시점timing에, 또 어떤 역사적 배열로 발생하느냐에 따라 전혀 다른 결과와 의미를 가진다. 이처럼 사건의 시간적 배열에 초점을 두는 역사 제도주의는 기능주의 이론뿐만 아니라 합리적 선택이론이 거시적인 국면들과 역사적 진행 과정을 설명하는 데 한계를 보이던 것과는 반대로 거시적·역사적 발전 과정을 추적하는 데 보다 강점을 지닌다(Pierson and Skocpol 2002, 700-701; 709).

그러나 역사 제도주의는 자기 강화적 경로 의존성을 지나치게 강조함으로써 정치경제 체제의 변화를 설명하는 데 많은 한계를 가진다. 역사 제도주의는 '비상 국면'에서 우연의 정치에 의해 한번 결정이 이루어지고 나면 '정상 시기'에는 행위자들의 이익이나 힘 관계가 제도에 의해 규정되기 때문에 '비상 국면'에서 채택된 특정 패턴이 안정적으로 재생산된다고 본다. 제도주의의 이런 제도의 자기 강화성 논리는 실천 과정에서 발생하는 부정적인 피드백negative feedback이나 경로 혁신적 변화를 분석하는 데 어려움을 가지고 있다.

역사 제도주의에서 체제나 제도의 변화는 소위 말하는 '단절적 균형이론'에 의해 설명된다. '단절적 균형이론'에서는 짧은 위기 국면에서 일시적이고 단절적으로 기존 제도가 붕괴되고 불확실성이 높은 우연의 정치에 의해 새로운 제도가 일단 수립되면 다음의 단절적 위기 국면이 오기 전까지는 제도의 구속력에 의해 수립된 특정 패턴이 반복해 장기간 재생산된다고 본다. 짧은 단절적 변화의 시기 이후 장기간의 '정상 기간'에 제도는 정치적 행위자들의 이해와 힘 관계를 규정하기 때문에 동일한 행위 패턴이 반복해서 지속된다는 것이다. 그런데 여기서 주목할 점은, 단절적 균형이론에서는 짧은 기간의 위기 국면에서 발생하는 변화는 기존의 제도적 실천 과정에서 나타나기보다는 외부에서 촉발된다고 본다는 점이다 (Thelen and Steinmo 1992, 15; Krasner 1984, 223-46; Blyth 2002, 7). 짧은 위기 국면의 변화와 제도의 지속적 재생산이라는 장기간의 정상 국면 normal time은 지나치게 단절적이기 때문에 변화는 정상 국면의 실천 과정과 별개로 외부에서 원인을 찾지 않을 수 없다는 것이다. 장기간의 정상 시기는 행위자보다는 오직 제도의 일방적 규정에 의해 모든 것이 설명되는 반면, 위기 국면에서는 행위자들과 우연적 외부 충격에 의해 설명된다. 다시 말하면 장기간의 안정적 정상 시기는 제도가 행위자들과 정치를 규정하는 반면, 짧은 위기 국면에서는 정치가 제도를 규정한다. 사실 이런 단절적 균형이론은 역사 제도주의뿐만 아니라 합리적 선택 제도주의자들을 포함해서 대부분의 기존 정치경제 이론들이 이용하는 방식이기도 한다(North 1990; Ostrom 1990).

그런데 문제는 이런 '단절적 균형이론'의 변화에 대한 설명에는 변화의 내적 메커니즘이 부재하다는 것이다. 단절적 균형이론의 설명 방식으로는 정상 시기에도 행위자들의 적극적인 해석들과 지속적인 상호작용에 의해 제도의 의미가 변화해 가는 것을 보지 못할 뿐만 아니라, 정상 시기의 실천들이 어떻게 위기 국면에 영향을 미치는지를 설명하는 데 문제가 있다. 단절적 균형이론은 위기 국면에서의 변화를 설명하기 위해서 정상 시기의 제도적 규정성을 벗어나는 논리를 필요로 하는데, 이 때문에 변화의 원인을 오직 외부에서 찾을 수밖에 없다(Blyth 2002, 7-8; Schmidt 2008, 317).

그러나 외부의 충격만으로는 변화의 방향과 메커니즘을 이해할 수 없다. 앞에서도 언급했듯이 세계화의 도전에도 불구하고 나라별로 적응하는 방식은 전혀 다르다. 또한 이 책에서 구체적으로 살펴보겠지만 아일랜드는 1980년대 후반과 2008년에 유사한 경제적 위기에 직면하지만 전혀 다른 대응 방식을 보여 준다. 1980년대 후반의 위기에서는 사회협약을 통한 국난 극복의 방식을 취했지만 2000년대 말에는 반대로 국난 극복을 위해서 사회협약을 희생시켰던 것이다. 2008년 위기에서 아일랜드가 사회협약을 포기한 이유는 1987년과 위기의 성격이 다르기 때문이 아니라 바로 20여 년간의 안정적인 사회협약 체제를 거치면서 사회협약 자체의 의미가 변화했기 때문이다. 본 연구가 강조하고자 하는 바는 위기 시기 변화의 방향을 알기 위해서는 정상 시기의 제도 변화를 이해해야 한다는 것이다. 아일랜드 사회협약의 안정적인 제도화가 이루어진 20여 년간의 정상 시기는 사실 동일한 제도의 반복이 아니라 지속적으로 새로운 정당화, 그리고 새로운 역할과 의미 부여를 필요로 했다. 이런 변화의 과정으로 인해서 사회협약은 안정적으로 재생산될 수 있었고, 다른 한편으로 2008년 위기 국면에서는 1987년 위기 시기와는 다른 의미로 규정되었던 것이다. 따라서 역사 제도주의가 전제로 하는 '정상 시기 동안의 제도의 일방적 규정성'은 재검토되어야 한다. 이런 맥락에서 본 연구가 강조하는 바는 정상 시기라 하더라도 행위자들의 지속적인 재해석과 실천적·담론적 상호작용에 의해 제도는 변화해 간다는 것이다.

(나) 사회학적 제도주의

한편 사회학적 제도주의도 또한 '과도하게 사회화된' 혹은 '당연시 여겨지는 인식론적 틀'을 강조함으로써 내생적 변화를 설명하기 어렵다. 왜냐하면 사회학적 제도주의에서 강조하는 '인식론적 틀'은 외부의 자극을 자기의 논리대로 해석하고 기존의 인식론적 틀 자체는 의식적으로 반성하고 변화시키지 않기 때문이다. 그래서 인식론적 틀 자체가 내생적으로 변화될 가능성은 부재하다.

사회학적 제도주의는 기존의 공식적 규범이나 법률을 강조하는 고전적 제도주의와 달리 행위자 내부의 '인식론적 틀' 그리고 이에 영향을 주는 '무엇이 적당한지', '무엇이 올바른지' 혹은 '무엇이 의미가 있는지'를 규정하는 문화적 규범과 의미 체계에 초점을 맞춘다(DiMaggio and Powell 1991).[6] 사회학적 제도주의는 행위자들의 이익을 단순히 경제적 위치 economic position나 조직적 위치를 통해 규정하는 기존의 지배적인 정치경제 이론들의 약점을 비판한다는 점에서 뛰어나다. 사회학적 제도주의는 제도가 지속되는 이유는 문화적 규범 혹은 인식론적 틀이 쉽게 바뀌지 않기 때문이라고 강조한다(Dore 2000). 즉 일단 제도가 수립되면 최적이 아니

6_신제도주의는 학문 분야에 따라 다소 상이하지만 경제학에서 신제도주의가 주로 올리버 월리암슨의 거래 비용 이론(transaction cost theory)이라면 사회학에서는 '행위자 외부에 존재하는 제도'를 강조하는 탈코트 파슨스의 전통적 제도주의(old institutionalism)와 달리 인식론적 혁명(cognitive revolution)을 의미한다. 전통적 제도주의나 새로운 사회학적 제도주의 모두 행위자들의 합리성(rationality)이 제도에 의해 제한을 받는다고 보는 것은 같지만, 제도적 제약이 무엇인지에 대해서는 서로 다른 입장을 취한다. 전통적 제도주의자들은 제도적 맥락과 조직 내부에 존재하는 기득 이익들을 강조하는 반면, 새로운 사회학적 제도주의는 의식적으로 명확히 할 수 없지만 공유된 인식론적 의미 틀을 강조한다(DiMaggio and Powell 1991).

라 하더라도 지속되는데, 그 이유는 외적인 제도의 강제 때문이라기보다는 내부의 인식론적 틀, 특히 '비반성적이고 관례적이며 당연시 여겨지는' 인식론적 틀과 행동 때문이라는 것이다(DiMaggio and Powell 1991, 14).

그러나 문제는 바로 '반성되지 않는 인식론적 틀'을 지나치게 강조함으로써 사회학적 제도주의는 내생적 변화를 설명하기 어렵다는 것이다. 사회학적 제도주의자들은 제도의 실천 과정에서 발생하는 제도의 의미에 대한 행위자들의 재해석으로 인해 그 의미가 지속적으로 변화하는 동태적인 과정에 주목하기보다는 완결된 문화적 의미 체계의 정태적 분석에만 초점을 둠으로써, 그리고 인식론적 틀이 의식적인 반성에 의해 재조정될 수 있음을 간과함으로써, 어떻게 행위자들이 스스로 기존의 문화적 규범이나 인식론적 틀을 극복하고 새로운 틀을 창출하는지를 설명하기 어렵다(Checkel 1998, 35; DiMaggio and Powell 1991, 12-15; Hirsch and Lounsbury 1997, 407-415). 제도의 보다 동태적이고 내생적인 변화를 설명하기 위해서는, 행위자들이 자신들의 이익을 단순히 경제적 위치에 따라 규정하는 것이 아니라 적극적으로 해석한다는 사실뿐만 아니라 특히 실천적·담론적 상호작용 과정에서 지속적으로 자신들의 이익과 전략을 재해석한다는 점을 강조할 필요가 있다. 객관적 상황과 이익에 대한 행위자들의 인식은 사회학적 제도주의자들이 주장하는 것처럼 '컨텍스트 없는 텍스트'text without context에 의해 이루어지는 것이 아니라 '누가 누구에게 무엇을 어디서 왜 했는지'에 대한 행위자들의 해석, 즉 실천적·담론적 상호작용의 의해 이루어지기 때문이다.

(다) 합리적 선택 제도주의
한편 앞의 홀과 소스키스의 '자본주의 다양성' 논의가 보여 주듯이 '합리적 선택 제도주의' 또한 자기 강화적 균형이론에 의존함으로써 보다 동태적인 내생적 변화를 설명하기 어렵다. 합리적 선택 이론은 개인들의 상호 작용에서 합리적 선택이 어떻게 안정적인 균형점에 도달하는지 명확하고 엄밀한 논리적 전개를 보여 준다. 합리적 선택 제도주의에서 균형점이란 모든 행위자들이 주어진 상황과 조건에서 최선의 선택이라고 생각하는 전략을 취한 결과다. 예를 들면, 홀과 소스키스의 설명에서 독일과 같은 조정시장경제가 지속되는 것은 주요 행위자들 각자가 최선의 선택을 한 결과라는 것이다. 즉 독일에서 고용주들은 높은 고용 보호와 산업 단위 집단 협상과 같은 주어진 제도적 조건들하에서 일반 기술보다는 산업 특수적 기술을 축적하는 것이 가장 합리적 선택이다. 노동자들도 또한 자유로운 이직의 가능성이 낮은 상황에서 일반 기술보다는 한 직업과 산업에 특수한 기술을 익히고 협력하는 것이 합리적이다. 그리고 이런 이익을 더욱 살리기 위해서 다시 주어진 제도들을 강화하는 방향으로 행동한다는 것이다. 그래서 고용주 단체와 노조들은 조정을 통해서 숙련을 높이기 위해 집단적 임금 협상과 안정적 복지 체제를 지지한다. 이런 합리적 선택 제도주의 설명에서는 조정시장경제이든 자유시장경제이든 각 체제는 주요 행위자들 모두의 최선의 선택이 빚어낸 균형점이기 때문에 행위자들이 '비합리적이지 않는 한' 그리고 '외적 충격이 없는 한' 자유시장 체제로 수렴하거나 혹은 자기의 반대편 방향으로 이행할 내적 동기는 부재하다.

또 다른 합리적 선택 제도주의의 사례로는 소스키스를 비롯한 '자본주의 다양성 학파'에서 계급 연합의 정치를 설명하는 방식이 있다. 예를 들면 토번 아이버슨과 소스키스는 2006년 논문에서 '왜 어떤 민주주의는 다른 민주 국가들보다 더 재분배 지향적인가?'에 대한 질문에 답하기 위해 선거제도에 기초한 각 계급의 합리적 선택에 주목한다. 이들에 따르면 민주주의 국가에서 계급은 크게 고소득층, 중간 소득층, 저소득층으로 나눌 수 있다. 그리고 이들은 다음과 같은 고정된 선호 체계를 가지고 있다고 가정한다. 즉 저소득층 시민들에게 최선의 정책은 중간 소득과 고소득층 시민들로부터 가능한 최대의 세금을 걷어서 모두에게 재분배하는 것이다. 중간 소득 시민들에게 최선의 정책은 고소득층에게 가능한 최대의 세금을 걷어서 저소득층과 함께 재분배의 혜택을 누리는 것이고, 고소득층의 경우는 세금이나 재분배를 전혀 하지 않는 것이 최선의 정책이다 (Iversen and Soskice 2006, 167). 이런 상황에서 어떤 정책이 지배적일지는 계급 연합에 의해 결정되는데 이를 규정하는 것이 바로 선거제도다. 단순 다수제의 양당 체제에서는 중도 우파 정당이 집권해 소극적인 재분배 정책을 펼 가능성이 높다. 왜냐하면 이 체제에서 중간 계급은 저소득층보다는 우익 정당을 지지할 가능성이 더 높기 때문이다. 중간계급이 우익 정당을 지지하는 이유는 우익 정당과의 연합이 주는 이익은 크지 않다 하더라도 저소득층과의 연합이 깨짐으로써 잃는 것에 대한 두려움이 더 크다는 데 있다. 반면 비례대표제에서 다당제일 경우는 재분배 정책이 취해질 가능성이 높다. 왜냐하면 이 체제에서 중간계급은 독립적인 정당을 구성할 수 있고 저소득층이 모든 혜택을 다 가져갈 위험도 적기 때문이다. 그래서 비례대표제하에서 중간 계급은 저소득층과 연합해 재분배 정책을 추구하는 경향이 있다는 것이다.

이와 같은 합리적 선택 제도주의의 접근은 선거제도와 정당 체계가 주는 여러 이점들을 분명하고 간결하게 보여 주는 데는 뛰어나다. 그러나 합리적 선택 제도주의의 설명은 지나치게 결정론적으로 실제 역사에서 제도가 동태적으로 변화해 가는 과정을 이해하는 데는 많은 한계를 가진다. 아이버슨과 소스키스의 설명에서 보듯이 행위자들의 선호는 선거제도에 의해 이미 결정되고 이로써 정치적 결과도 이미 규정되어 있다 (Iversen and Soskice 2006). 이런 설명은 실제 역사에서 동일한 선거제도에서도 다양한 역사적 계급 연합들이 이루어지고 변화하는 것을 설명할

수 없다. 예를 들면 비례대표제를 취하는 독일의 경우를 보더라도 1970년
대와 1990년대 계급 연합과 사회경제 정책들 간에는 대단히 큰 차이가 존
재한다. 합리적 선택 제도주의에서는 행위자들의 선호가 주로 제도적 조
건들에 의해 일방적으로 규정되기 때문에 외적 조건이 바뀌지 않는 이상
행위자들의 선택은 바뀔 수 없다. 이처럼 합리적 선택 이론은 행위자들이
실천적·정치적 상호작용 과정에서 자신들의 선호를 재해석하고 재구성
하는 과정을 보지 않기 때문에 제도의 내생적이고 동태적인 변화를 설명
하기 어려운 것이다.

　　최근에는 합리적 선택 제도주의자들 스스로도 기존의 합리적 선택의
균형점으로는 제도의 내생적·동태적 변화를 설명하기 어렵다는 것을 인
정한다(Levi 2009, 128-130; Greif and Laitin 2004, 633-634). 그라이프와 레
이틴 같은 합리적 선택 제도주의자들에 따르면 게임이론적 설명은 현존
하는 제도들이 왜 지속되는지를 설명하는 데는 명확한 논리를 제공할 수
있을지 모르지만 제도들이 어떻게 내생적으로 변화하는지를 설명하는 데
는 결함이 있다. 왜냐하면 현재의 균형점은 주요 행위자들의 최선의 선택
이기 때문에 외부의 충격으로 현재 행위자들의 보상 체계payoffs가 바뀌지
않는 한 행위자들은 지금의 선택을 바꿀 이유가 없기 때문이다. 그라이프
와 레이틴은 기존의 합리적 선택 제도주의의 문제점을 다음과 같이 요약
한다.

　　그러나 이 접근법[합리적 선택 이론]이 직면한 도전은 어떻게 제도들이 내생
　　적으로 변화하는지의 문제를 다루는 것이 어렵다는 것이다. 결국 자기 강화적
　　제도는 각 행위자들의 최선의 반응이라는 것이다. 여기서 피할 수 없는 결론
　　은 자기 강화적 제도들에서 변화는 외부에 기원을 둘 수밖에 없다는 것이다
　　(Greif and Laitin 2004, 633).

균형점 이론에 기초한 합리적 선택 제도주의자들은 균형점을 변동시킬 계기나 동인을 내부에서는 찾기 어렵다. 왜냐하면 합리적 선택 제도주의자들에게 있어서 현재의 균형점은 각 행위자들의 최선의 선택이기 때문이다. 그리고 합리적 선택 이론에서 행위자들의 보상 체계와 이익은 이미 주어지고 고정된 것으로 가정되기 때문이다. 합리적 선택 이론에서 행위자들의 이익과 선호는 '객관적'으로 행위자들 외부에서 주어진 것으로 실천과 담론 상호작용 과정에서 행위자들의 해석에 의해 적극적으로 구성되는 것이 결코 아니다(Schmidt 2008, 317-318). 그래서 변화를 설명하기 위해 남은 이론적 선택은 행위자들의 주어진 이익 체계를 바꿀 수 있는 외부의 충격을 끌어들일 수밖에 없는 것이다. 그러나 세계화와 전쟁 같은 외부의 충격은 제도의 변화를 촉발할 수 있는 계기는 될 수 있을지 모르지만 변화의 내적 메커니즘과 변화의 방향을 설명하는 데는 많은 한계가 있다.

2) 논쟁의 제2라운드: 내생적 변화를 위한 자기비판과 대안적 시도들

최근에는 제도주의 내부의 다양한 흐름들 — 역사 제도주의, 합리적 선택 제도주의, 사회학적 제도주의 — 각각의 내부에서 제도의 변화에 초점을 두고 '자기반성'을 통해서 새로운 이론적 대안을 시도하고 하고 있다. 이론적 대안들 대부분은 기존의 이론들이 '단절적 균형이론'에 기초해 변화를 설명함에 따라 외생적 충격에 의존할 수밖에 없다는 것을 비판하고, 외부의 충격이 부재한 상태에서도 이루어지는 '점진적이고 내생적인 진화'를 어떻게 설명할 것인지에 초점을 두고 있다. 이런 최근의 자기비판적 시도들의 특징은 무엇보다 경쟁하는 다른 접근법들의 장점을 이용하려고 한다는 것이다.

예를 들면, 최근 합리적 선택 제도주의에서는 변화를 설명하기 위한 새로운 시도로서 행위자들의 아이디어를 강조하기도 한다(Rothstein 2005; Culpepper 2005; Culpepper 2008).[7] 대표적인 사례로서 페퍼 컬페퍼는 1990년대 독일과 프랑스에서 기업지배구조의 제도들이 변화하는 것을 설명하기 위해서 행위자들의 아이디어를 강조한다(Culpepper 2005). 컬페퍼에 따르면 1990년대 프랑스에서 최고경영자CEO들은 '중대 국면'에서 자신들의 아이디어를 변화시켰던 반면, 독일 CEO들은 비상 국면에서 게임의 룰에 대한 자신들의 기존 아이디어를 변화시키지 않았기 때문에 변화가 약했다는 것이다. 또 독일에서 CEO들이 기존의 아이디어를 안 바꾼 이유는 적대적 인수합병M&A이 독일에서는 생경한 개념이기 때문에 CEO들의 믿음 체계에 영향력이 약했기 때문이라는 것이다. 이런 컬페퍼의 접근은 비상 국면에서 아이디어 변화가 있기 전후 행위자들의 선호와 안정적 제도에 의한 균형점을 명확히 설명한다는 점에서 그리고 아이디어를 이용해 행위자들의 선호가 재구성됨을 보여 준다는 점에서 이론적 강점이 있다.

그러나 컬페퍼의 시도는 실제 변화의 과정이 훨씬 더 복잡하고 동태적이라는 것을 간과하고 있다. 무엇보다 이런 접근은 변화를 설명하기 위해서 행위자들에 의한 해석과 아이디어를 도입하고 있기는 하지만 그것

7_아이디어를 강조하는 제도주의 흐름은 역사 제도주의 쪽에서 먼저 많이 이용하기 시작했다. 예를 들면 Hall(1986), Skocpol(1985) 참조. 그러나 이런 역사 제도주의에서 아이디어는 대부분 완결되고 고정된 이념으로서 특정 제도적 조건들에 따라 잘 확산될 수도 있고 아닐 수도 있는 것으로 여겨진다. 예를 들면 케인스주의적 이념은 미국과 유럽에서 제도적 조건에 따라 상이하게 확산되었다는 것이다. 그러나 최근의 담론 제도주의 혹은 아이디어 접근법에서는 실천적 상호작용 과정에서 해석을 통해서 재구성되어 가는 행위자들의 아이디어에 초점을 둔다(Blyth 2002; Schmidt 2002).

을 오직 낡은 체제와 새로운 체제 사이에 있는 '중대 국면'에만 적용한다는 것이다. 즉 정상적이고 안정적인 시기에는 행위자들의 해석과 아이디어보다는 제도에 의한 행위자들의 선호 규정이 지배적이다. 따라서 정상시기에 행위자들의 선호와 제도의 의미는 결빙된 듯 변화가 없다. 그러나 본 연구에서 보듯이 아일랜드 사회협약은 1987년 수립된 이래 약 20여 년간 안정적으로 재생산되는 과정에서 그 의미가 결코 고정되어 있지 않았다. 사회협약을 유지하기 위해서라도 새로운 정당화와 새로운 의미 부여를 필요로 했던 것이다. 또 이 과정에서 주요 행위자들의 아이디어와 선호도 대단히 많이 변화했다. 이런 제도적 안정 시기의 변화를 이해하지 못하면 위기시기에 이루어지는 변화의 방향을 이해하기 어렵다.

(1) 합리적 선택 이론의 자기 혁신

최근 자기반성적 시도들의 특징으로 가장 주목할 사실은 대부분의 새로운 시도들이 제도 변화를 단순히 짧은 비상 국면에서 이루어지는 우연한 선택이라기보다는 장기간의 역사적 과정의 산물로 보며 시간의 개념을 가져온다는 것이다. 즉 제도의 변화를 설명하기 위해서 행위자들이 제도를 경험하고 실천하는 과정에서 겪는 '피드백'을 고려하고 있다는 것이다. 이런 시도들의 대표적 사례로는 먼저 피어슨을 들 수 있다. 역사 제도주의 전통에 있으면서 합리적 선택의 접근을 받아들인 피어슨은 제도의 변화와 안정 혹은 지속을 설명하기 위해서 '제도적 탄력성'institutional resilience 개념을 도입한다(Pierson 2004).

피어슨은 단절적 균형이론에 대한 대안으로서 '정상 시기'의 실천들이 어떻게 '비상 시기' 선택들에 영향을 미치는지를 고려해야 한다고 주장한다. 피어슨에 따르면 제도들은 변화에 저항해 자기를 유지하려는 탄력성을 가진다는 전제하에서 시간이 지남에 따라 그리고 행위자들이 특정 제도에 관여하고 실천하는 활동이 증가할수록 제도의 탄력성은 커진다고 주장한다. 그래서 피어슨은 제도적 탄력성에 기초해 제도 변화의 방향을 이해할 수 있다고 본다. 즉 역사적 과정에서 생성된 현재의 제도들은 시간에 따라 축적된 탄력성의 차이로 인해서 변화의 방향이 다르다는 것이다. 행위자들의 역사적 관여 정도가 높을수록 제도의 탄력성이 높아지고 제도가 지속될 가능성이 커진다. 반대로 역사적으로 축적된 탄력성이 낮을수록 제도는 바뀔 가능성이 높다는 것이다. 이에 따르면 변화에서 오는 이득과 제도적 탄력성에서 오는 비용의 계산에 따라 위기 시기에 제시되는 잠재적 경로들 각각의 선택 가능성을 예상해 볼 수 있다. 결국 피어슨은 변화의 방향과 메커니즘을 설명하기 위해서 짧은 비상 국면의 '일회성 선택'보다는 역사적 시간에서 축적되는 피드백 효과로 선택의 메커니즘을 설명하고자 했다.

피어슨의 이런 대안적 시도는 기존의 단절적 균형이론을 비판하고 비상 국면의 선택에서 앞선 정상 국면의 실천들이 어떻게 영향을 미치는지를 설명하고자 했다는 점에서 뛰어나다. 그러나 피어슨의 접근 방식은 역사적 과정에서 행위자들의 실천과 피드백 과정을 지나치게 단순화함으로써 제도의 동태적 발전 과정을 이해하기 어렵다. 예를 들어, 살펴본 것처럼 피어슨은 시간이 지날수록 '제도의 탄력성'은 높아지기 때문에 제도 변화는 어렵다고 한다(Pierson 2004). 그러나 이 책에서 살펴보겠지만 아일랜드의 경우를 보면 1987년 위기 시기에는 코포라티즘적 사회 조정을 위한 제도적 조건이 대단히 미비함에도 불구하고 사회협약이 성공적으로 이루어진 반면, 2008년 위기 국면에서는 20여 년간 다양한 네트워크의 발전으로 인해서 제도의 탄력성이 훨씬 높아져 있었지만 오히려 사회협약을 포기했다. 왜냐하면 사회협약의 안정적 제도화를 위해 발전시킨 네트워크가 사회적 조정을 용이하게 하는 데는 긍정적이었을지 모르지만,

임금 상승과 같은 비용의 증대라는 측면에서 보면 오히려 부정적으로 해석되었기 때문이다. 피어슨은 역사적 시간의 경과 속에서 제도의 실천 과정과 행위자들의 피드백을 보아야 한다고 지적한 점에서는 타당하지만 피드백이 반드시 긍정적일 수는 없다는 것을 간과하고 있다. 오히려 피드백 과정에서 평가의 '강조점'과 '관점'이 변화하면서 기존의 실천들이 부정적인 평가와 해석으로 귀결될 수 있는 것이다. 따라서 역사적·제도적 실천 과정을 보다 동태적으로 파악하기 위해서는 실천 과정에서 행위자들의 관점과 정책적 우선성이 담론의 상호작용을 통해 어떻게 변화하는지를 분석할 필요가 있다.

한편 최근 합리적 선택 제도주의에서는 피어슨과 같이 제도의 역사적 실천 과정을 고려하지만 동시에 피어슨의 문제를 비판하면서 제도의 내생적 변화를 설명하는 대안적 이론을 발전시켰다(Greif and Laitin 2004; Greif 2006; Acemoglu and Robinson 2006). 그라이프와 레이틴(Greif and Laitin 2004) 같은 합리적 선택 제도주의자들은 기존의 합리주의 이론들이 최선의 선택에 기초한 균형이론에 의존함으로써 제도 변화를 설명하기 위해서는 외생적 충격에 의존하지 않을 수 없음을 비판하고, 피어슨과 같이 역사적 시간 속에서의 제도의 재생산 메커니즘에 초점을 맞춘다. 그러나 그라이프와 레이틴은 피어슨이 제도의 재생산 과정에서 오직 단순한 '긍정적 피드백' 혹은 '자기 강화적' 과정만을 보았다고 비판한다. 대안으로 그라이프와 레이틴은 내생적 변화를 설명하기 위해서 제도의 '자기 강화'뿐만 아니라 제도를 둘러싼 외생적 조건들이자 자체가 변화하는 요소인 '준패러미터'quasi-parameters라는 개념을 도입한다. 다시 말해서 그라이프와 레이틴은 제도적 재생산 과정이 단순히 '증가하는 이득' 혹은 긍정적 피드백과 같이 자기 강화적 과정만이 아니라 '자기 파괴적' 과정도 포함한다고 강조함으로써 내생적 변화를 설명한다. 그라이프와 레이틴에 따르면 단기적 관점에서 제도의 안정을 강화하는 어떤 제도적 요소들은 장기적 관점에서 보면 그 제도를 파괴할 수도 있고 그래서 일정 정도의 한계를 넘어서면 자기 강화적 요소가 아니라 변화를 유발하는 요소가 될 수 있다고 한다. 그라이프와 레이틴은 내생적 변화를 다음과 같이 간명하게 설명하고 있다.

> 한 제도가 수반하는 [재생산의] 과정들은 관련된 행동이 자기 강화적이게 되는 정도를 약화시킬 수 있다. 그래서 제도들은 자기 파괴적일 수 있고 이 제도들이 수반하는 행동들은 자기 자신의 소멸demise을 위한 씨앗을 배양할 수 있다. 그러나 자기 파괴적 과정이 결정적인 수준에 이르러서 지금까지의 행동 패턴들이 더 이상 자기 강화적이지 않게 될 때에만 제도 변화는 내생적으로 발생할 것이다(Greif and Laitin 2004, 634).

내부에서 자기 파괴적 씨앗을 배양함으로써 자기 강화적 효과가 더 이상 발생하지 않게 되는 내생적 변화 과정에 대한 설명은 자본주의 붕괴에 대한 마르크스의 설명에서 전형적인 사례를 엿볼 수 있다. 마르크스에 따르면 자본주의가 발전하기 위해서는 자신의 '무덤을 팔 사람'a gravedigger인 노동계급을 더욱더 지속적으로 양산하지 않을 수 없다.

또 다른 사례는 사회복지 체제와 복지 수혜자의 증가에서 찾을 수 있다. 사회복지 체제는 청년 인구에 비해 노인 인구의 비율이 증가함에 따라 더욱 강화되는 측면이 없지 않다. 왜냐하면 복지 수혜자들의 증가는 곧 복지제도의 지지층이 많아짐을 의미하기 때문이다. 그러나 젊은 사람에 비해 노인 인구 혹은 복지 수혜자들이 증가하면, 사회복지의 비용과 부담 또한 증가해 종국에 가서는 복지체제를 해체하게 된다는 것이다(Greif and Laitin 2004, 636).

합리적 선택 제도주의 내부에서 발전한 그라이프와 레이틴(Greif and Laitin 2004)의 내생적 변화에 대한 설명은 특히 아일랜드 사회협약의 해체를 설명하는 데도 유효한 시사점을 준다. 본 연구에서 나중에 구체적으로 살펴보겠지만, 2008년 아일랜드 사회협약 모델의 해체는 결국 그간 사회협약을 성사시키기 위한 노력들이 역으로 작용한 결과였다. 예를 들면 아일랜드 주요 행위자들은 20여 년간 여덟 차례에 걸쳐 사회협약을 재생산하는 과정에서 사회협약의 새로운 역할과 정당화를 필요로 했는데 이를 위해 사회정의 이슈의 강화, 공공 부문의 사적 부문 벤치마킹을 통한 소득 불평등 시정, 시민 그룹들의 참여 확대를 통한 사회협약의 민주적 책임성 강화를 추구했다. 그러나 이런 노력들은 사회협약을 성공시키기 위한 비용을 지속적으로 증가시킴으로써 장기적으로는 부정적 피드백을 강화해 마침내 2008년 위기 국면에서는 기존 사회협약 모델을 해체하게 되는 원인이 되었던 것이다.

'자기 파괴적' 과정을 통해 내생적 변화를 설명하는 그라이프와 레이틴의 논리는 역사 제도주의의 대표적 학자라고 할 수 있는 볼프강 슈트렉에 의해서도 채택되었다. 슈트렉은 최근 그의 저서인 『자본주의 재형성』 *Re-forming Capitalism*에서 독일의 조정시장경제 체제가 해체되는 과정을 그라이프와 레이틴의 '내생적 변화' 과정으로 설명하고 있다(Streeck 2009). 합리적 선택 제도주의의 대안적 시도로 제기된 '내생적 변화'에 대한 설명은 안정적 재생산 과정에서 나타나는 효과에 초점을 맞추었다는 점에서 단절적 균형이론의 약점을 벗어났을 뿐만 아니라 피어슨과 달리 단순한 자기 강화라기보다는 긍정적 혹은 부정적 과정을 모두 본다는 점에서 뛰어나다.

그러나 이 이론은 제도 변화를 '자기 강화적' 유형과 '자기 파괴적' 유형이라는 단지 두 가지로 본다는 점에서 여전히 단순할 뿐만 아니라, 무엇보다 선험적으로 제도 변화의 유형을 상정하기 때문에 지나치게 결정론적이라고 할 수 있다. 합리주의자들의 이론적 대안은 정치적 상호작용 과정에서 자기 강화나 단순한 해체의 이분법이 아니라 제3의 새로운 유형이 어떻게 창출되는지는 설명할 수 없다. 즉 해체만으로는 창조적 재결합을 설명할 수 없다는 것이다. 예를 들면, 본 연구에서 구체적으로 살펴보겠지만 아일랜드의 2008년 위기에서 기존의 코포라티즘적 사회 조정 체제는 변화되었지만 이것이 곧 사회적 조정의 완전한 포기나 영미식 자유시장 모델로의 수렴으로 이어진 것은 아니었다. 아일랜드에서 사회 조정은 기존의 중앙 집중화된 노·사·정 삼자 중심의 공식적 사회협약이라기보다는 제3의 새로운 사회 조정의 형태인 '구조화된 양자 대화'라는 보다 유연한 조정 형태로 변화되었던 것이다.

그라이프와 레이틴 같은 합리적 선택 제도주의에서의 '내생적 변화' 설명의 핵심은 자기 파괴적 유형의 평가 방식에서 행위자들은 지속적으로 동일한 평가와 해석 방식을 지속하고 여기서 일정한 임계점이 지나면 제도 변화가 드러난다는 것이다. 그러나 제도 재생산 과정의 행위자들의 평가와 해석에서 중요한 것은 단순히 부정적 평가의 '양적 축적'만이 아니라 부정적 평가의 '질적 내용과 성격'이 어떻게 구성되는지다. 더구나 제도를 실천하고 평가하는 행위자들의 정체성과 해석 방식은 정치적 담론의 상호작용 과정에서 변화한다.

예를 들면 이 책에서 좀 더 구체적으로 살펴보겠지만 아일랜드 고용주들이 가지는 사회협약에 대한 평가는 정치적·담론적 상호작용 과정에서 상당히 크게 변화해 왔다. 1980년대 후반 아일랜드 고용주들은 코포라티즘적 사회협약에 반대했다. 왜냐하면 이것이 노조들의 정치적 영향력을 강화한다고 믿었기 때문이다. 그러나 1990년대 사회협약에 기초해 경제적 성공을 이루자 대부분의 고용주들은 사회협약에 대한 강력한 지지자로 변화했다. 그러나 2000년대 후반에는 사회협약에 대해서 다시 회의적이게 되었다. 왜냐하면 사회협약을 창출하기 위한 노력들에서 사회적 비용이 증가했기 때문이다. 그러나 '내생적 변화'를 설명하기 위한 합리적 선택 제도주의의 대안적 이론에서는 행위자들의 이익이나 제도의 재생산을 평가하는 방식은 선험적으로 이미 정해져 있다. 다시 말하면 제도의 재생산 과정에서 행위자들의 평가 유형들은 세 가지 피드백 유형 — 자기 강화적, 자기 파괴적, 중립적 피드백 — 으로 선험적으로 규정되어 있다. 합리주의자들의 대안 이론에서는 앞에서 설명했듯이 행위자들의 평가 방식이 정치적·담론적 상호작용 과정에서 긍정적인 것에서 부정적인 것으로 다시 역으로 변화할 수는 없다. 이렇듯 합리주의자들의 '내생적 변화'를 설명하기 위한 대안적 이론은 고정된 선호와 해석 방식을 전제하기 때문에 자기 강화적이지도 않고 자기 파괴적이지도 않은 적응 과정 혹은 질적으로 새로운 제3의 제도 창출을 설명하는 데 어려움을 겪을 수밖에 없는 것이다.

(2) 역사 제도주의의 자기 혁신

한편 역사 제도주의 내부에서도 틸린과 제임스 마호니 같은 학자들은 기존의 역사 제도주의자들이 단절적 균형이론에 기초해서 변화를 설명함에 있어 외생적 기원에 의존하는 것을 비판하고 행위자들의 '제도 준수의 문제'issue of compliance와 행위자들의 해석을 강조함으로써 역사적 과정 속에서 제도들의 '점진적·내생적 변화'를 설명하고자 한다(Mahoney and Thelen 2010; Thelen 2004; Streeck and Thelen 2005). 틸린·마호니·슈트렉 같은 역사 제도주의자들은 점진적·내생적 변화를 설명하기 위해서 제도의 의미가 가지는 모호성에 주목해 제도의 의미가 행위자들의 해석에 열려 있다는 것을 강조한다. 역사 제도주의에 따르면, "제도들이 심지어 공식적으로 코드화된 된 경우라 하더라도 제도들이 규정하는 기대들은 종종 모호하고 항상 해석, 토론 그리고 논쟁에 열려 있다"고 한다(Mahoney and Thelen 2010, 10-11). 제도들이 항상 행위자들의 해석과 논쟁에 열려 있는 이유는 첫째, 제도의 모호성 때문이다. '어떤 규칙도 모든 가능한 사건들의 복잡성을 포괄할 수 없기' 때문에 제도가 아무리 공식적으로 코드화된다 하더라도 실천과 해석은 항상 모호하다는 것이다. 즉 제도의 수립 시기에 규정된 제도의 의미와 제도의 실행 과정에서 해석되는 제도의 의미 간에 발생하는 차이 때문에 제도의 의미는 항상 경쟁적 해석의 대상이 된다(Mahoney and Thelen 2010, 11; 13; Streeck and Thelen 2005, 14; 19). 둘째, 제도들이 해석과 논쟁에 열려 있는 또 다른 이유는 규칙 제정자와 규칙 수행자는 서로 다르고 이들 간의 상호작용 과정에서 지속적으로 새로운 해석이 나올 수 있기 때문이다(Streeck and Thelen 2005, 14-16). 특히 역사 제도주의자들에 따르면 제도들은 '분배 효과'와 '자원 할당' 문제와 결부되어 있기 때문에 행위자들에게 주요한 이해를 유발함으로써 항상 긴장을 내포하고 있다는 것이다. 그래서 행위자들 간의 이해 갈등과 해석으로 인해 제도 변화가 일어난다는 것이다. 또한 역사 제도주의는 상대적인 힘의 우위가 특정 제도의 지배를 결정한다고 본다. 즉 힘 있는 집단이나 연합이 자기들이 정한 방향으로 제도를 디자인한다는 것이다(Mahoney and Thelen 2010, 8-10).

이런 역사 제도주의의 대안적 시도는 행위자들의 적극적인 해석 능력을 강조함으로써 제도의 공식적인 형태는 그대로일지 모르지만 그 실질적인 의미가 변화하는 것을 잘 포착할 수 있다. 또 단절적 균형이론들이 보여 주는 비상 국면에서의 변화만이 아니라 정상 시기 지속적인 제도의 실행 과정에서 이루어지는 변화를 잘 보여 준다. 그뿐만 아니라 마호니와 틸린의 역사 제도주의에서는 피어슨이나 그라이프류의 합리적 선택 이론들과는 달리 제도의 재생산 과정에서 이루어지는 행위자들의 피드백에 대한 보다 복잡한 질적인 평가가 가능하다.

예를 들면 틸린은 그의 저작에서 독일의 숙련 형성 제도가 어떻게 생성되고 진화했는지를 보여 준다(Thelen 2004). 오늘날 비교정치경제 문헌들에서 영미식의 '저기술-저임금' 모델과 구별되는 '고기술-고임금'의 독일 사회 조정 체제를 뒷받침하는 직업훈련 제도는 산업화 초기 단계에서 수립되었다. 하지만 처음에는 현재의 의도나 목적으로 수립된 것은 아니었다. 독일의 숙련 제도는 1897년 권위주의 정부에서 통과된 법률안에 기초하고 있다. 이 법률안은 다른 나라에서는 급격히 사라진 '생산 현장에 기초한 견습공 제도'를 공고히 하는 것이었다. 이 법안은 당시 권위주의 정부가 보수 계급인 독립된 장인들의 지지를 얻을 정치적 목적으로 수립된 것이다. 그러나 오늘날 이 법안은 고용주들과 노동자들이 모두 지지하는 고숙련-고기술 산업 모델의 제도적 기초로 발전했다. 이런 역사적 변화는 제도의 형식적 핵심이 지속됨에도 불구하고 그 의미와 작동 방식이 크게 변화했음을 의미한다. 이처럼 원래 제도를 수립한 집단들의 의도와는 다른 제도의 의미와 효과, 핵심적 형식들이 오랜 역사 속에서 진화되어 온 것은 단절적 균형이론이나 합리주의자들의 '긍정적 혹은 부정적 피드백'으로는 설명하기 어려우며 대신 제도의 의미에 대한 행위자들의 적극적인 해석과 협상의 과정에 주목함으로써 보다 잘 설명될 수 있다.

그러나 마호니와 틸린의 대안적 이론은 행위자들의 해석 능력을 '규범 준수' 문제에 국한할 뿐만 아니라 무엇보다 '행위자들의 해석 능력이 다시 제도의 속성에 의해 규정된다'고 봄으로써 행위자들의 해석 능력을 제한시켰다. 틸린과 같은 역사 제도주의자들의 대안적 시도는 제도 변화의 유형을 행위자들의 해석 능력에 두는 듯하지만 사실 행위자들의 해석 능력이 오히려 제도의 속성에 의해 규정된다고 봄으로써 결정론적 경향을 보여 준다. 좀 더 구체적으로 살펴보면, 틸린·마호니·슈트렉 같은 역사 제도주의자들은 점진적인 제도 변화를 크게 네 가지로 유형화하는데, 그것은 '대체'displacement, '제도 겹침'layering, '의미 표류'drift, '전환'conversion 이다.[8] 그런데 이들은 제도 변화의 유형들이 제도의 선험적 속성에 의해 규정된다고 본다. 즉 제도 변화의 유형들은 각각의 형태에 해당하는 행위자들의 주요 유형에 의해 결정되는데, 행위자들의 유형들은 다시 제도적 환경에 의해 규정된다는 것이다. 마호니와 틸린은 제도 변화의 유형을 설명하면서 다음과 같이 주장한다.

> 간단히 말하면, 우리는 제도들의 기본적 속성들은 그 내부에 변화를 위한 가능성들을 포함하고 있다고 주장한다(Mahoney and Thelen 2010, 14).

8_ 원래 슈트렉과 틸린은 위의 네 가지 유형과 더불어 '제도 소진(exhaustion)'까지 총 다섯 가지 유형을 언급하고 있다. 좀 더 구체적으로 보면 첫째, '대체'란 기존에 당연시되던 조직 형태나 실천 원리가 새로운 모델로 대체되는 것을 의미한다. 둘째, '제도 겹침'이란 기존의 제도를 정면으로 공격해서 대체하기보다 새로운 제도를 병행 도입함으로써 기존 제도의 의미를 변형시키는 것을 의미한다. 예를 들면 미국에서는 공적 연금시스템에 자발적·사적 연금 체계를 덧칠하는 개혁을 함으로써 공적 체제에 대한 지지가 후퇴했다. 셋째, '의미 표류'라는 현행 제도는 그대로 있지만 주위 환경이 바뀜으로써 실질적 의미가 변화하는 것을 의미한다. 예를 들면 미국의 사회복지 프로그램은 표면상으로는 변화가 없어서 복지 후퇴에 저항한 것 같다. 그러나 가족 구조 등 주위 환경의 변화에도 제도가 변화하지 않음으로 인해서 제도의 실질적인 수혜 범위는 축소되어 실질 복지는 후퇴했다. 넷째, '전환'은 '의미 표류'나 '제도 겹침'과 달리 기존의 제도들이 수정되거나 쇠퇴하는 것이 아니라 새로운 목표로 재활용되는 것을 의미한다. 끝으로 제도의 소진은 제도의 변화라기보다는 제도의 해체를 의미한다. 예를 들면 독일의 '조기 퇴직제'(early retirement)는 비임금 비용을 증가시킴으로써 부작용이 심해지자 폐지된 바 있다(Streeck and Thelen 2005, 19-30).

구체적으로 말해, 역사 제도주의자들의 대안적 시도에 따르면 '제도 변화의 유형들'은 각각의 형태를 유발하는 '행위자들의 유형'에 따라 결정된다. 행위자들의 유형은 제도 변화 유형 각각에 상응하는 것으로, 예를 들면 '대체' 유형의 제도 변화를 일으키는 '반란자'insurrectionaries, '제도 겹침' 유형의 제도 변화를 유발하는 '은밀한 불온분자'subversives, '의미 표류'를 야기하는 '기생적 공생자'parasitic symbionts, '전환'을 일으키는 '기회주의자'opportunists로 구분된다(Mahoney and Thelen 2010, 22-27).[9] 그런데 이런 제도 변화를 일으키는 행위자들의 유형은 다시 제도적 맥락에 의해 구성된다. 마호니와 틸런에 따르면 네 가지 유형의 행위자들은 제도 해석과 집행에서 재량의 정도가 높은 제도적 환경인지 여부 그리고 정치적 거부권을 강하게 행사할 수 있는 제도적 맥락인지 아닌지에 따라 크게 네 가지 유형으로 나뉜다(Mahoney and Thelen 2010, 28-29). 결국 역사 제도주의의 대안적 시도에서 제도 변화의 유형들은 그것을 일으키는 행위자들의

9_행위자들의 유형을 간략히 설명하면 다음과 같다. '대체' 유형의 제도 변화를 일으키는 '반란자'란 현재 제도를 따르지도 않고 유지하지도 않으며 오직 현재 제도를 제거하고자 하는 행위자들을 의미한다. 둘째, '제도 겹침' 유형의 제도 변화를 유발하는 '은밀한 불온분자'는 기존 제도의 규칙을 대체하고자 추구하지만 공공연하게 기존 제도의 규칙을 어기지는 않는다. 그들은 은밀하게 다른 제도를 덧붙임으로써 제도의 변형을 추구한다. 셋째, '의미 표류'를 야기하는 '기생적 공생자'는 자신이 만든 제도가 아닌 것에 의존하는 행위자다. 공생자는 자신이 만들지 않은 제도들을 유지하지만 그 규칙을 따르는 것은 아니다. 오히려 자신들의 목적과 이익을 위해 기존의 제도를 이용하는 것이다. 넷째, '전환'을 일으키는 '기회주의자'는 제도 지속에 대한 모호한 선호를 가진 행위자들이다. 그들은 현행 제도들을 유지하기 위해서 적극적으로 활동하지는 않는다. 그러나 현재 균형을 반대하는 것은 비용이 많이 들기 때문에 규칙을 바꾸기 위해 노력하지 않는다. 기회주의자들은 현행 제도의 해석과 집행에서 모호한 점을 이용해 제도의 의미를 전환한다(Mahoney and Thelen 2010, 22-27).

유형에 의해 결정되고, 행위자들의 유형들은 다시 제도적 맥락에 의해 규정됨으로써 결정론적 경향을 보여 준다.

요컨대 '내생적 변화'를 설명하기 위한 역사 제도주의자들의 대안은 제도의 기본 속성들이 선험적으로 제도 변화의 유형을 결정한다는 논리적 구조를 갖추고 있다. 따라서 역사 제도주의의 대안적 시도 역시 제도의 동태적인 재구성의 변화를 설명하는 데 한계를 가진다. 역사 제도주의의 대안 이론은 행위자들의 해석을 강조하고 있기는 하지만 행위자들의 역할이나 정체성은 제도적 맥락에 의해 고정되어 있고 정치적 상호작용 과정에서 변화하지 않는다.

예를 들면 아일랜드 사회협약의 의미는 처음에는 위기관리의 수단으로 출발했다가 이후에는 경제성장을 위한 수단 그리고 더 나중에는 사회정의 실현에 초점을 둔 조정 체제로 변화해 갔다. 이런 변화는 기존의 사회협약의 형태 자체를 바꾸었다기보다는 오히려 목적과 정책적 우선순위가 바뀜으로써 그 의미가 바뀌었다는 점에서 역사 제도주의자들이 말하는 '전환'에 해당한다고 할 수 있다. 그러나 아일랜드 사회협약의 제도 변화는 역사 제도주의가 주장하듯이 '전환'을 야기하는 행위자로서 '기회주의자들' 때문이 아니다. 다시 말해 아일랜드 사회협약의 의미가 변화한 것은 이미 사회협약을 반대하지만 자신의 의사를 은밀히 숨기고 호시탐탐 제도 해석과 집행의 모호한 점을 이용하려는 '기회주의자들'에 의해 제도가 변화한 것이 아니다. 반대로 아일랜드 사회협약의 변화는 사실 정치적 상호작용 과정에서 주요 행위자들이 스스로 자기의 정체성과 선호를 바꾸었기 때문이다. 아일랜드에서 사회협약의 성공적 실천은 새로운 도전을 야기하는데, 이에 적응하기 위한 노력들 속에서 아일랜드 고용주들과 주요 정당들은 사회협약의 지지자들에서 사회협약 비판가들로 자신들의 정체성을 변화시켰다. 이처럼 행위자들의 정체성과 선호는 제도적 맥락

에서 선험적으로 규정되기보다는 제도의 의미와 함께 지속적인 담론적·
실천적 상호작용의 정치에 의해서 새롭게 재구성된다.

2. 이론적 대안과 기본 가설들

본 연구는 아일랜드 사회협약 모델 수립과 진화의 동태적 과정을 제도의
내생적 변화라는 관점에서 파악하고자 한다. 앞에서 살펴보았듯이 기존
의 제도주의 이론들이나 제도주의 내부에서 최근 일어나는 자기비판과
이론적 대안들은 많은 한계를 가지고 있다. 그래서 본 연구는 제도의 동태
적인 내생적 변화를 보다 잘 설명하기 위해서 최근의 대안들 중에서 보다
유연한 시도라고 할 수 있는 '프래그머티즘적 구성주의'와 '담론 제도주의'
혹은 '아이디어 접근법'의 합리적 핵심을 비판적으로 받아들여 새로운 이
론적 대안을 모색하고자 한다.[10] '프래그머티즘적 구성주의'나 '담론 제도
주의' 혹은 '아이디어 접근법'은 현재 여러 방면에서 막 새로이 시도되고

10_'프래그머티즘적 구성주의'에 대해서는 Sabel(1994), Berk and Galvan(2009), Herrigel
(2010)을 참조. '프래그머티즘적 구성주의'는 본인들이 공식적으로 명명했다기보다 틸
런이 2008년 2월 개리 헤리겔과의 개인적인 대화를 통해서 얻게 된 명칭이라고 그녀의
저서에서 밝히고 있다(Thelen 2011, 42, footnote 1). 한편 '담론 제도주의'란 슈미트가
자신의 이론에 붙인 이름이다. 담론 제도주의에 대해서는 Schmidt(2002; 2008; 2010)
를 참조. 그리고 '아이디어 접근법'에 대해서는 Blyth(1997; 2002; 2006; 2009), Gofas
and Hay eds.(2010)를 참조. 한편 콜린 헤이는 '아이디어 접근법'에 속하지만 자신의
이론을 '구성주의적 제도주의'(constructivist institutionalism)라고 명명하기도 한다
(Hay 2008).

있는 이론적 시도들로서 아직 체계적인 이론으로 정립된 것은 아니다. 또한 '아이디어 접근법' 혹은 '담론 접근법'과 '프래그머티즘적 구성주의'가 동일한 것은 아니다. 미묘하지만 약간의 차이가 존재한다. 그럼에도 불구하고 본 연구는 이들이 가지는 합리적인 핵심들을 중심으로 다시 재구성함으로써 내생적 제도 변화의 동태적 메커니즘을 밝히고자 한다.

제도의 내생적 변화를 보다 동태적으로 이해하기 위해 본 연구가 제시하는 이론적 대안에서 강조하고자 바는 먼저 정치적 상호작용 과정에서 발생하는 행위자들의 아이디어 혹은 행위자들의 적극적인 해석이 중요하다는 것이다. 기존 제도주의와 달리 최근의 담론 제도주의와 아이디어 접근법 등에서 지적하듯이 제도만으로는 제도 변화의 방향 혹은 국민국가들의 다양한 대응들을 이해하기 어렵다. 특정한 국가의 위기 대응이나 정책 방향 혹은 새로운 제도의 수립은 주요 행위자들이 문제를 파악하는 인식론적 틀과 의미 구조 혹은 정당성과 가치를 부여하는 믿음들에 의해서만 이해될 수 있다. 위기나 제도적 조건들은 변화를 설명하는 데 중요하지만 그것이 곧 변화와 위기 대응의 방향을 결정하는 것은 아니다. 변화나 위기 대응의 방향은 물질적 조건들이나 위기의 '진정한 본질'에 의해 규정되는 것이 아니라 위기에 대한 해석을 통해 이해될 수 있다(Schmidt 2008, 316-317; Blyth 2002, 38-40; 44-45). 위기는 '위기를 어떻게 이해할 것인가'에 대한 행위자들의 해석을 통해 위기의 원인이 규정되고 다양한 해결책들이 제시된다. 예를 들면, 아일랜드는 1987년과 2009년 국가 부도에 가까운 국가 재정 위기와 10%가 훨씬 넘는 높은 실업이라는 유사한 위기의 성격에도 불구하고 위기의 원인에 대한 해석 혹은 스토리텔링이 달랐기 때문에 전혀 다른 해결책이 제시되었다.

또한 기존의 제도주의자들이 주장하듯이 제도들 자체가 변화의 방향을 결정하는 것은 아니다. 코포라티즘적 제도가 가장 발전했다는 북유럽 국가들도 주요 행위자들의 위기 진단과 자신들의 선호에 대한 해석이 변화하면서 코포라티즘적 사회 조정을 수립하는 데 실패했다. 예를 들면 1970년대 중후반 스웨덴은 케인스주의 원리에 기초한 사회적 조정에 실패했다. 경제 위기에 대한 처방으로 1976년 스웨덴은 소위 '스네이크'snake라는 유럽 공동 변동 환율 제도에서 탈퇴해, 1977년과 1978년 통화의 평가절하를 통해서 경쟁력을 향상시키려고 했다. 즉 평가절하를 통한 경기 부양 그리고 세금에 기초한 사회서비스의 확대를 통해서 일자리를 창출하고자 시도한 것이다. 그러나 문제는 이런 정책을 안정적으로 수행하기 위해서는 인플레이션을 막기 위한 임금 안정이 필요했다. 그러나 코포라티즘적 임금 조정에 가장 적합한 제도적 조건을 갖추고 있었음에도 불구하고 스웨덴은 노조의 비협조적 태도와 노조와 고용주들 간 이윤과 투자에 대한 상이한 이해로 인해서 협력적 사회 조정에 실패했다. '임금 소득자 기금'Wage Earner Funds의 의미, 그리고 투자와 '적정 이윤'을 둘러싸고 노조와 고용주 간의 상충되는 견해와 사회적 합의의 실패로 인해서 협력적 사회 조정이 불가능하게 되었던 것이다(Tsarouhas 2008, 62-99; Blyth 2002, 205-206; Scharpf 2000, 36).

또한 덴마크에서도 스웨덴과 같이 코포라티즘적 사회 조정을 위한 제도적 조건이 발달되어 있었지만 실제로 사회 조정에는 실패했다. 1970년대 덴마크에서는 오일쇼크의 영향으로 공식적인 실업률이 1973년 0.9%에서 1978년 8.3%로 가파르게 상승했다. 일반적으로는 임금 조정을 통한 경쟁력 회복과 일자리 창출이 주요한 처방이었지만 덴마크에서는 그렇지 못했다. 반대로 노동자들의 임금 비용은 1973년에서 1980년 사이 약 80%나 상승했다. 덴마크 중앙은행은 환율 안정을 위해서 이자율을 1976년 6.6%에서 1979년 8.6%로 상향 조정했는데 이는 다시 경기를 더욱 후퇴시켰다. 노조는 당시 비협조적으로 '강한 통화정책'을 받아들이지 않았다. 이런 사회적 조정의 실패는 기본적으로 정부든 노조든 어느 쪽도 급격히 상승하는 실업이 자신들의 기존 전략의 실패 때문이라고 생각하지 않았기 때문이다. 노조는 높은 실업의 원인이 임금 안정의 실패 때문이 아니라 완전고용 정책을 수행하겠다는 정부의 의지가 박약하기 때문이라고 평가했다(Scharpf 2000, 47-48).

그런데 이 책에서 살펴볼 아일랜드는 스웨덴, 덴마크의 사례와 정반대로 제도적 조건들이 미비함에도 불구하고 1987년 이후 약 20여 년간 안정적인 사회협약 모델을 수립했던 것이다. 또한 아일랜드 사례에서 1987년과 2008년의 두 위기 시기를 비교해 보더라도 제도적 조건들이 변화의 방향을 결정하는 것은 아님을 알 수 있다. 2008년 위기에서 아일랜드는 20여 년간 제도화된 사회협약의 과정을 통해 발전한 조밀한 사회적 네트워크들과 시민 단체들의 참여에도 불구하고 코포라티즘적 사회 조정에 실패했다. 반면 1987년에는 영국식 자유주의적 다원주의에 기초해 코포라티즘적 사회 조정을 위한 제도적 조건들이 거의 부재했음에도 불구하고 성공적으로 사회협약을 수립할 수 있었다.

주요 행위자들의 아이디어와 해석은 정치적 투쟁의 질적 성격과 변화의 방향을 규정한다. 세계화의 도전에 대한 각국의 다양한 적응 과정들은 세계화에 대한 '국민국가의 취약성'vulnerability of nation-states으로는 이해할 수 없다. 도전들에 대한 진단과 처방들을 두고 서로 경쟁하는 주요 행위자들 사이의 정치적 투쟁에 대한 이해 없이는 제도들이 어떻게 어느 방향으로 변화하는지 이해하기 어렵다(Schmidt 2002, 209-211). 주요 행위자들의 아이디어는 주요 행위자들이 제도적 환경과 '객관적 문제'를 해석하고 자신들의 선호가 무엇인지를 파악하는 인식론적 필터cognitive filters와 같기 때문이다. 행위자들은 이런 '인식론적 필터'를 통해서 무엇이 가능하고 정당하며 바람직한 것인지를 해석한다. 또한 이런 인식론적 필터를 통해서 행위자들은 전략적 선택지들과 처방책들을 개념화하고 평가한다. 그런데 이런 인식론적 필터 혹은 패러다임은 모두에게 동일한 것이 아니다. 다양한 관점들에 의해 서로 다른 패러다임과 아이디어들이 서로 경쟁하고 투쟁하며 그 과정에서 조정된다(Hay 2008, 65-66). 정치적 투쟁과 변화의 방향은 바로 이런 담론의 상호작용에 의해 이해될 수 있다.

물론 아이디어와 담론은 정치적 과정에서 다양한 기능을 한다. 아이디어와 담론은 인식적 기능뿐만 아니라 그 외에도 정책과 프로그램들의 타당성을 정당화하는 '규범적 기능', 대중을 설득하기 위한 '소통적 기능', 공통의 언어와 정책을 제공함으로써 세력들 간의 '조정의 기능'을 하기도 한다. 그러나 본 연구에서 무엇보다 강조하고자 하는 것은 아이디어와 담론의 인식적 기능이다. 아이디어는 행위자들에게 문제를 이해하고 정책의 진단을 명확하게 하기 위한 '해석의 기본 틀'을 제공함으로써 '인식적 기능'을 한다. 주요 행위자들은 자신의 아이디어를 통해서 경제적 상황들 중에서 특정 요소들을 강조함으로써 '위기의 담론'을 구성해 위기가 무엇인지를 특별한 의미로 파악한다.[11] 예를 들면, 1970년대 후반 영국의 경제 위기는 주로 보수당에 의해 '고용의 위기'로 이해되었다. 그런데 1983년 영국에서는 실업자가 4백만 명으로 1979년의 50만 명보다 훨씬 높았음에도 불구하고 실업의 원인과 의미를 재규정하는 보수당의 담론 영향력 때문에 실업이 위기로 이해되지 않았다(Blyth 2004, 623).

주요 행위자들의 해석과 아이디어는 '객관적 문제'뿐만 아니라 자신의

11_'객관적 현실'을 파악하는 데 있어서 어떤 '관점'에 서느냐에 따라 '현실'이 재구성된다는 것은 막스 베버의 '이념형' 개념에 기초한다. '이념형'은 현실 그 자체가 아니라 현실의 주요한 측면을 강조해 이해 가능하게 하는 인식 틀이다(Weber 1949).

이익을 이해하고 재구성하게 한다. 즉 본 연구는 행위자들의 이익은 경제적 지위나 제도적 위치에 의해 객관적으로 주어진 것이 아니라 행위자들이 정치적·담론적 상호작용 과정에서 '가능하다고 믿는 선택지들'을 적극적으로 해석하고 구성한 것으로 본다. 이런 관점은 무어와 스카치폴의 비교역사주의에서부터 역사 제도주의와 합리적 선택 이론에서 보이는 '이익에 기초한 접근들'에 대한 비판이다. 기존의 '이익에 기초한 접근들'은, 저명한 역사 제도주의 학자인 거비치가 압축적으로 언급하듯이, "사람들이 원하는 것은 그가 위치한 곳에 달려 있다"는 전제에 기초하고 있다 (Gourevitch 1986, 56). 즉 행위자들의 이익은 주로 경제적 위치에 의해 규정된다는 것이다. '이익에 기초한 접근들'은 '경제적 위치'를 좀 더 세밀히 구분하면서 발전해 왔다. 즉 행위자들의 이익은 '그들이 무슨 자산을 소유하는지', '그 자산들이 얼마나 대체 가능한지' 혹은 '자신의 경제적 위치가 특정 외부 충격에 얼마나 취약한지' 등에 따라 보다 세분화되어 왔다. 그러나 기본적으로 '경제적 위치'에 의해 결정된다는 것에는 변함이 없다 (Gourevitch 1986; Rogowski 1989; Frieden 1991; Swenson 2002).

'이익에 기초한 접근'의 대표적 사례를 보자. 무어와 스카치폴로 이어지는 계급의 '세력 관계'에 기초한 비교역사적 접근들 대부분이 전형적인 '이익에 기초한 접근들'이다. 이들에 따르면 노동계급과 노동계급을 지지하는 정당들은 친민주적이고 친복지적인 반면, 지주·자본 세력들은 반민주적이고 반복지적이라는 이해가 이미 결정되어 있다. 그리고 정치적 결과는 정치적 연합의 힘 관계에 의해 결정된다(Korpi 1978; Rueschemeyer et al. 1992).

예를 들면, 디트리히 러쉬마이어 등은 선진 유럽의 주요 국가들뿐만 아니라 라틴아메리카 등 다양한 국가들의 민주주의 발전 경로들을 설명하면서, 민주주의로의 이행은 가장 반민주 세력인 지주계급이 얼마나 약한지와, 가장 친민주 세력인 노동계급이 얼마나 강한지, 그리고 중간계급이 어느 쪽을 지지하는지에 의해 결정된다고 주장한다(Rueschemeyer et al. 1992). 그들의 주장에서 정치적 노선은 계급적 위치에 의해 이미 결정되어 있다. 발터 코르피를 비롯한 많은 비교 복지 연구가들도 자본을 반복지 세력으로 그리고 노동계급을 친복지 세력으로 규정하고 이들의 힘 관계가 결국 복지 체제를 결정한다고 보았다(Korpi 1978).

그러나 이와 같은 '이익에 기초한 비교역사적 접근들'의 주장과 달리 노동계급이 항상 선험적으로 친민주적이거나 친복지적라고 할 수는 없다. 예를 들면, 제1차 세계대전 후 전간기 유럽에서 노동계급의 힘이 가장 강했던 독일은 친민주적이지 못했다. 1998년 셰리 버만의 연구에 따르면, 독일은 강력한 노동계급의 조직과 정당에도 불구하고 오히려 파시즘으로 귀결되었던 반면, 스웨덴의 사민당은 농민당과 자유주의자들과의 연합을 통해서 안정적인 민주주의 정착과 사회 개혁을 추진할 수 있었다. 두 나라의 차이를 유발한 가장 큰 이유는 노동과 농민의 연합 가능성인데, 독일이 연합을 할 수 없었던 가장 큰 이유는 바로 독일 사민당의 아이디어에서 기인했다. 당시 전 세계 노동자 정당들 중에서 가장 강력한 정당이었던 독일의 사민당은 전통적인 교조적 마르크스주의 계급투쟁 이론에 기초해 전투적이고 비타협적 계급 노선을 견지하고 있었다. 이에 비해 스웨덴의 사민당은 스스로를 인민의 당people's party으로 여기면서 보다 유연한 연합을 시도했다(Berman 1998). 이처럼 노동계급의 이익과 전략은 선험적으로 규정되는 것이 아니라 오히려 구체적인 정치적 상호작용의 과정에서 지속적으로 재구성된다.[12]

한편 역사 제도주의 혹은 합리적 제도주의는 앞의 비교역사적 접근과 달리 주요 행위자의 이익을 제도적 맥락에서 이해하려고 한다는 점에서 다소 다를 수 있다. 예를 들면, 홀과 소스키스, 이사벨라 마레스, 아이버슨

에 따르면 독일과 같은 조정 자본주의의 제도적 맥락에서는 앞의 코르피
(1978)와 같은 비교역사주의와 달리 심지어 고용주들도 고용 보호와 복지
를 지지할 수 있다는 것이다(Hall and Soskice 2001; Mares 2003; Iversen
2005; Korpi 1978). 다시 말해서 고용주들이 높은 기술 수준에 대한 필요
를 가지고 있고 노동자들도 기술 훈련에 대한 선호를 가진 상황에서 고용
주들은 높은 기술 훈련을 보장하기 위한 정치적 교환으로 고용 보호와 복
지를 선호할 수 있다는 것이다. 특히 홀과 소스키스는 조정시장경제들이
이런 비교 제도 우위로 인한 이점을 살리기 위해 기존의 사회 조정 제도를
더욱 강화한다고 주장한다(Hall and Soskice 2001).

그러나 최근의 경험 연구들이 보여 주듯이 독일의 고용주들은 과거
자신들이 지지하던 사회적 조정의 여러 제도들에 대해서 비판적인 입장
으로 변화했다. 예를 들면 최근 독일의 고용주들은 기존의 집단적 임금 협
상이나 다양한 사회적 조정을 강화하기보다는 오히려 사회적 조정의 핵
심이라고 할 수 있는 고용주 단체들에서 탈퇴하고 있다(Thelen and van
Wijnbergen 2003; Silvia and Schroeder 2007). 서독의 가장 주력 산업인 금
속 산업에서 '고용주 단체들이 포괄하는 노동자의 범위'는 1984년 77.4%
에서 2004년 57.6%로 거의 20%p가 줄었다. 이런 고용주 단체의 탈퇴 경
향은 동독에서 더욱 급격히 진행되었다. 동독 금속 산업 고용주 단체들이

12_전간기 이탈리아의 경우도 독일과 유사하다. 이탈리아에서는 강력한 노동계급이 1920
년경 실질적인 권력을 장악하자 노동계급이 보다 급진적으로 바뀜으로써 오히려 중농
과 같은 기존의 연합 세력들과 사이가 벌어졌을 뿐만 아니라 종교적 문제 해석으로 인
해 당시 반파시즘 연합으로 가장 유력했던 가톨릭 대중정당과 연합하지 못했다. 그리
고 이로써 오히려 급진적 노동운동에 대한 반감을 불러일으켜 파시즘의 길을 열게 되
었던 것이다(Kwon 2004b).

포괄하는 노동자의 범위는 통독 원년인 1991년 서독과 유사한 65.7%였다. 그러나 그 비율은 1995년에는 50% 이하로 떨어졌고, 2000년에는 30% 이하로 그리고 2004년에는 겨우 18.1%로 떨어졌다(Silvia and Schroeder 2007, 1440-1441). 그 이유는 동아시아 생산지들의 부상을 비롯한 국제 경쟁의 격화로 직업훈련을 통한 고숙련 전략이 한계에 도달했고 이것이 오히려 '비용'으로 해석되기 시작했기 때문이다. 고비용을 줄이려는 선택에서도 여러 가지 처방이 있을 수 있지만, 1980년대 중반 이후 독일에서는 대기업들이 국제적으로 유행하는 일본식 부품 생산 방식인 '저스트 인 타임'just-in-time과 '카이젠'이라는 지속적 개선 방식을 받아들이는 과정에서 부품 생산자인 중소기업들에게 비용을 먼저 전가했고 이에 따라 중소기업들은 전통적인 집단 협상과 사회 파트너십을 점점 비효율적인 비용으로 이해하면서 고용주 단체에서 탈퇴하기 시작했던 것이다(Silvia and Schroeder 2007).

제도주의자들이 주요 행위자들의 이익을 선험적으로 규정하는 것은 사실 주요 행위자들이 직면하는 '실제 선택들'을 무시한다는 문제가 있다. 홀과 소스키스, 아이버슨 같은 합리적 혹은 역사 제도주의 문헌에서 고용주들이 복지를 지지하는 이유는 '조정의 문제'가 주요한 원인이다(Hall and Soskice 2001; Iverson 2005). 즉 고용주들이 고숙련 기술 형성을 위해서 고용 보호와 복지 향상을 지지한다는 것이다. 합리적 혹은 역사 제도주의자들은 거의 모든 정치를 일련의 조정의 문제로 환원하는 경향이 있다(Blyth 2009, 204-205). 그러나 현실에서 이것은 사실이 아니다. 행위자들은 특정 시기에 '조정의 문제'를 주요하게 다룰 수 있지만 또 다른 때에는 '비용'을 더욱 긴급한 이슈로 다룰 수도 있다. 또 때로는 '유연한 적응'에 우선성을 둘 수도 있지만 다른 시기에는 안정적인 생산의 관점에 설 수도 있다.

이런 '관점'과 정책적 '우선성'의 변화는 동일한 행동에 대한 정반대의 평가를 가능하게 한다. 예를 들면 '규모의 경제'의 이점을 살리기 위한 대량생산 체제에서는 안정적인 부품의 흐름을 강조하는 관점에 설 경우 거래 비용을 줄이기 위해서 부품 생산을 회사 내부로 통합하는 수직적 통합 체제를 구축하는 것이 합리적일 수 있었다. 그러나 1980년대 중반 이후 전 세계적으로 급변하는 시장 수요와 경쟁에 대응하기 위해서 빠르고 유연한 적응을 강조하는 관점이 지배적이게 되자 기존의 수직적 통합과 안정적인 대량생산 체제는 오히려 부정적인 것으로 평가되기 시작했다 (Fligstein 1990; Kwon 2004a). 이처럼 어떤 관점에 서느냐에 따라 동일한 제도의 의미가 전혀 다르게 평가될 수 있다. 이런 관점의 변경은 특히 구체적인 정치적·담론적 상호작용 과정에서 구체적인 '실제 선택들'에 의해 분명하게 드러난다.

본 연구는 '이익'에 대한 합리적인 고려는 인식론적 해석 없이는 불가능하다고 본다. 물질적 이익은 '바람직한 것', '가치 있는 것', '선호되는 것'들 중 하나에 불과하다. 앞에서도 언급했듯이 관점 혹은 정책 우선성에 따라서 이익 계산법은 완전히 달라진다. '장기적 관점에 설지 단기적 관점에 설지', '사회 안정이 중요한지 아니면 우연성이 우선하는지', '효율성인지 정의와 사회 통합인지', 혹은 '누구의 이익, 즉 특정 계급의 이익을 우선시할 것인지 사회 전체의 이익을 우선시할 것인지' 등과 같이 다양한 관점에 따라 전혀 다른 이익의 계산법이 나온다. 그러므로 일단 어떤 관점에 서게 되면, 먼저 '현실적으로 가능한 선택지'들이 고려되고 그 후에야 구체적으로 각각의 이익이 계산되고 평가될 수 있다. 그러나 때로는 가능한 선택지들도 다양한 가치와 관점에서 다시 평가되기도 한다. 이익의 계산은 흔히 기존의 '이익에 기초한 접근들'이 간주하듯이 그렇게 자명한 것이 아니다. 오히려 주요 행위자들 간의 경쟁적인 담론 상호작용 과정에서 '가능한 선택지'들과 함께 구체적인 '이익'이 이해될 수 있다.

한편, 이런 자기 이익에 대한 지속적인 해석은 단순히 위기의 상황만이 아니라 심지어 '정상 시기'에도 항시적으로 일어난다고 본다는 점에서, 본 연구는 최근 '아이디어 접근법'의 대표적 학자인 마크 블리드의 주장과는 다르다고 할 수 있다. 블리드는 왜 행위자들의 아이디어가 중요한지를 강조하기 위해서 위기 시기의 불확실성을 지나치게 강조함으로써 정상 시기에도 행위자들이 제도의 의미와 자신들의 이익을 지속적으로 재해석하는 것을 간과하고 있다. 블리드는 아이디어가 중요한 이유를 설명하기 위해 '나이트의 불확실성'Knightian uncertainty 개념을 도입한다. 블리드에 따르면 행위자들의 이익은 각각의 선택 루트들이 주어졌을 때 측정이 가능하다. 그런데 '나이트의 불확실성'이란, 선택의 루트들은 알고 있지만 비용과 이익에 대한 정확한 정보가 부재한 정도의 불확실성이 아니라, 아예 선택의 루트들 자체가 무엇인지 알 수 없는 상황이라는 것이다. 위기의 '중대 국면'이 바로 이런 상황이며 여기서는 '이익'에 기초한 계산이 불가능하다. 그런데 블리드는 위기의 결정적 국면과는 달리 장기간의 안정적 정상 시기에서는 선택의 루트들이 명약관화하기 때문에 이익에 기초한 행동이 중요하다는 것이다. 다시 말해 블리드에 따르면 위기 국면에서는 '아이디어'가 중요하지만 정상 국면에서는 합리적 선택 이론이 '온전히 타당하다'perfectly adequate고 한다(Blyth 2002, 30-34; Schmidt 2008, 319).

그러나 블리드의 주장은 정상 국면에서의 행동을 지나치게 명약관화한 것으로 이해하는 데 문제가 있다. 본 연구는 정상 국면이라고 하더라도 실천 과정에서 다양한 관점들과 정책 우선성이 '자연스레' 새롭게 제기되기 때문에 제도의 의미뿐만 아니라 '이익'도 지속적으로 재해석되고 재구성된다고 본다. 예를 들면, 아일랜드에서 성공적인 사회협약은 '국난 극복'이라는 기존의 정책 관점에서 '자연스럽게' '공정한 부의 재분배'로 정책적 우선성이 이전하게 되었고, 이런 과정에서 안정적인 제도화의 과정은 새로운 사회협약의 역할과 정당성을 필요로 했을 뿐만 아니라 자기 이익에 대한 새로운 해석을 요구하게 되었던 것이다. 이는 정상 시기에도 실질적인 사회협약의 의미는 변화해 갔음을 의미한다.

본 연구는 행위자들의 아이디어가 실천과 유리되어 있는 것이 아니라 오히려 실천적 과정 속에 있다는 것을 분명히 하고자 한다. 본 연구에서 강조하는 아이디어는 역사적인 구체적 행위자들과 독립된 완결된 사상 체계로서의 아이디어가 아니라 실천 속에서 구체적 행위자들에 의해 담지된 아이디어를 의미한다.

'행위자들의 아이디어 혹은 해석은 실천적 과정 속에서 지속적으로 변화해 간다'고 본다는 점에서 본 연구는 최근 '아이디어 접근법들'과 구분된다. 최근에 사회학적 제도주의는 물론 역사 제도주의나 심지어 합리적 선택 제도주의 내부에서도 변화의 구체적 방향을 이해하기 위해서 '아이디어가 중요하다'는 입장을 받아들여 이론적 설명에서 아이디어를 적극적으로 활용하고 있다. 이런 경향을 흔히 '아이디어적 전환'ideational turn 이라고 지칭한다(Blyth 1997, 2002).

합리적 선택 이론에서 1990년대 초부터 '아이디어적 전환'을 시도한 대표적 문헌으로는 주디스 골드스타인과 로버트 커헤인의 편저(1993), 배리 와인개스트(1995)의 논문을 들 수 있다.[13] 합리적 선택 이론에서 아이디어는 무엇보다도 '다중 균형'multiple equilibria의 문제를 해결하기 위해서 도입되었다. 오직 개인들의 '비용과 효용 계산'에 의해서만 행위자들의 선택을 설명하는 합리적 선택 이론에서 '다중 균형' 상황에서의 선택이란 개

13_이외에도 합리적 선택 이론가들이 '아이디어적 전환'을 시도한 사례로는 Bates et al.(1998)을 참조.

인의 효용 계산만으로 해결할 수 없는 상황을 의미한다. 즉 개인의 효용 계산에 의해 여러 개의 균형점들이 나타나는 것을 '다중 균형'이라고 하는데, 합리적 선택 이론은 개인들의 효용 계산에만 의존함으로써 다중 균형이 존재하는 현실에서 왜 특정 선택이 발생했는지를 설명할 수 없다. 그래서 합리적 선택 이론가들은 아이디어를 도입해 '포컬 포인트'focal point로 작용하게 함으로써 문제를 해결하고자 했던 것이다(Goldstein and Koehane 1993, 3).

그러나 합리적 선택 이론가들은 왜 특정 아이디어가 '포컬 포인트'로 작용하는지, 어떻게 포컬 포인트가 변해 가는지를 설명하지 못한다. 합리적 선택 이론가들에게 아이디어는 행위자들과 독립된 완결된 사상 체계이자 '가치중립적인 정보'다. 이런 합리주의자들은 아이디어가 행위자들에 따라서 상이한 의미와 내용으로 받아들여진다는 것을 그리고 구체적인 정치적·담론적 상호작용 과정에서 아이디어의 실질적 의미가 변해 가는 것을 보지 못한다.

한편 역사 제도주의에서 아이디어를 사용한 대표적 학자로는 피터 홀을 들 수 있다(Hall 1989; Hall 1993). 홀에게 아이디어는 이 책에서 강조하는 것과 같은 '해석의 틀'을 의미한다. 그래서 아이디어는 정책 입안자들이 그것을 통해서 현실을 파악하는 인식론적 '프리즘'prism이라고 할 수 있다(Hall 1993, 279). 홀에 따르면 1976년에서 1981년 영국에서 보듯이 이런 인식의 패러다임이 변화하면 기존과 완전히 다른 새로운 정치로 변화한다는 것이다. 아이디어가 인식론적 틀이라고 보는 점은 본 연구도 동의하는 바다.

그러나 본 연구가 홀과 같은 역사 제도주의와 다른 점은 아이디어를 주요 행위자들과 독립되고 고정된 완결적 사상 체계로 보지 않는다는 것이다. 예를 들면 홀을 비롯한 많은 역사 제도주의자들은 케인스주의의 동일한 독트린이 미국과 유럽 국가들에서 왜 다르게 도입되었는지를 비교 분석하면서 제도적 맥락을 강조한다(Hall 1989). 그러나 이처럼 아이디어를 완결된 사상 체계로 보는 관점에는 정치적 상호작용 과정에서 주요 행위자들의 아이디어가 어떻게 형성되고 변해 가는지에 대한 설명이 없다. 즉 홀은 어떻게 학계의 논쟁들이 정치적 과정을 통해서 대중들의 의식에 지배적이게 되는지를 설명하지 못하고 있다(Blyth 1997, 237).[14]

또한 최근 '아이디어 접근법'이라고 스스로 명명한 몇몇 학자들도 홀과 같이 완결된 형태의 사상이 서로 다른 제도적 맥락에서 어떻게 다르게 전파되는지를 분석하는 데 초점을 두고 있다. 예를 들면 안드레아스 안토니아데스, 콜린 헤이, 니콜라 스미스 등 '아이디어 접근법'을 취하는 학자들도 '세계화' 같은 개념을 동일하게 주어진 개념으로 파악하고 그것이 아일랜드와 영국, 그리스 같은 유럽 국가들에서 어떻게 다르게 받아들여지게 되는지를 분석했다(Antoniades 2008; 2009; Hay and Smith 2005; Smith and Hay 2008).

그러나 본 연구에서 강조하고자 하는 아이디어는 정치적 상호작용 과정에서 주요 행위자들이 가지는 '주관적 아이디어'다. 다시 말해서 본 연구는 역사 제도주의자들이 주목하는 완결된 사상이 아니라 역사적 행위자들이 현실 속에서 '객관적 문제'와 해결책 그리고 자신의 선호에 대해서 가지는 구체적 해석과 믿음에 주목한다. 따라서 본 연구는 행위자들의 아이디어가 역사적·구체적·실천적 맥락에서 이해되어야 함을 강조한다.

14_ 역사 제도주의자들에 의한 '아이디어적 전환'의 또 다른 유명한 사례들로는 Sikkink (1991), Weir and Skocpol(1985)을 참조. 역사 제도주의자들에게 있어 아이디어는 단지 제도적 조건을 반영할 뿐이다.

즉 아이디어는 그 실질적인 내용이 중요할 뿐만 아니라 실천적·담론적 상호작용에서 그 구체적 의미가 명확해진다. 기존의 '포스트구조주의자들'이나 '포스트모던주의자들'이 주장하는 담론은 지나치게 실천적 행동이 없는 '행동 없는 말' 혹은 '컨텍스트 없는 텍스트'를 강조한다는 점에서 본 연구와 구별된다고 할 수 있다. 아이디어는 실천적·담론적 맥락 속에서 '누가 무엇을 누구에게 어디서 왜 말했는지'의 맥락에서 이해되어야 한다(Schmidt 2010, 15). 바로 이 때문에 심지어 정상 국면에서도 행위자들이 실천적 상호작용 과정을 통해 기존 제도의 의미와 자신의 선호들을 재해석·재구성하는 것에 주목할 필요가 있는 것이다. 주요 행위자들의 실천적 과정과 결과는 성공적이든 실패든 상관없이 항상 행위자들의 생각과 의도를 훨씬 넘어서 나타나기 때문이다.

본 연구에서 가정하는 행위자는 제도나 경제적 위치에 의해 명백하다고 가정된 이익을 추구하는 '맹목적 행위자'blind actors가 아니라 자신의 주위 환경과 제도들 그리고 경제적·도덕적·정치적 문제들을 고려하면서 자신의 선호와 전략을 재해석하고 적극적으로 구성하는 행위자다. 따라서 정치는 '명약관화한 자기 이익'을 맹목적으로 추구하는 행위자들로 구성되는 것이 아니며 행위자들의 선호·동기·욕망은 물질적 혹은 제도적 환경을 단순히 반영하지도 않는다. 행위자는 정치적 상호작용 과정에서 '객관적 문제'와 자신의 선호, 목표 그리고 자신의 자원과 전략을 지속적으로 재해석하고 수정·보완한다(Hay 2008, 63-64).

적극적으로 해석하고 전략적으로 재구성하는 행위자를 가정하는 본 연구는 제도에 의한 행위자의 일방적 구속을 강조하는 기존의 제도주의와 구별된다. 홀과 소스키스가 언급하듯이 제도주의자들에게 가장 주요한 문제는 '어떻게 행위가 정치경제 제도들에 의해 영향을 받는가' 하는 것이다(Hall and Soskice 2001, 4). 기존의 제도주의에서는 제도를 어떻게 정의하든, 예를 들면 '행위를 제약하는 구조적 제약들'이든 '외부에 존재하며 사회화로 내재화되는 메커니즘'이든 사회학적 제도주의가 주장하듯 너무나 당연시되어 반성될 수 없는 '내재적 인식 패턴'이든 어떤 식으로 정의하든 제도가 행위자들을 일방적으로 구속하고 제어하는 기능을 한다고 본다(Hall and Soskice 2001, 5; Scharpf 2000, 21-22).[15] 이처럼 제도주의자들은 제도의 구속력에 초점을 두기 때문에 제도의 변화보다는 지속성을 강조한다. 홀과 소스키스는 행위자에 대한 제도의 구속이 바로 자신들 연구의 핵심임을 다음과 같이 압축적으로 언급하고 있다.

이런 제도들은 회사들[주요 행위자들]에게 특별한 기회의 세트를 제공한다. 그래서 회사들은 이런 기회들을 이용하기 위한 전략에 끌리는 것으로 기대된다. 간단히 말해서 전략은 구조를 따른다는 중요한 측면들이 있다. 이런 이유로 인해서 우리의 접근은 회사들의 전략에서 국가들 간에 체계적인 차이가 존재하고 이런 차이는 대단히 중요한 [각국] 정치경제의 제도적 구조와 일치한다는 것을 예견한다(Hall and Soskice 2001, 15).

제도주의자들은 체계적 차이와 이것의 경로 의존성을 강조하기 위해서 '행위자들은 제도에 의해 일방적으로 구속된다'는 그것도 '동일한 제도가 과거와 같이 동일한 효과를 내도록 재생산된다'는 논리를 가지고 있다

15_홀과 소스키스에 따르면 제도들이 행위자를 구속하는 방법은 크게 세 가지인데, 그것은 첫째, 사회적 규범과 태도를 사회화하는 것이고, 둘째, 특정 행위자들에게 권력을 부여하는 것, 셋째, 행위자들에게 제재(sanctions)와 인센티브를 부여하는 것이라고 한다(Hall and Soskice 2001, 5).

(Levi 1996, 46). 그러나 이런 제도주의의 주장은 '내생적·점진적 제도 변화'를 보여 주는 많은 경험적 사례들을 설명하지 못한다(Streeck and Thelen 2005; Mahoney and Thelen 2010). 최근의 많은 경험 연구들이 보여 주듯이 제도의 의미는 심지어 외부의 충격이 없이도 동일하게 반복되지 않고 끊임없이 재해석되고 변화해간다.

본 연구는 최근의 프래그머티즘적 구성주의와 같이, 제도가 일방적으로 행위자들을 구속한다고 보기보다는 오히려 제도를 행위자들에 의해 그 의미가 지속적으로 여러 요소들로 '해체될 수 있는' 혹은 다양한 방법으로 '재결합될 수 있는' 주어진 재료resources로 본다. 최근의 프래그머티즘적 구성주의에 따르면 이런 적극적인 행위자들의 '제도적 삶'institutional life은 제도에 의해 구속되기보다는 경험과 실험의 과정에서 행동, 역할, 규칙들의 '창조적 재결합' 혹은 '창조적 혼합'creative syncretism이라고 정의된다(Herrigel 2010; Berk and Galvan 2009). 버크와 데니스 갤빈은 '제도적 삶'을 '창조적 혼합'으로 언급하면서 다음과 같이 언급하고 있다.

우리는 제도적 삶을 규칙의 살아진 경험lived experience이라고, 그리고 제도를 항상 해체될 수 있는 재료들로, 행동으로 재배열rearranged되고 재전개될 수 있는redeployable 재료들로 간주한[다] …… 창조적 혼합은 제도적 구조가 배우를 위한 대본이나 인식을 위한 스키마schema가 아니라 살아가는 기술skill이라는 사고에 뿌리를 두고 있다. 행동이란 항상 선행하는 규칙들 및 실천들과의 관계 속에서 발생하는데 여기서 규칙이나 실천들은 행동의 안내서guides나 구속들로 작용하는 것이 아니라 새로운 행동을 위한 원료로 작용한다고 보는 존 듀이의 저작에 우리는 바탕을 두고 있다. 우리가 제도 아래에서 살아가는 경험이라고 부르는 것은 사실 제도를 통해서 살아가는 경험, 단지 규칙에 따라 게임을 하는 경험뿐만 아니라 마치 규칙들이 수단인양 규칙을 가지고 실제 게임을 하는 경험을 의미한다(Berk and Galvan 2009, 544).

프래그머티즘적 구성주의와 같이 본 연구는 제도들이 행위자들과 독립된 의미를 가지는 것이 아니라 행위자들이 '제도를 경험하고 제도와 함께 살아가는 과정'에서 실질적인 의미를 가질 뿐만 아니라 제도의 의미가 행위자들에 의해 지속적으로 재해석·재결합되고 변형된다는 것을 강조한다. '제도적 삶' 혹은 제도 아래에서 겪는 경험들과 실천들은 행위자들이 가지고 있던 기존의 아이디어 혹은 의미의 스키마를 뛰어넘어 지속적으로 새로운 도전과 문제를 야기한다. 그래서 행위자들이 가지는 제도의 의미나 선호는 완결되고 명약관화한 것이 아니라 불완전하고 불명확하다. 본 연구는 프래그머티스트들과 같이 일상적인 제도적 삶 속에서 바로 제도가 지속적으로 재해석되고 변형된다는 것을 강조한다. 제도적 삶의 과정은 하나의 해석과 하나의 의미로 고정된 것이 아니라 다양한 해석들과 관점들 간에 경쟁하는 정치적·담론적 상호작용의 과정이라고 할 수 있다. 그래서 본 연구는 심지어 '정상 시기' 혹은 제도적으로 안정적인 시기에도 제도의 의미는 외부의 충격이 없이도 지속적으로 변화해 감을 강조한다.

이상과 같은 기본적인 전제하에서 본 연구는 아일랜드 사회협약 모델의 수립과 변화를 보다 동태적으로 파악하고자 한다. 본 연구는, 제도적 조건이 부재한 상태에서 어떻게 아일랜드 사회협약이 생성되었고 유지되었으며, 세계화의 도전에도 불구하고 신자유주의적 자유시장이 아니라 코포라티즘적 사회 조정을 통해 엄청난 성공을 거둘 수 있었는지 그리고 이런 사회 조정의 제도가 어떻게 내생적으로 변화해 갔는지를 동태적으로 파악하기 위해서 다음과 같은 기본적인 가설을 제시한다.[16]

첫째, 세계화 시기에도 유효한 적응 전략은 다양할 수 있다는 것이다.

이 가설은 자유시장이 보편적으로 타당하다는 신자유주의적 논리와 구별될 뿐만 아니라, 세계화 시대에는 경쟁과 벤치마킹으로 인해서 '하나의 최선의 제도'(예를 들어 자유시장, 일본식 회사 간 협력 관계 등)로 수렴할 것이라는 수렴론에도 문제를 제기한다. 경제적 효율성은 제도적·실천적 맥락에 따라 매우 상이하다. 예를 들면 자유시장이 발전하고 고용에 대한 조직적·제도적 장애가 별로 없을 때는 빠른 이직을 보장하는 외적 유연성을 추구하는 것이 합리적일 수 있지만, 고용 보호 제도가 안정화되어 있을 경우는 이직을 통한 외적 유연성보다는 기능 변화에 빠르게 적응할 수 있는 내적 유연성을 높이는 것이 합리적이다. 고용 보호와 내적 유연성이 높을 경우는 높은 기술 훈련을 통한 고품질 생산이 합리적인 전략일 수 있지만 자유시장의 외적 유연성이 높을 경우는 노동의 숙련보다는 새로운 제품 개발과 값싼 노동의 빠른 결합이 합리적일 수 있다. 이렇듯 경제적 효율성은 보편적 형태를 취하기보다는 제도적·정치적 맥락에서 다양한 형태를 취할 수 있다. 이런 점에서 본 연구는 제도주의자들의 '제도적 상보성' 개념에 기초한 '자본주의 다양성' 논의와 맥을 같이한다.

그러나 본 연구는 제도주의자들의 '제도적 상보성' 혹은 '상호 보완적인 제도들의 연계 및 일관성' 개념과 달리 제도적 상보성은 대단히 느슨하고 행위자들의 정치에 의해 새로이 구성될 수 있다고 본다. 먼저 홀과 소스키스과 같은 '자본주의 다양성 학파'들이 주장하듯이 제도적 상보성이 높을수록 경제적 효율성이 높다고 보는 관점(Hall and Soskice 2001)에 본 연구는 반대한다. 다시 말해서 '자본주의 다양성 학파'에 따르면, 기업지

16_ 이 부분은 Kwon(2013, 487-489)을 상세히 확대 수정·보완했다.

배구조와 노사관계와 같은 상이한 부문의 두 제도들이 서로 보완성이 높을수록 경제적 효율성은 높다. 그래서 조정 자본주의나 혹은 자유시장 자본주의의 제도들은 서로 긴밀히 연계되어 있기 때문에 상대 쪽의 제도가 아무리 좋다고 하더라도 이식되어 오면 효과가 떨어진다는 것이다. 이런 논리에서 '자본주의 다양성 학파'는 각국이 상대의 좋은 제도를 모방하기보다는 기존의 자기 제도를 강화해 보다 순수한 형태로 발전하고 이를 통해 다양성을 유지한다고 주장한다(Soskice 1999, 109; Hall and Soskice 2001, 18; 37-41; Hall and Gingerich 2004, 20-27; Hancké and Hermann 2007, 122-123).

그러나 경험적 현실에서는 제도적 상보성 혹은 일관성이 높다거나 혹은 '순수 형태'의 성과가 항상 좋은 것은 아니다. 2006년 레인 켄워디의 통계 분석에 따르면 '자본주의 다양성 학파'가 주장하는 제도적 상보성과 경제적 효율성의 관계는 경험적으로 사실이 아니라고 지적한다. 켄워디는 1974년에서 2000년 사이 선진 자본주의 18개국을 대상으로 제도적 상보성과 경제적 효율성 사이의 상관관계를 조사했는데, 그의 결론은 18개국의 생산성 성장과 고용 증가의 패턴들은 '자본주의 다양성 학파'의 주장을 뒷받침하지 않는다는 것이다(Kenworthy 2006, 85). 더구나 제도적 상보성이 낮은 나라로 분류되는 아일랜드나 네덜란드 그리고 제도적 상보성이 중간 정도라고 할 수 있는 덴마크는 1990년대와 2000년대에 높은 경제 성과를 보여 주었다. 반면 제도적 상보성이 높은 일본의 경우는 오히려 '잃어버린 10년'으로 대표되듯이 같은 기간 낮은 경제 성과를 보여 주었다(Kenworthy 2006, 76).

보다 주목할 사실은 아일랜드는 기존의 자유시장경제를 강화하는 제도를 도입했기 때문이 아니라 반대로 조정 자본주의 요소인 중앙 집중화된 집단 협상과 사회협약을 통해서 '켈틱 타이거'로 지칭되는 고도성장을 이루었다는 데 있다. 또한 덴마크의 사례에서 보듯이 덴마크가 성공을 거둔 것은 기존의 조정 자본주의 체제를 강화하기보다는 자유시장 요소인 '외적 유연성'을 높임으로써 새로운 제도적 상보성을 창출해 냈기 때문이다(Pedersen 2006; Martin 2006; Madsen 2006).

어떻게 아일랜드와 덴마크는 세계화 시대에 신자유주의자들이 주장하듯이 신자유주의적 제도로 수렴하지 않고, '자본주의 다양성 학파' 제도주의자들이 주장하듯이 기존의 자기 유형을 강화하는 것과는 달리 반대편 제도를 도입함으로써 성공할 수 있었는가? 본 연구에서 이후 좀 더 구체적으로 살펴보겠지만, 1990년대 아일랜드는 단순히 외국인투자와 자유시장 체제에 의존하던 1980년대와는 달리 '사회협약-발전 국가-외국인 투자' 간에 새로운 제도적 상보성을 발전시킴으로써 고도성장을 이루었다. 또한 덴마크는 노동시장에서 '외적 유연성'을 높이는 대신에 기존의 복지를 통한 실업수당 혜택과 더불어 재취업을 보장하기 위한 훈련 체계를 강화함으로써 — 노동시장 유연성, '관대한 복지', 적극적 노동시장 정책이라는 '황금의 삼각 체제'Golden Triangle에 기초해 — 시장적 유연성과 '사회적 안전성'을 동시에 결합한 '유연 안정성'이라는 새로운 모델을 창출할 수 있었다. 본 연구의 기본 가설은, 제도주의자들이 주장하듯이 다양한 분야의 제도들 간에 연계와 상보성은 그렇게 강하지 않고 오히려 '기능적 대체물'에 의해 대체 가능하며, 아일랜드와 덴마크 등에서 보듯이 새로운 보완성과 합리성이 창출될 수 있다는 것이다.

본 연구의 두 번째 가설은, 코포라티즘적 사회 협치 체제는 제도적 조건에 의해 선험적으로 규정되는 것이 아니라 주요 행위자들 간의 정치적 교환과 사회적 합의 그리고 '공유된 이해와 가치'에 의해 수립될 수 있다는 것이다. 그리고 이런 사회적 합의와 정치적 교환들은 주요 행위자들의 정치적·담론적 상호작용에 의해 구성될 수 있다.

최근 유럽 국가들에서 발생한 사회협약에 대한 연구들에 따르면 1990년대 이후 코포라티즘적 사회협약은 전통적으로 코포라티즘적 제도가 잘 갖추어진 국가들뿐만 아니라 아일랜드·스페인·이탈리아·포르투갈과 같이 제도적 조건들이 미비한 국가들에서 많이 발생했다.[17] 최근의 사회협약들 혹은 사회 파트너십들은 홀과 소스키스 같은 '자본주의 다양성 학파'가 주장하듯이 제도적 상보성에 의한 체계의 필요로 설명이 잘 되지 않는다(Hall and Soskice 2001). 또한 유럽 통화 통합의 필요나 경제적 문제의 심각성으로도 설명하기 어렵다(Rhodes 1998; 2001; Fajertag and Pochet 2000; Hancké and Rhodes 2005). 대안적 설명으로 제시될 수 있는 것은 바로 행위자들 사이의 '공유된 이해와 가치' 그리고 '사회적 합의'다. 즉 최근의 사회협약들은 주로 경제적 문제들과 타당한 해결책에 대한 주요 행위자들 사이의 '공유된 이해'에 의해 이루어지고 유지되어 왔다(Avdagic et al. 2011).

이것은 기존의 코포라티즘에 대한 많은 설명들처럼 사회협약은 전통적 관습에 의한 비의도적 결과라든가 혹은 '체계의 필요'system needs를 위한 자연발생적 적응 과정에 의해 산출된 것이라는 주장들과 대립된다. 본 연구는 기본적으로 계약론자들의 설명과 같이 사회협약은 주요 행위자들에 의한 의식적 디자인으로 만들어진다고 전제하며 사회적 합의 혹은 정치적 교환들에 의해 수립·유지된다고 본다. 전통적인 북유럽의 코포라티즘이 '임금 안정'wage moderation과 관대한 복지라는 사회민주주의적 성격의 정치적 교환과 사회적 합의에 기초한 것이라면 최근 유럽에서 등장하는 사

17_1990년대와 2000년대 발전한 사회협약들에 대해서는 Fajertag and Pochet eds.(2000), Hamann and Kelly(2011), Avdagic et al. eds.(2011) 참조.

회협약은 주로 '임금 안정'과 '경쟁력 향상' 그리고 '고용 증대'라는 과거와는 다른 정치적 교환을 보여 주는 경향이 있다. 그래서 최근의 코포라티즘적 사회협약을 과거 사회민주주의적 코포라티즘과 구별해 '경쟁적 코포라티즘'competitive corporatism이라고 부르기도 한다(Rhodes 1998, 2001). 본 연구는 아일랜드에서 사회협약이 이루어지고 안정화된 가장 큰 이유가 주요 행위자들 사이에서 이루어진 위기의 진단과 처방에 대한 '공유된 이해와 가치' 때문이라고 가정한다. 그리고 2009년 아일랜드에서 사회협약이 붕괴한 것은 바로 위기 진단과 처방에서 주요 행위자들이 사회협약에 대한 '공유된 이해와 가치'를 찾는 데 실패했기 때문이라고 가정한다.

본 연구의 세 번째 가설은, 합리적 선택 이론의 설명과 같이 사회협약은 오직 주요 행위자들이 그 협약이 자신들에게 이익이 된다고 믿기 때문에 가능하다는 것이다. 다시 말해서 사회협약이나 제도의 수립과 유지는 개별 행위자들의 관점에서 이루어진 '합리적' 선택의 결과다. 또한 사회협약을 위한 정치적 교환이나 사회적 합의는 '체계 전체의 필요성'이라는 관점보다는 주요 행위자들이 자신들의 관점에서 '합리적'이고 '타당하다'는 평가에 기초해 이루어진다고 본다.

그러나 본 연구가 합리적 선택 이론과 다른 점은 주요 행위자들이 생각하는 '합리성' 혹은 '자기 이익'은 합리적 선택 이론가들이 가정하듯이 그렇게 명확하지 않을 뿐만 아니라 고정되거나 보편적 형태를 취하는 것이 아니라는 것이다. '합리성'이나 '이익'은 주관적 관점에서 지속적으로 재해석되고 구성된다고 본다. 본 연구가 전제로 하는 주요 행위자들의 이익은 경제적 이익만을 의미하는 것이 아니라 보다 포괄적인 다방면의 이익이다. 즉 행위자들의 선호는 임금 인상과 같은 단기간의 경제적 이익뿐만 아니라 도덕적 정당성 그리고 조직적 이득, 고용 증대와 같은 장기적 관점의 이익을 포괄한다. 문제는 주요 행위자들이 이런 다방면의 이익들 중에서 어떤 관점에서 어떤 것을 더 중요하게 고려할지는 정치적·담론적 상호작용의 과정에서 재구성된다고 전제한다.

네 번째 가설은, 정치적·담론적 상호작용의 과정에서 주요 행위자들이 생각하는 '가능한 선택지들'과 전략적 우선성이 변화함에 따라 주요 행위자들의 이익과 선호들도 변화한다는 것이다. 이런 주요 행위자들의 관점과 전략적 우선성의 변화는 자기 이익을 변화시킬 뿐만 아니라 다음 가설에서 보듯이 제도 의미의 내생적 변화를 이해할 수 있게 한다. 세 번째 가설과 연계해서 본다면 사회협약은 주요 행위자들의 '합리적' 이해에 기초한 것이긴 하지만 그것은 합리적 선택 이론가들이 주장하듯이 명약관화한 자기 이익에 기초한 것이라기보다 정치적·도덕적·경제적인 포괄적이고 다양한 방면에서 스스로 평가하고 해석한 '합리적 자기 이익'에 기초한 것이라 할 수 있다. 문제는 주요 행위자들의 관점과 전략적 우선성이 정치적·담론적 상호작용 과정에서 변화한다는 것이다. 예를 들면 아일랜드 고용주들이 코포라티즘적 사회 조정 혹은 사회협약에 대해서 가지는 견해는 1980년대에는 대단히 부정적이었지만, 이후 성공적 실천 과정에서 열렬한 지지로 바뀌었다가, 노조가 사회협약을 통해 분배 문제를 제기하자 다시 회의적으로 바뀌었다. 이렇듯 정치적·담론적 상호작용 과정에서 주요 행위자들이 관점과 전략적 우선성을 변화시킴으로써 자기 이익과 제도의 의미도 변화한다. 따라서 본 연구는 합리적 선택 이론가들을 포함하는 기존의 '이익에 기초한 접근들'과 달리 행위자들의 이익은 사회경제적 위치나 제도적 맥락에 의해 선험적으로 혹은 연역적으로 결정되는 것은 아니라고 본다. 반대로 본 연구는 행위자들의 이익은 정치적·실천적 과정에서 자신들의 이익이 무엇인지 스스로 평가하고 해석함으로써 지속적으로 새로이 구성된다고 본다.

본 연구의 다섯 번째 가설은 정치적·실천적 상호작용의 과정에서 제도의 바람직성, 효율성, 혹은 타당성에 대한 주요 행위자들의 주관적 믿음과 평가가 변화한다면 전쟁이나 글로벌 경제 위기와 같은 심각한 외적인 충격 없이도 제도와 제도의 의미는 내생적으로 변화한다는 것이다. 아일랜드 사회협약이 1987년 위기와 달리 2008년에는 위기 극복을 위해서 오히려 포기된 이유는 1987년에서 2008년의 약 20여 년간 안정적인 제도화 과정에서 사회협약 혹은 사회 파트너십의 실제 내용과 의미가 바뀌었기 때문이다. 이것은 기존 제도주의자들이나 합리적 선택 이론가들이 변화를 설명하기 위해 사용하던 '단절적 균형이론'의 가정과 달리, '정상 국면'은 정치가 부재하고 동일한 제도에 의해 동일한 행동 패턴이 반복되는 시기가 아니라 지속적인 해석과 담론의 정치가 이루어지고 이와 더불어 제도의 의미도 지속적으로 변화하는 시기임을 의미한다. '정상 국면'에 대한 이런 이해는 위기 국면과 정상 국면은 서로 단절적이라기보다는 서로 연결되어 있다는 것, 다시 말하면 '위기 국면'에서의 변화를 이해하기 위해서는 '정상 국면'에서의 변화를 이해해야 한다는 것을 강조하는 것이다.

제3장

'켈틱 타이거'

__아일랜드의 도약과 발전 방식들

이 장에서는 역사적 발전과 제도의 변화를 살펴보기에 앞서 아일랜드가 1990년대 이후 급격한 경제 사회적 도약을 이룬 성과와 그 이유를 살펴보고자 한다. 그리고 2008년 세계 금융 위기에서 왜 아일랜드는 다른 나라에 비해 심각한 위기에 봉착하게 되었는지를 살펴볼 것이다.

아일랜드는 1980년대 서유럽에서 가장 가난한 나라들 중 하나였다. 그러나 급격한 경제성장을 통해 1990년대에는 '켈틱 타이거'라는 별칭을 얻을 만큼 성공을 거두었다. 1인당 국민소득이라는 측면에서 보면 아일랜드는 식민지 모국이었던 영국을 앞질러 서유럽에서 가장 부유한 국가들 중 하나가 되었다. 다소간 강조점에 차이가 있긴 하지만 학자들은 이런 아일랜드의 경제적 성과를 가능하게 한 요인으로 주로 외국인직접투자FDI, 발전주의 국가 그리고 사회협약을 들고 있다. 이 장에서는 먼저 '켈틱 타이거' 발전의 정도를 비교의 시각에서 먼저 살펴본 다음, 이를 가능하게 한 원인을 제도적 측면에 초점을 두면서 분석할 것이다. 그리고 끝으로 미국발 금융 위기로 아일랜드 발전 모델이 왜 급격하게 선회해 국가 부도에 빠지게 되었는지 그 원인을 분석하고 또한 비교의 시각에서 아일랜드가 어떻게 성공적으로 위기를 극복했는지 간략히 살펴볼 것이다.

1. '켈틱 타이거'

학자들마다 정확한 시기 구분에 다소 차이가 있긴 하지만 '켈틱 타이거'는 1990년대 중반부터 가시화되어 2000년대 중반까지 지속된 아일랜드 경제의 급격한 성장 시기를 의미한다. 이 시기는 아일랜드가 이전까지 보여준 후진국 혹은 실패 사례국의 전형적인 모습에서 완전히 탈피해 세계 최고의 부국 혹은 경쟁력 있는 국가로 180도 탈바꿈한 드라마틱한 시기라고 할 수 있다. 아일랜드는 1980년대 전반까지만 해도 1~2%의 저성장에서 벗어나지 못했지만 1990년대 여러 해 동안 10%를 훨씬 넘는 고도성장을 이룩했다. 이 절에서는 먼저 아일랜드가 '켈틱 타이거' 시기를 거치면서 얼마나 크게 변화했는지를 살펴볼 것이다.

'켈틱 타이거' 시기의 극적인 전환은 아일랜드에 대한 국제적 평가에서도 잘 나타난다. 아일랜드는 유럽에서 '실패의 사례'로 주로 언급되었다 (FitzGerald 2000, 2). 사람들은 아일랜드 하면 대기근, 대규모 해외 이민emigration, 19세기 토착 산업의 붕괴deindustrialization 등을 주로 떠올렸다. 20세기에 들어와서도 아일랜드는 1980년대 말까지 거의 줄곧 유럽 전체에서 상대적으로 발전이 뒤처진 국가에 속했다. 특히 1980년대 들어서 아일랜드는 정체된 생산, 17%에 가까운 실업률, 높은 국가 부채, 엄청난 해외 이민으로 국가적 위기에 처했다(Smith 2005, 36-37).

그러나 1987년 사회협약을 맺고 긴축재정과 임금 안정에 기초해 새로운 도약을 준비하면서 아일랜드는 1990년대에에 완전히 새로운 국가로 변모했다. 아일랜드의 경제 전환은 1990년대 초반부터 시작되었다. 실제 아일랜드가 미국 모건 스탠리 투자은행의 케빈 가디너로부터 '켈틱 타이거'라는 별칭을 받은 것은 '켈틱 타이거'의 초입 단계인 1994년부터였다(Smith 2005, 37). 또한 1980년대까지 '유럽의 병자' 혹은 '실패의 사례'로 불리던 아일랜드는 1990년대 급격한 경제성장과 재정 건전성 그리고 완전고용에 가까운 낮은 실업률을 배경으로 『이코노미스트』 *The Economist*와 『파이낸셜 타임스』 *Financial Times* 등에서 '유럽의 빛나는 불빛' 혹은 '기적'으로 불리기 시작했다. 그리고 아일랜드의 고도성장은 중국을 비롯한 많은 국가들로부터 부러움과 따라 배우기의 대상으로 주목을 받게 되었다(*The Economist* 1997/05/17; *The Wall Street Journal* 1998/12/18; *The Times* 1996/06/25; *The Irish Times* 2004/04/29).

아일랜드의 성공적 전환을 좀 더 구체적으로 살펴보자. 1990년대와 2000년대를 통한 아일랜드의 도약은 먼저 1인당 국민소득이라는 측면에서 잘 나타난다. 〈그림 3-1〉은 아일랜드 경제성장의 추이와 규모를 개괄적으로 보여 준다. 〈그림 3-1〉에서 유럽 주요 국가들의 1인당 국민소득의 발전과 비교하면 아일랜드는 1990년대부터 2008년 위기 이전까지 급격한 경제성장을 이루었음을 알 수 있다. 〈그림 3-2〉에서 보면, 1970년대 아일랜드의 1인당 국민소득은 9,811달러로 당시 영국의 1인당 국민소득인 14,535달러의 약 67%에 해당한다. 그림에서 보듯이 이는 유럽 주요국에서 가장 낮은 소득수준으로 유사한 경제적 후발국인 스페인이나 그리스보다 더 낮았다.

그러나 이런 아일랜드의 국민소득은 급격한 경제성장을 통해 1990년

그림 3-1 | 유럽 주요국 1인당 GDP 변화 추이

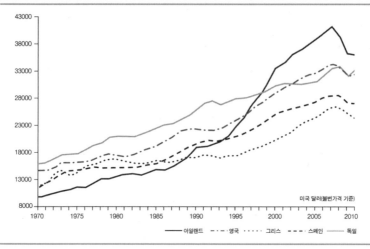

출처: OECD 통계.

대 후반에 이미 식민지 모국인 영국을 앞지른다. 2000년경 세계경제포럼 The World Economic Forum 조사에 따르면 아일랜드는 가장 경쟁력이 있는 국가 순위에서 세계 5위를 차지했다. 2003년 OECD 조사에서는 1인당 국민소 득에서 세계 4위에 오를 만큼 세계에서 가장 부유한 국가 중 하나로 발전했 다. 최근 위기 이전인 2007년에는 아일랜드의 1인당 국민소득이 41,057 달러로 34,322달러에 머문 영국 1인당 국민소득의 약 120% 수준으로 발 전했다. 2008년 위기로 인해 경제성장이 후퇴하고 1인당 국민소득이 하 락했다 하더라도 2010년 기준 아일랜드 1인당 국민소득은 35,982달러로 32,459달러인 영국의 1인당 국민소득을 여전히 상회하고 있다. 1970년 대와 대비해서 보면 영국의 1인당 국민소득은 약 2.3배 증가한 것에 비해 아일랜드의 경우는 약 4.1배 증가했다.

1990년대 아일랜드의 빠른 성장은 경제성장률에서도 나타난다. '켈

그림 3-2 | 아일랜드와 영국의 1인당 GDP 비교

단위: 1970년 영국의 값을 100으로 했을 때

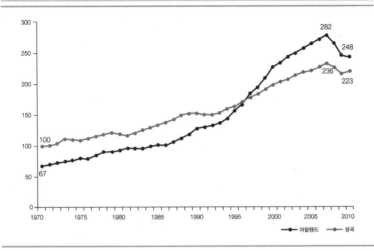

출처: OECD 통계.

틱 타이거' 이전 1980년대 전반에는 −0.7%에서 3.2% 사이를 보여 주던 국내총생산GDP 성장률이 1990년에서 2000년 사이에는 매년 평균 8%의 성장으로 OECD 국가들 중에서 가장 높은 성장률을 보여 주었다. 특히 1990년대 후반부는 1995년 9.6%, 1996년 8.3%, 1997년 11.7%, 1998년 8.5%, 1999년 10.7%, 2000년 11.8% 등으로 고도성장을 이어갔다(Sweeney 2008, appendix 2; Boyle 2003, 3). 이런 고도성장은 여타 국가들에 비해 월등히 뛰어난 것이었다. 1988년에서 2000년 사이 실질 GDP의 성장을 비교해 보면 아일랜드는 132%의 성장으로 같은 기간 상대적으로 우수한 성적을 거두었다는 미국 45%, 영국 29%에 비해서는 물론 타의 추종을 불허하는 성장을 기록했다(Baccaro 2003, 688; Baccaro and Simoni 2004, 5).

'켈틱 타이거' 시기의 고도성장이 가져온 변화는 다음과 같은 측면들을 통해 지적할 수 있다. '켈틱 타이거' 시기의 고도성장은 먼저 많은 일자

표 3-1 | 주요 사회경제지표(1987~2005년)

	1987년	1994년	1997년	2001년	2003년	2005년	변화율(%)
GNP(1987=100)	100	135	182	258	286	316	216
인구(천 명)	3,547	3,586	3,664	3,847	3,979	4,131	16
고용 인구(천 명)	1,111	1,221	1,380	1,722	1,794	1,929	74
고용률(%)	-	53.0	57.5	65.8	65.1	67.1	-
실업인구(천 명)	226	211	159	65	82	86	-62
실업률(%)	17.5	14.3	9.9	3.8	4.6	4.2	-
이민 변화(천 명)	-23	-5	19	33	30	53	-
국가 부채(GNP 대비 %)	117.6	89.0	65.4	37.0	32.1	27.4	-

출처: CSO data; Walsh(2007, 25); Sweeney(2008, appendices).

리를 창출함으로써 일반 시민들의 생활수준과 복지를 향상시키는 데 크게 기여했다. 그것은 앞에서도 언급했듯이 1인당 국민소득의 급격한 성장으로 나타났다. 특히 〈표 3-1〉에서 보듯이 1987년과 2005년 사이 아일랜드 GNP는 216%나 증가했다. 두 번째로는 사적 영역에서 고용이 크게 증가했다는 것이다. 15세에서 65세 사이 고용 인구는 1987년 111만1천 명에서 2005년 192만9천 명으로 약 74%가 증가했다. 반면 같은 기간 실업인구는 22만6천 명에서 8만6천 명으로 약 62%가 감소했다. 제조업에서 양질의 일자리가 대거 창출됨으로 인해 실업률은 1987년 17.5%에서 2000년대는 3~4%로 낮아져 완전고용에 가까운 상태로 전환했다.

셋째, '켈틱 타이거'로 인한 가장 큰 변화는 또한 이민 흐름의 역전이다. 아일랜드는 전통적으로 국내 일자리 부족으로 해외 이민이 많은 나라였다. 아일랜드는 현대사에서 어느 나라에 견줄 수 없을 만큼의 많은 이민을 기록한 나라이기도 하다. 1922년 독립 이래 순수 해외 이민만 하더라도 약 5백만 명의 인구 중 약 110만 명에 달했다. 특히 이민이 폭증했던 시기는 1950년대와 1980년대로 각각 40만9천 명과 20만8천 명의 해외 이민을 기록했다(Sweeney 1998, 36-38). 그러나 이런 해외 이민 유출은 〈표 3-1〉에서 보듯이 1990년대 중·후반 이후 역전되었다. 1993년만 해도 해

외 이민자의 수가 국내 이주자의 수보다 5천 명 정도 많았던 반면, 1997
년에는 국내 이주자의 수가 1만9천 명 정도 많아져 이민 흐름이 역전되기
시작했고, 이후 국내 이주 흐름은 더욱 확대되었다. 오히려 해외에서 국
내 일자리를 찾아 역이민을 오는 형국으로 전환된 것이다.

또한 1980년대 아일랜드는 심각한 국가 부도 위기로 국가 부채가 거
의 통제 불능의 상태에 빠졌다. 그러나 1987년 사회협약으로 긴축재정과
임금 안정을 통해서 물가 안정을 달성하고 국가 부채의 위기에서 벗어나
기 시작했다(FitzGerald 1992, 36-37; Baccaro 2003, 688). 1980년대 전반
국가 부채 위기는 1970년대 이래 아일랜드 정부가 경기 활성화를 위해 케
인스주의적 팽창정책을 썼기 때문이었다. 특히 1980년대 초까지 경제가
불황을 겪자 아일랜드 정부는 재정팽창 정책을 통해서 경기 활성화를 시
도했다. 그러나 1987년 이전까지 아일랜드는 영국식 탈집중적 노사관계
체제하에서 임금 협상을 통한 임금 안정에 실패했다. 그 결과 인플레이션
과 재정적자는 더욱 악화되었고 실업은 늘고 경쟁력은 저하되었던 것이
다. 이런 상황에서 아일랜드 '노·사·정'은 1987년 사회협약을 통해서 임
금 안정과 긴축재정에 합의함으로써 안정적인 경제로 돌아설 수 있었던
것이다(O'Donnell and O'Reardon 2002, 197-198). 〈표 3-1〉에서 보듯이
국가 부채는 1987년 국민총생산GNP의 약 117.6%에서 1994년 89%로 감
소했고 이후 감소 폭은 더욱 확대되어 2005년에는 27.4% 수준으로 낮아
졌다.

왜 어떻게 아일랜드는 유럽의 병자에서 유럽의 기적으로 급격한 경제
적 도약을 이룰 수 있었는가? 아일랜드의 경제적 성공에 대한 평가와 원
인에 대한 분석은 학자들의 이론적 배경에 따라 대단히 상이하다.

먼저 주목할 사실은 신자유주의자들과 마르크스주의적 좌파 지식인
들은 '켈틱 타이거'에 대해 상이한 가치평가를 보여 주지만 원인을 분석함

에 있어서는 유사한 모습을 보여 준다는 점이다. 양 진영은 동일하게 아일랜드 경제발전 모델을 신자유주의적이라고 평가한다. 신고전파 자유주의 경제학자들은 아일랜드의 경제적 성공인 '켈틱 타이거'의 원인으로 아일랜드가 지속적으로 외국자본에 대한 개방과 자유무역을 추구했기 때문이라고 주장한다(Barry 2000; Krugman 1998; Sachs 1998). 폴 크루그먼은 아일랜드가 '켈틱 타이거'로 부상하게 된 배경을 다음과 같이 설명한다.

> 부분적으로는 행운 때문에 부분적으로는 정책으로 인해, …… 아일랜드는 외국인직접투자를 유치하는 데 유럽의 다른 지역들보다 한발 앞서게 되었다. 초기 투자들은 국제적 효과들을 통해서 하나의 봇물cascade을 이루었고, 그리고 궁극적으로는 아일랜드의 장점을 강화하는 외부 경제 효과들이 되었다(Krugman 1998, 51).

이처럼 신고전파 경제학자들은 아일랜드의 성공을 단지 자유무역과 자유로운 자본 이동을 기본으로 하는 글로벌 시장 때문이라고 평가한다. 물론 아일랜드의 성공이 외국 기업들의 유치와 이들 외국 기업들에 의한 수출의 증대에 있다는 것은 부인할 수 없다.

그러나 아일랜드의 성공을 단순히 외국인직접투자FDI의 증가만으로는 설명하기는 어려운 측면이 있다. 아일랜드에 대한 FDI는 1970년 이래 꾸준히 증가해 1980년대에 이미 아일랜드 산업의 상당 부분을 외국인 기업들이 차지하게 되었다. 그럼에도 불구하고 1980년대 아일랜드는 오히려 실업과 국가 부채의 증대 등 심각한 경제 위기에 빠졌다. 외국 기업이 오히려 국내 기업의 도산을 초래함으로써 위기의 원인으로 작용하기도 했다. 그런데 1990년대에는 왜 외국 기업의 유입이 경제발전에 순기능으로 작용하게 되었는가? 이것은 1980년대 말 이후 사회협약과 발전주의 국가라는 제도적 조건이 달라졌기 때문이다. 즉 단순히 외국 기업 그 자체가 아니라 그것이 작동하는 제도적 맥락이 달라졌음을 고려해야 한다.

한편 마르크스주의적 좌파 지식인들도 아일랜드 경제성장 모델을 외국자본의 도입에 기초한 것으로 신자유주의적이라고 평가한다. 오히어런과 커비 같은 마르크스주의적 좌파 이론가들에 따르면 아일랜드 경제발전은 글로벌 자본시장에 기초한 것으로 신자유주의적이라고 한다. 그들은 아일랜드 국가와 경제는 글로벌 자본에 종속되어 있기 때문에 경제성장은 허상에 불과하고 항상적으로 구조적 위기에 취약하다고 주장한다(Kirby 2010a; 2010b; O'Hearn 1998). 마르크스주의 좌파 이론가들은 2002년부터 줄곧 아일랜드 경제는 구조적 취약성으로 인해 위기에 빠질 것이라고 강조해 왔다. 특히 2008년 세계경제 위기를 배경으로 아일랜드가 위기에 처하자 커비는 아일랜드 경제 모델은 그 자체에 내재된 '신자유주의의 구조적 취약성'으로 인해 지속될 수 없는데 그 증거가 바로 2008년 위기라는 것이다(Kirby 2010a, 1; 6-7).

마르크스주의적 좌파 이론가들의 주장은 신고전파 자유주의 이론가들과 같이 아일랜드의 경제성장이 다국적기업에 의한 발전이라는 측면을 강조하고 있다는 점에서 거의 흡사하다. 이 점에서 좌파 이론가들은 신자유주의자들처럼 외국자본의 유입이 작용하는 제도적 맥락의 변화를 파악하지 못하고 있다. 무엇보다 마르크스주의 좌파 이론가들은 외자도입에 의한 구조적 취약성만을 강조할 것이 아니라 유사한 외자도입에도 불구하고 1990년대 아일랜드는 왜 이전과 달리 성공적으로 경제를 발전시킬 수 있었는지를 설명해야 한다.

사실 마르크스주의 좌파 이론가들은 아일랜드의 성공 자체를 허상이라고 보며 인정하지 않으려는 측면이 없지 않다. 그들은 외국 기업들에 의한 이윤의 본국 송환을 고려하면 아일랜드 경제는 축소된다고 주장한다

(O'Hearn 2001, 176-177). 그러나 설사 GDP가 아니라 외국 기업의 본국 송환금transfer pricing을 고려한 GNP라는 측면에서 보아도 아일랜드의 경제적 도약은 세계 선진국들 가운데 최고 수준이다. 예를 들면, GNP의 측면에서 보면 2000년 경제성장은 10.2%로 GDP 성장의 11.8%보다는 낮지만 여전히 선진국들 중에서 세계 최고라고 할 수 있다(Smith 2005, 41). 가장 중요한 측면은 앞에서도 언급했듯이 마르크스주의 좌파는 신고전파 경제학자들처럼 외자도입의 역기능에만 초점을 둠으로써 '1980년대와 달리 1990년대에는 왜 아일랜드가 엄청난 경제적 성공을 거두었는지' 그리고 '왜 외자도입이 1990년대에는 크게 성공을 거둔 반면, 2000년대 후반에는 위기로 귀착되었는지'를 설명하지 못한다.

또한 마르크스주의자들이나 신자유주의자들의 논리로는 2010년을 전후로 발생한 유로존 국가들의 국가 부채 위기에서 각국이 보여 준 대응 방식의 차이와 그 결과의 차이를 설명하기 어렵다. 2010년을 전후로 그리스·포르투갈·스페인·아일랜드 등 많은 유럽 국가들이 '국가 부채 위기'에 직면해 EU와 IMF의 국제 구제금융에 의존할 수밖에 없었는데 이 국가들 중에서 아일랜드는 가장 먼저 구제금융 체제에서 성공적으로 벗어날 수 있었다. 더욱 주목할 사실은 국가 부도를 해결하기 위해서 공공 임금과 복지 예산 같은 공공 지출을 대폭 삭감해야 하는 엄격한 긴축정책에도 불구하고 아일랜드는 '크로크파크 합의'와 같은 새로운 사회 조정 체제를 통해서 그리스와는 대조적으로 심각한 사회적 소요와 저항 없이 긴축정책을 추진할 수 있었다. 신자유주의자들과 마르크스주의자들의 주장은 제도적 맥락의 차이에 따라서 상이한 효율성이 나타날 수 있고 위기 대응 능력에서도 차이가 난다는 것을 간과함으로써 어떻게 이런 차이가 발생했는지 설명하는 데 어려움이 있다.

아래에서는 아일랜드가 켈틱 타이거로 등장했다 쇠퇴하게 된 원인을

FDI뿐만 아니라, 발전주의 국가와 사회협약이라는 '제도적 맥락의 변화'에 초점을 맞추어 분석할 것이다. 1980년대 말 아일랜드 경제는 발전주의 국가의 등장으로 인한 외국 기업과 토착 기업의 연계, 사회협약을 통한 임금 안정으로 급격히 발전하기 시작했다. 그러나 2000년대 들어 사회협약을 통한 임금 안정 체제는 변화하기 시작했고 이와 연계되어 증가한 임금 비용은 발전주의 국가의 주변화를 초래함으로써 '켈틱 타이거'를 지탱하던 제도적 맥락이 변화하기 시작했다. 이어지는 절에서는 먼저 아일랜드 경제성장의 요인으로 모두가 주목하는 FDI의 증가를 살펴본 다음, 제도적 측면에서 발전주의 국가의 수립과 쇠퇴 그리고 사회협약이 어떻게 경제성장에 순기능으로 작용했는지를 분석할 것이다.

2. 외국인직접투자에 기초한 발전

아일랜드는 국내 토착 기업들의 발전을 통한 산업화보다는 외국인직접투자FDI, 다시 말하면 다국적기업의 유치를 통해 산업화를 이룬 전형적인 국가다. 특히 아일랜드의 산업화는 토착 기업에 기초한 점진적·단계적 산업화라기보다는 첨단 외국 기업의 유치를 중심으로 단계적 발전을 뛰어넘는 비약적 산업화의 성격을 보여 주었다. 단계 비약적 산업화를 위해 아일랜드 정부는 단순히 외국 기업의 투자 결정에 수동적으로 반응하기보다는 좀 더 적극적이며 독특한 외자 유치 전략을 발전시켰다. 그것은 대외적으로는 특정 첨단 기업들을 타깃으로 선정해 적극적인 유치 정책을 펼치고, 안으로는 국가 개입을 통해 다국적기업들의 요구에 맞춘 하부 인프라 개선과 첨단 기술 인력을 양성하는 것이었다. 이런 FDI에 기초한 산업

표 3-2 | 외국 기업의 경제 기여도

	제조업 고용에서 외국 기업이 차지하는 비율(%)	서비스업 고용에서 외국 기업이 차지하는 비율(%)	2004년 기준 1인당 FDI 유입 금액(US$)
아일랜드	49	22	57,372
서유럽 15개국	23	10	9,796
동유럽	33	16	2,403

주: 동유럽은 헝가리·폴란드·체코 3국의 평균을 의미함.
출처: 외국 자회사 고용 비율은 2002년과 이에 가까운 데이터로 OECD(2005), Science, Technology and Industry Score board, tables E6, E7 참조; 1인당 FDI 데이터는 UNCTAD(2005), World Investment Report 참조.

발전은 발전주의 국가 및 사회협약과 더불어 아일랜드 발전 모델의 주요한 축을 형성하고 있다. 아일랜드는 한국처럼 식민지 경험을 바탕으로 강한 민족주의적 정서가 존재하는 국가다. 그런데 어떻게 외국 기업에 의존한 발전 전략을 선택하게 되었는지는 다음 제4장에서 좀 더 구체적으로 살펴볼 것이다. 이 절에서는 아일랜드의 FDI에 기초한 발전의 정도와 방식에 대해서 살펴볼 것이다.

아일랜드는 FDI 중심의 발전을 꾀한 대표적인 국가들 가운데 하나다(Barry 2007; Rios-Morales and Brennan 2009; Gunnigle et al. 2012). 아일랜드의 GDP 대비 FDI의 비중은 세계에서 가장 높은 수준에 있다. 아일랜드는 현재 정보통신기술ICT 산업에서 세계 최고의 기업 7개를 유치하고 있으며 의료과학기술 산업의 글로벌 최고 25개 기업들 중 15개 기업을 유치하고 있고 제약 산업에서도 글로벌 최고 10개 중 9개 기업을 유치하고 있다(Gunnigle et al. 2012, 2).

〈표 3-2〉에서 보듯이 아일랜드 제조업 고용에서 외국 기업들이 차지하는 비율은 49%로 아일랜드 제조업 고용의 거의 절반에 이르는데 이는 서유럽 평균인 23%와 비교하면 월등히 높은 비율이다. 최근 아일랜드처럼 외국 기업의 유치를 통한 경제발전을 꾀하고 있는 동유럽 국가들의 경우에도 평균 33%로 제조업 부문 외국 기업 고용 비중이 높긴 하지만 역시

아일랜드에 비해서는 훨씬 낮은 편이다. 서비스 부문에서 외국계 기업들이 차지하는 고용의 비율에서도 아일랜드는 22%로 서유럽의 평균 10%, 동유럽의 평균 16%보다 훨씬 높다. 또 외국계 기업의 국내 투자 유치를 통한 아일랜드의 발전은 인구 1인당 FDI 유입 금액을 비교하면 더욱 명확해진다. 2004년 기준 1인당 FDI 유입 금액에서 아일랜드는 57,372달러로 서유럽의 평균 9,796달러와 동유럽의 평균 2,403달러에 비해 월등히 높은 편이다.

아일랜드는 지속적으로 FDI에 기초한 발전을 성공시킨 최초의 모델이라고 할 수 있다(Barry 2007). 아일랜드는 일찍부터 FDI에 기초한 발전 전략을 도입했다. 1950년대 후반에는 보호주의에서 자유무역으로 전환하고 FDI 유치를 위한 개방 정책을 막 시작하던 시기여서 아일랜드에서 FDI는 거의 제로 상태였다. 그러나 이후에는 FDI가 지속적으로 그리고 급속도로 성장했는데, 1980년 320억 달러였던 FDI가 2002년에는 1,570억 달러로 증가했다. 그리고 2000년경까지 5백 개 이상의 글로벌 기업들이 아일랜드에 정착했으며 1만2천 명 이상의 노동자들을 고용했다(Smith 2005, 67). 이런 외국인 소유 기업들의 고용은 더욱 증가해 2006년경에는 153,510명에 달함으로써 토착 기업들의 고용과 거의 유사한 수준에 이르렀다. 게다가 외국인 소유 기업들의 총생산액은 토착 기업들과 유사한 수준이 아니라 월등히 높은 수준이다. 2006년 외국인 소유 기업들이 생산한 가치는 506억 유로로 아일랜드 총 생산 가치의 약 83.9%를 차지한다. 더구나 외국인 소유 기업들은 전기·전자, 제약, 화학, 소프트웨어와 의료 기기 등 첨단 하이테크 산업과 아일랜드 수출 부문의 핵심을 차지한다(Kirby 2010a, 6-7). 외국인 소유 회사들의 수출은 1982년까지는 아일랜드 수출의 약 70% 이상을 차지했고, 이후에도 계속 증가해 1999년에는 아일랜드 총 수출의 약 90%를 차지할 정도로 성장했다(Bradley 1999, 47; Smith

2005, 67).[1]

무엇보다 2008년 위기 이후에도 FDI는 아일랜드 수출 성장과 경제 회복을 이끄는 가장 핵심적인 동력으로 자리 잡고 있다. 이것은 외국계 기업에 종속되어서 아일랜드는 필연적으로 위기에 봉착하고 쇠퇴할 것이라는 마르크스주의 좌파 이론가들(Kirby 2010a; O'Hearn 1998; Allen 2007; 2010)의 주장과 대별된다. 2008년 위기 시기에 다국적기업들은 세계 금융 위기로 인해 이전에 비해 다소 저조한 경제활동의 모습을 보여 주었던 것은 사실이지만 아일랜드 전체 경제에서 토착 기업들에 비해 더 많은 고용을 창출했다. 2008년에서 2009년 사이 아일랜드에서 외국인 소유 기업들이 고용한 정규직 일자리는 약 9.8%로 축소되었다. 그러나 아일랜드 전체 일자리가 평균 약 15.4%가 축소된 것과 비교하면 외국인 소유 기업들에서의 고용 축소는 훨씬 작다고 할 수 있다(Gunnigle et al. 2012, 7). 2008년 세계 금융 위기에 대한 다국적기업들의 대응을 조사한 '유럽구조조정 모니터'European Restructuring Monitor, ERM에 따르면 2008년과 2009년 사이 다국적기업의 약 30%는 오히려 사업을 확장했거나 확장 계획이 있는 것으로 조사되었다. 또한 같은 기간 외국계 소유 기업들 중 아일랜드를 떠나 해외로 이전하겠다는 기업은 극히 소수에 불과했고 오히려 외국계 기업

1_아일랜드가 FDI 유치에 성공을 거둔 이유로는 먼저 EU 회원국으로서 유럽에 수출을 하려는 세계적 기업을 유치하는 데 유리한 조건이라는 것, 그리고 영어를 사용하는 국가라는 점도 유리하게 작용했다고 할 수 있다. 하지만 무엇보다 주목할 사실은 아일랜드는 외국계 기업에 기초한 발전을 위해서 전략적으로 국내 제반 정치경제 제도와 여건을 지속적으로 재조정해 왔다는 것이다. 먼저 정책적으로 낮은 법인세와 자유무역을 지속적으로 추진했다는 점이 중요하다. 유럽 차원에서 법인세 조정을 요구하는 압력이 있었지만 아일랜드는 새로운 정책으로 계속 낮은 법인세를 유지했다(Barry 2007, 276-277).

들은 아일랜드 국내에서 혁신적 조직 개편에 주력하면서 수출 성장을 주도해 여전히 아일랜드 경제 회복의 주요한 동력으로 자리 잡고 있다. 이것은 1997년 아시아 금융 위기 때처럼 외국자본이 급격히 해외로 빠져나간 현상이나 소위 말하는 '먹튀'와는 대단히 대조적이라고 할 수 있다.

주목할 사실은 아일랜드에 들어온 FDI가 역사적으로 성격이 많이 변화했다는 것이다. 아일랜드에서 FDI는 1980년대 후반 이후 발전주의 국가와 사회협약이라는 변화된 제도적 맥락하에서 급격한 경제성장의 원동력으로 작용했다. 그래서 제도적 맥락의 변화와 함께 FDI의 성격 자체의 변화를 추적할 필요가 있다. 학자들마다 시기 구분이 다소 다르지만 단순히 절대적인 양으로 계산될 수 없는 FDI의 질적 변화에 주목할 필요가 있다.[2]

FDI 도입의 초기 단계는 1958년에서 1973년 사이로 아일랜드가 기존의 보호무역 정책에서 자유무역과 적극적인 FDI 유치의 개방 정책으로 선회한 시기다. 이 시기 외국인투자는 주로 아일랜드 정부의 적극적인 외국인투자 유치 전략의 결과였다. 1950년대 말부터 1960년대 말까지 아일랜드에 들어온 외국계 기업들은 주로 표준화된 노동집약적 산업에서 해외 수출을 주로 하는 영국·미국·독일계 회사들이었다. 다국적기업들에게 아일랜드는 주로 유럽을 향한 수출 기지로 간주되곤 했다. 물론 1958년 개방 이전에도 FDI가 없지는 않았지만 대부분 영국 회사들로 아일랜드의 보호주의 정책으로 인해 수출보다는 국내시장에 물품을 공급하기 위한 회사들이었다. 본격적인 FDI에 의존한 발전 전략은 1958년 이후 아

2_O'Malley(1986), Kennedy et al.(1988)은 FDI에 기초한 아일랜드 산업 발전을 크게 세 시기로 나누는 반면, Barry(2007)는 크게 네 시기로 나누고 있다.

일랜드 정부가 자유무역과 개방 그리고 외국자본 유치에 의한 발전을 추진한 이후라고 할 수 있다. 그런데 1958년 이후부터 1960년대 말까지 초기 단계의 외국인 소유 기업들은 대부분 노동집약적 산업인 섬유·의류·신발·플라스틱 산업, 그리고 금속 부문도 알루미늄 사출이나 조선과 같은 기술 수준이 낮은 부분에 진출했다(Barry 2007, 264-265; Lipsey 2003; Kennedy et al. 1988, 240-241).

다국적기업에 의한 아일랜드 발전의 2단계는 1973년 아일랜드가 영국과 함께 유럽경제공동체EEC에 가입한 것을 시작으로 1980년대 말까지 외국인투자가 더욱 확대되는 시기라고 할 수 있다. 아일랜드 제조업 고용에서 외국인 소유 기업들이 차지하는 비중도 1973년에서 1980년 사이 약 23%나 증가했고 FDI가 양적으로 절대적으로 증가했다. 또한 1980년대에는 컴퓨터부품·전자·제약·의료·광학 등 기술 집약적 하이테크 산업부문에서 FDI가 확대되기 시작했고 국내적으로는 기술교육 훈련이 강화되었다. 1980년대 국내 산업 총생산의 성장은 전적으로 전자·제약·기계·엔지니어링 등 첨단 산업에 집중되어 있었는데 이들 첨단 산업의 기업들은 거의 대부분 외국인 소유 기업들이었다(Kennedy et al. 1988, 237). 그런데 1960년대 FDI와 비교하면 1980년대 FDI가 주로 첨단 산업에서 많이 이루어졌다고 할 수 있지만 당시만 하더라도 사실 외국계 기업들은 대부분 아일랜드를 기술이 덜 요구되는 단순 가공 및 조립 생산 기지로만 이용했다.

주목할 사실은 1973년 이래 1980년대 말까지 FDI는 꾸준히 증가했지만 아일랜드 전체 경제의 상황은 별로 좋지 않았다는 것이다. 이 점에서 단순히 외국인투자의 양적 증가만으로는 아일랜드 경제발전을 설명할 수 없다는 것을 알 수 있다. 문제는 FDI의 성격과 이들이 토착 기업뿐만 아니라 아일랜드 전체 경제와 연계되는 방식에 있다. 1980년대까지 외국인 소유 기업들은 국내 토착 기업들과의 산업적 연계가 대단히 미미했다(Kennedy et al. 1988, 240-241). 그래서 당시까지 아일랜드에 들어온 외국계 기업들은 토착 기업들의 발전에 기여하기보다는 오히려 이들과 경쟁함으로써 토착 기업의 몰락을 유도하는 결과를 가져왔다.

아일랜드에서 FDI에 의한 발전의 3단계는 1990년대 이후 아일랜드가 고도성장을 이룬 '켈틱 타이거' 시기라고 할 수 있다. 1990년대에는 1980년대와 같이 지속적으로 하이테크 산업 분야에서 FDI가 증가했다. 그러나 1980년대와 달랐던 점은 1990년대에는 사회협약과 발전주의 국가에 기초해 보다 안정적인 거시 경제정책으로 FDI의 양적 증대뿐만 아니라 그 질적인 효과 측면에서도 진일보를 이루었다는 것이다.

이런 FDI의 질적 변화는, 발전주의 국가에 의한 고부가가치 생산으로의 업그레이드뿐만 아니라 글로벌 기업과 국내 기업 간의 연계 강화라는 두 가지 측면에서 살펴볼 수 있다. 먼저 첫 번째로 아일랜드 정부는 발전주의 전략으로 보다 적극적이고 계획적으로 외국인투자에 기초한 발전을 촉진했다. 아일랜드 정부는 먼저 유치할 산업과 주요 기업들을 계획적으로 선정함과 동시에 이들 다국적기업의 요구들에 맞추어 국내 산업 기반을 업그레이드했다. 물류 시설 정비와 첨단 산업의 인력 양성 등 국내 산업 기반의 업그레이드는 새롭게 투자할 다국적기업뿐만 아니라 이미 들어와 있는 외국계 기업도 기술적인 면에서 한층 더 업그레이드하도록 유도하는 선순환 구조를 발전시켰다.

예를 들면, 1990년대에 아일랜드 내에 있는 외국계 글로벌 기업들의 생산은 기술적으로 더욱 복잡해져서 고용구조 면에서 높은 수준의 기술 노동력을 필요로 했다. 〈그림 3-3〉에서 보듯이 1974년에는 외국인 소유 다국적기업들의 고용구조에서 저기술 인력이 약 64.5%를 차지했지만 1999년에는 23.5%로 대폭 줄었다. 중간 기술직은 같은 기간 큰 변화 없이

그림 3-3 | 아일랜드 다국적기업의 고용구조 변화

단위: %

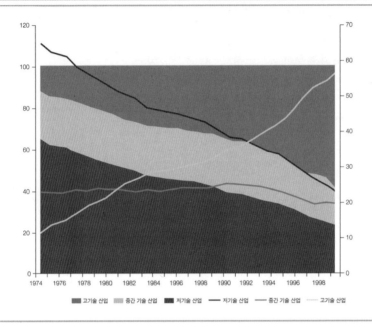

■ 고기술 산업　■ 중간 기술 산업　■ 저기술 산업　── 저기술 산업　── 중간 기술 산업　── 고기술 산업

주: 저기술·중간기술·고기술의 구분은 OECD 분류에 따름.
출처: Barry(2006).

약 20~25% 정도의 수준을 유지했다. 그러나 고기술 인력은 1974년 겨우
12.1%에 불과했지만 1999년에는 56.1%로 상승해 그 비중이 약 3.6배나
증가했다. 이는 아일랜드 정부가 발전주의 국가 전략을 통해 고급 인력을
양성함과 동시에 국내 연구개발R&D 역량을 크게 강화했기 때문이었다. 이
런 국내적인 노력으로 흔히 FDI의 네 번째 단계로 따로 구분하기도 하는
2000년대 이후에는 FDI에서 R&D 부분이 강화되었고, 이를 위해 국내 고
급 인력 양성이 더욱 강조되었다(Barry 2007, 263-272).

　결국 아일랜드 국가의 발전 전략으로 인해서 아일랜드로 들어오는
FDI는 단순한 양의 증가만이 아니라 질적 변화를 가져왔던 것이다. 이와

관련해 첫 번째로 주목할 사실은 아일랜드에 들어오는 FDI의 특성이 1980년대 후반을 전후해서 변화했다는 것이다. 1980년대 후반 이전 외국 기업의 생산 공장에서는 주로 낮은 기술의 단순 조립과 포장 업무가 주를 이루었다. 그러나 1980년대 말 이후 발전주의 국가의 전략으로 인해 FDI 는 전자·제약 같은 첨단 산업들로 업그레이드되었고, 생산공정 면에서도 고기술·고부가가치의 R&D 부문이 강화되기 시작했다. 이런 산업의 업그레이드는 단순히 낮은 법인세, 지리적 특성, 영어 사용이라는 점만으로는 설명하기 어렵다(Breathnach 1998, 305-309; Smith 2005, 152).

두 번째로 주목해야 할 변화는 글로벌 기업과 토착 기업의 연계가 강화되었다는 것이다. 1980년대까지 아일랜드에 들어온 외국계 기업들은 아일랜드 토착 기업들과의 연계가 대단히 낮았고 아일랜드에서 얻은 이윤의 대부분을 본국으로 송환했다. 그러나 1990년대에는 1980년대와 달리 아일랜드 정부가 토착 기업들과 글로벌 기업 간의 연계를 적극적으로 강화하면서 외국계 글로벌 기업의 유치가 국내 산업 발전과 연동되는 선순환 구조가 창출되었다. 이 점에 대해서는 다음 절에서 아일랜드 발전주의 국가 전략과 함께 좀 더 자세히 살펴볼 것이다.

이 절을 마치면서 끝으로 강조하고자 하는 점은 바로 신자유주의자들의 주장처럼 FDI가 항상 일국 경제발전에 긍정적으로만 작용하거나 혹은 마르크스주의자들의 주장처럼 외국인투자가 항상 부정적이고 일방적인 종속을 유발하는 것만은 아니라는 것이다. FDI가 순기능으로 작용할지 혹은 역기능적으로 작용할지는 국내의 제도적 조건과 그것의 적용에 달려 있다.

신자유주의자들에 따르면 자본의 세계화 그리고 해외 아웃소싱의 증가로 FDI가 경제발전에 필요 불가결한 요소처럼 대두되고 있다고 한다. FDI의 유치는 국내 경제에 선진 기술과 자본을 제공하는 이점이 있기 때문이다. 그러나 아일랜드의 성공을 신자유주의자들처럼 국제 자본에 대한 자유로운 개방으로만 이해하기는 어려운 점이 있다. 1980년대 아일랜드에서 보듯이 FDI의 유치가 오히려 국민경제에 부정적으로 작용하기도 하기 때문이다. 국제경쟁력을 가진 다국적기업의 유치는 오히려 국민경제 발전에 위험을 가져오기도 한다. 국내 기업들이 다국적기업들과의 직접적인 경쟁으로 인해 도산하거나 외국인의 손에 넘어가기도 하고, 국제 자본시장에만 지나치게 의존하는 것은 국내 산업 간 연계를 약화시키는 효과를 초래하기도 한다. 또한 국내 산업 발전의 과실이 국내로 재투자되기보다 해외로 유출될 가능성도 높다(Breznitz 2007, 200-201).

특히 1980년대 후반까지 아일랜드에 들어온 외국계 기업들은 이런 역기능이 강했다고 할 수 있다. 외국계 기업들이 국내 토착 기업들과 경쟁함에 따라 많은 국내 토착 기업들의 도산을 초래했고, 국내 산업과의 연계도 약했으며, 국내 토착 기업들의 고용을 줄이는 효과를 가졌던 것은 사실이다. 또한 1980년대까지 아일랜드에서 외국계 기업들의 높은 투자와 수출은 전체 고용 증대로 이어지지도 않았다(Ó Gráda 1997, 116; Jacobsen 1994, 110-111). 심지어 1980년대 아일랜드에서 다국적기업들은 경제발전의 원인이라기보다는 이른바 '아일랜드 병'Irish disease의 주요한 원인으로 지목되었다. 그도 그럴 것이 1980년대 시장 중심의 비조정적 임금 협상 체제에서 외국계 회사들은 아일랜드 토착 기업들보다 높은 생산성과 국제경쟁력을 가지고 있었기 때문에 노동자들의 불만을 잠재우고 생산을 안정적으로 유지하기 위해서 높은 임금을 지불할 수 있었다. 그러나 토착 기업들은 외국 기업들이 선도하던 높은 임금 수준을 감당하기 힘들었기 때문에 경쟁력을 잃고 도산하는 상황에 처해 있었던 것이다(Barry 1996; Baker 1988; Baccaro and Simoni 2004). 따라서 1990년대 이후의 아일랜드 경제성장을 단순히 FDI의 유입이라는 경제적 요인으로만 설명하는 것은 한계가 있다. 본 연구가 1980년대 말 이후 수립된 아일랜드 발전주의 국가와 사회협약이라는 제도적 요인에 주목하는 이유는 바로 이런 맥락에서다. 1990년대 아일랜드 정치경제는 FDI가 국내 제도적 맥락에 따라 긍정적일 수도 있고 부정적일 수도 있음을 잘 보여 준다.

3. 발전주의 국가

이 절에서는 아일랜드 '켈틱 타이거'를 이해하기 위한 제도적 맥락으로서 먼저 1980년대 말 아일랜드에 수립된 '발전주의 국가'가 어떻게 1990년대 아일랜드 경제발전에 기여하게 되었는지를 분석할 것이다.

아일랜드 발전주의 국가의 특징은 무엇이고, 아일랜드 경제발전에 어떤 역할을 했는가? 아일랜드 국가는 유입되는 FDI의 질적 향상을 유도하고 국내 산업 인프라의 업그레이드 그리고 외국 기업과 국내 산업 간의 연계 강화 등을 통해서 FDI가 작동하는 제도적 맥락을 변화시켰다. 1980년대까지의 아일랜드가 외국인 소유 기업들을 대거 유치했음에도 불구하고 저성장과 저발전으로 특징지어진다면, 1990년대에는 지속적인 외국 기업의 유치가 고도성장으로 귀결되었던 것이다. 이런 변화의 원인 가운데 주요한 것은 바로 아일랜드 발전주의 국가에 의한 국내 산업의 급격한 생산성 향상, R&D 증가, 노동 인력의 전문화와 기술 고급화, 그리고 무엇보다 붕괴되어 가던 토착 기업들의 1990년대 이후 괄목할 만한 성장 등이 있다(O'Riain 2004b, 12). 비교의 시각에서 아일랜드 발전주의 국가의 독특성과 경제발전의 역할을 좀 더 구체적으로 살펴보자.

아일랜드 발전주의 국가의 첫 번째 특징은 바로 국가가 글로벌 기업으로부터 토착 기업을 보호하기보다는 글로벌 기업과의 연계를 통해 경제발전을 도모했다는 것이다. 많은 정치경제학자들은 아일랜드 발전주의 국가 모델을 한국과 일본에서 언급되는 '관료적 발전주의 국가'Bureaucratic Developmental State와 구별해 '네트워크 발전주의 국가'Developmental Network State 라고 명명한다(O'Riain 2004a; Breznitz 2007, 2012; Roche et al. 2008; Crafts 2005; Ansell 2000). 그 이유는 아일랜드의 국가가 글로벌 기업과의 연계를 통해서 발전을 모색했다는 점에서 국내 토착 기업들의 육성을 일차적 목표로 삼아 산업정책을 펼친 동아시아 발전주의 국가와 대별되기 때문이다.

동아시아 관료적 발전주의 국가의 전형적 형태라고 할 수 있는 한국의 사례는 이런 아일랜드 사례와 뚜렷한 차이를 보여 준다. 산업화 후발 주자로서 한국은 1960년대에 국가와 주요 토착 기업들 간의 긴밀한 연합을 통해서 산업화를 이루었다. 국가는 계획적으로 산업 자체를 만들어 가는 과정에서 토착 기업들을 외국 기업들과의 경쟁으로부터 보호하고 풍부한 자본 대여를 통해서 거대 기업을 중심으로 국민경제와 산업을 일으켰다. 국가는 공적 소유의 은행을 통해서 기업들의 투자 행태를 통제했고 전략적 장기 투자를 유도했다. 주목할 점은 한국의 국가는 아일랜드와 달리 외국인 회사들이 한국에서 활동하는 것을 철저히 제한하면서 산업자본이 외국인의 손에 넘어가는 것을 막고 한국인 소유권이 유지될 수 있도록 정책적으로 보호했다는 것이다. 즉 한국 정부의 발전 전략은 전략적으로 선택한 산업의 육성을 위해 국민 대표 기업들national champions을 보호·육성하고 '독립적인 국민경제'를 건설하는 것을 핵심으로 했다(Wade 1990, 194; 307; 신장섭·장하준 2003, 34-36; Amsden 1989).

이에 비해 아일랜드는 글로벌 기업과의 계획적 연계를 통한 산업화를 추구했다. 아일랜드도 영국 식민지 경험으로 인해 경제적 민족주의가 강했다. 그러나 1950년대 말 〈외국인소유제한법〉을 폐지하고 적극적인 자유화 조치를 도입한 이후 글로벌 기업의 유치를 통한 단계 비약적 발전을 추구했다. 다시 말하면 아일랜드의 산업화는 후발주자로서 국제분업의 하위 단계인 노동집약적 경공업에서 출발해 차츰차츰 한 단계씩 업그레이드하는 기존의 방식보다는 해외 첨단 산업의 유치를 통한 단계 비약적 발전 형태를 취했다. 이를 위해 아일랜드 정부는 첨단 산업인 정보통신·제약 분야의 주요 글로벌 기업들을 계획적으로 선정해 유치하는 노력을 기울이는 한편 해외 첨단 산업과 국내 산업 사이의 연계를 유도했다 (Breathnach 1998; MacSharry and White 2000; O'Riain 2004b; Sands 2005).

아일랜드 경제의 단계 비약적 발전 과정은 단순히 해외 기업의 유치에 그치는 것이 아니라 지속적인 글로벌-국내 산업 간의 연계와 상호 업그레이드를 통해서 이루어졌다. 그리고 이 과정에서 국가는 중간 매개자로서 중요한 역할을 했다. 동아시아 국가에서 발전주의 국가는 먼저 토착 기업들을 육성하는 데 일차적 목표를 두었기 때문에 글로벌 기업이 국내에 들어오는 것을 제한했고 국내 전 산업의 유기적 연계를 강화하기 위한 국가적 차원의 발전 계획 아래에서 토착 기업을 지도·육성했다. 반면 아일랜드 발전주의 국가는 토착 기업을 육성하기보다는 글로벌 기업들의 유치에 일차적 목표를 두었고, 이후 이들 글로벌 기업과 국내 생산 기반의 연계를 강화하려고 했던 것이다. 물론 글로벌 기업과 토착 기업의 연계 전략은 처음부터 청사진이 그려진 것은 아니었다. 그 단초는 1960년대 이래 외국자본의 유치를 통한 발전 전략을 수립하려는 시도들 속에서 진화되어 왔다. 진화의 과정은 FDI의 성격과 글로벌 기업과 국내 기업 간 연계의 성격뿐만 아니라 연계망을 구성하는 주요 행위자들 자체의 변화도 포함한다.

먼저 주목해야 할 것은 국가기구의 변화다. 외국자본의 유치를 전담한 산업발전청IDA의 역할이 본격화한 것은 1970년대라고 할 수 있다.

1949년 수립된 IDA는 외국 기업 유치가 국내 경제발전에 중요한 요소로 부상함에 따라 1969년 이후 독자 예산을 가진 국가기구로 발전했고 1970년에는 자체 인력을 두 배로 늘리면서 활동을 강화했다(Jacobsen 1994, 105). IDA는 정부 기구이지만 독립적 국가기구로서 막강한 권한을 가지게 되었는데, 이후 위상이 더욱 강화되어 심지어 국내 경제발전을 계획하는 위치에 오를 정도로 막강한 영향력을 행사하게 되었다. 레이 맥셔리와 패드릭 화이트에 따르면 IDA는 1970년대 아일랜드 산업화 과정을 진두지휘할 정도로 정부 기구 내 독립성을 가진 핵심 기구로 성장했다(MacSharry and White 2000). IDA는 먼저 아일랜드 내에서 발전시켜야 할 산업을 선정하고 그 다음에는 그 산업에서 가장 뛰어난 글로벌 기업들과 접촉해 투자를 적극적으로 유치했다. 또한 이들 글로벌 기업들의 요구와 수요에 맞게 국내 교육과 기술 훈련을 강화했다. 이 과정에서 IDA는 외국 기업과의 연계를 강화하고 이들의 요구에 따라 국내 산업의 하부구조를 개선하고 필요한 인력을 공급하는 업무를 관장했다. 1970년대부터 IDA는 아일랜드에서 산업정책과 국내 경제발전의 핵심 조정자로 발전했던 것이다. IDA의 주요 활동은 지역 산업 발전 계획Region Industrial Plans을 준비하고 수행하는 것, 제조업에 보조금grants을 지원하는 것, 진흥 산업에 대출 보증을 해 주거나 지분 참여를 통해 합작으로 공기업을 설립했다가 회사가 안정되면 민영화하는 것 등이었다(Jacobsen 1994, 104-106).

1970년대와 1980년대 IDA의 주요 목표는 외국 기업 유치를 통해서 국내 일자리를 최대한 많이 창출하는 것이었다. 이를 위해 IDA는 외국 기업들에게 세제 혜택뿐만 아니라 여러 가지 보조금을 제공했는데, 이는 일자리 창출에 상당 부분 기여했다. 예를 들면, 1977년 IDA가 지원한 60개의 프로젝트는 약 34,370개의 일자리를 창출할 수 있는 잠재력을 가지고 있었고, 1978년에는 IDA의 지원을 받는 일자리 1만3천 개가 새로 생겼으며, 1980년에는 다시 3만 개의 일자리 창출을 목표로 했다(*IRN*, 1980/07/02, 11-12; 1970/08/01, 10; 1980/02/13, 9).

또한 IDA는 단순히 일자리 창출에만 초점을 둔 것이 아니라 고부가가치의 과학기술 집약적 산업의 유치에 초점을 두기 시작했다. 1950년대 말 이후 아일랜드에 들어온 외국 기업들은 주로 노동집약적 산업의 기업들이었다. 그러나 1970년대 이후 IDA는 제약·화학·전자·합성섬유 등 과학기술 집약적 산업들의 유치에 강조점을 두기 시작했다(Jacobsen 1994, 112; MacSharry and White 2000, 368; Breathnach 1998, 309).

그런데 여기서 주의할 점은 1970년대부터 첨단 산업의 기업들을 유치하는 데 초점을 두기 시작했다고 하지만, 이 시기 아일랜드에 실제로 들어온 첨단 산업 공장들은 전체 공정에서 단순 조립만을 담당하는 경우가 대부분이었다는 것이다. 당시 첨단 산업 분야의 다국적기업들은 아일랜드를 고부가가치의 생산활동보다는 유럽 대륙 수출을 위한 전초기지로서 단순 조립 공정 기지로 활용하려는 경향이 강했다. 그래서 비판자들은 아일랜드를 실질적인 생산활동이 이루어지는 곳이라기보다는 '중계무역 화물 집산지entrepôt'라고 폄하해 부르기도 했다(O'Riain 2004a, 49). 사실 1980년대까지 외국인 소유 다국적기업의 유치는 아일랜드 전체 경제에 부정적 효과를 산출하는 측면이 강했다. 왜냐하면 1980년대까지 아일랜드의 외국 기업 유치는 국내 토착 기업의 육성을 무시한 글로벌 기업에의 일방적 의존 전략이었고, 글로벌 기업과 토착 기업 사이의 연계가 거의 부재해 다국적기업의 유치가 곧 토착 기업과의 경쟁을 심화시키고 심지어 토착 기업을 대체하는 효과를 초래했기 때문이다. 이는 마르크스주의적 종속 이론가들이 주장하듯이 글로벌 기업의 유치와 토착 기업의 몰락이라는 '종속적 발전'dependent development 측면을 보여 주었다고 할 수 있다.

구체적으로 살펴보면, 아일랜드는 첨단 산업의 글로벌 기업들을 선정해서 유치했지만, 외국 기업들은 자신들의 본국 생산과의 연계를 중심으로 생산활동을 했기 때문에 아일랜드에서 외국인 소유 다국적기업들의 생산은 토착 산업이나 토착 기업들과의 연계가 거의 없는 '고립적 생산'을 유지하는 경향을 보여 주었다. 또한 외국 기업들은 기업의 기술 이전을 철저히 통제했고, 일자리는 아일랜드에서 창출했지만 아일랜드 생산활동의 업그레이드를 위한 신규 투자는 잘 하지 않는 편이었다. 그리고 외국 기업들은 R&D에 대한 전적인 통제권을 가지고 있었는데 아일랜드에서 고부가가치 연구개발은 미미한 상태였다. 이런 상태에서 아일랜드 정부가 수출 장려를 위해 제공한 세금 감면 정책의 혜택은 주로 외국 기업들에게 돌아갔다. IDA에서 1980년대부터 R&D 위주의 외국 기업 유치와 기술혁신을 장려했지만 여전히 아일랜드 내부의 기술혁신은 낮은 편이었다(Kennedy et al. 1988, 245). 결국 1980년대까지 글로벌 기업은 국내 토착 기업들과의 연계를 강화하지 않는 상태에서 단순 조립 공정만을 유지했기 때문에 글로벌 기업의 수출을 통한 발전은 국내 산업에 파급효과가 거의 없었다.

더구나 1970년대와 1980년대 전반까지 글로벌 기업의 유치와 육성은 동시에 토착 기업의 몰락과 궤를 같이했기 때문에 그 심각성이 더욱 컸다. 예를 들면 1971년에서 1974년 사이 글로벌 기업이 5만8,500여 명의 일자리를 창출하는 동안 토착 제조업에서는 5만3천여 명이 일자리를 잃었다(Jacobsen 1994, 110-112). 이처럼 아일랜드에서 FDI에 의존한 발전을 취한 것은 1980년대와 1990년대가 유사하지만 1980년대까지는 외국계 기업의 유치가 아일랜드 국민경제에 부정적인 효과를 보여 주었던 것이다.

그렇다면 1990년대 아일랜드는 어떻게 글로벌 기업의 유치를 통해 경제적 도약에 성공할 수 있었는가? 1990년대 '켈틱 타이거'의 고도성장이 가능했던 것은 외국 기업 유치에 의한 성장도 있었지만 무엇보다 1980

년대와 달리 국내 토착 기업들도 성공 국면으로 전환했기 때문이다. 1980년대는 외자 기업들로 인해 국내시장이 잠식되었고 토착 기업들은 실패하는 양상을 보여 주었다. 그래서 1970년대 중·후반부터 1990년대 초반까지 외국인 기업들의 투자와 고용은 증가했지만 토착 기업들의 도산과 경기후퇴로 전체 고용은 축소했다. 예를 들어, 1973년에서 1993년 사이 아일랜드 제조업에서 고용 변화를 보면, 1973년 토착 기업들이 고용한 노동자들의 수는 약 14만 명으로 외국계 기업들에서 고용된 노동자의 두 배였다. 그러나 토착 기업들의 고용 인원은 급격히 줄어서 1993년에는 토착 기업 노동자와 외국계 기업 노동자 수는 약 10만 명 수준으로 비슷하게 수렴했다(Barry and Hannan 1995, 22; O'Hearn 1998, 96-97). 그러나 1990년대에는 외국계 기업이 토착 기업을 대체하는crowding out 경향이 나타나지 않고, 오히려 토착 기업들도 발전하는 경향을 보여 준다. 1990년대 아일랜드 토착 기업들은 국내시장에서뿐만 아니라 해외 수출에서도 큰 성장을 보여 주었다. 1980년대와 대조적으로 1991년에서 1999년 사이 아일랜드 토착 제조업의 생산은 약 45.4% 증가했고, 고용의 측면에서도 토착 기업의 고용은 같은 기간 15.3%나 증가했던 것이다(Barry 1999a, 2).

1990년대 고도성장으로의 전환에서 주목해야 할 보다 중요한 사실은 첫째, 단순히 '토착 기업이 성장했다'는 것이 아니라 아일랜드 토착 기업들의 성장이 지식과 기술 집약적 첨단 산업에서 이루어졌다는 것이다. 1980년대와 달리 1990년대 토착 산업의 발전을 견인한 것은 전기·전자와 IT 소프트웨어 등 첨단 산업이었다(Sterne 2004). 예를 들면 〈표 3-3〉에서 보듯이 1991년에서 1999년 기간 동안 토착 기업의 고용에서 전통적인 토착 산업인 식음료·담배는 8.9%, 의류·직물·가죽은 35%의 마이너스(−) 성장을 기록했다. 반면, 같은 기간에 첨단 지식 기술 산업인 소프트웨어 분야와 전기·전자 기기 산업에서는 고용이 각각 258%, 245.5% 증

표 3-3 | 아일랜드 산업 발전(1991~99년)

단위: %

	아일랜드 토착 기업			외국인 소유 기업		
	총 고용	전문직 고용	R&D	총 고용	전문직 고용	R&D
'지식 경제' 산업						
OECD 대비 고성장, R&D 집중도 평균 이상인 산업						
소프트웨어*	258	N/A	841	404	N/A	681
국제무역 서비스*		N/A	59		N/A	914
전기·전자 장비	84.7	90.6	570.8	111.7	137.3	281.6
기기	245.5	199.1	1030.5	65.1	124.9	315.6
제조업/부품 산업						
R&D 집중도가 OECD 평균 수준인 산업						
고무/플라스틱	68.1	121.7	218.8	-2.1	13.4	352.8
금속/금속 제품	28.7	28.2	79.8	4.8	12.4	48.0
기계/장비	46.8	60.8	276.7	-5.5	8.1	93.3
R&D 집중도가 OECD 평균 이하인 산업						
종이/인쇄/출판 (녹음 매체 포함)	23.5	37.9	170.5	126.6	116.4	-34.3
제약/화학	35.4	18.4	51.7	62.8	77.3	164.8
비금속 광물	7.5	26.0	50.2	-16.5	-34.4	256.7
'전통' 산업						
식음료/담배	8.9	90.6	44.6	-0.8	1.2	196.1
의류/직물/가죽	-35.0	83.4	-19.8	-47.9	-33.2	-19.7
목재/가구	20.0	14.9	1034.7	127.9	232.3	7,775

주: * 수출 기업만 포함.
출처: O'Riain(2004b, 36-38, table 2; table 3); R&D 데이터, 소프트웨어 및 국제무역 서비스 고용 데이터는 Forfás의 자료; 다른 데이터들은 CSO의 산업생산조사(Census of Industrial Production) 자료 사용.

가했다.

둘째, 고용의 질적 향상이다. 1990년대 아일랜드는 활발한 산업 활동으로 전체 고용이 증가했는데, 특히 전문직 고용이 전체 고용 증가를 이끌었다. 1991년에서 1999년 사이 전체 고용은 26.5% 증가했는데 같은 기간에 전문직(숙련공, 엔지니어, 전문 행정직 등) 고용은 50.4%나 증가했다. 이것은 아일랜드 산업이 전반적으로 고부가가치 구조로 업그레이드되었다는 것을 보여 준다. 더구나 이런 고부가가치 구조로의 업그레이드에 토착 기업들의 성장이 크게 기여했다. 아일랜드 토착 기업 전체에서 고용의 변화를 보면 전문직 고용이 28.1% 증가했는데 이는 토착 기업의 전체 고용 증가 수준(15.3%)을 훨씬 넘어서는 것이었다. 이것은 아일랜드 토착 산업도 전반적으로 고부가가치, 기술 집약적인 것으로 업그레이드되었음을 의미한다. 좀 더 구체적으로 살펴보면 〈표 3-3〉에서 보듯이 1991년에서 1999년 기간 동안 토착 기업에 고용된 전문직 인력은 첨단 지식 산업인 전자 기기 산업에서 199.1%, R&D 집중도가 상대적으로 높은 고무·플라스틱 산업에서 121.7%나 증가했다. 또 전통적인 토착 산업인 의류·직물에서도 전체 고용은 35% 감소했지만 반대로 전문직 인력은 83.4% 증가했다.

셋째, 토착 기업을 비롯해 아일랜드 산업 전체적으로 과학기술 집약적 산업으로의 업그레이드에 기초가 되는 R&D 투자가 급격히 성장했다는 것이다. 특히 토착 기업이 R&D 증가에 가장 크게 기여하고 있다는 것은 주목할 사실이다. 1991년에서 1999년 사이 아일랜드 전체 제조업에서 R&D 지출은 약 141.6%나 증가했는데 같은 기간 토착 기업들의 총 R&D 증가는 훨씬 더 높은 185.2%에 달한다. 게다가 〈표 3-3〉에서 보듯이 토착 기업의 R&D 증가는 대부분 지식 산업과 첨단 산업의 토착 기업들이 주도했다. 예를 들면 1991년에서 1999년 사이 전기·전자 기기 산업에서 토착 기업들의 R&D 증가는 1030.5%, 소프트웨어 토착 기업의 R&D는 841%, 전기·전자 토착 기업의 R&D는 570.8% 증가했다. 이런 첨단 산업에서 토착 기업들의 R&D 증가는 다국적기업들의 R&D 증가를 뛰어넘는 수준이었다(O'Riain 2004b, 31-38).

이처럼 1980년대까지는 외국 기업의 유치가 국내 토착 기업들의 몰락이라는 '악순환'vicious cycle으로 나타나던 것이 1990년대 이후에는 글로벌 기업의 발전과 국내 토착 기업의 발전이 동반 성장하는 '선순환'virtuous cycle 구조로 전환되었다. 왜 이런 현상이 발생했는가? FDI의 유치는 신자유주의자들의 주장처럼 항상 긍정적 효과만을 가지는 것은 아니다. 그렇다고 마르크스주의적 종속 이론가들이 주장하듯이 토착 기업의 몰락이라는 부정적 효과만을 가지는 것도 아니다. 외국인 소유 글로벌 기업들이 국내 토착 기업과 '경쟁 효과'competition effects를 발휘함으로써 부정적 양태를 보이기도 하지만 토착 기업의 보완적 '연쇄 효과'linkage effects를 발휘함으로써 국민경제 발전에 긍정적 효과를 가질 수 있다(O'Riain 2004a, 54). 아일랜드가 1980년대와 달리 1990년대 긍정적 효과를 발휘하게 된 이유는 사회협약과 발전주의 국가라는 제도적 맥락이 달라졌기 때문이다. 다음 절에서 구체적으로 살펴보겠지만 1990년대에는 사회협약에 의한 임금 안정으로 인해 외국 기업뿐만 아니라 토착 기업들이 경쟁력이 강화되었다. 그러나 무엇보다 아일랜드에서 1990년대 외국 기업의 유치가 선순환으로 돌아선 이유는 국가에 의한 산업 전반의 업그레이드 전략 그리고 글로벌-토착 기업 연계 강화를 통한 토착 기업 육성 정책이 주효했기 때문이다.

아일랜드에서 발전주의 국가로의 전환은 먼저 기존의 외국 기업에 일방적으로 의존하는 발전 방식에 대한 반성에서 비롯되었다. 특히 1982년 "텔레시스 보고서"Telesis Report 그리고 1992년 "컬리턴 보고서"Culliton Report 등은 외국 기업에 일방적으로 의존하는 발전 모델을 비판하고 토착 기업들에 대한 지원을 강조했다. 1987년 사회협약의 기본 합의서인 '국가재건 프로그램'PNR은 토착 기업에 대한 보다 많은 관심을 요구했다. 이런 요구들에 대한 대응으로 IDA는 보다 많은 재원을 토착 기업에 부여했다. 1988년 이후부터 IDA 예산의 40~50%를 토착 기업 지원을 위해 사용했다(Ó Gráda 1997, 118-119). 그리고 1993~94년에 IDA는 근본적인 조직 구조 개편을 단행했다. 토착 기업 전담과 외국 기업 전담 기구를 분리했던 것이다. 후자는 IDA가 계속 전담했지만 토착 기업은 처음에는 포르바이르트Forbairt가 담당하다가 1998년 새로운 독립 기구로 엔터프라이즈아일랜드EI가 수립되어 국내 토착 기업들의 발전을 전담 지원하게 되었다(Ó

Gráda1997, 118-119).

아일랜드 국가의 발전주의 전략은 특히 IT와 소프트웨어 같은 첨단 산업에 대한 국가의 지원을 강화했다. 기존의 외국인 기업에만 편중된 지원 정책에서 1990년대 초에는 토착 IT 산업을 지원하는 발전 국가 체제를 발전시켰다. 예를 들면 1991년 '국가소프트웨어이사회'NSD를 IDA 내부에 수립했는데 1990년대 후반 NSD 참여자들이 아일랜드 하이테크 벤처 캐피탈 산업의 주요한 창업자들로 구성되면서 NSD는 토착 소프트웨어 산업 발전에 더 많은 재원을 지원했다. 또 NSD 출신의 관료들은 1998년 수립된 토착 기업 전담 기구인 엔터프라이즈아일랜드EI의 보조금 지급 위원회에서 주요한 이사직을 대부분 차지했다(Breznitz 2012, 103). 앞의 〈표 3-3〉에서 살펴본 첨단 산업 분야에서 토착 기업들의 연구개발비 증대와 전문직 고용 급성장은 이런 아일랜드 국가의 과학기술 산업정책과 결코 무관하지 않다.

그러나 이런 토착 기업 육성 전략이 기존의 FDI에 의존한 발전 전략을 포기하는 것은 아니었다. 한편으로는 다국적기업에 의존한 발전과 토착 기업의 육성이라는 이중적 트랙의 병존을 의미할 뿐만 아니라 나아가 다국적기업과 토착 기업의 연계를 통한 상호 발전을 추구하는 전략이었다. 아일랜드 발전주의 국가가 한국, 일본 등 동아시아 발전주의 국가와 가장 큰 차이점 중 하나는 글로벌 기업과의 연계를 강화함으로써 토착 산업의 발전을 꾀했다는 것이다. 먼저 국내적으로 아일랜드 정부는 사회 파트너십을 통해서 경제의 모든 영역에서, 즉 지방 수준뿐만 아니라 국가 수준 나아가 유럽연합 수준에서도 주요 행위자들 간에 연계를 구축하는 프로그램들을 발전시켰다(O'Riain 2004b, 9). 그러나 무엇보다 두드러진 특징은 아일랜드 국가는 글로벌 기업들과의 연계와 네트워크를 통해서, 즉 국가가 이런 네트워크의 연결자이자 조정자의 역할을 함으로써 국내 산업을 발전시켰다는 것이다. 아일랜드는 국가기관과 국내외 주요 기업들 간의 지속적인 컨설팅과 상호작용을 통해서 발전 방향에 대한 합의를 도출했다. 외국 기업의 유치를 전담한 IDA와 이후 국내 산업 발전을 전담한 EI는 전문 인력과 지식의 풀pool을 축적하고 국내와 국제 기업 간의 연계를 발전시켰다. 이런 네트워크를 통해서 주요 국가기관들은 발전 전략을 계획·추진하고 주요한 정치 행위자들의 정치적 연합을 형성했던 것이다.

글로벌 네트워크에 기초해서 아일랜드 산업 기반을 업그레이드하는 과정은 첨단 산업 분야에서 잘 나타난다. 이 과정에서 IDA가 중심적인 조정자이자 국내 산업 발전의 계획자로 부상하게 되었다. IDA는 해외 열세 곳에 지사를 두고 계획적인 선별 이후 타깃 회사들에 대한 정보를 수집하는 동시에 적극적인 유치 전략을 펼쳤다. 또한 IDA는 외국계 회사들의 수요와 정보를 수집하고 이를 기초로 정부의 관련 부처들을 설득해 관련 입법을 추진하고 추가적인 산업 하부구조를 구축했다. 특히 외국계 회사들의 수요에 맞추어 국내 산업을 한 단계 업그레이드하기 위한 교육과 기술 훈련을 강화해 인적 자원을 육성했다. 1978년 이미 IDA는 인력자문위원회Manpower Consultative Committee를 수립해 교육기관과의 대화 채널을 구성함으로써 산업과 기술교육 간 연계를 긴밀히 했다. 그 결과 1978년에서 1983년 사이 공학 분야 졸업자들은 약 40% 증가했다. 특히 컴퓨터 산업 관련 졸업자들은 열 배나 증가했다. 아일랜드 교육에서 이공계 특화 교육은 이후에도 계속 강조되어 〈그림 3-4〉가 보여 주듯이 2000년 기준 아일랜드는 인구 1천 명당 이공계 대학 졸업자 수가 평균 16.2명으로 일본 8.66명, 미국 6.37명, 독일 4.79명에 비해 월등히 높은 편이다.

또한 2003년 국가별 경쟁력 평가 보고서인 『세계 경쟁력 연감』World Competitiveness Yearbook에 따르면 글로벌 경영인들이 OECD 국가들과 중위 소득 60개국 가운데 국가경쟁력 필요에 맞는 교육 체계를 갖춘 국가를 순

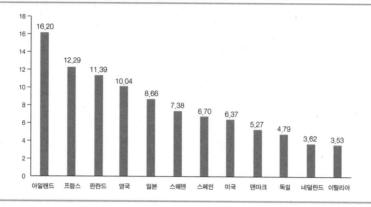

그림 3-4 | 인구 1천 명당 과학과 공학 분야 대학 졸업생 수(연령 20~34세, 2000년)

주: 덴마크, 프랑스, 이탈리아, 핀란드는 1999년 자료.
출처: European Commission: Third European Report in Science & Technology Indicators 2003.

위로 매긴 국제적 평가에서 아일랜드는 2위를 차지했다. 대학 교육 경쟁력에서도 경쟁력 적합도 평가에서 아일랜드는 60개국 중에서 5위를 차지했다. 영국이 각각 36위와 38위를 차지한 것에 비교하면 아일랜드 교육 체계가 대단히 경쟁력이 있음을 알 수 있다(Hardiman 2009b, 13-16; Culpepper 2007; Barry 2007, 283-284; Gunnigle et al. 2007, 2). 이런 아일랜드 교육 체계의 경쟁력과 고급 기술 인력 육성 정책은 1990년대 첨단 산업 분야에서 토착 기업들이 성장하는 토대가 되었다.

그러나 1990년대 토착 기업들이 성공하게 된 보다 직접적인 이유는 아일랜드 국가의 적극적인 토착 기업 육성책과 더불어 글로벌 기업과의 연계 강화를 통해 토착 기업을 발전시킨 발전주의 전략 때문이다. 아일랜드 국가는 글로벌 외국 기업과 국내 토착 기업 간의 연계를 강화하고 나아가 토착 기업이 '글로벌 가치 사슬'global value chains에서 보다 높은 단계로 업그레이드 되도록 적극적으로 지원했다(Ó Gráda 1997, 119). 특히 아일랜드는 지식 중심의 첨단 산업인 전자 산업과 정보통신 그리고 제약·의약 산업 등을 선별해 이들 산업 분야에서 글로벌-토착 기업 간 연계 강화를 통해 제조업 집적을 이루려는 정책을 펼쳤다. 이런 글로벌-토착 연계 노력 속에서 토착 기업들이 다국적기업의 상품을 모방하거나 기술 인력이 다국적기업에서 토착 기업으로 이동함으로써 토착 기업의 기술 발전이 이루어질 수 있었다(Ruane and Uður 2002, 3).

　다양한 경험적 통계분석들은 1980년대와 달리 아일랜드에서 1990년 대에 이런 다국적기업과 토착 기업 간 긴밀한 연계가 가져온 긍정적 효과를 잘 보여 주고 있다. 프랜시스 루앤을 비롯한 학자들은 1991년에서 1998년 사이 아일랜드 제조업 가운데 약 4천6백 개 기업 (3천8백 개 기업은 토착 기업)에 대한 고용 변화 데이터에 기초해 FDI가 토착 기업에 미친 생산성 효과를 분석한 결과, 다국적기업의 존재는 아일랜드 토착 기업들의 생산성 증가에 긍정적인 효과를 발휘한다는 사실이 통계적으로 유의미하다고 밝혔다(Ruane and Uður 2002). 또한 앨런 키언스는 아일랜드 국가정책자문위원회인 포르파스[3]에서 수집된 회사 표본 자료를 기초로 1984년에서 1998년 사이 1천3백 개 토착 기업의 활동을 분석하고 나서 기존에 외국 기업이 지배적이던 첨단 산업 부문에서 토착 기업의 생산성이 높다는 것을 발견했다(Kearns 2000). 그리고 홀거 괴르그와 에릭 스트로블도 유사한 기간 동안 포르파스에서 조사한 아일랜드 제조업 공장 수준에서의 고용 데이터에 기초해 다국적기업의 존재가 토착 기업 공장의 존속에

3_포르파스는 1993년 아일랜드의 〈산업발전법〉(Industrial Development Act)에 의해 1994년 수립된 국가정책자문위원회로서 기업·무역·과학기술·혁신을 관장한다. 포르파스는 엄밀한 연구와 조언 그리고 실질적인 행정적 지원을 한다.

미치는 영향을 분석했다. 이 연구에 따르면 특히 주목할 사실은 저기술 분야에서는 초국적 기업의 존재가 긍정적 효과를 갖지 않지만, 하이테크 분야에서는 다국적기업의 존재가 토착 기업의 성장에 긍정적 효과를 발휘한다는 것이다(Görg and Strobl 2000).

가장 최근의 경험 연구인 치 리 등의 분석은 1990년대 아일랜드에 다국적기업과 신생 토착 기업들 간에 새로운 연계가 발전했다는 것을 보여 준다. 리 등은 1972년에서 2003년 사이 고용 서베이 데이터를 토대로 아일랜드 내 수출기업들과 비수출기업들 간 수평적·수직적 산업 연관 관계를 분석했다. 그 결과 전통적인 아일랜드 토착 기업들은 두드러지게 쇠퇴했지만 새롭게 수립된 비수출 토착 기업들은 수출을 담당하는 다국적기업들 — 특히 첨단 산업 분야에서 미국 국적의 다국적기업들 — 과 긴밀한 연계를 통해서 크게 발전했음을 보여 준다(Li et al. 2007). 1990년대 수출산업 분야에서 새로운 비수출 국내 토착 기업의 성장은 수출을 전담하는 글로벌 기업과 이들 기업에 부품을 납품하는 아일랜드 토착 기업 간의 긍정적 연계 효과를 보여 주는 것이다.

1990년대 들어 다국적기업들이 중심인 수출산업 분야에서 신생 토착 기업들이 다국적기업들과 연계를 통해서 성장했다는 사실은 1980년대까지 다국적기업의 유치와 더불어 전통 토착 기업들이 붕괴했던 것과는 대조적인 현상이라 할 수 있다. 아일랜드 전통 기업들은 1958년 문호가 개방되기 이전 보호주의 정책하에서 수입대체산업으로 성장했다. 그러나 이런 수입대체 토착 기업들은 문호의 개방과 더불어 외국 기업들의 자유로운 투자, 특히 미국 기업들의 투자 붐과 함께 1966년에서 1987년 사이 급격히 무너졌다(O'Malley 1989; Barry 1999b). 이것은 종속 이론가들이 흔히 FDI에 의한 종속적 발전의 예로 많이 드는 사례이기도 하다.

그러나 외국 기업의 유치는 항상 토착 기업의 붕괴라는 부정적 효과만을 가져오는 것은 아니었다. 1970년대 새로이 수립된 아일랜드 신생 토착 기업들은 미국을 비롯한 다국적기업과의 연계를 통해서 발전했다. 1973~79년 사이 신생 공장 수는 약 940개에서 1998~2003년에는 4,101개로 증가했다. 반면 전통적 토착 기업들은 1973~79년에는 약 3,136개에서 1998~2003년에는 약 999개로 줄었다. 특히 새로 수립된 아일랜드 신생 토착 기업들의 약 75%는 수출을 하는 다국적기업들에 부품을 공급하는 연계 산업에 종사하고 있다. 이들 신생 비수출 토착 기업들은 다수가 수출산업 밀집 지역에 위치하고 있다(Li et al. 2007, 14).

또한 이들 신생 토착 기업들은 수출산업과 연계해 발전하면서 동시에 수출산업의 성장에도 크게 기여했다. 리 등은 신생 비수출 토착 기업들의 발전이 아일랜드 수출 기업들의 주요한 혁신과 발전의 동력이라고 주장한다(Li et al. 2007, 20). 이것은 수출 기업들의 생산 네트워크에서 아일랜드 토착 비수출 기업들이 중간재 납품을 통해서 수출 기업의 경쟁력을 강화했다는 것을 의미한다. 특히 미국 기업이 지배적인 산업에서 긍정적 효과는 더욱 두드러지는데, 이것은 아일랜드 신생 토착 기업들과 미국계 첨단 기업들의 긴밀한 산업적 연계가 발전했음을 의미한다.

언제 또 어떻게 이런 글로벌-토착 기업들의 연계가 발전했는가? 이미 앞에서 언급했듯이 원래 아일랜드에 들어온 다국적기업들은 토착 기업들과 연계가 거의 없었다. 그러나 1982년 "텔레시스 리포트" 같은 보고서를 비롯해서 FDI에 일방적으로 의존하는 '종속적 발전'에 대한 비판이 크게 일어나자, 1985년 이후 IDA는 글로벌-토착 기업들 간 '국가적 연계 프로그램'National Linkages Programme을 발전시키기 시작했던 것이다. 이 프로그램을 통해 아일랜드 정부는 다국적기업들이 국내 부품과 서비스를 이용하도록 장려했다(O'Hearn 1998, 46). 1990년대에는 이를 더욱 발전시켜 토착 기업들이 글로벌 생산 네트워크에 성공적으로 통합될 수 있도록 지원하고, 이들 토착 기업들이 글로벌 혁신 네트워크의 이점을 충분히 흡수할 수 있도록 도와주었다. 특히 1990년대에는 전자 산업과 제약·보건 산업에서 다국적기업과 토착 기업들과의 부품 공급 관계를 형성하려는 노력을 했다. 이런 연계를 통해 토착 기업들이 다국적기업의 상품을 모방하고 기술 인력이 다국적기업에서 토착 기업으로 이동함으로써 국내 기술의 발전을 이룰 수 있었다(Ruane and Uður 2002, 3).

또한 1990년대 글로벌 네트워크를 통한 아일랜드 토착 기업의 발전은 단순히 수출하는 다국적기업에 중간재를 납품하는 토착 기업의 발전만을 의미하지는 않는다. 1990년대 아일랜드 토착 기업들은 첨단 산업 영역의 수출에서도 크게 성공을 했다. 1993년에서 2000년 사이 토착 기업들의 수출은 여섯 배나 상승했다. 토착 기업들의 이윤율(판매 대비 이윤 비율)도 1987년 3.3%에서 1997년 6.1%로 증가했다. 특히 주목할 사실은 전통적으로 토착 기업이 부재했던 첨단 산업에서 새로운 토착 기업들이 크게 성장했다는 것이다. 예를 들면 1991년에서 1997년 사이 소프트웨어 분야에서 토착 기업들의 수는 93% 증가했고, 이들이 고용한 인력은 142% 성장했으며 매출에서는 252%, 수출에서는 498%가 증가했다(O'Malley 1998, 39-43; O'Sullivan 2000, 274; Smith 2005, 46; 68). 물론 아일랜드에서 다국적기업들이 첨단 수출산업을 지배하는 것은 사실이지만 1990년대에는 이 분야에서 토착 기업들도 놀랄 정도로 성공을 거두었다는 것은 주목할 사실이다.

1980년대와 달리 1990년대에 이처럼 첨단 산업의 수출 부문에서 토착 기업들이 성공을 거둔 것은 바로 발전주의 국가 전략이 주효했기 때문이다. 첨단 산업의 수출에서 성공을 거둔 토착 기업들은 대부분 다국적기업에서 분리된 것이거나 아니면 대학 연구팀에서 창업을 한 것들이다(O'Riain 2011, 204). 이런 수출 토착 기업의 발전에는 이 분야에 대한 국가의 직접적인 지원이 크게 작용했다. 1990년대 아일랜드 국가는 첨단 산업 특히 IT 산업 부문에 토착 기업들을 형성하고 테크놀로지에 기초한 수출 지향적 토착 기업들을 적극 후원·육성했다. 지원 방식은 주로 R&D 지원, 시장 개척, 경영 방식과 관련된 컨설팅이었다. 그러나 보다 근본적으로는 다국적기업의 요구에 맞추어 국내 산업 인프라를 구축하는 과정에서 첨단 분야의 고급 전문 기술 인력의 풀을 발전시키게 되었고 이들이 첨단 토착 기업의 발전을 견인하는 밑거름이 되었던 것이다.

또한 아일랜드 국가는 국내에 다양한 산학연 네트워크를 발전시킴으로써 이들 첨단 토착 기업의 발전을 지원했다. 1990년대 아일랜드 국가는 다양한 연구 혁신 센터들의 연합associative infrastructure of innovation과 산업협회industry associations, 그리고 산학 연계university-industry links를 적극 후원했다. 또한 국가는 이런 국내 네트워크가 다시 글로벌 네트워크와 연계될 수 있도록 적극 지원했다(O'Riain 2004b, 12-13). 이처럼 아일랜드 발전주의 국가가 첨단 글로벌 기업의 요구에 기초한 산업 기반 업그레이드와 고급 인력의 양성, 글로벌-토착 기업 간 연계 강화, 그리고 국내 산학연 네트워크를 통한 발전주의 네트워크를 수립·지원함으로써 1980년대 후반 이후 아일랜드에서 FDI의 증가는 아일랜드 토착 기업의 발전으로 귀결되는 양상을 보여 주기 시작했다.

한편 1990년대에 이런 네트워크에 기초한 발전주의 국가 전략이 발전하게 된 이유는 먼저 발전주의 국가 전략을 지지하는 새로운 정치 세력들이 형성되었기 때문이다.[4] 앞에서도 언급했듯이 아일랜드는 계획적으

4_1990년대 아일랜드 발전주의 수립의 원인으로 EU 차원의 펀드도 주요한 역할을 했다. 아일랜드 발전주의 국가는 전문 고급 기술 인력들의 양성과 이들을 중심으로 한 국내 과

로 첨단 글로벌 기업을 유치하는 과정에서 첨단 분야 고급 기술 인력을 배출하는 교육정책을 적극적으로 지원하게 되었는데, 이 과정에서 기존의 농업과 낮은 기술의 단순 직종과 달리 새로운 첨단 분야의 기술직 노동력과 기업가들이 대거 배출되었다. 이들 전문 기술직 노동력은 대부분 외국계 다국적기업들에 일방적으로 의존하는 발전 방식에 대해서 대단히 비판적인 경우가 많았다. 왜냐하면 다국적기업들이 연구나 엔지니어링 일자리보다는 주로 단순 제조업 일자리를 제공하는 경우가 많았기 때문이다. 이들 고기술 엔지니어와 노동자들은 다국적기업들이 제공하는 단순 직업보다는 해외 이민을 선택하는 경우가 많았다(Wickham 1989). 그래서 이들 신흥 세력들은 첨단 분야 토착 기업의 육성을 강조하는 EI를 적극 지지하는 편이었던 것이다(Horn 2009; O'Riain 2011, 212).

또한 1990년대 발전주의 국가 전략은 산학연 네트워크를 통해서 토착 기업을 육성하는 것이었는데 이들 네트워크는 토착 기업 발전 세력들을 결집시키는 측면이 있었다. 즉 노동집약적 단순 경공업에서 국내 첨단 산업의 육성을 위한 네트워크의 발전은 발전주의 국가 전략을 지지하는 세력을 결집하게 했을 뿐만 아니라 새로운 발전 전략에 대한 반대를 약화시키는 효과를 가지고 있었다. 1980년대에도 경제 위기와 더불어 FDI에 의존한 발전 모델에 대한 회의가 등장하기 시작했고 FDI 발전의 중추를

학기술 네트워크의 수립에 기초했는데, 이들 네트워크 수립은 EU 차원의 지원금에 의존함으로써 반대가 적었다. 'EU 구조 기금'(European Structural Funds)은 1992년 유럽 단일 시장의 수립을 염두에 두고 유럽 차원에서 주변 지역을 지원하는 펀드들이었다. 아일랜드에서는 기존의 다국적기업의 지원을 위한 재원에다 이런 독립된 EU 기금의 지원을 받으면서 토착 기업 육성을 위한 프로그램을 발전시키는 데 반대가 적었고 바로 이 점이 발전주의 국가 전략을 구사하는 데에도 도움이 되었던 것이다.

담당한 IDA의 권위에 대한 도전도 있었지만 1980년대 후반까지는 첨단 토착 기업의 육성 전략이 전면화되지 못했다. 1980년대까지 토착 기업 발전을 지지하는 이들은 대부분 IDA의 지배 이데올로기에 눌려 일명 '스컹크 작업'skunk works(공무원 관료 사회에서 공식 레이더망을 피해서 하는 프로젝트)으로 국내 토착 산업의 발전을 위한 과학 테크놀로지 지원 사업을 펼쳤던 것이다(O'Riain 2011, 210). 이들의 작업으로 1960년대 후반 '국가과학위원회'National Science Council가 만들어지고 그 후신으로 1977년 '국가과학기술원'The National Board for Science and Technology, NBST이 수립되었으며, 1987년에는 NBST와 '산업 조사 및 표준 연구소'Institute for Industrial Research and Standards를 결합해 새로운 과학기술 기구로 '에올라스'Eolas가 만들어졌다. 또한 첨단 산업 분야 토착 기업들의 협회들 간에 네트워크를 육성했는데, 그 결과로 '아일랜드소프트웨어협회'Irish Software Association, ISA의 전신인 '아일랜드컴퓨터서비스협회'Irish Computer Services Associations, ICSA가 형성되었다. 그리고 1990년대 아일랜드 국가는 다양한 연구 혁신 센터들의 연합과 기업 연합 그리고 산학 연계를 통해 혁신 네트워크를 더욱 발전시켰다. 이런 민간 부문의 네트워크와 이를 지원하는 다양한 국가기구들은 토착 기업 육성이라는 발전주의 전략을 지지하는 세력으로 결집할 수 있었다(O'Riain 2004b, 19; O'Riain 2011, 210-212).

이처럼 아일랜드가 '켈틱 타이거'로서 급격한 성장을 이룰 수 있었던 중요한 이유 중의 하나는 1980년대와 달리 1990년대에는 발전주의 국가라는 제도적 맥락의 발전으로 인해서 토착 기업의 적극적 지원 육성, 특히 글로벌-토착 기업의 연계 강화를 통해서 FDI와 토착 기업의 동시 발전이라는 긍정적 효과가 창출되었기 때문이었다. 그리고 1990년대 아일랜드에 발전주의 국가가 안정적인 기반을 다질 수 있었던 것은 바로 정부의 토착 기업 육성 지원 정책을 통해 국내 고급 전문 기술 인력이 양성되고 다양한 혁신 네트워크들이 발전하면서 발전주의 국가 전략을 지지하는 정치적 세력이 결집되고 재생산될 수 있었기 때문이었다.

4. 사회협약

1980년대와 달리 1990년대 아일랜드가 급격한 성공을 거둔 또 다른 주요한 제도적 맥락은 1987년 이후 수립된 사회협약이라고 할 수 있다. 아일랜드는 1987년에 첫 사회협약을 수립한 이래 평균 3년을 단위로 매번 갱신해, 2008년까지 여덟 차례 걸쳐 사회협약을 성공적으로 체결했다. 사회협약은 초기 위기관리를 위해 수립된 이후 1990년대에는 경쟁력 향상과 경제 붐의 관리 등 그 기능과 역할에서 진화의 과정을 거치면서 아일랜드 고도성장에 크게 기여했다. 제도적 조건이 미비한 상태에서 아일랜드는 어떻게 사회협약을 수립했고 이를 발전시켰는지에 대해서는 제6장에서 좀 더 상세히 분석할 것이다.

사회협약이 1990년대 아일랜드의 경제적 성공에 기여했다는 것에 모두가 동의하는 것은 아니다. 존 피츠제럴드와 짐 오리어리 같은 신자유주의자들은 사회협약이 경제발전에 기여한 것은 없다고 주장한다. 신자유주의자들에 따르면 임금 안정이나 산업 평화는 노동시장에서 시장의 힘에 의해 만들어진 상황을 추인한 것에 불과하다는 것이다(FitzGerald 1999; O'Leary 2006). 이런 신자유주의의 주장은 자유시장적 체제가 항상 가장 효율적이라는 전제하에서 자유시장에 장애가 되는 여러 가지 조정과 규율이 많으면 많을수록 그 만큼 비효율적이게 된다는 가정에 서 있다.

그러나 1980년대까지 탈집중적이고 다원주의적인 노동시장 체제에서 자유시장적 방식으로 진행되던 임금 협상과 1987년 이후 코포라티즘적 사회협약을 통해 임금과 사회경제 문제들을 함께 조정하는 체제를 비교해 보면 시장적 체제가 항상 우월하다는 신자유주의의 주장은 타당하지 않다고 할 수 있다. 1987년 이전의 다원주의적 시장 체제보다 1987년 이후의 사회협약에 의한 조정이 임금 안정과 재정 건전성을 가져옴으로써 산업과 경제발전에 더욱 효과적이었던 것이다. 사회협약이 어떻게 아일랜드 경제발전에 기여하게 되었는지는 1987년 이전의 다원주의 체제와 이후의 사회협약 체제를 비교하면 보다 분명해질 수 있다.

1987년 이후 진행된 사회협약이 아일랜드 경제발전의 전환에 가장 크게 기여한 것은 먼저 임금 안정이라고 할 수 있다. 1987년 이전 아일랜드 노동시장에서 임금 결정은 다원주의적 시장 체제에 기초해 있었기 때문에 중앙 집중적 조정이 부재함으로써 개별 노조들 간 임금 인상 경쟁이 치열했다. 반면 1987년 이후 3년 단위로 갱신된 사회협약에서는 전국적 차원의 협상을 통해 임금 인상을 자제함으로써 기업의 경쟁력을 강화했다.

1980년대까지 아일랜드 노사관계는 영국식의 노사관계와 이익대표 체계로서 흔히 다원주의 체제 혹은 자유시장 체제라고 불리는 형태였다. 1970년대 이전까지는 '모두에게 자유로운 협상'free for all으로 사업장 단위에서 노·사가 자유로이 협상을 하는 편이었는데, 다만 임금 협상 시기를 조정하려는 시도가 있었다. 1970년대는 전국적 단위에서 집단적 임금 협상을 시도했지만 분절적이고 다원화된 노동과 자본의 조직 구조 그리고 자발적 임금 협상 전통으로 인해 전국적 차원의 임금 협상은 성공을 거두지 못했다. 그리고 1980년대에는 이런 전국 단위의 집단적 협상과 조정의 실패뿐만 아니라 그것이 가져온 문제에 대한 반성으로 오히려 조정 자체를 포기하고 다시 '모두에게 자유로운 협상'이라는 시장 체제로 돌아섰다. 결국 1987년 사회협약이 이루어지기 이전 아일랜드 노사관계와 노동시장은 사회적 조정보다는 시장적 기제에 의존한 체제였다고 할 수 있다. 1980년대까지 이런 탈집중적 다원주의 체제에서 이루어진 시장적 관계는 신자유주의자들이 주장하듯이 경제적 효율성을 가져오기보다는, 오히려 다양한 노조들이 조합원들의 보다 나은 임금과 노동조건을 위해 서로 경쟁함으로써 '경쟁적 임금 상승의 경향'을 가져오게 되었고, 이것은 다시 경제 전반에 커다란 비용을 초래하게 되었다.[5]

특히 1980년대까지의 '모두에게 자유로운' 시장적 체제에서는 첨단 산업 분야에서 글로벌 경쟁력을 갖춘 다국적기업들이 산업 평화를 위해 높은 임금을 책정함으로써 전반적인 임금 상승을 주도했다. 이런 임금 상승은 생산성이 낮은 전통 산업의 토착 기업들에게는 견디기 어려운 부담으로 작용했다. 이 때문에 1980년대까지 대대적으로 들어온 글로벌 다국적기업들은 아일랜드 경제성장의 원동력이 되기보다 비조정적 자유시장 체제에서 오히려 '아일랜드 병'의 원인이 되었다(Baccaro and Simoni 2004, 8). 그래서 1980년대까지는 FDI의 증가와 더불어 국내 토착 기업들은 경쟁력을 상실하고 쇠퇴하기 시작했던 것이다(Barry 1996; Baker 1988; Baccaro and Simoni 2004)

그러나 1987년 이후 사회협약 체제하에서는 상호 경쟁보다는 상호 조정을 통해서 전국적 차원의 임금협상이 성사되었고, 소득세 감면 및 다른 정치적 타협을 통해 노동 쪽의 임금 상승 억제가 이루어졌다. 물론 2000년대 후반의 경우에서 볼 수 있듯이 모든 조정이 다 임금 안정을 가져온 것은 아니었지만 1987년 첫 사회협약 이후 1990년대의 사회협약에

5_1987년 이전 임금 협상 체제와 조정 실패의 원인을 분석한 대표적인 문헌으로는 Hardiman (1988), Roche(1994), Wallace et al.(2004)을 참조.

표 3-4 | 비즈니스 부문 단위노동비용의 기간별 연평균 증가율(1960~2003년)

	1960~64	1965~69	1970~74	1975~79	1980~84	1985~89	1990~94	1995~99	2000~03[b]
미국	0	3.8	5.4	7	4.6	2.8	2.1	1.5	0.2
영국	2.2[a]	3.7	10.3	11.1	5.4	5.9	3	3.1	2.8
아일랜드	-	-	12.1[a]	13.8	9.1	1.5	1.9	-0.3	0.2
독일[c]	3.9	1.6	7.3	3.4	2.6	1.6	3.1[a]	-0.2	1
노르웨이				4.9	8.2	7.9	0.1	2.4	4.8
OECD 평균[d]	2	3.1	9.2	8.5	5.7	2.9	3.9	1.5	1.3

주: a) 영국의 경우 1963~64년; 아일랜드 1971~74년; 독일 1991~94년.
  b) 2000~03년 값은 몇몇 국가에 대해서는 추정치임.
  c) 1990년 이전은 서독, 이후는 통독을 의미함.
  d) 고용 가중치가 반영된 평균(Employment-weighted averages).
출처: OECD Economic Outlook Database.

서는 임금 안정을 통해 국내 기업의 경쟁력을 강화하고 이로 인해 경제성
장, 재정 안정과 수입의 향상 그리고 일자리 창출과 조세수입원의 증가,
그래서 다시 소득세 감면과 더불어 임금 안정이라는 선순환 구조를 창출
하는 데 성공을 거두었다(O'Donnell and O'Reardon 2002, 202; IMF 1996,
11; Hardiman 2000, 170-171).

　〈표 3-4〉의 단위노동비용의 변화가 보여 주듯이, 아일랜드의 노사관
계가 탈집중적 자유시장 체제였던 1970~74년, 1975~79년 기간에는 단
위노동비용 증가율이 각각 12.1%, 13.8%로 다른 주요 국가들은 물론
OECD 평균보다도 높았다. 반면 1987년 이후에는 사회협약으로 인해
1985~89년 1.5%, 1990~94년 1.9%, 1995~99년 -0.3%로 같은 기간 다
른 주요 국가들에 비해 훨씬 낮은 단위노동비용 증가율을 보여 준다.

　사회협약을 통한 임금 억제는 일차적으로 기업 이윤율의 상승을 가져
왔고 기업들은 다시 재투자를 통해서 경제성장과 일자리 창출을 가져왔
다. 임금 억제로 전체 GDP에서 임금이 차지하는 부분은 1987년 71%에
서 2000년 56.9%로 줄었다(Baccaro 2003, 702). 반면 자본 수익률rate of
return on capital은 1987년 8.6%에서 1996년 15.4%로 두 배 가까이 증가했

다. 이런 이윤율의 증가는 사회협약에 의한 소득 이전 때문이었다. 이처럼 임금 억제로 인해 기업의 이윤은 급격히 증가했고 이는 기업의 높은 고용 창출과 재투자를 유발했다(Honohan 1999; McHale 2001; O'Donnell and O'Reardon 2002, 199).

특히 주목할 사실은 사회협약으로 인해 임금 협상의 규범norms 자체가 변화했다는 것이다. 1987년 이전 '모두에게 자유로운' 시장 체제에서는 다국적기업이 임금 상승을 주도했던 반면, 1987년 이후 사회협약 체제에서는 전통 산업 분야 토착 기업들이 주로 임금 책정을 주도함으로써 토착 기업들이 충분히 경쟁력을 살릴 수 있을 만큼의 수준으로 임금 상승을 억제할 수 있게 되었던 것이다. 아일랜드 중앙통계사무소Central Statistical Office 의 데이터에 기초한 바카로와 시모니의 분석에 따르면, 1987년에서 2000년 사이 아일랜드 임금 책정의 패턴은 과거 탈집중적 시장 체제로부터 완전히 바뀌었다. 1985년에서 1998년 사이 시간당 실질임금은 토착 기업들이 지배적인 전통적 산업 부문에서는 45% 그리고 외국계 글로벌 기업이 지배적인 현대적 산업 부문에서는 41% 증가했다. 반면 두 부문에서 생산성의 향상은 엄청나게 차이가 났는데, 현대적 부문에서는 같은 기간 203%의 생산성이 향상되었고 전통 부문에서는 약 40%의 생산성 향상이 있었다. 주목할 만한 사실은, 과거 생산성이 높은 첨단 산업 부문의 글로벌 기업들이 임금 협상을 선도하던 것과 달리 사회협약을 통해 중앙 집중화된 임금 협상 체제에서는 전통 산업 부문의 임금 협상이 아일랜드 전체 임금 인상 수준을 결정하는 지표가 되었다는 것이다(Baccaro and Simoni 2004, 10-11). 그래서 1990년대 사회협약 기간 동안 아일랜드 임금 상승은 전통 부문 토착 기업들의 생산성 향상과 평행하게 움직였다. 기업들의 생산성은 글로벌 다국적기업이 지배적인 현대적 부문에서 월등히 높았지만 임금은 전통 토착 기업들의 임금 상승 경향을 따랐다.

한편 아일랜드에서 노조에 의한 임금 협상은 비노조 회사들이 따를 필요는 없다. 그러나 대부분 비노조인 다국적기업들은 고용주 단체인 아일랜드기업고용주총연맹IBEC의 회원이기 때문에, 그리고 사회협약의 안정적 임금 책정이 더욱 유리했기 때문에 사회협약의 임금 협상안을 따르게 되었다. 거니글 등에 의한 아일랜드 내 다국적기업들에 대한 경험 연구에 따르면, 비노조 다국적기업들은 사회협약의 임금안보다 약간 더 높이 임금을 책정하는 경향이 있는 반면, 노조를 가진 다국적기업들은 대체로 전국적 임금 협상안을 준수하는 경향이 있다고 한다(Gunnigle et al. 2007). 좀 더 구체적으로 노조가 있는 다국적기업들 중 관리자급 임금을 위해 사회협약 임금 협상안을 따르는 경우는 약 76% 그리고 대부분 일반 노동자를 위한 임금에서 사회협약 협상안을 따르는 경우는 약 81%에 달한다고 한다(IRN 2007/11/29). 다국적기업들은 월등한 생산성 증가에도 불구하고 토착 기업을 기준으로 책정된 '전국임금합의안'을 따름으로써 엄청난 임금 비용 절감과 경쟁력 향상을 도모할 수 있었다. 그리고 토착 기업들은 사회협약 임금 협상안에 따른 안정적인 노동비용을 바탕으로 경쟁력을 회복할 수 있었다. 1985년에서 1998년 사이 토착 기업 부문에서 임금 비용 증가는 거의 없었고 다국적기업 부문에서는 같은 기간 54%의 감소를 기록했다(Baccaro and Simoni 2004, 11-12).

사회협약이 아일랜드 경제발전에 기여한 또 다른 이유는 사회협약이 노사 분쟁을 줄이고 노동자와 고용주 양쪽을 위해 안정적이고 협력적인 노사관계를 발전시킬 수 있었기 때문이다.

〈그림 3-5〉에서 보듯이 1970년대에 비해 1987년 이후 노동 분쟁이 대단히 줄어들었음을 알 수 있다. 1970년대에는 전국적 차원에서 협상을 시도했지만 다원주의적 조직 구조로 인해 전국적 협상은 지켜지지 않았고 다원적인 노동 조직 간 경쟁으로 인해 분쟁은 더욱 많았다. 특히 전국

그림 3-5 | 아일랜드 공식적·비공식적 노동쟁의 빈도수(1970~2003년)

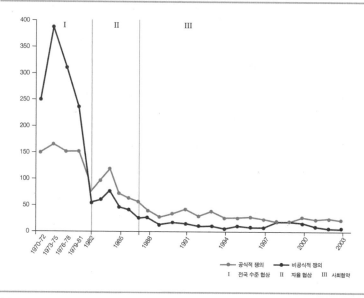

출처: Wallace et al,(2004); CSO; ILO,

차원의 정상 조직의 위계적 권위가 약해서 실제 하부에서는 비공식적 노동쟁의가 대단히 많았다. 그러나 1987년 이후 사회협약이 발전한 이후에는 하위 노조들이 전국적 차원의 사회협약을 잘 준수함으로 인해 노동쟁의 발생률이 대단히 낮음을 볼 수 있다. 1980년대 초에 노동쟁의 빈도수가 적었던 이유는 경제 위기로 실업이 대단히 높았기 때문이다. 그러나 1987년 이후에는 1980년대 후반 경제 위기뿐만 아니라 1990년대 후반과 2000년대 초반 경제적 붐에도 불구하고 노동쟁의가 낮은 것을 보여 주는데 이것은 사회협약에 의한 성공적인 조정 때문이라고 할 수 있다. 노동쟁의가 줄어들고 임금 협상이 전국적 차원에서 이루어짐으로써 개별 기업들은 임금 인상과 같은 갈등적 이슈들에서 벗어나 작업장 내에서 노사 협력적 방식을 통해 생산성 향상을 위한 노동 조직 개편에 전념할 수 있었다. 예를 들면, 사회협약은 유연 노동 조직의 도입과 새로운 테크놀로지의 도입을 용이하게 했다(Smith 2005, 80).

또한 사회협약에 의한 산업 평화는 자본 측의 투자를 더욱 촉진했다. 이것은 1970년대의 심각한 노동쟁의 때문에 외국 기업들이 투자를 주저했던 상황과 비교된다. 1980년대 초 IDA는 노동쟁의에 대한 적절한 조치가 취해지지 않으면 일자리 창출이 어렵다고 경고했다. 당시 IDA는 심각한 노사 갈등이 산업자본의 투자에 방해가 되는 가장 주요한 장애들 중 하나라고 강조했다. 당시 노사 갈등의 최대 문제는 〈그림 3-5〉에서 보듯이 하위 노조들이 상위 조직 수준에서 합의한 절차를 무시하고 상위 조직의 쟁의 승인을 받지 않은 '비공식적 노동쟁의'의 급격한 증가였다(*IRN* 1981/01/09, 11).이것은 당시 사회적 조정과 통제가 불가능했다는 것을 보여 주는 단적인 예다. 이와 반대로 아일랜드 경제학자 존 피츠제럴드가 지적하듯이 사회협약에 의한 산업 평화는 '아일랜드 기업들의 생존과 성장을 위한 중대한 하부구조'가 되었다(FitzGerald 1992, 42).

사회협약이 아일랜드 경제발전에 기여한 또 다른 측면은 사회협약으로 인해 안정적인 거시 경제정책과 장기적인 전망을 가질 수 있게 되었다는 것이다. 사회협약은 1987년 처음 수립된 이래 줄곧 거시 경제정책의 주요한 핵심으로 자리를 잡았다. 사회협약은 임금 협상, 조세 감면, 그리고 재정정책과 사회정책뿐만 아니라 EU의 마스트리흐트조약 기준에 맞게 재정 건전성을 확보하고 인플레이션을 조절하는 등의 거시 경제정책도 포괄적으로 다루었다. 또한 사회협약은 다양한 발전주의적 산업정책에 관여했다. 회사 내 직업훈련 강화, 산업 진흥 활동, 토착 기업과 글로벌 기업 간의 연계 강화 등 산업 발전 정책을 포괄하기도 했다(Smith 2005, 132). 사회협약은 거시 경제정책인 환율과 인플레이션 문제 그리고 임금 인상과 노동쟁의 등을 일상적인 정치적 투쟁에서 제외시킴으로써 아일랜드 경제를 구조적으로 보다 안정적이게 변화시켰던 것이다. 게다가 '유럽통화동맹'EMU에 아일랜드가 가입하기 위해서는 신뢰할 만한 거시 경제정책과 임금 결정 체제를 갖추어야 했는데, 성공적인 사회협약은 아일랜드 경제의 안정성을 보장함으로써 아일랜드가 EU에 통합되는 것에 결정적인 역할을 했다(Teague and Donaghey 2009, 65; Teague 1999, 166-76).

아일랜드 사회협약은 정권의 교체에도 불구하고 장기적인 전망을 가지고 '일관된 사회경제 정책'을 가능하게 했다. 이것은 과거 아일랜드 정치경제가 정당 정책에 의한 경제정책, 비즈니스 결정들, 임금과 노동 분쟁 등으로 인해 근시안적 접근으로 특징지어졌던 것과는 대별된다. 아일랜드 최대 일반 노조인 '서비스업·산업·전문직·기술직노조'SIPTU의 전 의장인 데스 제라티는 한 인터뷰에서 사회협약의 이점은 정책의 안정성과 장기적 관점이라고 강조한다.

사회협약의 가장 성공적인 측면은 그것이 투자자들과 고용주 그리고 정부에 장기적 예측 가능성을 줌으로써 처음으로 뭔가를 실제로 계획할 수 있게 했다는 것이다. …… 3년 단위의 사회협약은 정부로 하여금 3년간의 예산을 예측하게 하고 고용주들은 3년간의 투자 전망을 볼 수 있게 했다. 이 모든 것들은 보다 장기적 관점을 가지게 했는데 이것이 아일랜드 경제를 변화시킨 가장 큰 추동력 중 하나다(Hastings et al. 2007, 65).

결국 사회협약으로 인해 아일랜드 경제는 전통적으로 '인플레이션이 높고 불안정하며 갈등적인 경제'에서 '인플레이션이 낮고 안정적인 경제'로 전환했던 것이다(O'Donnell and O'Reardon 2000, 47-64; O'Donnell and O'Reardon 2002, 199-200; Cradden 2004, 89-98).

또한 사회협약은 경제의 구조적 문제를 개선하는 데 아일랜드 정치경제의 주요 행위자들이 협력적인 방식으로 접근하도록 만들었다. 아일랜드 국가는 거시적 사회경제 정책을 사회 주요 세력들과 함께 논의하고 실행함으로써 정책의 정당성과 실효성을 높였다. 예를 들면 1987년 첫 사회협약(PNR)이 체결되기 이전에 아일랜드 경제는 경기침체와 17%에 가까운 실업뿐만 아니라 막대한 재정적자와 국가 부채에 직면해 있었다. 그러나 사회협약을 통해서 기존의 케인스주의와 달리 혹독한 긴축정책을 성공적으로 도입하고 실행할 수 있었다. 주요 사회 세력들에 의한 자발적 합의에 기초해 있었기 때문에 공공 정책은 경제 행위자들에 의해 도전을 받지 않았다. 사회협약은 정부가 필요로 하는 어려운 조치에 정당성을 부여했던 것이다(Adshead 2010, 77). 또한 전국적 차원의 안정적인 사회협약으로 인해 고용주와 노동 그리고 공동체와 정부는 기술의 변화, 직업훈련, 합리적 노동 조직 개선,[6] 지역 발전, 적극적 노동시장 정책과 같이 경쟁력을 높일 수 있는 실질적 이슈들에 자신들의 에너지를 쏟을 수 있게 되었다(Teague and Donaghey 2009, 66; O'Donnell and O'Reardon 2002, 200).

결국 아일랜드에서 사회협약은 안정적인 임금 억제를 기본 축으로 재정 건전성 회복과 장기적인 산업 평화 그리고 거시적인 사회경제 정책을

6_아일랜드 사회협약에서 실패한 것들 중 하나는 기업 차원으로 사회협약을 확장하는 것이었다. 회사 차원의 파트너십은 노동 참여를 바탕으로 한 유연한 팀 조직(team work)으로의 재편을 강조한다. 그런데 존 기어리와 윌리엄 로체 등 더블린 대학의 노동연구 학자들의 경험 연구에 의하면 아일랜드 국내 기업들에서 팀조직 도입은 다소 저조하다고 평가된다(Geary 1998; Roche and Geary 2002). 기어리에 따르면 태스크포스팀 같은 임시적인 팀은 아일랜드 내 회사들의 약 36%에서 발견되고 품질관리팀 같은 다소 항구적인 팀은 약 28%에서만 발견된다(Geary 1998).

통해서 아일랜드 경제구조를 변화시키는 데 크게 기여했던 것이다. 그러나 이런 기여에도 불구하고 쟁점과 문제가 없는 것은 아니다. 가장 큰 비판은 아일랜드 사회협약이 북유럽의 전통적인 사회민주주의적 코포라티즘에 비해 사회복지 강화와 사회 불평등 해소라는 점에서 보면 크게 미진하다는 데 있다. 그래서 아일랜드의 많은 좌파 학자들은 아일랜드 사회협약을 신자유주의적이라고 비판한다(Allen 2000; 2003; Kirby 2010a; 2010c).

그러나 이런 비판은 1990년대 다른 유럽 국가들에서 보여 준 코포라티즘적 사회협약들이 세계화를 배경으로 전통적인 케인스주의적 정책보다는 경쟁력 향상에 초점을 두었다는 사실을 간과하는 측면이 있다. 1990년대 발전한 이런 사회협약들을 흔히 '경쟁적 코포라티즘'이라고 한다. 게다가 주의해야 할 점은 첫째, 아일랜드 사회협약이 사회 불평등을 증가시킨 것은 아니라는 것이다. 아일랜드는 전통적으로 앵글로색슨 자유주의 복지 체제로서 원래부터 다른 유럽 국가들에 비해 사회 불평등이 높은 편이었다. 대표적인 아일랜드 노동문제 연구자인 로체는 만약 아일랜드가 사회협약이 없이 영국과 같은 신자유주의적 시장이었다면 더 많은 불평등이 양산되었을 것이라고 주장한다. 또한 '사회협약은 종속적 발전으로 인한 쇠퇴를 막을 수 없었다'는 좌파 학자들의 주장과 달리, 사회협약이 사회 불평등을 크게 줄이지는 못했지만 사회협약은 절대적 의미에서 일반 노동자들의 생활수준과 수입에 엄청난 상승을 가져왔다.[7] 사회협약에서 노동자들은 임금 억제에 합의했지만 소득세 감면과 경제성장 등으로

7_사회협약이 아일랜드 국민들의 경제사회 생활의 향상과 변화에 미친 영향을 가장 포괄적이고 체계적으로 조사한 경험 연구는 사회경제연구원(ESRI)의 조사팀에 의해 수행되었다.

실질소득은 크게 증가했다(Smith 2005, 122-123; Barrett et al. 2002, 668). 더구나 앞에서 살펴보았듯이 사회협약을 통한 임금 안정과 산업 평화는 안정적인 거시 경제의 구축과 기업의 경쟁력 강화를 불러와 경제 활성화와 더 많은 일자리 창출 그리고 조세수입원의 확대와 같은 선순환 구조를 창출했다.

5. 2008년 세계 금융 위기와 아일랜드

유럽의 '빛나는 광채'라고 불릴 정도로 세계화 시대 급속히 성장한 아일랜드는 2008년 말 미국발 금융 위기를 계기로 심각한 국가 부도 위기에 직면했다. 1990년대와 2000년대 중반까지 세계가 주목할 고도성장을 통해서 급속도로 발전하던 아일랜드 경제는 갑자기 허상처럼 보이기까지 했다. 그러나 이런 아일랜드의 위기는 마르크스주의적 학자들이 주장하듯이 '신자유주의적 발전' 혹은 외국자본에 의존한 '종속적 발전'의 필연적 귀결이라고 단정할 수 없다(Kirby 2002; 2010a; Allen 2009). 마르크스주의 학자들의 '구조적 필연'으로는 어떻게 1990년대와 2000년대 초반까지 아일랜드가 고도성장을 할 수 있었는지, 그리고 왜 2000년대 말에는 위기에 봉착했는지를 설명하기 어렵다. 또한 2008년 이후 가시화된 아일랜드의 위기가 단순히 미국에서 촉발된 금융 위기 때문이라고 보며 '외생적 요인'만을 강조하는 입장도 문제가 있다. 왜냐하면 아일랜드는 이미 2008년 말 미국발 금융 위기가 있기 이전인 2000년대 초반 이후부터 경제 위기의 징후를 보여 왔기 때문이다. 이 절에서는 '켈틱 타이거'로 고도성장을 하던 아일랜드가 왜 어떻게 국가 부도 위기에 직면하게 되었는지 그리고 어떻게 위기를 성공적으로 극복했는지를 간략히 살펴보고자 한다.

1) 2008년 경제 위기의 원인 분석

최근 유로존 국가들의 '국가 채무 위기'는 단순히 세계 금융 위기라는 외생적 충격만으로는 설명하기 어렵다. 세계 금융 위기라는 외생적 충격과 더불어 유럽 차원의 문제 그리고 나아가 각국 내부의 문제가 복합적이고 중첩적으로 작용했기 때문이다. 2008년 세계 금융 위기의 충격이 거의 모든 선진 자본주의국가들에 영향을 미쳤다는 사실은 글로벌화된 세계 금융시장이 위기의 구조적 배경이 된다는 것을 보여 준다(Crotty 2009). 그러나 동일한 세계 금융 위기라 하더라도 국내 정치경제적 요인들로 인해서 위기의 심각성과 위기 발발의 직접적인 원인은 나라마다 대단히 다른 양태를 보여 주었다(Schmieding et al. 2011).

〈그림 3-6〉에서 보듯이 2008년 세계 금융 위기가 가시화되는 양상은 나라마다 크게 달랐다. 2007년 금융 위기가 발생하기 이전과 2012년 금융 위기가 발생한 이후의 GDP와 실업률의 변화를 보면 각국의 첫 글자를 따서 PIGS로 명명되는 포르투갈·아일랜드·그리스·스페인은 다른 국가들에 비해 특히 심각한 위기에 직면했다. 아일랜드는 실업률이 2007년 4.7%이던 것이 2012년에는 14.7%로 약 10%p 증가했다. 그리고 같은 기간 스페인의 실업률은 16.7%p, 그리스의 실업률은 16%p, 포르투갈의 실업률은 7%p 상승했다. 1인당 GDP의 측면에서도 2007년에서 2012년 사이 아일랜드는 43,100유로에서 35,700유로로 약 17.1% 하락했고 같은 기간 스페인은 약 5.1%, 포르투갈은 약2.5%, 그리스는 약 13.5% 감소했다.

또한 위기의 정도의 차이뿐만 아니라 주요 국가들이 겪는 위기의 경로와 원인도 다소 다른 양태를 보여 주었다. 예를 들면, 그리스의 경우는

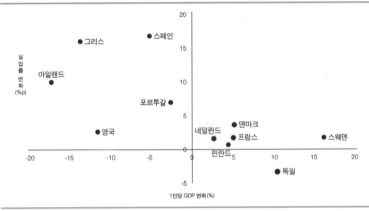

그림 3-6 | 유럽 주요 국가들의 1인당 GDP와 실업률 변화(2007~12년)

	덴마크	독일	아일랜드	그리스	스페인	프랑스	네덜란드	포르투갈	핀란드	스웨덴	영국
실업률(%p)	3.7	-3.2	10	16	16.7	1.8	1.7	7	0.8	1.9	2.6
1인당 GDP(%)	5.2	10.5	-17.1	-13.5	-5.1	5.07	2.58	-2.5	4.4	16.0	-11.4

출처: Eurostat database.

주로 잘못된 국가 재정 운영이 일차적인 원인으로 지목되었다. 그러나 아일랜드의 경우는 일차적으로 은행의 부동산과 건설 부문에 대한 과잉 대출을 배경으로 부동산 버블이 붕괴하자 은행이 도산하게 되었고, 국가 부채는 이런 부동산 버블 붕괴로 도산한 은행의 구제 과정에서 급격히 증가했다(Dellepiane and Hardiman 2012, 83).

한편 유럽 차원에서도 위기의 원인이 존재한다. 이것은 EU의 거버넌스 문제와 결부되어 있다. EU 회원국들은 경제발전의 정도가 상이함에도 불구하고 동일한 통화정책으로 유로를 관리하고 있는데, 이것이 문제다. 좀 더 구체적으로 언급하면 첫째, 유럽에서는 경제발전의 차이에 따라 국가 간 자유무역에서 수출입의 차이가 발생함에도 이를 바탕으로 통화가치를 조절하는 것이 불가능하다. 예를 들면, 유럽에서 가장 강력한 수출국인 독일은 수출을 통해서 번 외화를 급속히 성장하는 주변국들에 투자한다.

이 같은 국제적 투자는 아일랜드와 같이 성장하는 주변국들이 값싼 자본을 손쉽게 빌릴 수 있도록 함으로써 이들 국가에서 개인이든 회사든 빚이 급격히 늘어나게 했다. 이를 흔히 '사적 케인스주의'privatized Keynesianism라고도 한다(Crouch 2009). 그런데 이런 값싸고 손쉽게 빌릴 수 있는 자본의 유입은 아일랜드와 스페인에서 보듯이 부동산 가격의 급격한 상승과 가파른 인플레이션이라는 문제를 낳았다.

그런데 더욱 큰 문제는 아일랜드와 같이 경제성장이 빠른 국가들은 경기과열을 막기 위해 높은 이자율과 엄격한 통화관리가 필요했지만, 통화관리가 전체 유럽 차원에서 이루어지기 때문에 개별 국가가 국내 통화량을 조절할 권한이 없다는 점에서 경제 거버넌스의 문제가 발생할 수밖에 없는 구조에 있다는 것이다. 특히 지난 2000년대 동안 유럽 차원의 이자율은 대단히 낮게 유지되었다는 점에서 아일랜드와 같은 나라들은 더욱 문제가 되었다. 유럽에서 이자율이 낮게 유지된 이유는 유로존에서 독일과 프랑스 같은 강대국들의 선호가 반영된 것이다. 독일과 프랑스 같은 힘 있는 국가들은 경기가 좋지 않아서 경기 진작을 위해 낮은 이자율을 유지하고자 했기 때문이다(Avellaneda 2010, 477-479).

낮은 이자율은 유로존에서 유럽 시장을 통합하고 상품시장을 발전시키는 데 긍정적 역할을 하기도 한다. 그러나 낮은 이자율이 모든 나라에게 다 좋은 것은 아니다. 아일랜드와 같이 고도성장을 지속해 온 국가들은 지속적인 인플레이션의 위험을 안고 있었다. 그런데 EMU라는 제도적 조건은 유로존 국가들에 낮은 이자율의 외국자본들이 급격히 유입될 수 있는 환경을 제공한다. 그래서 투자자들에게 매력적인 투자처로 인식되는 고도성장 국가들에 잠재 경제성장률보다 훨씬 많은 자본이 급격히 유입될 수 있었다. 특히 유럽 국가들 중에서도 독보적인 장기간의 경제성장을 이룬 아일랜드에는 투자처를 찾아 움직이는 많은 유동성 자금의 급격한 유입이 이루어졌다. 그리고 이렇게 흘러들어온 자금들은 아일랜드에서 높은 인플레이션과 더불어 부동산 버블을 초래했다(Dellepiane and Hardiman 2012, 102; Hardiman 2010a; Conefrey and FitzGerald 2010; Blavoukos and Pagoulatos 2008; McDonnell 2012, 6; Avellaneda 2010, 487).

그러나 이런 국제금융과 유럽 차원에서의 구조적 문제들이 특정 위기의 심각성과 양태를 결정하는 것은 아니었다. 국내 정치적 선택과 관리의 여지는 여전히 존재한다. 유로존 회원국으로서 아일랜드가 통화정책의 사용에 제한을 받더라도 아일랜드와 같은 국가들이 사용할 수 있는 정책이 전혀 없는 것은 아니다. 통화정책은 유럽 차원의 EMU에 제한을 받지만 재정정책은 각국 정부에 의해 이루어진다. 정부는 인플레이션 조절을 위해 긴축재정 정책을 쓸 수 있다. 그리고 위기를 대비해 공공 지출보다 세입을 높여서 재정 건전성을 강화할 수도 있다. 또한 은행에 대한 감독을 강화함으로써 싼 이자의 자금이 부동산과 건설 부문으로 과잉 대출되는 것을 사전에 조절할 수도 있다. 그리고 노·사·정의 사회협약을 통해 인플레이션 조절을 위한 임금 안정과 긴축재정 정책을 펼 수도 있다.

그러나 아일랜드를 비롯해 스페인·그리스처럼 심각한 위기에 봉착한 국가들은 적절한 시기에 이런 국내 정치경제적 조치들을 도입하는 데 실패했다. 오히려 아일랜드에서 보듯이 국내 정책 방향은 필요한 조치들과 정반대로 움직임으로써 위기를 더욱 확대 강화했다. 본 연구의 다음 장들에서 좀 더 자세히 살펴보겠지만, 아일랜드는 경기를 조절하기 위한 긴축재정 정책과 경기 하강에 대비해 지출보다는 조세수입을 강화하는 재정 비축이 필요했지만, 실제에서는 이와 반대로 2000년대 중반 이후 지속적인 재정팽창 정책을 펼쳤다. 또한 은행의 과잉 대출을 막기 위한 규제를 강화해야 했지만 오히려 신자유주의적 규제완화로 돌아섰다. 그리고 사회협약에서는 인플레이션을 막고 경쟁력을 높이기 위한 임금 인상 자제와 비용 상승 억제를 위한 사회경제 개혁 문제를 해결해야 했지만 이와 반대로 사회협약 당사자들은 분파적 이익을 앞세워 협력을 이루는 데 실패했다.

그럼 이제 아일랜드가 왜 심각한 위기에 봉착하게 되었는지 좀 더 자세히 살펴보자. 아일랜드가 2008년 세계 금융 위기에서 다른 나라들에 비해 더 심각한 위기에 봉착한 이유는 첫째, 지난 10여 년 이상의 고도성장이 가져온 여러 국내적 요인들이 부정적으로 나타나기 시작했기 때문이다. 장기간 고도성장에 따른 부정적 결과물은 무엇보다 인플레이션과 국내 부동산 경기과열이었다. 미국의 금융 위기는 아일랜드 위기의 직접적인 원인이라기보다는 오히려 간접적인 원인이었다고 할 수 있다. 아일랜드에서는 2008년 10월 미국발 금융 위기가 터지기 이전에 이미 국내 부동산 버블의 붕괴 조짐이 나타나기 시작했던 것이다. 최근 아일랜드 위기의 핵심은 아일랜드 은행들의 위기라고 할 수 있는데 이는 세계 금융 위기 때문이 아니라 바로 지나친 국내 부동산 관련 대출 때문이었다. 국내 은행들과 부동산 개발업자들 그리고 정치가들 특히 지배 정당인 '피어너 폴'[8] 정치인들과의 인적·금전적 관계들로 인해서 아일랜드 은행들은 부동산 개발과 건설업에 지나치게 많은 대출을 제공했고 이것이 곧 부동산 버블

8_'피어너 폴'(Fianna Fáil) 정당은 초대 집권당인 '쿠먼 너 게일' 정당 다음으로 1932년부터 최근까지 중간중간 '피너 게일'(Fine Gael, 영어로는 Family or Tribe of the Irish로 아일랜드 가족 또는 부족을 의미함)과 '노동당'(Labour)의 짧은 연정 기간을 제외하고는 대부분의 기간을 집권한 아일랜드 제1의 정당이다. 피어너 폴은 아일랜드 공화당(republican party)으로 영어로는 Soldiers of Destiny(운명의 전사들) 혹은 보다 정확히는 Warriors of Fál(아일랜드의 전사들)로 언급되는데, Fál은 고대 아일랜드를 지칭하는 전설적 이름이다.

로 나타났던 것이다(Dellepiane and Hardiman 2012, 91-92; O'Toole 2010; Coleman 2009, 103-149).

2008년 세계 금융 위기가 일어나기 이전 1997년에서 2007년 사이 대체로 경제가 상승 국면이었던 미국, 스페인, 영국 등의 주택 가격 상승 추이와 비교해 보면 아일랜드 부동산 버블이 얼마나 심했는지 알 수 있다. 1997년에서 2007년 사이 미국의 경우는 주택 가격이 175% 상승했고 스페인은 180% 그리고 영국의 주택 가격은 210% 상승했던 것에 비해 아일랜드 주택 가격은 240% 상승함으로써 가장 높은 증가율을 보여 주었다(Dellepiane and Hardiman 2012, 91-92). 많은 경제 전문가들이 지적하듯이 이처럼 아일랜드는 자산 가격 버블로 인해서 스스로 위기를 불러오고 있었고 미국의 서브프라임 위기는 다만 이를 악화시켰을 뿐이다.

부동산 경기과열은 주택 건설을 중심으로 하는 건설업의 과도한 팽창으로 귀결되었다. 이로 인해 아일랜드 경제는 건설업에 고용 창출과 국가 조세수입을 지나치게 의존하는 체제로 서서히 변질되어 갔다. 1990년대까지만 하더라도 아일랜드 국민총소득GNI 중 주택 건설업이 차지하는 비중은 단지 4~6% 정도로 다른 선진국들과 비교해 유사한 수준이었다. 그러나 2006~07년에는 주택 건설업에서 나오는 소득이 GNI의 약 15%로 상승했고 주택 건설을 제외한 다른 건설업도 약 6%를 차지해 건설업이 아일랜드 전체 경제에서 차지하는 비중이 과대하게 커졌다. 건설업의 급격한 성장은 이 부문의 빠른 고용 증가를 가져왔고 이와 더불어 전체 산업의 임금수준을 비효율적으로 상승시켰다. 또한 정부는 저율의 세금을 유지하면서도 부동산 경기에 의존함으로써 재정 확대 정책을 펼 수 있었다(Kelley 2009, 1).

건설 경기의 이런 이상 과열 현상은 건설 부문에 대한 은행의 신용 확대와 관련이 있었다. 〈그림 3-7〉에서 보듯이 1997년까지 아일랜드 은행

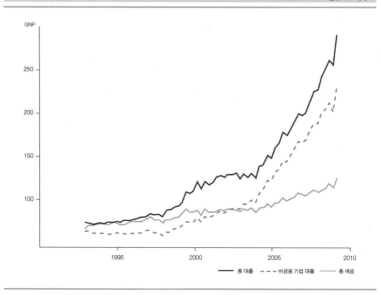

그림 3-7 | 아일랜드의 사적 부문 은행 대출과 저축(1993~2009년)

단위: GDP 대비 %

출처: Kelley(2009, 7).

이 비금융 사적 기업 부문에 대출해 준 신용은 다른 국가들에 비해 미미한 수준이었다. 1997년 아일랜드 은행들이 비금융non-financial 사적 기업들에 대출해 준 신용은 GNP의 약 60%정도로 영국과 다른 유로존 국가들의 평균 80%에 비교하면 대단히 안정적이었다. 그러나 2000년대 초반부터 국제적인 신용 확대와 더불어 아일랜드의 은행 대출은 더욱 급격히 증가했다. 2008년 기준 유럽 선진국들의 은행 대출은 전반적으로 평균 GDP의 약 100% 수준으로 성장했다. 그러나 이런 성장은 아일랜드의 급격한 성장에 비할 바가 안 된다. 아일랜드에서 은행 대출은 서서히 성장하다가 2004년부터 가파르게 성장해, 2008년 비금융권 사적 기업들에 대한 대출은 GNP의 약 200%로, 그리고 은행 총 여신은 GNP의 약 250%로 급성장했다. 게다가 주식화된 모기지mortgages까지 합치면 은행 대출은 GNP의 약 270% 수준에 달했다(Kelley 2009, 2; 6-7; Ross 2009, 138-144).

이와 같은 아일랜드 은행 대출의 급증은 어떻게 가능했는가? 아일랜드 은행들의 공격적 대출에 필요한 자금은 주로 국제자본시장international wholesale market에서 빌려온 것이었다. 〈그림 3-7〉에서 보듯이 1997년까지는 아일랜드 은행 대출의 대부분은 국내 저축에 의존했지만 이후 가파른 은행 대출의 증대에도 불구하고 국내 저축은 2008년까지 GNP의 약 120% 정도 성장하는 데 그쳤다. 2000년부터 은행 대출과 국내 저축 간의 차이가 점점 벌어지다가 2004년경부터는 은행 대출과 국내 저축 간 차이가 급속도로 벌어지기 시작했던 것이다. 반면 2008년경 은행 대출 자금의 약 절반 이상은 채권과 국제 은행 간 대부를 통해서 국제자본시장으로부터 충당되었다. 그러나 2008년 10월 세계 금융 위기와 더불어 이런 세계 금융은 급격히 소진되었다(Kelley 2009, 4).

더욱 문제가 되었던 것은 아일랜드 은행들의 대출이 주로 주택 건설업자와 부동산 개발업자들에게 쏠렸다는 것이다(Ross 2009, 93-144). 〈그림 3-8〉에서 보듯이 은행 대출의 버블이 시작되기 이전인 1997년에 모기지로 나간 은행 대출은 2009년 유로 가치를 기준으로 약 2백억 유로, 개발업자들에게 빌려 준 여신은 1백억 유로 정도였다. 그러나 2008년 기준 모기지 대출은 약 1천4백억 유로로 1997년에 비해 약 7배나 급성장했고, 개발업자들에게 빌려준 여신도 약 1천1백억 유로로 1997년에 비해 약 11배나 증가했다.

결국 부동산과 주택 개발업자들에 대한 과도한 은행 대출로 2000년대 이후 아일랜드 경제는 서서히 변질되어 갔다. 건설업에 대한 과도한 은행 대출의 첫 번째 영향은 앞에서 언급한 주택 가격의 급격한 상승과 인플레이션으로 나타났다. 1995년 아일랜드의 평균 주택 가격은 산업 노동자

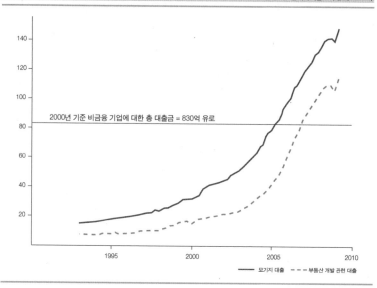

그림 3-8 | 부동산 개발업자들에 대한 은행 대출(1993~2009년)

단위: 2009년 가치 기준 10억 유로(€ billions)

2000년 기준 비금융 기업에 대한 총 대출금 = 830억 유로

──── 모기지 대출　- - - - 부동산 개발 관련 대출

출처: Kelley(2009, 7)

의 약 4년간 평균 소득에 해당했다. 그러나 주택 가격은 급격히 상승해 절
정에 달한 2006년 말 경에는 새 집의 평균 가격이 산업 노동자 연평균 소
득의 약 10배로 증가했다. 그리고 더블린 시의 기존 주택 가격은 산업 노
동자 연평균 소득의 17배로 상승했다(Kelley 2009, 9). 아일랜드 주택 가격
의 급격한 상승은 낮은 이자율이나 인구의 급격한 증가 때문이 아니라 모
기지론의 증가 때문이다. 급격한 모기지 대출의 증가는 주택 가격 상승을
부채질했다. 그리고 급격한 주택 가격 상승은 다시 은행의 모기지 대출을
더욱 증가시키는 악순환이 나타났다. 급격한 은행 대출의 확대에 따른 주
택 가격의 상승은 아일랜드 경제에 또 다른 왜곡을 가져왔다. 그것은 주택
건설업의 과도한 성장이다. 한 통계 분석에 따르면 1997년에서 2006년

사이 집값이 10% 상승하는 동안 주택 건설업은 15% 성장했다. 이처럼 아일랜드 경제는 은행 대출의 확대, 모기지론의 증대, 주택 가격 상승 그리고 주택 건설업의 급격한 팽창이라는 악순환에 빠지게 되었다.

주목할 사실은 주택 가격 상승과 주택 경기의 과열이 '켈틱 타이거'의 고도성장을 견인하던 핵심적 요소들의 변형을 가져왔다는 것이다. 핵심은 건설 경기의 과도한 확장으로 '켈틱 타이거'를 가능하게 했던 주요한 축인 건실한 토착 중소기업이 붕괴하게 되었다는 것이다. 주택 가격과 부동산 가격의 급등 그리고 이에 따른 임금 상승의 압박 그리고 연구개발 등 경쟁력 강화를 위한 투자 축소 등을 배경으로, 기존에 건실하게 커오던 많은 중소기업들이 경쟁력을 상실하고 도산의 위기에 빠지게 되었다. 게다가 많은 중소기업들 스스로도 보다 손쉽고 확실하게 돈을 버는 방법으로 연구개발과 경쟁력 강화보다는 은행으로부터 돈을 빌려 부동산에 투자하는 경우가 많았다. 그러나 부동산 경기가 식기 시작하는 2006년부터 이들 중소기업들은 막대한 부채에 시달리고 회사의 존속이 위협받는 처지에 이르게 되었다. 그리고 2008년 말 위기가 가시화되면서 중소기업의 도산은 더욱 가속화되었고 막대한 정리 해고와 사업 정리로 실업자들이 급격히 증가했다(Kelley 2009, 22).

그러나 무엇보다 주목할 사실은 건설 경기의 과열과 아일랜드 경제의 왜곡은 아일랜드 고도성장의 원인이었던 발전주의 국가와 사회협약의 변형을 가져왔고 이것은 다시 경제 왜곡을 더욱 가속화했다는 것이다. 아일랜드 경제의 왜곡은 필연적인 것이었는가? 다시 말해서 장기간의 고도성장으로 인한 부동산 경기의 과열은 필연적인 것이었는가? 그렇지 않다. 여전히 정부와 사회 세력들의 선택과 관리에 따라 문제를 해결하거나 완화시킬 수 있었다는 점에서 위기의 원인은 국내 '정치'의 문제에 있었다고 할 수 있다. 다시 말해서 여러 가지 선택들이 존재했고 올바른 선택을 위한 정치가 가능했던 것이다. 예를 들면 은행 대출의 규제와 생산적 투자로의 유인, 통화 조절이 불가능하더라도 긴축재정을 통한 재정 관리 그리고 1990년대 발전된 사회협약에 기초한 임금 억제를 통한 '내적 평가절하'[9] 등이 가능할 수도 있었다. 그러나 2000년대 아일랜드의 정치는 요구되었던 방향과 정반대로 흘러갔던 것이다(O'Brien 2009, 1-102; Coleman 2009, 103-178; O'Toole 2010).

먼저 은행 대출의 규제와 건설 경기과열을 막는 것이 필요했지만 아일랜드 정부는 오히려 규제완화뿐만 아니라 건설업에 대한 세금 감면 등 적극적인 지원책을 통해서 은행 대출과 부동산 경기과열을 부추긴 측면이 있었다(Hardiman 2010a, 75; Ross 2009, 64-92). 현재 유럽 중앙은행이 유로존 국가들의 통화정책을 관리하기 때문에 아일랜드 중앙은행이 이자율을 관리할 권한은 부재하다. 그래서 과도한 은행 대출과 부동산 버블을 제어할 정책적 수단이 다소 약화된 것은 사실이다. 그럼에도 불구하고 아일랜드 정부가 은행 대출을 규제할 수 있는 수단이 완전히 부재한 것은 아니다. 아일랜드 정부는 이자율 대신에 은행 대출의 크기를 조절할 수 있었다. 만약 아일랜드 중앙은행이 모기지를 전통적 수준으로 대출의 약 80%로 제한했더라면 주택 가격은 소득수준과 평행하게 상승할 수 있었고 전체적인 경제의 왜곡도 다소 막을 수 있었을 것이다. 그러나 아일랜드에서

9_'내적 평가절하'(internal devaluation)는 외환 시장에서 자국 화폐가치의 평가 절하를 통한 자국 산업 경쟁력을 높이려는 정책의 대안으로 임금이나 여타 생산비용을 낮춤으로써 자국 산업의 경쟁력을 높이려는 경제사회 정책을 의미한다. 내적 평가절하를 통한 경쟁력 회복을 시도한 국가의 사례로는 먼저 1990년대 스웨덴을 들 수 있다. 스웨덴은 1990년대 경제 위기 극복의 일환으로 내적 평가절하를 시도했다.

중앙은행의 독립성은 상대적으로 낮은 편이기 때문에 은행 대출을 조절할 정부의 의지가 중요했는데 문제는 정부와 주요 정치가들이 은행의 규제나 건설 경기를 조절할 의지가 별로 없었다는 것이다(Kelley 2009, 23-24).

아일랜드 정치가들이 은행 대출을 규제할 의사가 약했던 이유로는 첫째, 2000년대 아일랜드 중앙 정당정치 무대에서 '발전주의 국가' 담론 보다 신자유주의적 담론이 우세했기 때문이다. 아일랜드 발전주의는 소위 말하는 '숨겨진 발전주의 국가'[10]라고 할 수 있는데, 이는 산업 차원에서는 국가의 육성 정책이 사용되었지만 중앙 정당정치 무대에서는 신자유주의적 담론이 여전히 힘을 지니고 있음을 의미한다. 그런데 이런 신자유주의 담론이 2000년대 사회협약의 변질과 함께 더욱 힘을 얻게 되었던 것이다. 그래서 증대된 부가 생산적으로 재투자되도록 조정하기보다는 신자유주의적 담론에 기초해 단순히 '규제완화'와 '세금 감면을 통한 성장'에만 초점을 둠으로써 증대된 자금이 부동산과 건설업으로 쏠리는 것을 방치했던 것이다(O'Riain 2010, 182). 이는 산업의 업그레이드를 위해 이루어져야 할 투자가 비생산적 부문으로 흘러가도록 하는 결과를 초래했다.

10_'숨겨진 발전주의 국가'(hidden developmental state)는 프레드 블록이 미국의 발전주의를 설명하기 위해 사용한 개념이다. 미국 연방 정부는 산업의 연구개발 비용을 지원하고 컴퓨터나 바이오산업 같은 첨단 산업을 개척해 왔지만 이런 지원은 산업정책 차원에서 공식적으로 이루어지기보다는 국방부나 보건부 같은 부처에서 안보나 보건 정책을 통해 이루어졌다. 이는 미국 정부가 공식적으로는 사적 시장에 국가가 개입하지 않는다는 자유주의의 기본 원칙을 따르면서도 '숨겨진' 부처에서 실질적으로 첨단 산업의 발전을 이끌어 왔음을 의미한다. 그러나 이런 미국의 '숨겨진' 발전주의는 조지 W. 부시 정부에서 크게 약화되었다(Block 2008; Block and Keller eds. 2011).

아일랜드 정부가 은행 여신을 규제할 의사가 약했던 또 다른 이유는 피어너 폴과 같은 집권당 정치인들과 건설업자들이 결탁했기 때문이기도 하다. 최근의 한 경험 연구에 따르면, 아일랜드의 공기업과 사기업 이사들은 긴밀한 공식적·비공식적 네트워크를 가지고 있다고 한다. 예를 들면, 2005년에서 2007년 사이 아일랜드 상위 40대 공·사 기업들에 강력한 영향력을 행사할 수 있는 위치에 있는 이사들 39인은 33개 조직을 통해서 최소 2개 이상의 이사회에서 이사직을 가지고 있다. 또 이사들의 네트워크에서 약 25%는 특별히 긴밀한 네트워크를 형성하고 있다고 한다(Clancy et al. 2010, 33). 게다가 정치자금이 필요했던 정치가들과 개발업자들, 금융가들의 이해가 맞아떨어짐으로써 정치가들은 은행 대출을 규제할 정치적 의사가 거의 없었던 것이다(Kelley 2009, 23-24; Ross 2009, 64-92).

게다가 아일랜드에서의 포퓰리스트 정당정치와 사회협약 정치는 국가 재정 관리를 더욱 어렵게 했다. 장기간 고도성장에 따른 인플레이션은 통화정책으로는 막을 수 없지만 긴축재정과 사회협약을 통한 임금 안정이라는 '내적 평가절하'를 통해 조절할 수도 있었다. 하지만 제7장에서 자세히 살펴보겠지만 2000년대 아일랜드에서는 오히려 사회협약의 성격이 제도화 과정에서 변화하면서 공공 부문 노조에 의해 임금이 급격히 상승했고 공공 지출이 급격히 증가했다. 아일랜드 정부는 2000년대 중반부터 긴축재정보다는 오히려 사회협약의 '사회적 전환'social turn을 계기로 국내 복지 향상과 일자리 창출을 위해 오히려 팽창적 재정정책을 펼쳤다. 2000년대 공공 부문 노조들은 '공정한 부의 분배'를 주장하면서 공공 부문뿐만 아니라 전체 임금 인상을 견인했다. 게다가 2000년대에는 사적 영역의 경제활동이 다소 위축되는 징후에도 불구하고 지속적으로 공공 부문의 고용 확대가 이루어지면서 전체 고용은 오히려 증가했다(Dellepiane and Hardiman 2012, 93-95).

그러나 증대된 공공 지출에 비해 조세수입원은 한정되어 있어서 이를 충당하기 위해서 조세수입원이 기형적으로 부동산 건설 경기에 의존함으로써 국가 재정은 더욱 왜곡되었다. 부동산 경기과열과 발전주의 국가의 변형은 서로를 보완 강화했다. 아일랜드는 OECD 국가들 가운데 소득세와 법인세가 가장 낮은 국가들 중 하나다(Dellepiane and Hardiman 2012, 95). 그런데 2000년대 아일랜드 정부가 낮은 세율에도 불구하고 공공 지출을 늘릴 수 있었던 것은 주로 건설 경기와 부동산 거래에서 나오는 수입 때문이었다. 실제로 2000년대 아일랜드는 재정 확대에도 불구하고 대부분의 기간 동안 흑자 재정을 유지했다. 그 이유는 부동산과 건설 경기에 의존한 조세수입원의 팽창 때문이었다. 그러나 이런 기형적 조세수입원에 기초한 재정 흑자는 오히려 근본적인 문제를 숨기는 효과를 가지고 있었다(Hardiman 2010a, 79-80). 결국 건설 경기에 조세수입을 비정상적으로 의존하게 됨으로써 아일랜드 정부는 인플레이션을 억제하고 재정지출을 조절해야 한다는 경고를 무시하고 오히려 재정지출을 더욱 급격히 늘렸던 것이다. 특히 2002년 선거를 전후로 공공 지출은 더욱 가파르게 상승했다. 또 은행 대출 규제완화와 더불어 부동산 투자에 대한 세금 인센티브라는 역설적인 정책으로 인해 상황은 더욱 악화되었다(Hardiman 2010a, 75-76; Dellepiane and Hardiman 2012, 96).

　　이런 상황에서 부동산 시장의 급격한 냉각은 발전주의 국가에게 커다란 충격이었다. 예를 들면, 아일랜드 정부는 2000년대 중반 건설 경기가 식고 정부 수입원이 줄어들자 '스마트 경제'로 한 단계 도약을 위한 발전주의 전략을 구사하는 데 어려움을 겪었다. 그래서 토착 기업들을 한 단계 업그레이드하기 위한 발전주의 정책이 어려움에 봉착했다(Hardiman 2010a, 76). 설상가상으로 부동산 경기의 급격한 냉각과 더불어 시작된 은행권의 부실화는 이를 구제하기 위해 막대한 재정 투여를 요구하게 되었는데, 이 때문에 아일랜드는 결국 2010년 국가 부도의 위기에 처했다. 결국 2010년 말 아일랜드는 EU와 IMF에 850억 유로의 구제금융을 요청했다.

결국 최근의 아일랜드 경제 위기는 2008년 말 미국발 금융 위기가 발생하기 이전에, 부동산 경기와 건설업의 과대 성장, 인플레에 따른 임금 상승 압력과 사회협약의 변형 그리고 방만한 국가 재정정책과 탈규제 신자유주의 담론의 우세라는 요소들이 서로를 강화하면서 변화했기 때문이다. 아일랜드는 장기간 고도성장이 가져오는 부정적 측면을 조절할 필요가 있었지만 실제 정치는 그렇지 못했다. 본 연구의 제4장과 제7장에서 자세히 살펴보겠지만 중앙 정치에서 신자유주의 담론이 우세해지고 발전주의 국가가 변형되어 감에 따라 아일랜드 정부는 은행 대출의 규제와 부동산 버블의 조절 그리고 재정 건전성 정책을 추진하지 못했다. 그리고 기존의 재정 건전성과 경쟁력에 기여하던 사회협약의 의미는 점점 변질되어서 임금 인상 자제보다는 '부의 공정한 배분'에 더 초점을 둠으로써 임금 인상과 공공 부문의 확장을 초래했다. 그래서 비정상적 건설 경기에 기댄 방만한 재정 관리 그리고 심화되는 인플레이션과 임금 상승과 같은 경제적 왜곡과 더불어 아일랜드 경제는 2008년 이전에 이미 위기의 징후가 나타나기 시작해 2008년 세계 금융 위기를 계기로 더욱 가속화되었던 것이다.

2) 2008년 세계 금융 위기에 대한 대응들과 아일랜드

2008년 세계 금융 위기에 대한 각국의 대응에는 어떤 차이가 있는가? 최근 위기에서 아일랜드의 대응이 가지는 특징은 무엇인가? 2008년 세계 금융 위기와 유럽의 국가 부도 사태를 해결하기 위해서 원인이 그렇듯이 대응책에서도 국제적 차원과 국내적 차원의 해결책이 제시되었다. 국제적 차원 특히 유럽 차원에서는 유럽 은행들에 대한 감독권을 강화하고 '유럽 연합집행위원회'European Commission에서 각국 정부의 재정에 대한 감독을 강화하는 방안이 제시되었다(Avellaneda 2010, 494-495). 그 외에도 2010 년 '유럽재정안정기금'European Financial Stability Facility, EFSF을 수립해 유로존 회원국들에게 특별 대출을 부여함으로써 금융을 안정화하려고 했다. EFSF 는 2012년 9월에 좀 더 포괄적인 '유로안정화기구'European Stability Mechanism, ESM로 대체되었다. 또한 유로존 국가들은 각국의 재정정책을 통제하기 위해서 '6개 정책 패키지'The Six Pack라는 정책 패키지를 발전시켜 각국의 재정 감독을 강화했다. '6개 정책 패키지'는 자산 가격과 같은 많은 거시 경제 지표들에 대한 감독과 통제를 도입하는 것이다. 이에 덧붙여 유럽 차원의 재정 협약이라 할 수 있는 '안정·조정·거버넌스협약'Treaty on Stability, Coordination and Governance, TSCG을 발전시켰다. 이 협약은 각국 정부의 예산이 흑자나 균형을 이루도록 요구하는 것이다(McDonnell 2012, 8-10).

그러나 본 연구에서 좀 더 주목하는 사실은 국가 부도 위기에 대응하는 각국의 대응 방식들이 상당한 차이를 보여 준다는 데 있다. 영국의 경우는 유로존 국가가 아니기 때문에 파운드화의 평가절하를 통해서 경쟁력을 높일 수 있었고 또한 대처 이후 노조의 세력이 대단히 약화되었기 때문에 손쉽게 긴축재정으로 대응했다. 그러나 아일랜드·그리스·스페인 같은 유로존 국가들은 영국과 같은 환율정책을 통한 조정을 시도할 수 없었다. 그래서 대안으로 임금 인상 억제와 효율성 증대와 같은 '내적 평가절하' 정책을 펼 수밖에 없었다(McDonnell 2012, 6). 그런데 문제는 긴축재정과 임금 억제 그리고 생산과 서비스의 재조직화를 통한 효율성 증대는 단순히 시장적·경제적 문제만이 아니라 국내 주요 행위자들 간의 갈등과 이해를 조정하는 정치적 문제라는 데 있었다. 따라서 위기에 대한 대응 방식들은 국내 정치적 제도와 상호작용 과정에 따라 상이한 모습으로 나타났다.

예를 들면, 그리스와 스페인의 경우 노조가 상대적으로 강한 상태에서 긴축재정을 시도했는데 스페인의 경우는 사회협약 제도를 통해서 사회 통합적 해결책을 성공적으로 수행했다. 그러나 그리스의 경우는 극심한 소요와 정치적 저항으로 국내 정치로는 해결이 어려운 상태까지 이르게 되었다. 아일랜드의 경우는 기존의 노·사·정 삼자 합의에 기초한 코포라티즘적 사회협약을 통한 해결은 포기했다. 그러나 기존 사회협약의 포기가 곧 다시 영국식 자유시장 체제로 되돌아가는 것을 의미하지는 않았다. 아일랜드는 대안으로 공공 부문의 '크로크파크 합의'와 같은 제3의 사회적 조정 형태를 통해서 안정적으로 긴축재정 정책을 시행하는 데 성공했다(Avellaneda 2010, 490-491).

이처럼 아일랜드는 기존의 사회협약은 포기했지만 또 다른 사회적 합의와 조정을 통해서 최근의 금융 위기를 성공적으로 극복한 사례이다. 아일랜드 정부의 위기 극복 대응책은 기본적으로 막대한 재정적자와 국가 부채를 줄이기 위한 '고통스러운 긴축정책'과 임금 인상 자제를 통한 경쟁력 회복이었다. 본 연구의 후반부 제5장과 제7장에서 좀 더 자세히 살펴보겠지만 아일랜드의 위기 극복 과정은 결코 순탄하지 않았다. 2009년에 시도된 '사회 파트너십을 통한 국가 재건 조치들'Further Measures to Support National Recovery through Social Partnership은 실패로 끝나고 기존의 8차 사회협약도 폐기되었다. 국가 위기의 원인 진단과 처방에서 노·사·정 주요 행위자들 간에 심대한 견해 차이가 나타났기 때문이다. 무엇보다 위기 극복을 위한 처방으로 1987년과 같이 노·사·정 삼자를 중심으로 하던 사회 파트너십이 채택된 것이 아니라 반대로 기존의 사회협약 체제가 위기의 원인으로 진단되면서 오히려 폐기되었던 것이다. 그러나 아일랜드가 기존 사회협약 체제의 폐기로 곧 영국식 자유시장 모델로 귀결된 것은 아니었다. 오히려 아일랜드는 기존의 사회협약의 문제를 개혁하고 새로운 사회적 조정을 시도했다. 이는 2000년대를 경과하면서 지나치게 비용이 많이 드는 형식으로 바뀌어 온 기존의 사회협약 체제를 좀 더 유연하고 비용이 덜 드는 방식으로 개혁하려는 과정이었다.

최근의 위기 극복을 위한 아일랜드의 적응 과정에서 나타난 제3의 사회적 조정 방식은 이중적 구조의 형태로 공공 부문에서는 정부-노조 간의 '크로크파크 합의'를, 그리고 사적 부문에서는 '임금 협상 가이드라인 프로토콜'guideline protocols for pay bargaining을 통해서 조정을 시도하는 체제로 이루어졌다. 특히 공공 부문에서는 '크로크파크 합의'를 통해 정부는 재정 위기에 따른 강제 해고나 구조조정을 하지 않고 고용 안전을 보장하는 대신, 노조는 공공 부문 생산성 증대와 임금 인상 억제 그리고 유연한 노동 재배치에 합의함으로써 보다 안정적인 위기 극복을 가능하게 했다(Doherty 2011, 375).

'크로크파크 합의'와 같은 사회적 조정에 의한 아일랜드의 성공적인 위기 극복 과정은 그리스와 대조적인 모습을 보여 주었다. 아일랜드는 심각한 사회적 혼란이나 저항 없이 긴축재정과 협력적 노력에 의해 2013년 12월 15일 EU-IMF의 구제금융 675억 유로를 되갚음으로써 가정 먼저 IMF-EU 구제금융 체제를 벗어나는 데 성공했다(*The Economist* 2013/12/15). 이에 비해 그리스는 최근의 국가 부도 위기로 인해 거의 모든 주요 도시들에서 심각한 소요와 총파업을 겪었다. 그리스에서 사회 전반적인 저항은 2010년 5월 심각하게 발발한 이후 2011년에도 5~8월까지 대규모 시위가 발생했고 그리고 2012년까지도 간헐적이나마 시민들의 시위가 지속되었다.[11] 이런 사회적 저항과 소요 사태는 재정 건전화를 위해서 공공 지출을 삭감하고 세금을 올리겠다는 정부의 발표에 의해 촉발되었다. 2010년 4월 그리스 정부는 아일랜드와 같이 EU와 IMF에 구제금융을 요청했고, 5월 1일에는 1천1백억 유로의 구제금융을 받는 조건으로 아일랜드와 유사하게 공공 부문 임금 삭감, 연금 삭감과 증세를 포함하는 강력한 긴축재정과 예산 삭감 프로그램을 발표했다. 그러자 2010년 5월 5일 전국적인 저항운동이 일어났던 것이다(*The Guardian* 2010/05/06; The New York Times 20/05/05).[12]

이에 비해 아일랜드는 '고통스러운 긴축재정'을 일곱 차례에 걸쳐 성공적으로 수행했지만 그리스와 같은 사회적 저항이나 소요 사태는 거의 없었다. 또한 아일랜드 트리너티 칼리지Trinity College의 필립 레인 교수가 언급하듯이 아일랜드 정부의 긴축재정과 예산 삭감은 그리스와 달리 사회 통합적이고 '진보적 방식'progressive way으로 진행되었다. 그것은 기본적으로 저임금 그룹을 보호하는 원칙을 고수한 것이었다. 예를 들면, 노령연금 혹은 실업자를 위한 핵심 복지 지출에서는 예산 삭감이 없었다. 또 재정 건전성을 높이기 위해 모든 소득 계층에 대한 증세가 이루어졌지만 가장 높은 증세는 상위 소득 가구에 부과되었던 것이다. 또한 공공 부문 임금 삭감이 대단히 컸지만 공공 부문 노동자들은 협력적으로 받아들이는 분위기였다(*Deutsche Welle* 2013/10/16).[13]

11_"Greek unions launch 48-hour strike against austerity measures," Haaretz.com (2011/06/28), http://www.haaretz.com/news/world/greek-unions-launch-48-hour-strike-against-austerity-measures-1.370020); "Buildings ablaze as Greek MPs vote on austerity plan," BBC News Europe(2012/02/12), http://www.bbc.co.uk/news/world-europe-17003432.

12_"Greek bailout: Athens burs — and crisis strikes at heart of the EU," *The Guardian* 2010/05/06; "Greek Parliament Passes Austerity Measures," *The New York Times* 2010/05/05.

유사한 '고통스러운 공공 지출 삭감과 증세'에도 불구하고 아일랜드와 그리스의 위기 대응에서 큰 차이가 발생한 이유는 주로 양국에서 위기 진단과 처방을 논의한 과정의 차이에 있다고 할 수 있다. 아일랜드와 달리 그리스에서 광범위한 시민들의 저항과 소요가 지속된 이유는, 먼저 주요 정당들이 위기 처방을 위한 사회적 합의를 이끌어 내는 데 실패했기 때문이다. 그리스에서 야당은 협상에 나서려 하지 않았고, 여당은 능력이 없었으며, 좌파들은 자신들의 좁은 세계에 갇혀 합의를 이끌어 내는 데 관심이 없었다. 그러나 무엇보다 중요한 사실은 그리스에서는 위기 진단과 처방의 논의 과정에서 일반 시민들과 주요 사회 세력들이 완전히 배제되었다는 데 있다. 그리스에서는 특정 처방에 대한 결정이 정부에서 일방적으로 이루어져 일반 시민들에게 부과되었던 것이다(*The Guardian* 2010/05/06).[14]

반면 아일랜드에서는 지속적으로 노조와 고용주 단체를 비롯해 일반 시민들의 여론을 수렴하는 과정을 거쳤다. 아일랜드도 초기에는 위기 진단과 처방에서 사회적 합의를 이루는 데 실패했지만, 지속적인 대화와 조정을 통해서 '크로크파크 합의'와 같은 사회적 합의와 실천을 도출해 낼수 있었다. 2009년 아일랜드는 '사회 파트너십을 통한 국가 재건 조치들'이라는 협약을 수립하는 데 실패하고 기존의 사회협약 체제를 폐기했지만 그리스와 비교하면 훨씬 더 사회집단들의 참여와 상호 조정을 통한 위기 극복 과정을 보여 주었다. 소수의 이견이 존재하지만 아일랜드에서는

13_"Eurozone Crisis: Ireland turns corner from crisis to recovery," DeutscheWelle (DW) 2013/10/16.

14_"Greek debt crisis: coalition won't solve anything," *The Guardian* 2010/05/06.

국난 극복과 경제적 재도약을 위해서 과거 '켈틱 타이거'를 가능하게 했던 요소들인 FDI의 지속적인 유치, 하이테크 산업을 중심으로 한 수출 주도형 성장, 이를 뒷받침하기 위한 임금 안정 그리고 기존의 사회협약은 아니라 하더라도 '사회적 대화'를 통한 협력적 조정에 사회 여론뿐만 아니라 정부와 주요 사회조직들이 동의하는 경향이 있었다. 이런 사회적 협의와 새로운 조정을 기초로 아일랜드는 임금 삭감과 조정, 재정 건전화 추진을 통해 FDI를 다시 향상시키고 수출을 통한 경제 회복을 이끄는 데 성공했던 것이다(Gunnigle et al. 2012; White 2010).

이 장을 마치면서 강조하고 싶은 이론적 논쟁점은 크게 두 가지다. 첫째, 아일랜드의 고도성장을 일컫는 '켈틱 타이거' 현상이 보여 주듯이 세계화 시대에도 신자유주의적 자유시장 모델이 항상 보편타당한 것은 아니라는 것이다. 오히려 사회적 조정이 보다 더 유리할 수 있다. 신자유주의자들이 주장하는 '자유시장 모델의 보편적 타당성'과 달리 경제적 효율성은 제도적 맥락에 따라 상이한 형태를 취할 수 있다. 이 장에서 살펴보았듯이 아일랜드에서는 FDI라는 동일한 변수가 1987년 이전의 자유시장 체제와 이후의 사회협약 체제라는 다른 제도적 맥락에서 전혀 다른 효과를 보여 주었다. 1980년대까지 자유방임 국가와 자유시장 원리에 기초해 임금이 책정되던 제도적 맥락에서는 FDI가 임금 상승을 유도해 토착 중소기업들을 몰락시키는 효과를 발생시켰다. 그러나 1987년 이후에는 발전주의 국가와 사회협약이라는 제도적 맥락을 배경으로 토착 기업에 기초한 임금책정과 선진 외국 기업들과 토착 기업 연계를 통한 발전 전략을 통해 외국 기업과 토착 기업들이 함께 성장하는 선순환 구조를 만들었던 것이다.

둘째, 유럽의 최빈국에서 유럽의 광채라고 불릴 정도로 발전한 '켈틱 타이거' 체제의 붕괴는 결코 외적인 충격에 의한 것이 아니라는 것이다.

2008년 세계 금융 위기가 오기 전에 이미 '켈틱 타이거 체제'는 내적으로 변화하고 있었다. '켈틱 타이거 체제'의 변화가 보여 주듯이, 경제적 성공은 한편으로는 그것을 가능하게 한 제도적 배열 혹은 제도적 상보성의 유효성을 검증하고 확신하고 강화하는 측면도 있지만 또 다른 한편으로는 제도적 실천 과정에서 부정적 요소들externalities 혹은 자기 파괴적 요소들을 동시에 잉태한다. 켈틱 타이거를 가능하게 했던 제도들의 내생적 변화에 대해서는 제7장에서 보다 자세히 살펴보기로 하고, 다음 제4장에서는 아일랜드 경제발전 방식을 지탱한 주요한 제도들의 역사적 변화 과정을 추적할 것이다.

제4장

아일랜드 경제발전 역사
__경제적 민족주의의 재구성

아일랜드 경제발전에서 가장 중요한 역사적 전환을 든다면, 첫 번째는 1950년대 외국인직접투자FDI에 기초한 산업정책 레짐의 출현이고 두 번째는 1980년대 후반 발전주의 국가와 사회협약의 등장이라고 할 수 있다. 이런 역사적 맥락에서 발전해 온 아일랜드 발전 모델은 글로벌 기업 유치에 기초한 단계 비약적 산업 발전 전략과 글로벌-국내 산업 기반 연계를 통한 발전 전략이라는 이중적 틀에 기초해 있으며 사회협약과 발전주의 국가라는 제도적 장치를 통해 이런 전략을 매개하고 조정해 왔다.

주목해야 할 사실은 이런 아일랜드 발전 모델의 구성 요소들은 역사적 실천과 선택의 과정에서 경쟁하는 해석과 투쟁을 통해 나온 결과물이라는 데 있다. 아일랜드는 영국으로부터 독립한 이래 줄곧 '독립적인 민족경제'를 추구했다. 그러나 아일랜드는 국내 토착 기업들에 기초한 발전의 형태를 취하기보다는 흔히 '종속적 발전'으로 비판을 받을 정도로 외국자본에 의존한 산업화를 이루었다. 한국과 일본에서 보이는 동아시아 발전주의 국가들이 국내 토착 기업들과 연합해 자국 내에 독립적인 생산 체제를 구축하려는 모습과는 대조적이다. 1950년대 후반 등장하기 시작한 FDI에 기초한 아일랜드의 산업화 전략은 1930년대의 '경제적 민족주의'에 대한 반성과 재해석을 둘러싼 역사적 선택과 투쟁의 결과라고 할 수 있다. 또한 1980년대 발전주의 국가는 FDI에 일방적으로 의존했던 기존 체제의 부작용에 대한 반성으로 다시 국내 토착 산업의 기반 육성에 초점을 두면서 발전하기 시작했다. 이런 아일랜드 국민경제와 발전 모델은 '국민경제'를 구성하는 주요 요소들과 그 의미를 둘러싼 역사적 행위자들의 투쟁과 선택의 과정에서 새롭게 재구성되어 온 것이었다.

어떻게 식민지 경험과 민족적 독립을 강조했던 아일랜드가 토착인 소유 기업보다 외국인 소유 기업에 의한 발전을 취하게 되었는가? 1930년대 경제적 민족주의에 의한 극도의 보호주의는 어떻게 FDI에 의존한 발전 전략으로 전환했는가? FDI에 기초한 발전 전략은 경제적 민족주의를 포기한 것인가 아니면 새로이 재구성한 것인가? 발전주의 국가는 왜 그리고 어떻게 수립되었고 2000년대 중반 이후에는 왜 약화되었는가?

이 장에서는 아일랜드 경제발전 모델이 어떻게 수립되었는지 역사적 관점에서 살펴보고자 한다. 먼저 1958년 문호를 개방하기 이전인 1930년대의 극단적인 '경제적 민족주의 체제'의 수립과 해체 과정을 살펴볼 것이다. 그 다음으로는 FDI에 의존한 발전 체제와 IDA를 중심으로 한 국가기구의 변화, 그리고 이를 기반으로 새롭게 변화된 민족경제의 의미를 살펴볼 것이다. 끝으로는 1990년대 가시화된 발전주의 국가의 수립과 진화를 살펴볼 것이다.

1. 경제적 민족주의와 보호주의

한국과 같은 동아시아 발전 국가들이 토착 기업들을 육성함으로써 민족경제를 세우려 했던 것에 반해, 아일랜드는 1960년대 이후 FDI에 기초한 산업화를 추진함으로써 민족경제를 세우려 했다. 그 이유는 첫째, 유럽에서 아일랜드 경제발전이 상대적으로 뒤처져서 일자리를 찾아 해외로 이민을 떠나는 인구가 지속적으로 증가함으로 인해 민족의 존립 자체가 문제로 대두되었기 때문이다. 그리고 둘째로는 1930년대 이후 고립에 가까운 보호주의에 기초한 극단적인 '경제적 민족주의'의 실패로 인해 민족경제가 오히려 위기에 처했기 때문이었다. 이 절에서는 1958년 개방과 FDI에 의존한 산업화 이전에 아일랜드가 겪은 상대적 저발전의 독특성과 극단적 경제 민족주의의 문제를 살펴볼 것이다.

아일랜드에서 산업화가 상대적으로 뒤처진 이유는 아일랜드의 유명한 역사가인 조셉 리가 주장하듯이 기업가 정신의 부족 같은 문화적 요인으로 설명하기는 어렵다(Lee 1973). 아일랜드가 원래부터 산업화에 상대적으로 뒤처진 것은 아니었다. 독립 이전인 1840년대까지 아일랜드 노동력은 영국 노동인구의 약 5분의 2에 해당할 정도로 컸고, 노동력의 많은 부분은 산업 부문에 고용될 정도로 당시 유럽 기준에서 볼 때 산업화가 상당히 진전되어 있었다고 할 수 있다. 예를 들면 1841년 섬유 산업에만 하더라도 약 70만 명의 노동력이 고용되어 있었다. 17세기 이래 영국의 지배력 확장은 아일랜드 내에서 자본주의 시장경제의 확산을 가져왔다. 17세기 말에 더블린은 인구가 약 250만 명으로 런던을 제외하고는 영국 어느 도시보다도 컸다(O'Malley 1989, 2; 33-34; 39).

그러나 19세기에 아일랜드의 산업화는 이전보다 후퇴하는 양상을 보여 주었다. 그 이유는 리가 말하듯 기업가 정신의 부족이라는 아일랜드의 문화적 속성 때문이라기보다는 영국과의 국제정치경제적 관계에서 찾을 수 있다(Lee 1973). 19세기에 아일랜드 산업이 쇠퇴하기 시작한 이유는 무엇보다 영국의 식민정책으로 인해 아일랜드 지역은 산업혁명에서 배제되었고, 산업혁명에 성공한 영국 기업들에 비해 아일랜드 기업들은 경쟁력을 상실했기 때문이었다(Jacobsen 1994, 45-46). 예를 들면 영국의 섬유산업 침투로 인해 아일랜드 섬유산업은 급격히 무너지기 시작했다. 아일랜드의 양모 수입은 1825년에서 1835년 사이 두 배로 늘었고, 1838년 아일랜드 토착 양모 산업은 본국 수요의 고작 14%밖에 생산하지 못했다. 영국과의 직접 경쟁으로 인해 아일랜드 산업이 쇠퇴한 것은 단지 섬유산업만이 아니었다. 아일랜드 철강Iron-founding 산업을 비롯한 여타 산업도 함께 쇠퇴했다(O'Malley 1989, 41; 49).

19세기부터 20세기 전반까지 아일랜드는 국제 경쟁으로 인한 산업의 쇠퇴와 그에 따른 일자리 부족으로 일자리를 찾아 해외로 이민을 떠나는 인구가 급증했고, 이는 다시 젊은 노동력의 상실과 인구 감소로 이어져 토착 기업의 영세화와 쇠퇴라는 악순환에 빠지게 되었던 것이다. 1845년 대기근Great Famine으로 인해 아일랜드 섬의 인구가 크게 줄었다고 하지만 인구의 급격한 감소는 단순히 식량 부족 때문만이 아니라 일자리 부족에 따른 해외 이민의 급증 때문이었다. 줄어가는 인구와 내수 시장의 축소로 인해서 아일랜드 토착 기업들은 생산 규모를 늘리고 새로운 제조업을 도입할 인센티브가 적었다. 이와 반대로 유럽 대륙과 영국의 회사들은 커져 가는 시장에 맞추어 생산을 늘리고 해외시장을 개척함으로써 규모의 경제를 실현할 수 있었다. 이로써 19세기와 20세기 초 아일랜드는 유럽의 여타 국가들과 달리 자전거, 자동차, 전기 등 정밀 엔지니어링을 요구하는 내구 소비재consumer durables의 생산과 기계화에 실패했다(O'Malley 1989, 42-45).

결국 영국의 산업혁명과 더불어 아일랜드는 영국 산업의 배후지로서 농업 생산물 공급지로 전락하는 모습을 보여 주었다(Barry 1999b, 25-27).[1] 19세기와 20세기 초 아일랜드 산업의 쇠퇴와 더불어 산업 노동력도 줄어들었는데, 아일랜드 공화국 26개 카운티에서의 노동력 변화를 보면 1841년 270만 명에서 1911년 130만 명으로 줄었다. 영국 노동력의 약 38%에 해당하던 노동력이 단지 7% 수준으로 줄어든 것이다. 아일랜드 섬의 북동쪽인 벨파스트Belfast 지역은 산업 기반이 유지되고 있었지만 이마저도 1922년 아일랜드 공화국 독립 이후 북동쪽이 영국령으로 편입되면서 아일랜드 영토에서 제외되었다. 그래서 아일랜드가 독립국가가 되었을 때 산업 기반은 대단히 미미했다. 1926년 전체 노동력의 단지 7.8%만이 넓은 의미의 산업 노동력이라고 할 수 있었고 제조업에는 단지 4.3%만 고용되어 있었다(O'Malley 1989, 39-40; 53).

아일랜드 산업이 쇠퇴한 것은 월등히 우수한 영국 산업과의 경쟁으로부터 토착 유치산업을 보호·육성하지 못했기 때문이기도 하다. 1800년 아일랜드를 대영제국에 통합한 연합법Acts of Union of 1800 때문에 아일랜드 산업화가 상대적으로 뒤처진 측면이 없지는 않다. 그러나 1922년 아일랜드가 영국으로부터 독립해 자체 산업을 보호·육성할 기회를 가졌지만 1932년까지 아일랜드는 토착 산업에 대한 국가의 적극적인 보호와 육성

1_폴 크루그먼은 이런 아일랜드의 쇠퇴를 '생산 시스템의 규모의 경제 실현과 수송비 감소 효과'에 따른 결과라고 설명한다. 즉 그에 따르면 생산양식이 규모의 경제를 실현하고 근거리 수송 비용이 감소하는 경우 근거리 생산은 통합되고 생산은 집중된다. 그래서 주변 생산 지역들은 쇠퇴하거나 농업 지역으로 변한다는 것이다(Krugman 1991a; Krugman 1991b).

정책을 펴지 않았다. 그 이유는 당시 아일랜드에서는 산업 세력과 노동 세력이 약했던 반면, 영국과의 자유무역으로 이득을 보던 대규모 농장주들을 중심으로 하는 자유주의 세력이 지배적이었기 때문이다.

1922년 영국으로부터 독립한 아일랜드는 산업화 기반이 미비했고 경제적으로 영국에 의존적이었다. 흔히 말하길, "깃발은 아일랜드이지만 깃대는 거의 영국에서 제조되었다"라고 할 정도였다(Jacobsen 1994, 51). 아일랜드 자유국가Irish Free State는 정치적으로는 독립했지만 여전히 영국의 자유주의 이데올로기는 물론 실물경제에서도 영국에 의존해 있었다. 독립한 아일랜드는 철저히 영국의 산업에 의존하는 농업 배후지의 모습을 보여 주었다. 1926년 남성의 약 57%는 농업에 종사했고 수출의 89%는 농산물이었다. 또 이 수출품의 대부분은 가축이었다. 그리고 아일랜드 수출의 92.3%는 영국으로 향했고 영국으로부터의 수입은 전체 수입의 약 78%에 달했다(Jacobsen 1994, 51; Orridge 1983, 354).

이처럼 아일랜드는 1922년 정치적으로는 독립했지만 법적·제도적 측면은 물론 경제 이데올로기 측면에서뿐만 아니라 실물경제에서도 영국에 의존하는 '민족경제'였던 것이다. 당시부터 최근까지 독립국가 아일랜드의 정치는 계급 정치보다는 민족주의를 둘러싼 정치가 지배적이었다. 1922년 영국으로부터의 독립 방식, 특히 '영국-아일랜드 조약'Anglo-Irish Treaty이 완전한 독립이냐 불완전한 독립이냐'를 두고 조약에 대해 찬반이 나뉘고 내전까지 갈 정도로 아일랜드 정치는 민족주의에 의해 규정되었다. 이 때문에 최근까지 아일랜드 정당정치는 '조약 반대파'에 뿌리를 둔 피어너 폴 정당과 '조약 찬성파'에 뿌리들 둔 정당들을 축으로 구성되어 왔다.

여기서 먼저 주목해야 할 것은 '조약 반대파'든 '조약 찬성파'든 그들이 구성하는 '민족경제'의 개념이다. 먼저 '조약 찬성파'였던 1920년대 집권당 '쿠먼 너 게일'('게일족의 사회'라는 뜻) 정당[2]의 민족경제 개념에 주목할 필요가 있다. 현실주의적 입장에서 조약에 찬성하며 1922년 초대 독립 정부를 구성한 쿠먼 너 게일 정당은 보수적 자유주의 정부로서 '현실적인' 민족경제 개념을 표방했다. 쿠먼 너 게일은 민족경제의 초점을 산업에 대한 아일랜드인들의 소유권이나 독립적 통제권에 두기보다는 아일랜드 사람들의 삶 자체 그리고 이를 영위하기 위한 일자리와 소득에 두었다. 쿠먼 너 게일은 당시 아일랜드가 농업에 의존한 경제이자 농산물의 영국 수출에 의존하는 경제체제였기 때문에 '조약 반대파'들이 주장하듯이 영국과 대립적인 민족주의적 경제전쟁을 수행하기는 어렵다고 판단했다. 소득 안정과 일자리 창출을 위해 당시 쿠먼 너 게일 정부는 영국과의 자유무역과 영국 정부의 선의good will에 의존했다(Kennedy et al. 1988, 34). 쿠먼 너 게일의 이런 자유무역과 자유주의적 국가관은 당시 지배계급이던 상업주의적 농장주들과 전문 직업인들의 지지에 기초해 있었으며 쿠먼 너 게일의 주요한 경제적 목표는 농업 소득을 최대화하는 데 있었다(Kennedy et al. 1988, 35-37).[3]

2_쿠먼 너 게일(Cumann na nGaedheal) 정당은 1922년 영국과의 조약을 지지한 정당으로 독립 아일랜드의 초대 집권당이다. 쿠먼 너 게일은 이후 영국과의 조약이 부당하다고 비판하면서 영국으로부터 완전한 독립을 강조한 조약반대 급진 민족주의 세력들이 조직한 피어너 폴 정당이 1932년부터 집권하기까지 아일랜드 자유국가를 지배했다. 쿠먼 너 게일은 이후 군소 그룹들과 합쳐 피너 게일을 형성했다. 피너 게일 정당은 이후 피어너 폴 정당에 맞서는 제2정당으로 발전했다. 민족 문제를 두고 대립하는 피어너 폴과 피너 게일 그리고 소수인 노동당이 최근까지 아일랜드 정치를 지배했다.

3_당시 농촌의 소규모 농민들은 영국과의 협약과 자유무역에 반대했지만 상업적 농장주들이나 산업자본가들은 지지했다. 특히 당시 해외 이민으로 통합된 토지에 기반을 둔 상업적 거대 농장주들은 영국과의 협약을 지지하고 영국과의 자유무역을 선호했다. 또한

또한 1920년대 쿠먼 너 게일 정부는 영국의 자유주의적 경제관에 기초해 있었기 때문에 국내 토착 산업의 육성을 위한 국가의 개입 혹은 산업 정책에는 관심이 없었다. 1920년대에는 '토착 기업들에 기초한 민족경제의 건설'을 주창했던 대표적인 민족주의자들인 제임스 코널리와 아서 그리피스는 이미 죽었고, 아일랜드 독립국가에 자문을 한 경제학자들과 주요 관료들은 영국의 자유방임 전통에 충실한 사람들이었다. 그래서 1920년대 쿠먼 너 게일 정부는 자유무역에 기초한 농업 발전을 통해 아일랜드 사람들의 소득과 삶을 향상시키는 데 초점을 두긴 했지만 산업 진흥은 고사하고 농업 진흥을 위한 적극적 개입 정책도 구사하지 않았다(Roche 1994, 146; Kennedy et al. 1988, 35-37). 쿠먼 너 게일 정부는 경제적 자유주의에 기초해 적극적인 농업 정책과 경제 개입보다는 엄격한 재정정책을 추구했다. 쿠먼 너 게일 정부는 영국의 자유주의적 노사관계 관행과 정치적 방식을 받아들였기 때문에 국가가 경제나 노동시장에 개입하는 것에 반대하는 자유주의 정부였던 것이다(Roche 1994, 140; 146).

이런 자유주의적 쿠먼 너 게일 정부의 정책은 실업의 증가와 더불어 비판을 받기 시작했다. 그런데 이런 비판이 아일랜드에서는 북유럽의 사회민주주의 국가에서 보듯이 1920년대 경제적 위기를 배경으로 국가의 경제 개입과 유효 수요의 창출이라는 '원형적 케인스주의'Proto-Keynesian 정책으로 발전하지는 않았다. 북유럽과 달리 아일랜드 정치는 계급에 기초해 있지 않고 민족주의를 둘러싼 정치가 주를 이루었기 때문이었다.

소수인 산업가들조차 수입 재료들의 값이 올라갈 것을 두려워했기 때문에 보호주의에 반대했다. 정부는 상업적 농장주들의 이익을 대변한 보수적 자유주의 정부였다(O'Malley 1989, 54-55; Jacobsen 1994, 52-53).

1920년대 아일랜드 경제 위기는 계급적으로 해석되기보다는 민족주의자들에 의해 '불완전한 민족주의' 때문인 것으로 해석되었던 것이다. 당시 '신페인'[4]의 그리피스를 비롯한 민족주의자들과 1930년대 이후 제1당이 된 피어너 폴은, 아일랜드의 산업이 쇠퇴한 이유는 아일랜드 경제가 영국에 통합·종속되어 완전한 독립을 이루지 못했기 때문이라고 믿었다. 그리고 이런 해석은 1920년대 경제 위기를 배경으로 힘을 얻기 시작했던 것이다. 결국 아일랜드에서 1920년대 쿠먼 너 게일 정부가 가져온 경제 위기는 '민족경제를 어떻게 볼 것인가'라는 문제로 해석되고 발전되었다.

그런데 여기서 주목해야 것은, 1930년대 아일랜드 정치가 1920년대 쿠먼 너 게일의 자유주의 정치에 대한 비판으로 민족주의적 색채가 강화되었다고 하더라도 아일랜드 국가는 한국과 같은 발전주의 국가로 전환하지는 않았다는 것이다. 왜냐하면 아일랜드는 1930년대 이후 강화된 '경제적 민족주의'에도 불구하고 고립적 보호주의와 수입대체산업화에만 관심이 있었지 한국과 달리 수출 지향적 토착 기업을 국가가 적극적으로 보호·육성지는 않았다. 1930년대 아일랜드 정부는 강력한 '경제적 민족주의'에도 불구하고 국내 산업정책 면에서는 여전히 자유방임적 전통을 유지하고 있었기 때문이다(Ó Gráda 1997, 4-5).

1932년 집권한 피어너 폴 정당은 1921년 영국과의 독립 조약이 불완전하다고 주장하면서 '완전한 주권국가'fully sovereign state를 지향했다. 이몬 데 발레라와 숀 레마스가 이끄는 피어너 폴 정부는 쿠먼 너 게일 정부와

4_신 페인(Sinn Féin)은 영국령인 북아일랜드와 아일랜드 공화국 양쪽에서 활동하는 공화주의 정당이다. 신 페인은 '우리 자신'(Ourselves)을 의미하며 1905년 아서 그리피스에 의해 수립되었다.

달리 아일랜드 쇠퇴의 원인을 영국 때문이라고 규정하고 '고립적 민족주의'isolated nationalism라고 할 정도로 극단적인 경제적 민족주의를 추구했다. 당시 아일랜드 '경제적 민족주의'의 기본적인 의미는 '영국 시장에의 의존으로부터 완전한 독립'과 '자급자족'self-sufficiency 경제 건설을 의미했다. 이를 위해 농업에서도 가축 사육에만 의존하기보다는 민족 전체의 '농지 경작'에 기초한 자급자족의 독립 사회를 추구했다(Ó Gráda 1997, 5; Bew and Patterson 1982, 1-2).

먼저 '영국-아일랜드 조약'을 반대하던 민족주의자들 그룹인 피어너 폴 정당은 1932년 3월 집권한 이후 영국과의 경제전쟁을 불사하면서 강력한 보호주의를 추구했다. 그것은 아일랜드 경제가 영국에 대한 의존으로부터 완전히 독립하자는 것을 의미했다. 먼저 피어너 폴 정부는 1890년대 토지 입법에 따라 1932년까지 영국에 지불하던 '토지대금연부상환'land annuity payments을 거부했다. 그러자 영국은 아일랜드 상품에 대해 수입관세를 부과함으로써 보복했다. 영국은 1932년 7월 12일 약 20%의 관세에 해당하는 종가세ad valorem duty를 아일랜드 주요 농업 수출물에 부과했고 연내에 관세를 다시 추가로 10% 인상했으며 1933년에는 아일랜드 축산물에 특별관세를 부과하기도 했다. 그래서 경제전쟁 최악의 해인 1934년 아일랜드 축산물에 대한 영국의 관세는 수입 상품 가격의 약 3분의 2까지 상승했다. 그리고 1934년 1월부터 영국은 아일랜드 축산물에 대해 수입 쿼터를 도입함으로써 아일랜드 쇠고기의 대 영국 수출은 사실상 막혀 버렸다. 아일랜드 정부도 가만히 있지는 않았다. 영국의 보복에 대한 재보복 조치로 반격을 가했던 것이다. 영국이 1932년 아일랜드 가축에 대한 특별세를 도입한 바로 다음날 아일랜드는 〈비상관세법안〉The Emergency Imposition of Duties Bill을 도입해 영국에 대해 차별적 관세를 부과했다. 이 법에 의해 영국의 석탄, 시멘트, 철강 제품, 기타 품목들에 대해서 차별적 관

세가 부과되었다. 이런 경제전쟁으로 인해 아일랜드의 평균 관세는 1931
년 9%에서 1936년 45%까지 올랐다(Ó Gráda 1997, 5-7; Kennedy et al.
1998, 41-43; O'Malley 1989, 59). 그러나 보호주의는 단순히 경제전쟁 때문
이 아니라 영국으로부터 실질적인 경제적 독립을 추구한 피어너 폴 정부
의 경제적 민족주의에 기인하는 측면이 강하다. 경제전쟁은 1938년에 끝
이 났지만,[5] 이후 아일랜드 관세 수준은 고작 0.5% 정도밖에 하락하지 않
았고 여전히 높은 관세를 계속 유지했던 것이다. 관세의 대부분은 정치적
보복 때문이라기보다는 피어너 폴 정부가 추구한 경제발전 방식 때문이
었다(Daly 1992, 67).

피어너 폴 정부는 쿠먼 너 게일 정당의 사회적 지지 기반, 특히 가축
사육을 하는 거대 농장주들의 이익에 반하는 정책을 폈다. 대신 피어너 폴
정당은 강력한 민족주의에 기초해 소농, 농촌 노동자들, 도시 노동자들
그리고 국내시장 중심의 영세 상공인들로부터 지지를 호소했다. 민족주
의에 호소해 피어너 폴을 일으킨 사람은 바로 1958년 다시 개방으로 돌아
설 것을 주창한 레마스였다(Jacobsen 1994, 57).

1930년대 피어너 폴의 경제적 민족주의는 철저한 보호주의에 기초해

5_영국과의 경제전쟁은 1938년 '영국-아일랜드 협약'(Anglo-Irish Agreements)으로 끝이
났다. 이 협약의 핵심 내용은 최종 합의를 통해 모든 금전적 보상 요구를 종결시키고 무
역과 상업을 증진시킨다는 것이었다. 이 협약에서 토지 대금 상환 문제에 대해서는 아일
랜드가 승리했다. 아일랜드 정부는 1천만 파운드를 1938년 3월 30일 이전까지 지불하
고 대신 영국은 이에 대한 모든 요구를 포기하기로 결정했다. 그리고 아일랜드는 비상
관세(emergency duty)를 철회하고 영국은 징벌 관세(penal duties)를 포기하기로 했
다. 이로써 두 나라 간에는 영연방 특혜관세(Commonwealth preferential duties)를 다
시 적용하기로 했다. 이때부터 아일랜드는 농산물 수출에 대한 통로가 다시 확보되었다
(Kennedy et al. 1988, 49).

국내에서 자급자족적인 사회를 만드는 것이었다. 당시 경제적 민족주의자들은 경제적으로 독립적인 자급자족 사회를 건설하기 위해 산업에서는 수입대체산업의 육성과 농업에서는 경작에 의한 곡물 생산을 추구했다. 즉 피어너 폴 정부는 먼저 대농장 중심의 '가축' 사육보다는 국내 식량 자급자족을 위해 '농지 경작'과 곡물 생산을 지향했다. 이를 위해 피어너 폴 정부는 '토지위원회'Land Commission를 통해서 대토지를 소농들과 농촌 노동자들에게 분배했다(Bew and Patterson 1982, 2).

피어너 폴 정부의 민족경제 개념에서 또 하나 중요했던 것은 "아일랜드 산업은 아일랜드인의 손에"Irish production in Irish hands로 요약될 수 있는 산업에 대한 철저한 '민족 소유권' 개념이다(Kennedy et al. 1988, 43). 이것은 1920년대 영국과의 자유무역을 강조하던 쿠먼 너 게일 정부하에서 지배적이었던 민족경제 개념인 '아일랜드 사람들의 삶을 안정적으로 보장하는 소득과 일자리'와는 대별된다. '조약 반대파' 민족주의자들은 아일랜드 주요 기업들이 철저히 아일랜드 사람의 손에 있어야 한다는 '소유권에 기초한 민족경제' 개념을 추구했다. 피어너 폴의 지도자 레마스는 1929년 외국자본에 대한 적대감과 함께 산업이 아일랜드 사람들의 손에 있어야 함을 강조했다.

> 먼저 산업을 통제하는 사람들은 국가정책의 결정에 상당한 영향력을 행사할 수 있다. …… 우리 민족의 이익을 위한 조치들이 그들[외국 기업인들]의 이익과 갈등을 할 때 그들은 확실히 그 조치들을 받아들이기 어려울 것이다. 최근 외국자본에 자국의 자원들에 대한 강한 통제를 허용했던 국가들에서 이런 사례들이 많이 있다(Bew and Patterson 1982, 3에서 재인용; National Library of Ireland, Dublin, MS18339, untitled manuscript)

1930년대 초 해외 자본의 유입을 통제하는 민족주의적 법령인 1932년 〈제조업통제법〉 Control of Manufactures Act(1932)은 피어너 폴의 '소유권에 기초한 민족경제' 개념을 대표한다. 이 법은 상공부 Department of Industry and Commerce가 특별히 면제를 하지 않는 한 모든 새로운 제조업 회사들에서 아일랜드인 Irish nationals이 명목상 자본의 최소 51% 이상을 소유하고 이사회 투표권의 3분의 2 이상을 유지해야 한다고 규정하고 있다. 이 법의 목표는 외국인들이 아일랜드 기업을 소유하는 것을 통제하고 제한하는 것이었다(O'Malley 1989, 63; Kennedy et al. 1988, 43-44). 그 결과 대체로 1948년 즈음에 산업은 거의 토착민의 손에 있었고 토지 분배는 거의 이루어졌다(Bew and Patterson 1982, 9).

1930년대 아일랜드의 경제적 민족주의의 목표는 먼저 '아일랜드 산업을 아일랜드의 손에' 두는 것이었고, 또한 아일랜드 농업과 생산의 발전을 통해 일자리를 늘리고 고질적 민족문제인 해외 이민을 축소하는 것이었다. 1930년대 피어너 폴 정부는 토착 산업 육성을 통해서 공산품의 수입을 줄이고 일자리를 창출해야 한다고 생각했다. 피어너 폴 시기의 산업정책은 주로 상공부에서 이루어졌다. 특히 당시 상공부 장관이자 이후 데 발레라를 이어 피어너 폴 정부의 수상이 된 레마스를 중심으로 산업정책이 이루어졌다.

그런데 피어너 폴 정부는 쿠먼 너 게일 정부와 달리 재정팽창 정책을 펴고 산업에 대한 통제를 강화하긴 했지만 적극적인 산업 육성책 혹은 국내 산업의 경쟁력을 향상시키려는 산업정책을 수행하지는 않았다. 국가는 선별적 보호관세와 쿼터, 그리고 신용 제도를 통한 인센티브 정책을 통해 사적 산업체들을 통제했다. 예를 들면, 관세는 모든 수입품에 적용되었지만 수입대체 기업들이 필요로 하는 물품들(부품과 원료, 기계)에 대해서는 수입관세 면제를 허가하거나 쿼터를 상향 조정하고 하고, 외국인 노동자를 고용할 수 있는 권리들을 보장하고 무역 대부 보증trade loan guarantees 등에 선별적 인센티브를 제공함으로써 정부는 사적 기업들을 통제했다(Daly 1992, 64-65; 71-73).

그러나 이런 국가의 통제를 통해서 피어너 폴 정부가 한국과 같은 발전주의 국가의 산업정책을 구사한 것은 아니었다. 한국의 경우는 국제 경쟁으로부터 국내 유치산업을 보호했을 뿐만 아니라 계획적인 산업 육성책으로 국제경쟁력을 갖춘 수출 기업들을 키우기 위해 정부가 직접적인 지도와 지원책을 펼쳤다(Amsden 1989; 79-111; 신장섭·장하준 2003, 25-66). 그러나 아일랜드의 경우 일차적으로 국제경쟁력을 갖춘 기업을 키운다는 데 목표가 있었던 것은 아니었다. 경제적 효율성보다는 "민족적 통제하에 있는 자급자족적인 산업을 창조하는 것"creating a self-sufficient industrial sector under native control을 목표로 했던 것이다(Daly 1992, 75).

1930년대 피어너 폴 정부의 보호주의와 수입대체산업 정책으로 국제경쟁력과 생산성 향상 수준은 높지 않았지만 전체 총생산과 산업 고용은 증대되었다(Kennedy et al. 1988, 233). 1926년에서 1936년 사이 순생산은 55%나 증가했고 1938년까지는 62.8%나 증가했다. 그러나 양조와 맥아 제조를 제외한 일반 산업에서 노동자 일인당 평균 생산은 1926년에서 1938년 사이 매년 1.23%, '운송 가능 제품 산업'에서는 더욱 적게 0.77% 증가하는 데 그쳤다(Daly 1992, 80; Kennedy 1971, 41). 이 시기 토착 산업들은 국내 수입대체의 시장 요구를 충족시키는 것에 일차적 목표를 두었기 때문에 규모의 경제는 실현되지 못했다. 그러다 보니 생산성은 저조했고 국제경쟁력도 대단히 낮은 편이었다.

보호주의 아래 성장한 토착 기업들은 경제적 효율성이나 국제경쟁력에서는 약했지만 일자리 창출에는 중요한 역할을 했다. 피어너 폴 정부가 지배한 보호주의 기간 동안은 아일랜드 토착 산업이 상대적으로 급격히

표 4-1 | 보호주의 시기 아일랜드 고용(1929-51년)

단위: 천 명

	1929년	1931년	1938년	1946년	1951년
전 산업	108.9	110.6	166.5	169.8	226.7
운송 가능 제품 산업	67.9	66.5	103.2	116.3	148.0
건축과 서비스업	41.0	44.1	63.3	53.5	78.7

출처: O'Malley(1989, 59, table 4.3); Census of Industrial Production.

발전했다. 영국과의 경제전쟁과 수출의 급감으로 인해 전체적으로 국민 경제가 어려움을 겪었지만 일자리는 늘어났다. 영국과의 경제전쟁 동안 아일랜드 수출은 급감했고 아일랜드 국민의 생활수준은 1931년 영국의 61% 정도에서 1938년에는 고작 49% 정도로 축소되었다(Jacobsen 1994, 57). 그러나 〈표 4-1〉에서 보듯이 아일랜드 산업 고용은 전 산업에서 1929년 108,900명 정도에서 1951년에는 226,700명으로 약 두 배로 증가했다.[6] 이는 선진국인 영국으로부터 오는 경쟁 압력을 막아 줌으로써 후발국 아일랜드의 토착 산업이 크게 성장했음을 보여 주는 것이다. 이 시기 아일랜드 토착 산업들은 대부분 수입대체산업으로 정부의 보호주의 정책 하에서 다소 손쉽게 성장할 수 있었다.[7]

그러나 보호주의 아래에서 이루어진 토착 기업의 성장은 제2차 세계

6_인구조사 통계와 생산통계에서의 고용은 다소 상이하다. 생산통계가 훨씬 더 많은 고용 증가를 보여 준다. 그러나 인구통계의 경우에도 결코 적지 않은 고용 증대를 보여 준다. 인구조사 통계를 위해서는 Daly(1992, 75-79)를 참조.

7_보호주의 기간 동안 아일랜드 산업구조도 다소 변화했다. 기존에는 식품·음료·담배 산업이 가장 큰 부분을 차지했지만 보호주의 기간 동안 이들 부문은 줄고 의류·신발, 그리고 소규모이지만 금속엔지니어링 산업 등이 성장했다.

대전 기간의 비상 시기를 거쳐 1950년대에 이르면서 한계를 보여 주기 시작했다. 1939년 이후 제2차 세계대전 기간 동안에 아일랜드는 세계경제로부터 거의 고립된 자급자족 체제로 생산성은 저하되고 정체된 사회로 전락했다(Kennedy et al. 1988, 50). 고립된 작은 섬으로서 아일랜드는 심각한 물자난과 생활수준 저하에 직면했고, 이와 함께 생산성은 더욱 저하되는 악순환에 빠졌다. 먼저 연료·비료·가축사료의 부족으로 인해 농업생산성이 크게 저하되었고 생필품도 부족했으며 1939년에서 1943년 사이 실질임금은 약 30%가 줄었다(Ó Gráda 1997, 16-17). 이와 함께 이 기간 동안 전쟁 물자 생산 증대로 일자리가 있었던 영국으로의 이민이 더욱 증가했다. 1940년에서 1945년 사이 13만6천 명의 남성과 6만2천 명의 여성에게 여행 허가증과 여권이 발급되었다(Ó Gráda 1997, 18).

제2차 세계대전이 끝난 직후에는 생필품 소비의 증가와 마셜플랜 등으로 경제는 약간의 활기를 띠기 시작했지만 1950년대 들어 이내 경제 위기에 돌입했다. 1950년대 아일랜드의 경제 위기는 당시 서유럽 국가들이 빠른 전후 복구와 눈부신 경제 부흥을 보여 준 것과 극명하게 대조적이었다. 아일랜드는 수입대체산업에 기초한 산업 기반으로 인해 생산성과 국제경쟁력이 낮아 수출을 통한 경제발전을 도모하지 못했다. 보호주의 기간 동안 아일랜드는 한국의 발전주의 국가와 달리 경쟁력 있는 국민 대표 기업들을 육성하는 데 실패했다. 대부분의 아일랜드 제조 기업들은 소규모에다 기술적으로 저급하고 해외 수출 경험이 거의 없는 기업들이었다. 또한 포화된 국내시장 때문에 1953년에서 1958년 사이 산업 생산은 정체에 머물렀고 실질국민소득도 1950년에서 1958년 사이 거의 정체 상태였다(Jacobsen 1994, 60; Ó Gráda 1997, 27; Kennedy et al. 1988, 56).

1930년대 이후 아일랜드 수입대체산업화 과정에서는 한국의 '발전주의 국가'와 같은 정부의 체계적인 조정이 거의 없었다. 레마스 정부의 선전에도 불구하고 규모의 경제를 향상시키고 생산 요소들의 활용도를 높이기 위해서 기업을 합리화하고 공공 부문과 사적 부문 간의 관계를 조정하려는 노력은 없었다. 여전히 경제 이념적으로 전통적 자유주의를 고수했던 아일랜드 정부는 혼합경제나 국가 개입을 거부했다. 그러나 이것은 공공 부문과 사적 부문들 간의 갈등을 불러일으켰고 양 부문들이 더욱 높은 시너지 효과를 가지고 발전하는 데 장애로 작용했다(Jacobsen 1994, 59). 이 시기 민족주의적 정부는 국내 토착 유치산업을 보호하기는 했지만 자유주의 전통하에서 국가의 적극적 개입을 통한 산업화 전략, 다시 말해 민족 대표 기업을 육성하는 정책을 추진하지는 못했다. 그래서 1950년대 말 아일랜드가 개방과 더불어 '수출 주도의 경제성장'을 하려 했을 때 토착 기업들은 여전히 저발전 상태로 머물러 있었다. 1950년대 말 아일랜드가 개방 정책으로 돌아섰지만 토착 기업에 기초한 수출산업 육성은 그 가능성이 희박하게 되자 아일랜드 정부는 대안으로 외국 기업에 기초한 발전 전략으로 돌아서게 되었던 것이다.

2. 개방경제로의 전환과 FDI에 기초한 산업화

1958년 이후 아일랜드는 기존의 보호주의를 끝내고 자유무역과 외국자본에 개방적인 경제로 전환했다. 무엇보다 이 시기 아일랜드는 '소유권에 기초한 민족경제' 개념에 기초해 토착 기업을 보호하던 기존의 '경제적 민족주의' 발전 전략에서 토착 자본의 상대적 무시와 외국자본에 일방적으로 의존하는 발전 전략으로 전환했다. 아일랜드는 어떻게 고립적·자급자족적 경제 민족주의에서 외국자본에 의존하는 발전 전략으로 급선회하게 되었는가? 이것은 경제적 민족주의를 포기한 것인가 아니면 민족경제의 개념을 새롭게 재구성한 것인가? 외국자본에 의존하는 개방경제로의 변화는 무엇보다 기존 보호주의에 기초한 고립적 경제 민족주의가 초래한 문제점을 비판하고 새로운 민족경제의 구성을 추구하기 위한 것이었다. 기존 보호주의 아래에서 민족경제 개념은 산업 소유권에 대한 통제를 바탕으로 한 경제적 민족주의로서 자립적 민족경제 추구에 목표를 두었다. 그러나 폐쇄적인 자립적 민족 경제관은 수입대체산업의 열악한 생산성과 낮은 국제경쟁력에 기초해 있었기 때문에 생활수준 향상과 일자리 창출에 한계를 노정시켰다. 특히 산업의 상대적 저발전으로 인해 일자리 증가가 한계에 봉착하자 지속적으로 해외 이민이 증가하게 되었는데, 이것은 민족의 존립 자체를 위협하게 되었다. 이 절에서는 아일랜드가 어떻게 보호주의적 경제 민족주의에서 외국자본에 의존적인 개방경제로 전환하게 되었는지 그리고 이런 전환 속에서 민족경제의 개념은 어떻게 재구성되었는지를 살펴보고자 한다.

개방경제로의 전환은 먼저 기존 보호주의적 경제 민족주의가 가져온 경제 위기에 대한 반성 때문이었다. 앞에서도 언급했듯이 아일랜드의 보호주의는 1950년대쯤 위기에 봉착했다. 1951년에서 1958년 사이 연평균 성장률은 운송 가능 제품의 생산에서는 1.8%, 그리고 전 산업에서는 단지 1.3%에 지나지 않았다. 또 실업의 증가와 이민의 확대로 인해 민족경제에 대한 전반적인 위기의식이 팽배해 있었다. 1958년 아일랜드를 개방경제로 이끈 대표적 보고서인 휘테이커의 『경제발전』*Economic Development*은 당시 아일랜드의 위기를 다음과 같이 지적하고 있다.

[현재] 우리 경제는 심각하고 결정적인 시점에 이르렀음이 명백하다. 지금까지의 정책들[보호주의적 경제 민족주의 정책들]은 정당한 시도였다고 할지라

도 생존 가능한 경제체제에 이르지는 못했다. 우리는 [민족 자립적인 경제를 위해] 전력, 수송 시설, 공공서비스, 주택, 병원 등을 비롯해 서유럽 기준으로 볼 때 상당한 정도의 일반적인 인프라를 갖추었다. 그러나 거대한 규모의 해외 이민과 실업은 여전히 지속되고 있다. 인구는 줄어들고 있고, 국민소득은 다른 유럽 국가들보다 훨씬 천천히 성장하고 있다(O'Malley 1989, 65에서 재인용).

아일랜드가 고립적 경제 민족주의에서 개방경제로 돌아서게 된 이유는 기존 자립적 경제 민족주의의 경제가 한계에 봉착했다는 점뿐만 아니라, 막대한 해외 이민으로 민족경제 존립이 문제가 되었기 때문이다. 아일랜드가 개방으로 돌아서게 된 이유를 좀 더 자세히 분석해 보자.

1) 국제수지 적자와 경제 위기

아일랜드가 개방으로 돌아선 첫 번째 이유는 고질적인 국제수지 적자로 대변되는 경제 위기 때문이라고 할 수 있다. 아일랜드 토착 기업들은 국내 시장을 겨냥한 수입대체 상품을 생산하기 위해 해외로부터 새로운 기계와 기술 그리고 원료를 도입해야 했다. 그러나 이런 수입의 증가는 토착 기업들의 수출로 상쇄되지 않았다. 왜냐하면 토착 기업들은 영세성과 낮은 기술 수준으로 인해 수출 능력이 부족했기 때문이다. 게다가 경제가 성장함에 따라 수입대체 상품은 더욱 증가했고 이는 다시 더 많은 원료와 기계의 수입을 요구했다.

〈표 4-2〉에서 보듯이 아일랜드의 수출은 1932년 피어너 폴 정부의 보호주의 정책 이후 급격히 줄었다. 제2차 세계대전 이후 약간의 회복이 있었지만 여전히 1920년대 자유무역 시기에 비해 대단히 낮은 수준에 머

표 4-2 | 아일랜드 수출입(1924~51년)

단위: 1953년 환율 기준, 백만 파운드

	수출	수입	국제수지
1924년	136.5	154.7	-18.2
1929년	131.9	157.6	-25.7
1931년	118.0	166.8	-48.8
1938년	83.0	129.9	-46.9
1943년	46.7	38.6	+8.1
1948년	60.8	165.1	-104.3
1951년	82.2	194.0	-111.8

출처: Trade and Shipping Statistics(1961); O'Malley(1989, 66, table 4.8).

물고 있다. 그런데 더 주목할 부분은 수입이다. 수출은 줄어 왔는데 반대로 수입은 보호주의 초기 약간 줄었지만 1940년대 제2차 세계대전 기간을 제외하고는 지속적으로 증가했다. 수입대체산업화 정책으로 토착 기업은 성장했지만 수입도 증가했던 것이다. 이와 함께 아일랜드의 국제수지 적자도 지속적으로 증가했다. 이런 국제수지 적자 누적이라는 문제를 해결하기 위해 1950년대 아일랜드 정부는 수출 촉진 정책을 일부 시도했다. 그러나 아일랜드 토착 기업들은 국제경쟁력을 향상시키고 수출을 증진하는 데 실패했다(O'Malley 1989, 66-68).

아일랜드가 보호주의에서 외국 기업에 의존한 수출 전략으로 돌아서게 된 일차적 이유는 바로 국제수지 문제를 해결하기 위해서였다. 누적되는 국제수지 적자 문제를 해결하기 위해서는 수출을 증대하든지 아니면 외국자본을 끌어들이는 방법이 있다. 그런데 아일랜드가 외국 기업에 의존한 산업화와 개방화를 추진한 이유는 아래에서 자세히 살펴보겠지만 토착 기업에 기초한 수출산업을 육성하는 데 실패했기 때문이다. 아일랜드 보호주의는 토착 기업들이 어느 정도 성장하기에는 좋은 환경을 제공했을지 모르지만 토착 기업들이 국제경쟁력을 가지도록 하지는 못했다. 기술적으로 낙후한 아일랜드 토착 기업들이 국제시장에 진입하기란 대단히 어려웠다. 게다가 보호주의는 오히려 수출 시장의 협소화를 가져와서 토착 수출 기업들의 성장에 장애로 작용했다(O'Malley 1989, 70-71). 또한 아래에서 좀 더 자세히 살펴보겠지만 아일랜드 정부는 경직된 경제적 민족주의에도 불구하고 국내적으로는 자유주의적 국가관에 기초해 국가의 적극적 개입을 통한 토착 산업의 육성을 시도하지 않았다.

1958년 '개방'으로 돌아서게 한 결정적 리포트인 휘테이커의 『경제발전』에서는 국제수지 문제를 해결하기 위해서 외국자본을 끌어들일 것을 강조했다. 휘테이커가 제시한 주요한 정책은 두 가지였다. 그것은 첫째, 외국인투자 제한 규제를 철폐하는 것, 둘째, 아일랜드에 회사를 설립하는 기업들에게 인센티브를 부여하는 것이었다. 휘테이커는 외국, 특히 북미 대륙에 상주할 IDA 요원들을 증가시킬 것을 강조했다(Murphy 2005, 30-31).

2) 해외 이민과 민족의 존립 위기

아일랜드가 개방으로 돌아서게 된 또 다른 주요한 계기는 해외 이민의 증가였다. 아일랜드는 산업의 상대적 저발전으로 인해 일자리 창출에 어려움을 겪었고 이 때문에 일자리를 찾아 해외로 이민을 가는 인구가 전통적으로 많았다. 아일랜드 독립 이후만 고려한다면 '켈틱 타이거'로 역전되기 이전까지 순 해외 이민은 약 110만 명이나 된다. 만약 해외 이민으로 빠져나가지 않았다면 현재 아일랜드 인구는 약 5백만 명에서 6백만 명 정도가 되었을 것이다. 해외 이민은 어떤 의미에서는 국내 노동시장에서 실업자와 저임금 계층들이 해외로 빠져나감으로써 국내 실업률과 소득수준을 상대적으로 유지하는 측면이 없지는 않았지만, 기본적으로 젊은 노동력의 유출이자 민족의 '출혈'haemorrhaging로 민족의 존립 자체를 위협하는 것으

표 4-3 | 아일랜드 해외 이민 추이(1890~1990년대)

단위: 천 명

연도	1890s	1900s	1910s	1920s	1930s	1940s	1950s	1960s	1970s	1980s	1990s
이민	396	262	116	136	101	250	409	135	-	208	-

출처: Sweeney(1998, 37, table 2.2).

로 여겨졌다(Sweeney 1998, 10-11). 특히 1950년대 아일랜드는 서유럽 국가들의 전후 경제 부흥과는 대조적으로 경제침체로 인해 1840년대 대기근 이래 다소 줄어들던 이민이 다시 대량으로 증가하기 시작했던 것이다.

〈표 4-3〉에서 보듯이 1880년대 말부터 서서히 낮아지고 있던 해외 이민이 1950년대 경제 위기와 함께 매년 꾸준히 증가해 1950년대 전체로는 40만9천 명까지 증가했다. 1922년 독립 이후 가장 많은 해외 이민이 바로 1950년대에 일어났던 것이다. 1951년에서 1956년 사이 인구의 자연증가는 다른 시기보다 많았음에도 불구하고 1956년 전체 인구는 약 290만 명으로 최저점에 이르렀다. 이유는 한해 평균 4만 명에 이르는 해외 이민 때문이었다. 민족국가의 존립이 우려되는 대목이 아닐 수 없었다(Sweeney 1998, 37-38; Bew and Patterson 1982, 80). 당시 아일랜드 대표 일간지인 『아이리시 타임스』는 머리기사에서 다음과 같이 선언하고 있다.

> 만약 드러난 이 경향[해외 이민의 급증]이 …… 중지되지 않고 지속된다면 ─ 예상하지 못할 만큼 먼 미래가 아니라 정말 조만간에 ─ 아일랜드는 사라져 없어질 것이다.[8]

8_McInerney(1956, 52); Bew and Patterson(1982, 80)에서 재인용.

이처럼 매년 증가하는 이민은 민족의 존립 자체를 어렵게 하는 것으로 여겨졌다. 1930년대 시작된 강력한 경제적 민족주의에 따른 보호주의는 오히려 경제의 쇠퇴와 이민의 증가를 야기함으로써 민족의 존립을 위협하는 역설적 상황을 낳게 된 것이다. 결국 해외 이민이 증가하는 상황에서 민족의 존립을 보장하기 위해서는 일자리 창출이 가장 긴요한 문제로 떠올랐다.

여야 정당 지도자들은 국제수지 적자 문제와 해외 이민 문제를 해결하기 위해서는 개방과 수출의 증대가 해결책이라는 데 이견이 없었다. 1953년 재집권한 피어너 폴 정부에 다시 상공부 장관으로 부임한 레마스는 보호주의를 폐지하고 수출을 장려할 것을 강조했다. 그는 1953년 미국과 캐나다를 방문했는데 그의 임무는 세 가지였다. 첫째, 미국의 원조를 구하는 것, 둘째, 북미에 수출 가능성을 타진하는 것, 셋째, 미국의 투자를 유치하는 것이었다(Horgan 1997, 152-156). 또한 1956년 집권한 연합 정부 수상이던 피너 게일의 데클란 카스텔로 역시 국제수지 적자 등 경제문제 해결책으로 수출을 장려했다. 그런데 문제는, 어떻게 수출을 증대시켜서 국제수지를 개선하고 국내 일자리를 창출해 해외 이민을 줄일 수 있을 것인가 하는 것이었다.

3) 토착 기업에 의한 수출산업 육성의 실패

1932년 피어너 폴에 의한 보호주의적 경제 민족주의가 실패해 국제수지 문제와 엄청난 해외 이민의 위기에 접했지만, 이 위기가 곧 필연적으로 해외 자본에 의한 산업화 전략으로 귀결되는 것은 아니다. 한국과 같이 토착 기업에 기초한 수출산업 육성을 통해 국제수지 문제와 민족경제의 성장을 도모할 수도 있었다. 그러나 아일랜드는 한국과 달리 외국자본에 기초한 산업화 전략을 취하게 되었다. 아일랜드가 개방과 함께 외국 기업에 기초한 발전 전략으로 돌아선 이유 중 하나는 민족주의자들과 상공부를 비롯한 팽창주의자들이 수출 증대를 위한 토착 산업의 육성에 실패했기 때문이었다. 왜 아일랜드는 토착 기업에 기초한 산업화와 수출 증대에 실패했는가? 그 이유는 첫째, 토착 기업들이 저발전되어 있어 능력이 부족했기 때문이다. 둘째, 아일랜드 국가는 자본의 재투자 방향을 유도할 능력이 거의 없었다(O'Hearn 1990, 14-15). 셋째는 재무부와 중앙은행을 비롯한 정부 주요 부처들이 자유주의적 사고에 따라 국가가 사적 기업에 개입하는 것을 반대했기 때문이다.

아일랜드가 1950년대의 위기에서 외국 기업들에 의존한 산업화를 추진한 이유 중 하나는 바로 토착 기업에 의한 수출산업 육성을 기대할 수 없었기 때문이다. 토착 기업에 의존한 수출산업 육성이 불가능했던 이유는 무엇보다 아일랜드 토착 기업의 저발전에 있었다. 실제로, 1950년대 해외 이민 감소와 국제수지 개선을 위해 수출산업 성장을 통한 발전 전략을 수립한 아일랜드 정부가 처음부터 해외 자본을 끌어들여 수출산업을 육성하고자 했던 것은 아니었다. 1950년대 초반까지만 하더라도 토착 기업에 기초한 발전을 완전히 포기한 것은 아니었다. 1952년 설립한 IDA도 원래는 토착 산업을 지원하기 위한 것으로, 레마스는 외국자본 유치를 추구하기는 했지만 처음에는 외국자본과 국내 토착 자본 간의 합작투자를 강조했다. 여전히 토착 기업의 소유권에 기초한 민족주의 개념이 남아 있었던 것이다(Bew and Patterson 1982, 14). 그러나 토착 기업들의 비효율성과 경쟁력 부족으로 외국자본과의 합작투자를 통한 발전은 효과를 발휘하지 못했다. 1952년 미국 전문가들의 보고서에 따르면 아일랜드 산업들은 비효율적이고 국제경쟁력이 턱없이 부족했다. 보고서는 당시 아일랜드 수출의 약 25%를 차지하는 그룹들을 분석했는데, 그 분석에 따르면 조사된 26개 품목 가운데 당장 수출이 가능하다고 여겨지는 상품은 하나도 없었다. 결국 당시 미국 전문가들의 보고서는, "아일랜드 산업은 비경쟁적 조건에 있고 세계 수출 시장에서 실질적인 경쟁을 할 준비가 되어 있지 않다"고 평가했다(Bew and Patterson 1982, 68). 토착 기업의 능력 부족으로 인해 레마스는 1954년 IDA로 하여금 기존의 보호주의 정책을 재검토하도록 했다. 당시 레마스는 사고의 근본적 전환을 하고 있었다. 즉 '더 이상 외국자본을 거부할 정당한 이유가 없다'고 레마스는 생각했던 것이다(Bew and Patterson 1982, 69).

결국 1950년대 아일랜드 국가는 경제발전을 위해 '개입주의'로 돌아서기 시작했지만 토착 기업들의 저발전과 비효율성, 그리고 국가의 토착 자본에 대한 통제 불능과 불신으로 인해서 아일랜드 정부는 개방과 함께 민족 대표 수출 기업의 육성이라는 전략을 추구하지 못했다. 아일랜드는 1948년 마셜플랜의 원조를 수혜하고자 개방적인 태도를 취하고 미국과 좀 더 가까운 관계를 발전시키게 되었는데, 미국 관료들은 아일랜드 정부 내 영향력의 판도를 바꾸었다. 미국 관료들의 영향으로 비개입주의자들인 재무부와 중앙은행의 힘은 상대적으로 약화된 반면, 상공부를 중심으로 한 팽창주의자들의 영향력은 강화되었던 것이다. 미국 관료들은 아일랜드가 수출과 국내 토착 세력의 육성을 통한 수출 진흥을 꾀하고자 한다는 것을 알고 있었다. 이에 따라 마셜플랜을 계기로 미국 관료들과 미국 회사들은 아일랜드 개발에 직간접적으로 관여하기 시작했다. 또한 아일랜드 내부의 팽창주의자들은 미국의 압력을 이용해 국내 반개입주의 세력인 재무부의 영향력을 줄일 수 있었다(O'Hearn 1990, 19-21).

그러나 아일랜드 내부의 팽창주의자들에 의한 '개방과 토착 산업 육성' 전략은 성공을 거두지 못했다. 예를 들면, 아일랜드 정부 특히 상공부는 조만간 있을 개방을 앞두고 국내 토착 기업들의 생산성을 향상시키기 위해서 1947년 '산업효율성사무국'Industrial Efficiency Bureau을 만들었다. 산업 효율성사무국은 토착 기업들을 위한 합리적인 효율성 기준을 마련하고 비합리적인 부당 이윤을 방지하고자 했다. 그러나 아일랜드 토착 산업의 효율성 향상 정책은 1950년대 초반 뚜렷한 성과를 내지 못했다(O'Hearn 1990; O'Riain 2004a, 174). 또한 상공부는 IDA를 중심으로 개방에 대비해 수출산업을 육성해야 함을 시급한 목표로 삼고, '수출 이윤 세금 감면' Export-Profits Tax Relief 정책을 통해 수출산업을 육성하고자 했다. 그러나 이 에 대해 토착 기업들은 효과적으로 반응하지 못했다. 결국 IDA의 수출자 문위원회Exports Advisory Committee는 아일랜드 토착 기업을 통한 수출 증대 전략에 완전히 절망했다. 이런 과정을 통해 상공부는 토착 기업의 육성을 통한 수출 증대 전략을 수정해 외국 기업을 통한 수출 진흥 전략으로 방향 을 돌리기 시작했던 것이다(O'Hearn 1990, 14-18).

그렇다면 왜 아일랜드 국가는 한국의 발전주의 국가와 같이 토착 기 업들을 수출 주력 산업으로 효과적으로 육성할 수 없었는가? 이유는 무엇 보다 국가와 토착 자본의 관계에 있다. 한국의 발전주의 국가와 달리 아일 랜드 국가는 자본에 대한 충분한 개입과 통제 능력을 가지고 있지 못했기 때문이다. 아일랜드 토착 자본은 국가가 사적 영역에 개입하는 것에 대해 불신을 가지고 있었고 한국보다 더 많은 자유를 누렸다. 그래서 무엇보다 한국과 달리 아일랜드 토착 기업들은 보호주의 아래 손쉽게 번 돈을 산업 의 발전을 위해 국내로 재투자하지 않고 오히려 투기성 해외투자에만 열 을 올렸다. 이것은 한국과 대조적이라고 할 수 있다. 한국에서는 국가가 은행을 통제함으로써 초과이윤이 국내 산업 발전에 재투자되도록 유도했 다. 그러나 아일랜드에서는 국가가 토착 기업을 통제할 수 있는 수단을 확 보하지 못했기 때문에 토착 기업들이 보호주의하에서 손쉽게 번 돈을 국 내 산업의 발전보다는 해외 투기에 이용하는 것을 막지 못했다. 그 결과

표 4-4 | 총투자율 비교

단위: %

	아일랜드	유럽 평균 (국가 수)	표준편차
1950년	17.3	22.3 (4)	3.4
1960년	16.4	22.0 (7)	2.2
1970년	22.7	22.3 (15)	4.0
1980년	28.2	24.0 (14)	3.3
1988년	16.2	24.0 (14)	3.3

출처: OECD National Accounts; Ó Gráda(1997, 44).

보호주의와 수입대체산업화 시기 동안 아일랜드 자본의 해외투자는 급격히 증가했다.

국내 산업을 육성하기 위해서는 토착 기업들의 국내 투자가 필요했는데 국내 자본은 오히려 해외투자를 증가시켰던 것이다. 1953년 아일랜드 상업은행들의 해외투자는 740만 파운드까지 증가했는데, 이 중에서 사적 투자는 510만 파운드에 달했다. 당시 레마스는 은행들이 높은 이윤을 추구하면서 해외로 투자하는 것을 막고 국내로 투자를 돌리지 않으면 해외로 나가는 이민을 줄일 수는 없다고 믿었다(Horgan 1997, 163; 166). 그러나 아일랜드 국가는 한국과 달리 토착 자본이 해외로 투자를 돌리고 국내 투자를 늘리도록 하지 못했던 것이다.

1947년 아일랜드의 일인당 해외투자 자본액은 약 150파운드나 되었는데 이것은 당시 어느 나라보다도 높은 수치다(Geary 1951, 399). 〈표 4-4〉에서 보듯이 개방으로 인해 외국인투자가 증가하기 이전인 1950년대와 1960년대 아일랜드 경제의 심각한 문제 중 하나는 총투자율이 유럽 일반적인 국가들에 비해 대단히 낮다는 것이었다. 이런 낮은 투자율은 한국 국가와 달리 아일랜드 국가는 사적 기업들이 이윤을 어디에 재투자할지에 대한 개입과 통제를 할 수 없었다는 것을 보여 준다.

또한 아일랜드가 1930년대 이래 보호주의를 취했지만 토착 기업에

기초한 건실한 산업화에 실패한 이유는 피어너 폴 정부도 여전히 비개입
주의적 자유방임의 국가 개념에 기초하고 있었기 때문이다. 아일랜드는
일부 개입주의적 조치들을 도입했음에도 불구하고 여전히 전통적인 자유
주의적 시장 자본주의 원칙에 기초해 있었다. 이런 자유주의 입장은 재무
부와 중앙은행에 의해 지지되고 있었다(O'Hearn 1990, 11).

1930년대 피어너 폴 정부는 자급자족적 경제 민족주의를 추구함으로
써 이전의 자유주의적 쿠먼 너 게일 정부와는 구별되었지만 국가-사적
기업 관계에서 여전히 비개입주의적 자유주의를 견지하고 있었다. 1952
년 IDA를 설립하는 등 개입주의적 정책을 일부 시도했지만 전후 아일랜
드 정부는 여전히 영국식 자유방임의 원칙 아래에서 노사관계에 대해 비
개입주의를 고수하고 사적 영역의 보조 역할에 머물러 있었다(Smith 2005,
101-104; 169).

전후 쿠먼 너 게일의 전통을 이어 받은 피너 게일 정부뿐만 아니라 심
지어 민족주의적 피어너 폴의 경우도 토착 산업의 적극적 육성책을 위한
개입주의적 국가에 대해서 반대했다. 예를 들면 전후 아일랜드 재무부는
마셜플랜의 대부를 받기를 주저했다. 이유는 마셜플랜 지원금을 통해 국
가가 경제에 개입하면 오히려 비생산적이고 인플레이션만 증가한다고 믿
었기 때문이다. 또 1950년대에 경제가 정체되고 젊은이들의 해외 이민이
증가하자 피어너 폴의 2인자인 레마스가 매년 2만 개의 일자리를 창출하
겠다는 계획을 제안했다. 그러나 또 다른 피어너 폴의 핵심 지도자인 숀
매켄티는 당시 피어너 폴의 지배적인 입장을 대변하면서, '실업자들은 자
유시장의 논리에 따라야 한다, 그리고 국가는 단지 시장의 자유로운 작동
을 보장할 필요가 있다'고 주장했다(Jacobsen 1994, 61-64). 1950년대 중
반 레마스는 아일랜드 산업을 업그레이드해 수출을 증진하고 완전고용을
창출하기 위해서 '국가 주도의 효율성 캠페인'을 제안하지만 토착 제조업

자들뿐만 아니라 피어너 폴 당 내부에서조차 지지를 얻지 못했다(Jacobsen 1994, 65).

결국 피어너 폴의 보호주의적 경제 민족주의에서도 자유방임적 국가 운영 원리를 따름으로 인해 아일랜드는 한국의 경우에서처럼 '발전주의 국가'에 의한 토착 산업의 육성에 성공하지 못했다. 그래서 1950년대 말 국제수지 적자를 해결하기 위해 기존의 보호주의를 포기하고 개방을 기초로 수출을 장려하려고 했지만 수출을 담당할 토착 기업은 거의 부재했고 대안은 외국 기업에 기초한 수출의 증대였던 것이다.

4) 정치적 연합의 변화와 경제 민족주의의 재해석

기존의 '보호주의에 기초한 수입대체산업화'에서 '외국자본에 기초한 수출 중심의 산업화'로 발전 전략이 변화한 또 다른 이유는 정치적 연합의 변화와 관련되어 있다(O'Hearn 1990). 1930년대 피어너 폴 정당이 경제적 민족주의에 기초해 집권한 점에서 볼 수 있듯이 기존의 보호주의와 경제적 민족주의에 대한 지지 세력은 강력한 것이었다. 1930년대 이후 강화된 보호주의는 주로 민족주의자들에 의해 주장되었는데 당시 민족주의자들은 소규모 농장주, 산업 노동자들, 전문직 일부 관료들, 토착 기업인들이 주를 이루었다. 먼저 노조 지도자들이 보호주의를 지지한 이유는 보호주의하에서 산업 노동자 계급의 성장과 조직화의 기회를 보았기 때문이었다. 보호주의하에서 산업 노동자들은 1931년 62,608명에서 1939년 101,004명으로 급격히 증가했다. 그리고 소규모 농장주들은 자유무역하에서 가축 수출을 통해 부를 축적하던 거대 농장주들에 대항하기 위해 보호주의를 지지했다. 또 피어너 폴 정부 이후 과거 민족해방 전투에 참가했던 인사들이 관료 조직에 많이 참여하게 되면서 정부 관료 사이에서도 보호주의에 대한 지지가 강화되었다. 그러나 무엇보다 보호주의의 가장 강력한 지지자들 중 하나는 바로 토착 기업인들이었다. 보호주의의 핵심은 바로 국내 토착 자본과 국가 관료, 특히 상공부의 팽창주의자들 간의 연합이었다. 아일랜드 토착 기업들은 보호주의를 지지하면서 개방에 반대했다. 당시 아일랜드산업연합FII 회장인 콜름 바른스는 "만약 개방을 한다면 아일랜드 산업은 살아남기 어려울 것"이라고 주장했다(Murphy 2005, 37). 또한 아일랜드제조업고용주연합Federation of Irish Manufacturers, FIM은 1932년 수립된 이래 줄곧 보호주의를 주장했다(O'Hearn 1990, 10-12). 그런데 어떻게 1930년대 형성된 이런 배타적인 경제적 민족주의가 1950년대 말에 와서 개방과 외국자본에 기초한 발전 전략으로 선회하게 되었는가? 개방과 외국 기업에 의존한 발전 전략으로의 전환은 자연스레 이루어진 것이 아니라 1930년대 이래 진행되어 온 경제 민족주의를 둘러싼 주요 정치사회 세력들 간의 투쟁을 통해 이루어졌다.

아일랜드가 기존의 보호주의적 경제 민족주의에서 개방과 외국 기업에 의존한 산업화 전략으로 돌아선 이유는 첫째, 앞에서 살펴보았듯이 해외 이민의 증가와 국제수지 적자라는 보호주의적 경제의 문제점에 대한 반성이다. 전후 악화된 민족경제 상황으로 인해 피너 게일, 노동당, 피어너 폴 모두 기존의 생각에 대한 반성과 함께 생각의 전환을 필요로 했고 이 과정에서 사회적 합의가 어느 정도 형성되었던 것이다. 수출 장려와 일자리 창출을 위해 외국자본의 유치를 시도한 것은 먼저 피너 게일 정당과 노동당의 연합 정부였다. 1955년 연합 정부는 국내 토착 산업의 저발전에 대한 보고서에 기초해 해외자본을 유치하려 했다. 실제로 당시 노동당 지도자인 윌리엄 노턴은 해외 자본을 유치하기 위해 1955년에는 유럽으로, 1956년에는 미국으로 직접 해외 출장을 떠나기도 했다(Bew and Patterson 1982, 81-82). 해외 자본 유치로 눈을 돌린 것은 자유주의적 피너 게일만이 아니라 1930년대 경제적 민족주의를 주도한 피어너 폴 정당과 그 지도자 레마스도 마찬가지였다. 즉 보호주의와 소유권에 기초한 배타적·경제적 민족주의에 대한 반성이 요구되는 상황에서 외국자본의 유치를 통한 수출 장려의 방안에 대한 정당 간 합의가 이루어졌다.

둘째, 1950년대 말 아일랜드의 발전 전략에 획기적인 전환이 가능할 수 있었던 더 중요한 이유는 무엇보다 민족주의자들의 사고 전환과 '경제적 민족주의' 개념에 대한 재해석이 이루어졌기 때문이다. 1930년대 이후 외국자본의 국내 산업 참여를 제한하던 피어너 폴을 비롯한 '경제적 민족주의자'들은 1950년대 스스로 사고의 일대 전환을 경험한다. 그렇다면, 이와 같은 사고의 전환을 추동했던 것은 무엇인가? 당시 아일랜드 주요 일간지인 『아이리시 타임스』와 『아이리시 인디펜던트』Irish Independent가 지적하듯이, '사고 전환'의 가장 주요한 동인은 바로 해외 이민의 증가와 더불어 제기된 '미완의 민족적 과제'incomplete national tasks였다. 즉 민족주의자들에게 지속적인 해외 이민은 민족국가 건설이 완수되지 않은 것으로 여겨졌던 것이다. 민족 구성원의 해외 유출은 민족의 존립 자체를 위협하는 것이었기 때문이다. '민족국가의 완성'이라는 관점에서 본다면 1930년대 자급자족과 토착 기업 보호 정책이나 1960년대 이후 외국자본 유치와 개방은 둘 다 민족 구성원의 해외 유출을 막고 그들이 민족 공동체 내에서 안정적인 삶을 영위하도록 하기 위한 것이라는 점에서 일관된 정책이라고 할 수 있다. 그런데 1950년대 해외 이민의 급격한 증대로 피어너 폴을 비롯한 민족주의자들의 입장에서 볼 때도 기존의 보호주의나 외국자본의 국내 산업 참여를 억제하는 폐쇄적 민족주의는 오히려 '완전한 민족국가' 건설에 역효과를 내는 것으로 여겨졌던 것이다(The Irish Times 1955/01/18; Irish Independent 1955/02/02; Horgan 1997, 163).

이 때문에 민족주의자들은 '경제적 민족주의' 개념을 새롭게 재구성할 필요를 느끼고 있었다. 그래서 1950년대 경제적 민족주의는 1930년대 이후 지속되던 '소유권에 기초한 민족의 산업 통제' 개념에서 소유권보다는 '아일랜드 사람들이 국내에서 삶을 유지하기 위해 필요한 최소한의 일자리'를 창출하는 문제를 강조하는 것으로 바뀌었던 것이다. 그리고 일자리를 창출하는 기업이 외국인 소유냐 토착인 소유냐 하는 것은 더 이상 중요한 문제가 아니었다. 당시 피어너 폴 정당의 활동가이자 레마스의 절친한 친구인 토드 앤드루스는 당시 이런 분위기를 다음과 같이 잘 보여 준다.

> 나는 현재 우리의 재원으로 이 2만 개의 일자리를 창출할 어떤 빠른 길이 있는지를, 혹은 정말 어떤 길이 있기나 한지를 알 수 없다. 자본이 외부에서부터 도입되어야 한다. …… 나는 매년 10억 파운드를 우리가 쓸 수 있도록 기술적·상업적으로 충분히 훈련 받은 사람들이 있다고 생각하지 않는다. 우리는 주요 거대 기업들established industries이 이 나라에 들어와 회사를 세우도록 유도해야 한다.[9]

결국 처음에 아일랜드 정부는 토착 산업을 기초로 한 산업화를 통해서 수출을 증대하고 일자리를 창출해 이민을 줄이고자 했으나 이 전략이 실패하자 상공부를 비롯한 당시 정치 지도자들이 해외 자본을 유인해서 수출과 일자리 목표를 해결하려는 전략으로 선회했던 것이다. 피어너 폴 정당이 집권한 1932년 이래 보호주의에 기초한 경제적 민족주의 정책을 추구해 온 장본인이었던 레마스는 1950년대 해외 이민의 위기 그리고 산

9_Andrews(1957, 91-136); Murphy(2005, 31)에서 재인용.

업 육성을 통한 일자리 창출이라는 시급한 과제와 더불어 토착 기업들의 무기력과 무관심에 직면하자 그 자신이 먼저 개방과 더불어 외국자본의 유치를 통한 산업화 전략으로 선회했다. 그는 1957년 개방 이전 패더릭 오핼핀에게 보내는 서신에서 이미 외국자본에 기초한 산업화의 필요성을 언급하고 있다.

> 나는 지금 향후 산업의 팽창에 대해서 다음과 같은 견해를 가지고 있다. 우리는 거대 외국 기업들을 이 나라로 끌어들여 여기서 공장들을 세우는 것을 생각하기 시작해야 한다. 그리고 이것을 장려하고 부추기기 위해서 우리의 세금과 다른 법률들을 정비해야 한다. 나는 이런 노력들이 성공할 것이라고 말할 수는 없다. 그러나 우리가 산업 영역에서 더 많은 국가 개입을 시도하기 이전에 나는 이것을 하는 것이 좋다고 생각한다.[10]

1957년 초 아일랜드 대표 일간지인 『아이리시 타임스』와의 인터뷰에 나타난 레마스의 생각도 당시 그의 사고 전환을 잘 보여 준다. 그는 다음과 같이 말했다.

> 이 나라는 지금 산업 발전의 단계에 있다. 이때 [이 방향으로] 어떤 주요한 전진을 하기 위해서는 수출을 할 수 있는 거대 기업의 형태를 취해야 한다는 것은 의심의 여지가 없다. 우리는 거대한 자본과 기술적 재원 그리고 세계시장과 확고한 연계를 가진 외국 기업들과 결합하지 못하면 중요한 진일보가 될

10_"Lemass to Padraic O'Halpin," 16 January 1957, O'Halpin Papers, UCD; Horgan (1997, 167-168)에서 재인용.

수 있는 발전을 거의 할 수 없다.[11]

  이런 레마스의 산업 발전 전략은 '아일랜드인의 손에 아일랜드 산업을 두어야 한다'는 생각에 기초한 〈제조업통제법〉으로 대표되는 1930년대 경제적 민족주의와는 상당히 다른 것이다. 자급자족 경제 개념에 기초한 극단적 경제 민족주의는 실업과 해외 이민의 증가로 1950년대에는 오히려 민족의 존립을 위협하는 역설적 상황으로 변모해 있었다. 이런 상황에서 민족주의는 헌법적 차원이나 영토와 소유권의 문제로 이해되기보다는 민족의 생존과 통합으로 이해되었다(Horgan 1997, 170). 레마스는 1959년 수상이 되자 먼저 내각을 구성하는 일과 더불어 국가의 정책 우선성을 새로이 규정하는 데 초점을 두었다. 레마스에게 가장 중요한 정책 방향은 아일랜드 경제를 국제무역에 통합하고 수출을 증대시켜 국제수지를 개선하고 일자리를 창출하는 것이었다. 그런데 이런 국제정치경제로의 통합 전략은 기존 민족주의에 대한 새로운 재규정을 요구했다(Horgan 1997, 213).

  결국 1930년대 강력한 경제적 민족주의를 주창하던 지도 세력들 자체가 해외 이민 급증의 위기, 개방과 수출 증대의 필요성에 직면해 기존 토착 산업 보호주의에서 선회해 해외 자본에 눈을 돌리기 시작했던 것이다. 보호주의의 아성이자 토착 기업의 옹호자라고 할 수 있는 상공부의 경우도 처음에는 자유무역에 반대했지만 해외 이민이 급증하는 상황에서 관세를 낮추는 방향으로 돌아서기 시작했다. 당시 상공부 장관이었던 J.

11_*The Irish Times* 1957/01/18; Bew and Patterson 1982, 101에서 재인용.

C. B. 맥카시는 처음에 자유무역에 반대했다. 그러나 그는 개방에 앞서 EEC 통합에 따른 아일랜드 산업의 적응 능력을 연구하는 '산업조직위원회'Committee on Industrial Organization, CIO 기구의 수장이 되면서 토착 기업들이 자유무역에 적응해야 한다고 주장하기 시작했다(Murphy 2005, 34-36).

1950년대 말 주요 민족주의자들의 개방 정책으로의 선회와 더불어 주요 정당들과 사회 세력들 사이에서 보호주의 포기와 개방을 지지하는 사회적 합의가 이루어졌다. 먼저 1948년 최초로 수립된 비피어너 폴 non-Fianna Fail 정당들에 의한 연합 정부는 처음부터 기존의 피어너 폴 정부의 경제적 민족주의와 보호주의에 대해 비판적이었다. 당시 연합 정부는 피너 게일, 농민당Farmers Parties, 그리고 두 개의 노동자 정당들에 의해 수립되었다. 그런데 이 연합 정부의 상공부 장관인 댄 모르세이는 철저한 보호주의자였다. 마치 1930년대 레마스와 유사했다. 그가 추구한 산업정책은 세 가지로 요약되었는데 그것은 첫째, 보호주의 관세 유지, 둘째, 새로운 산업들에 대한 아일랜드인의 소유권 보장, 셋째, 기술 지식의 구축 등이었다. 그러나 미국에서 행한 모르세이의 이런 전통적 민족주의 발언은 국내 신문에서 크게 비판을 받았다. 비판의 논점은 높은 관세와 보호주의는 비효율적인 토착 산업가들에게 부당하게 이득을 준다는 것이었다 (Bew and Patterson 1982, 54-56). 여론은 이미 보호주의를 비판하고 경제적 민족주의를 재정의해야 한다는 것이었다.

또한 1932년 이래 강력한 경제적 민족주의에 기초해 일당 우위를 점하던 피어너 폴 정당도 앞에서 본 레마스의 사고 전환에서 보듯이 자신들의 기존 경제적 민족주의에 대해 반성하고 개방으로 선회하는 모습을 보여 주었다. 그것은 무엇보다 1948년, 1951년, 1954년, 1957년 선거에서의 잇단 패배와 그에 대한 반성에서 시작되었다. 전반적인 사회적 합의로 보호주의 폐지와 개방으로 여론이 움직이자 피어너 폴도 개방을 받아들이는 쪽으로 선회한 것이다. 피어너 폴은 〈제조업통제법〉의 폐지를 추진했다. 피어너 폴이 개방 정책으로 선회한 또 다른 이유 중 하나는 기존의 농촌 소농에서 도시 상업지역으로 지지 기반이 옮겨갔기 때문이었다. 이로써 피어너 폴 정당은 기존의 농촌에 기반을 둔 포퓰리즘적 성격을 떨쳐버리고 지지 기반이 기존의 북부와 서부 소농 이외에 더블린을 비롯한 도시 상업지역으로 확대되었다(O'Malley 1989, 79-81).

무엇보다 앞에서 살펴보았듯이 보호주의에 기초한 경제적 민족주의로 인해 나타난, 1950년대 해외 이민의 급증과 국제수지의 악화와 같은 경제 현실은 너무나 참담했기 때문에 사회적 여론은 더 이상 보호주의를 유지할 수 없다는 것이 지배적이었다. 거의 모든 정통파 경제학자들은 자유무역을 환영했다. 그리고 거대 산업 자본가들도 자유무역을 지지했다(O'Malley 1989, 81-83). 특히 1960년 '유럽자유무역지역'European Free Trade Area, EFTA에 가입하려했을 때 노동당을 제외한 거의 대부분의 정당과 사회 세력들이 이를 지지했다는 데서 당시 개방에 대한 사회적 지지가 높았음을 잘 알 수 있다. 그리고 1972년에는 가입을 반대하던 노동당과 노동조합들도 개방에 찬성하는 입장으로 돌아섰다.

개방과 외국자본 유치가 주요 정당들에서 사회적 합의로 부상하자 이를 반대하던 토착 기업들은 상대적으로 힘이 약화되었다. 토착 기업들은 일반적 여론의 지지를 얻지 못하고 있었다. 그 이유는 토착 기업들이 해외 수출보다는 보호된 국내시장에서 부당이득을 취한다는 여론이 지배적이었기 때문이다. 이와 더불어 토착 자본 자체도 외국자본에 대한 개방에 대해 서로 찬반이 갈리면서 힘이 약화되었다. 『아이리시 인더스트리얼리스츠』Irish Industrialists와 같은 토착 자본을 대변하던 잡지들은 민족주의적 입장을 취하며 개방에 반대했지만, 1957년 이후 반대가 어려워지자 자유무역을 받아들이고 이후에는 정부의 지원에 호소하는 경향을 보여 주었다

(O'Hearn 1990, 30). 고용주총연합FUE과 아일랜드산업연합FII 등으로 대표되는 토착 산업가들조차도 처음에는 보호주의 폐지에 대해 반대하거나 주저했지만 1960년대에는 이미 찬성으로 돌아서 있었다(Horgan 1997, 220).

결국 아일랜드는 1958년 이후 자유무역과 개방으로 선회했다. 먼저 아일랜드는 1963년에서 1964년 사이에 관세를 10% 인하하는 한편 1965년에는 '영국-아일랜드 자유무역협정'Anglo-Irish Free Trade Agreement 협상을 시작했고 1975년에는 영국에 대한 모든 관세를 철폐했다(Ó Gráda 1997, 52-53). 그리고 1964년 소유권에 기초한 민족주의의 대표 법이라고 할 수 있었던 〈제조업통제법〉을 폐지했다. 이후 아일랜드는 외국인들의 소유와 통제에 아무런 제한을 두지 않았다. 오히려 IDA를 중심으로 외국 기업들을 유치하고 이들에 의한 수출 증대를 통해 경제를 건설하고자 적극적으로 활동했다. 아일랜드는 먼저 1957년과 1958년 〈재정법〉The Finance Act 개정을 통해 외국인 기업들의 수출에 대한 지원으로 수출 이윤에 대해 약 10년간 면세 혜택을 제공하고 기간도 연장했다(Kennedy et al. 1988, 62-63). 이외에도 아일랜드는 외국 기업들의 유치와 수출 장려, 일자리 창출을 위해 막대한 보조금을 제공했다.

1960년대 개방 이후 아일랜드는 이전 보호주의 시기보다 높은 경제성장률을 보여 주었다. 1958년에서 1973년 사이 이전에는 경험하지 못한 빠른 성장으로 총 GNP는 거의 두 배로 성장했다. 그뿐만 아니라 인구 감소 현상도 저지되었고 생활수준은 눈에 띄게 향상되었다. 1958년에서 1973년 사이 아일랜드 공산품의 수출은 급격히 증가했는데, 가치 면에서 보면 매년 약 23% 성장을 그리고 생산의 양적 측면에서 보면 매년 18%의 평균 성장을 보여 주었다. 새로 들어온 외국 기업들에 의한 수출이었지만 이 기간 동안 급격한 경제 팽창이 이루어졌다(Kennedy et al. 1988, 55;

(68-69).

1973년 이후에는 EEC 가입을 계기로 개방과 외국 기업의 유치를 중심으로 한 산업화가 더욱 가속화되었다. 외국 기업에 기초한 산업화의 진전으로 인해 아일랜드 경제는 농업에서 제조업 중심으로 전환되어 갔다. 1971년에서 1981년 사이 농업 고용은 연평균 약 3%씩 지속적으로 하락했지만 전체 고용은 거의 1년에 1%씩 총 9만7천 명의 고용 증가를 보여주었다. 특히 비농업 부문의 성장이 두드러졌는데, 연평균 2% 이상 성장했다. 그러나 급격한 산업 노동의 증가에도 불구하고 실업은 높은 편이었다(Kennedy et al. 1988, 86).

1970년대와 1980년대 전반부는 외국 기업의 대대적인 유치를 기초로 수출산업의 성장이 나타났지만 아일랜드 경제는 전반적으로 침체 상태였다. 1973년과 1981년 두 차례 오일쇼크의 영향도 있었지만 개방과 더불어 토착 기업들이 국제경쟁력을 잃고 도태되는 경향을 보여 주었기 때문이다. 앞장에서도 살펴보았듯이, 1980년대까지 아일랜드는 외국 기업에만 초점을 둔 산업화 전략을 추구했고, 외국 기업과 아일랜드 토착 기업들 간 연계 부재로 인해 국내 토착 기업들은 더욱 경쟁력을 잃고 도산했던 것이다. 1990년대에 등장한 아일랜드식 네트워크형 발전주의 국가는 바로 이런 1980년대까지의 FDI에 기초한 산업화의 병폐를 비판하고 새로운 해결책을 모색하는 가운데 수립된 것이었다.

3. 발전주의 국가의 등장과 해체

1990년대 등장한 아일랜드의 발전주의 국가는 기존의 FDI 중심 발전 전략에 대한 반성으로 토착 기업 육성에 주력하고 특히 글로벌 기업과 토착 기업의 연계를 강화함으로써 아일랜드를 고도성장 국가로 만들었다. 아일랜드 발전주의 국가는 1970년대와 1980년대 FDI에 일방적으로 의존한 산업화에 대한 문제점을 비판하는 과정에서 수립되었다. 특히 1982년 "텔레시스 보고서"를 비롯한 일련의 보고서들은 FDI 의존적 발전에 대해 비판하면서 토착 기업의 육성을 강조했다. 아일랜드 발전주의 국가는 국내 산업과 연구 집단 간의 연계를 강화해 아일랜드 토착 산업의 업그레이드를 이룸으로써 1990년대 '켈틱 타이거'의 고도성장을 가능하게 했다. 그러나 이런 아일랜드 발전주의 국가 모델은 2000년대 중반부터 새로운 재편과 변형의 모습을 보여 왔다. 특히 2008년 경제 위기를 전후로 하여 해체의 징후를 보여 주기도 했다. 이 절에서는 1990년대 어떻게, 왜 아일랜드 발전주의 국가가 등장했는지, 그리고 1990년대에는 성공적이었던 발전주의 국가 모델이 2000년대에는 왜 어떻게 변형되어 갔는지를 살펴볼 것이다.

1990년대 아일랜드에서 토착 기업의 육성을 강조하는 발전주의 국가의 등장은 1980년대까지 FDI에 일방적으로 의존한 산업화 전략의 위기와 이에 대한 비판과 반성에서 기인했다. 1958년 개방 이후 특히 1973년 아일랜드가 EEC에 가입한 이래 외국 기업들은 유럽 시장을 겨냥한 상품 생산을 위해 아일랜드에 직접투자를 늘려 왔다. 또한 아일랜드 정부도 토착 기업들에 의한 수출 진흥 정책이 실패한 이후 외국 기업 유치를 통한 수출산업의 육성을 통해 해외 이민을 줄이고 국내 일자리를 창출하고자 하는 산업화 전략을 추구했다. 그래서 IDA를 중심으로 아일랜드는 특정 외국 기업들을 미리 선정해서 세금과 보조금의 인센티브를 부여하며 적극적인 유치 전략을 폈던 것이다.

아일랜드에서 외국계 기업들은 1970년대 이래 줄곧 증가해 1983년까지 약 40억 파운드 이상을 투자했다. 이들 중 반 이상은 미국 기업들이 었고 약 8분의 1은 영국 기업, 10분의 1은 독일 기업들이었다(Ó Gráda 1997, 115). 외국 기업들이 증가하면서 1980년대 중반까지 이들은 아일랜드 제조업 고용의 약 35%를 차지했다. 1960년대 중반 이래 아일랜드 제조업의 고용 상승은 대부분 새롭게 진출한 이런 기업들의 투자에 의한 것이었다. 이들 외국 기업들은 아일랜드 수출산업의 중추를 형성했는데 1980년쯤에는 아일랜드 제조업 수출의 약 70%를 차지했다(O'Malley 1989, 155-156). 1960년대 개방 이후, 특히 1973년 EEC 통합 이후 아일랜드 수출은 크게 증가했다. 1960년 아일랜드 제조업 수출은 고작 8천4백만 파운드 정도였던 것이 1976년에는 15억8천 파운드로 급격히 증가했다. 그리고 아일랜드 제조업 수출 증가의 대부분은 새로 들어온 외국 기업들에 의한 것이었다(O'Malley 1989, 107, table 6.5). 선진 산업 분야에서 새로 투자한 외국 기업들에 의한 수출은 1960년 전체 제조업 수출의 약 10%이던 것이 1976년에는 약 47%로 증가했다. 그리고 1980년에는 신·구 외국 기업들에 의한 수출은 아일랜드 제조업 수출의 약 70%를 차지할 정도로 성장했던 것이다(O'Malley 1989, 107).

그러나 개방과 외국 기업의 유치는 부정적인 측면이 없지는 않았다. 1980년대까지 외국 기업의 아일랜드 투자는 지속적으로 증가했지만, 1980년대 아일랜드 경제는 전반적으로 침체 상태였다. 문제는 이 시기 아일랜드의 경기침체 원인이 단순히 경기순환에 따른 것이 아니라 구조적인 것이었다는 데 있었다. 아일랜드는 외국 기업의 유치를 통해 산업 발전을 급속히 이루고 있기는 했지만 구조적으로 이들 외국 기업과 국내 토착 기업 사이의 연계가 부족했기 때문에 기술적인 면에서나 실제 가치 생산의 면에서나 외국 기업의 성장은 국내 토착 기업의 성장으로 파급되지 못했다. 1980년대까지 이들 외국 기업의 특징은 첫째, 수출 지향적이었지만

표 4-5 | 아일랜드 제조업 고용 변화(1973~87년)

단위: 천 명

	1973년	1975년	1977년	1979년	1981년	1983년	1985년	1987년
토착 기업	149	154	147	152	148	132	122	114
외국 기업	66	71	76	84	91	84	81	80
전체	215	226	222	236	239	216	203	193

출처: IDA Employment Survey; O'Malley(1989, 101, table 6.2).

아일랜드에서는 단지 유럽 시장을 겨냥한 단순 조립 공정만을 주로 했으며, 둘째, 자국의 모기업에 의존하는 비중이 높았던 반면, 아일랜드 토착 기업과의 연계는 대단히 미약했다는 데 있었다(Breathnach 1998, 305-309; O'Malley 1989, 164-165; Smith 2005, 152). 이 때문에 1980년대까지 개방과 외국 기업 유치 전략은 토착 기업들에 기술 이전과 시장의 확대라는 긍정적 효과보다도 경쟁의 심화라는 부정적 효과로 훨씬 더 크게 작용해 토착 기업들의 급속한 붕괴를 낳았다.

1970년대에는 피어너 폴 정부의 팽창정책으로 인해 국내 소비가 다소 진작되었지만, 1980년대에는 이마저도 한계에 달해 재정에 부담을 주기 시작했다. 그래서 정부가 통화주의에 기초해 긴축정책으로 돌아서자 토착 기업은 더욱 어려움에 시달렸다. 국내 수요가 줄어든 데다 시장 개방으로 인한 외국 기업과의 경쟁에서 밀림으로써 토착 기업들은 국내시장을 상실했던 것이다. 해외로부터의 수입으로 인해 토착 기업들은 1966년에서 1979년 사이 국내시장 점유율에서 약 15%를 상실했다(O'Malley 1989, 108).

〈표 4-5〉에서 보듯이 1970년대에는 정부의 팽창정책 때문에 국내 소비가 진작되었고 이에 따라 토착 기업의 고용도 다소 성장했다. 그러나 1980년대에는 은폐되었던 토착 산업의 쇠퇴가 가시화됨으로써 토착 기업의 고용은 1979년 약 15만2천 명에서 1987년 약 11만4천 명으로 급격

히 줄어들었다(Kennedy et al. 1988, 75; O'Malley 1989, 102; 127; 131; 140).

　보호주의 철폐로 인해 국내 토착 기업들의 국내시장 점유율은 감소한 반면, 개방으로 인한 토착 기업들의 수출 증가분은 극히 미미한 수준이었다. 1960년대 개방 이래 국내 토착 기업들은 외국 기업들과의 경쟁으로 인해 규모의 경제를 실현하지 못하고 붕괴하기 시작했다. 특히 기존에 국제적으로 교역이 많았던 거대 토착 기업들과 금속·화학 산업에서 거대 토착 기업들의 쇠퇴가 두드러졌다. 새로이 등장하는 토착 기업들은 대부분 중소 규모였고, 또한 수출 지향적이기보다는 지역 시장을 겨냥한 기업들이었다. 토착 기업들이 성공을 거둔 부문은 주로 선진 외국계 기업들이 침투하기 어려운 분야들, 예를 들면 아일랜드 고유의 지역 산물을 가공하는 산업들, 그리고 외국 기업들이 들어오기 훨씬 이전에 예외적으로 성장한 기업들로서 후발주자로 간주하기 어려운 기업들 그리고 식품가공과 인쇄 등 비교역 산업들이었다(O'Malley 1989, 115-119; 121-123; 153).

　1980년대 아일랜드의 생산성은 전반적으로 상승했다. 그러나 이런 생산성 증가는 제약, 전산 처리 기기, 전기 기기 등 외국계 기업들이 지배하는 특정 분야에서 이루어졌다. 1980년에서 1986년 사이 이들 특정 산업들에서는 매년 약 1.47%의 성장이 이루어졌다. 고성장 분야는 주로 외국계 기업들이 주도했는데, 문제는 이들 기업들은 중간재를 아일랜드에서 조달해 쓰기보다는 대부분 모국에서 수입해 사용했기 때문에 아일랜드 국내 산업에 대한 파급효과가 미미했다. 더구나 이들 외국계 기업들의 실질 이윤은 많은 부분이 본국으로 송금되었다(O'Malley 1989, 90-91). 그래서 외국계 기업들이 지배하는 산업들 이외의 전통적 산업들에서는 생산이나 고용이 정체되거나 줄어들었다. 〈표 4-5〉에서 보듯이 1980~87년 사이 고용의 감소는 주로 아일랜드 토착 기업들에서 일어났는데, 이 시기 아일랜드 토착 기업들은 약 3만8천 개의 일자리를 상실했다.

1970년대와 1980년대 전반 토착 기업들이 쇠퇴한 또 다른 이유는 토착 기업들은 생산성 향상과 혁신에 실패한 반면, 노동시장에서는 탈집중적 임금 협상 체계를 기초로 임금이 급격히 상승했기 때문이었다. 아일랜드 토착 기업들은 기술적인 면에서 주로 단순 가공에 의존한 산업들에 집중되어 있었고 연구개발R&D 투자 수준은 대단히 저조했다. OECD의 경험 연구에 따르면 1970년대 초반 아일랜드 R&D 투자는 OECD 국가들 중에서 가장 낮은 편이었다(Cooper and Whelen 1973). 또한 다원주의적 복수 노조들 그리고 갈등적 노사관계로 인해 생산성 향상을 위한 노력이나 생산조직의 합리화가 거의 이루어지지 않았다(*IRN* 1980/06/18, 3; 1980/04/02, 506; 1980/11/05, 8). 탈집중적 자유시장 체제를 배경으로 외국계 기업들은 전투적 노조들을 포섭하기 위해 높은 임금을 주면서 임금 상승을 선도했는데 이것은 오히려 생산성이 낮은 토착 기업들에게는 부담이었다. 탈집중적·다원적 노조들은 서로 경쟁적으로 임금 인상을 추구함으로써 임금 상승을 더욱 부추겼던 것이다.

구체적으로 보면 1963년에서 1978년 사이 아일랜드 제조업의 명목 임금은 연평균 14.3%씩 급격히 증가해 1970년대 말에 아일랜드 임금은 영국의 임금에 거의 근접했다. 아일랜드 제조업에서 주당 평균 소득은 1963년 영국 수준의 65% 정도였는데 이것이 1973년에는 84% 그리고 1978년에는 93% 수준까지 상승했다(O'Malley 1989, 94).

결국 아일랜드의 1980년대 경제 위기는 기존의 발전 전략에 대한 비판과 새로운 길을 모색하고자 하는 시도들이 등장하는 계기가 되었다. 그리고 1990년대 토착 기업을 육성하고자 했던 발전주의 국가 모델의 등장은 바로 이런 외국계 기업에 일방적으로 의존한 발전 전략에 대한 비판과 논쟁에서 비롯되었다. 1970년대 중반부터 1990년대 초까지 아일랜드에서는 외국계 기업에 의존한 발전 전략에 대한 많은 비판이 등장하기 시작했다.[12] 특히 좌파와 종속 이론가들은 높은 실업과 더딘 성장이 아일랜드의 자유주의적이고 외국 기업 의존적인 경제정책 때문이라고 비판했다 (O'Hearn 1995, 91-93). 1982년 "텔레시스 보고서"와 1992년 "컬리턴 보고서"는 이런 논쟁을 촉발시키는 계기가 되었던 대표적 보고서다. 이 보고서들은 외국계 회사들에 기초한 수출 지향적 산업정책에 대단히 비판적이었다.

1982년 "텔레시스 보고서"는 아일랜드가 지나치게 외국 기업들에 의존함으로써 국내 토착 기업들이 허약해졌다고 지적한다. 이 보고서는 외국 기업들에 주는 보조금을 줄이고 세계시장에서 경쟁할 수 있는 소수의 토착 기업들을 육성할 것을 권고하고 있다. "텔레시스 보고서"는 국가의 대표 산업을 키우기 위해서 한국의 발전주의와 유사한 전략을 권고하고 있었다. 그것은 먼저 특정 상품과 특정 회사들을 선별적으로 지원하고, 국가는 경제에 대한 개입과 지도력을 강화해야 하며, 아일랜드 기업들의 약점들 특히 판매와 기술 경쟁력의 결함을 총체적으로 다루기 위해 포괄적 접근을 해야 한다는 것이었다(Kennedy et al. 1988, 248-249; Ó Gráda 1997, 116-119). 또한 1992년 "컬리턴 보고서"도 1982년 "텔레시스 보고서"와 유사한 결론과 처방책을 제시하고 있다. 그것은 외국계 회사들에 주는 보조금을 줄이는 한편 국내 산업 클러스터를 육성할 것을 권고하고 있다. "컬리턴 보고서"는 또한 기존 외국계 기업들에 기초한 산업 발전을 이끌어 온 핵심 국가기구인 IDA을 재조직해 국내 토착 기업과 외국계 기업

12_외국인 기업에 기초한 발전 전략에 대한 비판적 문헌들로는 Geary et al.(1975), O'Malley(1981), Ruane and McGibney(1991), Kennedy et al.(1988), 이른바 "컬리턴 보고서"라는 Industrial Policy Review Group(1992) 참조.

을 전담하는 두 개의 조직으로 분리할 것을 권고하고 있다(O'Hearn 1995, 104-106).

그러나 1982년 "텔레시스 보고서"가 정부와 사회 세력들 사이에 많은 반향을 불러일으키고 논쟁을 유발했지만 아일랜드 정부가 보고서의 권고를 받아들여 바로 토착 산업 육성을 위한 발전주의적 개입주의로 돌아섰던 것은 아니었다. 1980년대 아일랜드 정부는 여전히 통화주의에 기초한 긴축재정을 유지했다. 실업이 만연하고 해외 이민이 증가하는 상황에서 정부는 오히려 공공 부채의 축소에 초점을 두었다. 공공 부채 비율이 1981년 GNP의 약 94%에서 급격히 증가해 1987년에는 130% 이상으로 증가했기 때문이었다. 이런 긴축재정에 기초한 신자유주의 정책은 경제학자들이 자주 모임을 가졌던 술집의 이름을 따서 흔히 '도헤니·네스비트 스쿨'Doheny and Nesbitt School of Economics이라고 불리는 신자유주의적 경제학자들의 그룹에 의해 강조된 것이었다. 이들 신자유주의자들은 높은 실업과 빈곤에도 불구하고 심대한 국가 재정지출의 축소를 통해서 공공 부채를 줄이는 것이 필요하다고 역설했다(O'Hearn 1995, 101; 107).

또한 피어너 폴 정당의 지도자이자 1987년 이후 수상이 된 찰스 호히는 "텔레시스 보고서"의 이행을 약속했지만 그 약속도 좌절되었다. "텔레시스 보고서"의 비판에 대한 대응으로 '국가계획원'National Planning Board이 『백서』White Paper를 출간했지만 그 『백서』는 "텔레시스 보고서"의 핵심을 완전히 수용한 것은 아니었다(Breznitz 2012, 98-101). 국가계획원의 『백서』는 정부가 먼저 영국의 삼자 협상 체제인 국가경제발전위원회NEDC 같은 위원회를 만들어 사회 전반적인 합의를 불러일으키기를 조언한다. 그럼에도 불구하고 국가계획원은 외국 기업의 유치를 포기하자는 것은 아니었다. 오히려 외국인투자가 조심스러워지지 않도록 해야 한다고 주장했다(Jacobsen 1994, 168). 그리고 『백서』는 피너 게일의 시장 중심주의를 반영해 국가의 적극적인 시장 개입에 다소 소극적이었다.

아일랜드에서 1980년대까지는 발전주의 국가가 나타나기 어려웠는데 그 이유 중 하나는 바로 '국가-시장' 개념에서 아일랜드는 여전히 자유주의적 개념이 강했기 때문이다. 1980년대까지도 아일랜드에서는 '국가 개입은 또 다른 비효율성을 유발하기 때문에 제한되어야 한다'는 관점이 대중 사이에 지배적이었다. 예를 들면, 1980년대 초 '국가개발공사'NDC를 수립해 일자리를 창출하겠다는 야심찬 계획이 제안되었다. 당시 실업이 급격히 증가하고 있는 상황을 감안하면 자유주의 경제학자들은 반대했을 지라도 일반 대중들은 이 안을 열렬히 지지했을 법하다. 그러나 실제로 이 안은 지지보다는 의구심을 더 많이 불러일으켰다. 왜냐하면 대중들은 국가의 직접적인 개입의 결과에 대해 확신이 없었기 때문이었다. 1980년대까지 국가 소유의 기업들은 방만 경영, 과잉 고용, 지나친 고임금 그러나 형편없는 서비스로 비판을 받고 있었다. 대중들 사이에 널리 퍼져 있는 생각은 '공공 일자리를 위한 국가의 개입은 경제에서 자원을 고갈하는 것 그리고 납세자에게 부담을 지우는 것'으로 인식되었다. 이런 인식은 국가 역할의 확장에 대해 강한 불신을 가지게 했다(Lee 1989, 536-537; Jacobsen 1994, 169).

그러나 1980년대까지 팽배했던 자유주의적 사고 때문에 '토착 산업의 육성을 위한 국가의 적극적 개입'이라는 관점은 직접적으로 국가정책으로 채택되지는 않았지만, 1982년 "텔레시스 보고서"는 분명 사회 세력들과 국가 관료들 사이에 많은 반향을 불러 일으켰다. 그리고 이런 반향은 사회적 논쟁과 더불어 서서히 국가기구와 국가정책 방향을 재조정하는 계기로 작용했다.

무엇보다 코포라티즘적 삼자 논의 구조를 통해 토착 기업, 노동, 그리고 팽창주의적 경향의 정부 관료들의 목소리가 확대되면서 여론의 흐름이 변화하기 시작했다(Jacobsen 1994, 170-172). 먼저 노·사·정 삼자 협의 기구인 국가사회경제위원회NESC[13]는 경제문제의 책임이 정부와 상공부에 있다고 비판하면서 적극적인 산업 육성책을 쓸 것을 요구했다.『사회 경제 정책 평가』Economic and Social Policy Assessment라는 1985년 NESC 보고서는 좋지 못한 재정 상황에도 불구하고 '생산적인 자본 지출'을 요구했다. 1985년 NESC 보고서는 당시 아일랜드 경제의 문제가 외국계와 토착 산업 간의 이중구조에 있음을 인식하고 토착 산업들의 기술 획득과 수출 시장 발전을 위해 국가 재원의 사용 방식을 재고해야 한다고 주장했다(NESC 1985, 29; 39). 또한 사회경제연구원ESRI의 1985년 보고서도 아일랜드 토착 중소기업들을 실증 조사한 이후 국가의 적극적인 육성책을 강조했다. 이 보고서는 국가의 비개입주의와 단순한 시장 논리만으로는 이들 중소 토착 기업들이 기술을 업그레이드하고 경쟁력을 높이는 것은 불가능하다고 주장하면서 대기업에 납품되는 부품의 수입을 대체할 하청 기업들을 육성하기 위해서 국가의 강력한 개입 전략을 요구했다(Kennedy and Healy 1985, 148; 162).

그리고 1987년 사회협약의 토대가 된 NESC의 1986년 보고서는 재정 불균형을 시정할 정책과 더불어 거시 경제정책을 통합할 것을 요구했다. 이 보고서는 또한 세금 체계를 근본적으로 개혁하고, 정부가 산업 육성을

13_NESC는 고용주·노조·정부 대표들이 모여 사회경제 문제를 협의하는 법적·독립적 자문 기구다. 이 조직은 주요 사회경제 문제들에 대한 정책의 가이드라인을 제출함으로써 사회적 합의를 도출하는 데 크게 기여했다. 특히 NESC는 1987년 사회협약이 이루어지는 데 결정적인 역할을 한『발전 전략, 1986-1990』(A Strategy for Development 1986-1990)을 작성했으며 이후에도 지속적으로 사회협약을 위한 기본 프레임을 만드는 역할을 했다.

위해 미시적 차원에서 적극적 개입 정책을 수행할 것을 요구했다. 삼자협상위원회인 NESC의 1986년 보고서에 따라 첫 번째 사회협약인 1987년의 PNR은 토착 기업에 대한 보다 많은 관심을 요구했다(Ó Gráda 1997, 118-119). 그리고 1987년 출판된 또 다른 NESC 보고서는 '생산적 투자'를 위해 적극적인 외국 차관 도입을 주장했다. 이 보고서는 한국·일본·대만에서 이룬 산업화 전략인 발전주의 국가 전략을 시사하고 있었다(NESC 1987; Jacobsen 1994, 171-172).

이런 '외국계 기업들에 일방적인 의존 전략'에 대한 비판과 '국가의 적극적 개입에 의한 토착 산업의 육성'이라는 대안적 아이디어는 NESC와 사회협약 등을 통해서 사회 세력들과 학계, 그리고 정부 관료들 사이에 널리 확산되었다. 먼저 1987년 피어너 폴 정당은 집권 후 첫 번째 사회협약을 성사시키며 1986년 NESC 보고서의 내용을 채택했다. 피어너 폴 정부는 재정 안정을 위해 긴축정책을 지속했지만 동시에 국가 개입주의적 전략을 수용하기 시작했다. 피너 게일 정당의 경우도 긴축재정만 받아들여진다면 피어너 폴 정부의 다른 정책에 합의하겠다는 입장이었다(Jacobsen 1994, 176-177). 그리고 1988년 노동당의 경우도 '성장에 대한 일방적 강조'에 대해서는 다소 거리를 두었지만 전반적으로 NESC와 ESRI 보고서들의 권고안에 대해서는 대체로 수용했다(Jacobsen 1994, 174; *The Irish Times* 1988/06/28, 3; 1988/09/28, 1; 1990/06/28, 14).

또한 아일랜드 정부는 토착 산업 육성을 위해 기존의 국가기구도 정비했다. 아일랜드 정부는 사회 세력들의 비판과 요구에 대응해 기존에 외국 기업의 유치와 산업 발전을 전담하던 IDA의 역할과 구조를 개편했다. 먼저 IDA는 보다 많은 재원을 토착 기업에 지원하기 시작했다. 1988년부터 IDA는 자체 재원의 약 40~50%를 토착 기업에 지원했다. 그리고 1993년에서 1994년 사이 IDA는 근본적인 조직 구조 개편을 단행해 외국 기업 전담 기구와 토착 기업 전담 기구를 분리했다. 이때부터 IDA 내 포르바이르트[14]가 토착 기업 지원 역할을 담당하다가 1998년 EI가 설립된 후에는 EI가 IDA로부터 독립적으로 그 역할을 담당하게 되었다. IDA는 외국 기업 지원 전담 기구로서의 역할을 지속했으며 IDA와 EI를 총괄하는 기구로 포르파스[15]가 신설되었다(Ó Gráda 1997, 118-119).

결국 1980년대 FDI에 일방적으로 의존한 발전 체제가 가져온 위기에 대한 극복 과정에서 아일랜드 발전주의 국가 전략이 발전하기 시작했다. 앞의 제3장에서 살펴보았듯이 아일랜드가 1990년대 '켈틱 타이거'로 불리는 급격한 성공을 거둔 것은 하이테크 산업에서의 수출 성장을 통해 이루어졌다. 아일랜드 하이테크 산업이 외국계 기업들에 의해 지배되었다는 것은 1980년대 위기의 시기나 1990년대 '켈틱 타이거' 시기나 별 차이가 없다. 두 시기의 차이는 바로, 1980년대 하이테크 산업의 성장 과정에

14_'포르바이르트'는 아일랜드어로 '성장'을 뜻하는데, 1994년 1월 국내 토착 기업들을 육성하기 위해서 수립된 정부 기구다. 포르바이르트는 토착 기업들을 위한 자문과 수출 지원 그리고 매니저들의 교육을 제공했다.

15_아일랜드어로 '경제 성장'를 의미하는 '포르파스'는 1993년 아일랜드 〈산업발전법〉에 의해 1994년 1월 정부의 '기업·무역·고용부'(Department of Enterprise, Trade and Employment) 산하에 수립된 기업·무역·과학기술과 혁신을 위한 정책 자문 기구다. '포르파스' 산하에는 외국 기업 유치를 전담하는 IDA와 국내 토착 기업들의 지원 육성을 전담하는 EI가 있다. 그리고 2003년에는 다시 또 다른 산하 기구로 '아일랜드과학재단'(Science Foundation Ireland, SFI)을 설립했다. SFI는 바이오테크놀로지, 정보통신기술(ICT), 그리고 에너지와 에너지 기술을 위한 연구팀을 지원하는 조직이다. 2013년 12월에는 국가경제 위기를 계기로 '포르파스'의 조직의 효율성을 위해서 기업자문위원회의 많은 기능을 정부의 '고용·기업·혁신부'(Department of Jobs, Enterprise and Innovation)와 통합했다. 그래서 포르파스의 인력들이 그 부서의 핵심 정책 결정자로 자리를 잡았다("Forfás to be abolished," *The Irish Times* 2013/12/23).

서는 외국계 기업의 성장 속에서 토착 기업들은 쇠퇴하던 형상과는 대조적으로 1990년대 하이테크 산업의 성장에서는 토착 기업들도 놀랄 정도로 성공을 거두었다는 데 있었다.

왜 이런 현상이 발생했는가? 앞의 제3장에서 살펴보았듯이 1990년대에 토착 첨단 기업들이 성공할 수 있었던 이유는 아일랜드의 네트워크 발전주의 국가 때문이라고 할 수 있다. 1990년대 아일랜드 정부는 발전주의 국가 전략에 기초해 토착 기업을 육성하고 나아가 토착 기업과 외국계 기업들과의 연계 역할을 함으로써 토착 기업의 혁신 능력을 향상시키고 시장을 확대했던 것이다.

아일랜드 발전주의 국가는 먼저 IDA의 분화와 더불어 토착 기업 전담 기구를 수립하고 토착 기업을 육성 지원하기 위한 정책 자금을 강화했다. 또 무엇보다도 외국 기업과 토착 기업의 직접적 연계를 강화했을 뿐만 아니라 외국 기업은 IDA에서, 토착 기업들은 EI에서 지속적인 긴밀한 연계와 협의를 통해 기업들이 필요로 하는 것을 정책에 반영하고 적극적으로 지원했다. 또한 국가는 외국 기업과 토착 기업들의 육성을 위한 기술 인력의 양성과 공급에 결정적인 역할을 했다. 즉 정부는 주로 외국 기업들의 자문을 받아 그들이 필요로 하는 전문 기술 인력을 양성함으로써 첨단 산업 건설의 토대를 만들었다. 또한 국가는 산업과 기업 협회들, 대학 혁신 기술 센터들과 그 외 전문가 집단들 간의 긴밀한 네트워크를 창출하는 데 결정적인 역할을 했다(O'Riain 2011, 204-206).

그러나 1980년대 말에 등장한 토착 기업 육성 전략이 기존의 FDI에 기초한 발전 전략을 포기한 것은 아니었다. 오히려 1990년대 수립된 아일랜드 발전 모델은 FDI에 기초한 발전 전략과 토착 기업 육성 전략이라는 이중적 트랙의 병존을 의미했다. 이 모델은 단순히 두 전략의 병존을 넘어 글로벌-토착 기업들 간의 긴밀한 결합을 이용함으로써 글로벌 기업의 기술 파급효과와 안정적 시장의 확보라는 긍정적 측면이 충분히 발현될 수 있도록 했다.

어떻게 1980년대까지 지배적이었던 'FDI에 의존적인 발전 체제'에서 '토착 산업 육성을 위한 발전주의 국가'가 등장할 수 있었는가? 첫 번째로 그것은 1970년대 말부터 아일랜드 국가기구 내부에서 토착 산업에 대해 관심을 가지는 관료 집단들이 성장하기 시작했기 때문이었다. 이들은 앞서 살펴보았던 1980년대와 1990년대 "텔레시스 보고서", NESC 보고서, "컬리턴 보고서" 등의 작성에 중요한 역할을 했다. 이들의 성장은 1980년대 경제 위기와 더불어 FDI에 의존한 발전 모델에 대한 회의가 일기 시작했고 이와 함께 외국 기업 의존 전략에서 핵심 역할을 하던 IDA의 권위가 상대적으로 약화되는 배경에서 이루어졌다.

예를 들면, 1977년과 1981년 사이 경제계획관리부Department of Economic Planning and Management 장관인 마틴 오도노후는 케인스주의적 공공 지출 확대를 통해 아일랜드 경제를 발전시키려 했지만 실패했다. 이후 이 기구는 해체되었고 이 부서의 관료들은 수상부Departments of Taoiseach, 재무부, NESC로 자리를 옮기게 되었다. 주목할 점은 이들 신진 관료들이 나중에 NESC 등에서 노동 조직과 자본가 조직들을 비롯한 사회협약의 당사자들과 함께 국내 산업정책을 협의하고 새로운 방향을 제시하는 데 큰 역할을 했다는 것이다. 이것은 아일랜드 발전주의 국가가 단순히 관료의 의지만이 아니라 1980년대 후반 사회협약을 계기로 발전주의 국가를 지원하는 사회 세력들을 형성할 수 있었다는 것을 의미한다(Smith 2005, 132). 그러나 이들 토착 산업 육성을 지지하는 관료들은 1980년대 말까지 IDA의 권위와 이데올로기에 눌려 일명 '스컹크 작업'이라고 할 정도로 공식적 레이더망을 피해 국내 토착 산업의 발전을 위한 작업을 은밀히 수행할 수밖에 없었다(O'Riain 2011, 210; O'Riain 2004a, 183-184).

발전주의 국가가 수립될 수 있었던 두 번째 주요한 이유는 '아일랜드 컴퓨터서비스협회'icsa를 비롯한 국내 토착 자본의 발전을 지지하는 새로운 사회 세력들이 성장했기 때문이다. 아일랜드는 1970년대를 거치면서 외국계 기업들의 요구를 받아들여 새로운 기술 인력 양성에 힘을 기울였다. 이 과정에서 전문 기술 인력과 기능 인력들이 배출되었는데 이들은 외국자본에 일방적으로 의존한 발전에 대단히 비판적이었다. 왜냐하면 1980년대까지 외국계 기업들은 아일랜드에서 단순 조립 공정에만 초점을 두고 복잡한 부품의 생산이나 개발은 모국에 의존하는 경향을 보였기 때문이다. 그래서 전문 기술 인력들과 기능 인력들은 외국계 기업들이 제공하는 이런 단순 제조업 직종보다는 해외 이민을 선택하는 경우가 많았다. 이런 맥락에서 이들 신흥 기술직 사회 세력들은 토착 기업 지원 정책을 대체로 지지하는 편이었다(Wickham 1989; Horn 2009; O'Riain 2011, 212).

　1990년대에 아일랜드가 토착 산업 육성을 위한 발전주의 국가를 수립할 수 있었던 또 다른 주요한 요인은 EU 기금의 지원으로 인해 토착 기업 육성 프로그램에 대한 반대가 상대적으로 약했다는 데 있다(O'Riain 2004a, 191). 아일랜드는 EU 기금을 이용해 국내 대학의 연구 단체들과 여타 혁신 센터들 간의 네트워크를 형성할 수 있었다. 이것은 토착 산업 육성을 지지하는 세력들을 보다 손쉽게 형성할 수 있었다는 것을 의미한다.

　IDA의 힘이 상대적으로 약화되었다고는 하나 IDA의 제도적 힘은 토착 기업 육성을 강조하는 발전주의 기구들보다 훨씬 영향력이 강했다. 예를 들면 과학 혁신 정책을 관장하는 포르파스는 IDA 출신의 관료들이 지배적이었다. 또한 발전주의 국가 이데올로기가 공식적으로 대중들에게 인정을 받기에는 여전히 자유주의와 시장 개념이 우세했다. 이 때문에 심지어 발전주의 국가 전략을 추구하는 관료들조차 자신의 정책을 정당화하기 위해서 '자유시장'과 '자유기업'의 개념으로 포장하곤 했다. 이처럼 자유주의와 자유시장 개념의 담론적 우위는 아일랜드에서 발전주의가 성장하는 데 커다란 장애로 작용했다. 그러나 이런 여러 가지 장애들에도 불구하고 1990년대에 토착 기업 육성을 위한 발전주의 국가가 성장할 수 있었던 이유는 EU 차원에서 오는 펀드를 사용함으로써 반대를 손쉽게 피할 수 있었기 때문이다. 이들 'EU 구조 기금'은 1992년 유럽 단일시장의 수립을 염두에 두고 유럽 차원에서 주변 지역을 지원하는 펀드였다. 아일랜드의 과학 기술을 육성하기 위한 국가기구들은 이런 유럽 펀드에 많이 의존했다. 사실 기존 국내 첨단 산업 육성 혹은 대학 R&D에 대한 지원은 대단히 미미했다. 아일랜드는 국내시장이 너무 작아 토착 기술 발전을 위한 지원은 효율적이지 않다는 논리가 팽배해 있었기 때문이다. 그러나 EU나 OECD 연구 지원 등 해외 기금 지원은 이런 반대를 손쉽게 벗어날 수 있도록 했으며 결국 새로운 토착 산업 육성을 위한 국가기구들이 기존의 다른 국가기구들과 갈등이나 경쟁을 하지 않은 채 발전하는 데 크게 기여했다(O'Riain 2011, 211-213; O'Riain 2004a, 184; 186-187).

아일랜드의 발전주의 국가는 토착 기업의 육성, 토착 기업과 첨단 외국계 기업과의 연계, 연구 센터와 기업집단들 간의 연계 등을 통해 1990년대 '켈틱 타이거'의 고도성장을 이루었다. 그러나 이런 성과에도 불구하고 2000년대 들어와서 아일랜드 발전주의는 변형과 해체에 직면했다. 1990년대 산업정책 차원에서 성장하던 발전주의는 2000년대 들어 신자유주의 담론의 강화와 산업의 금융화로 인해 약화되고 주변화되는 경향을 보이기 시작했다(O'Riain 2010; 2011).

2000년대에 아일랜드 발전주의 국가가 해체되는 이유는, 먼저 아일랜드 경제가 수출산업의 경쟁력이 쇠퇴하고 국내 수요에 의존하는 구조로 변형되기 시작한 데서 찾을 수 있다. 2008년 말 미국발 금융 위기가 발

표 4-6 | 2000년대 산업별 고용구조와 소득 변화 추이

		2002년	2006년	변화율(%)
고용 (천 명)	농업	124	117	-5.6
	제조업	309	291	-5.8
	건설업	187	269	+43.9
	서비스업	1156	1362	+17.8
	총	1777	2039	+14.7
1인당 GDP		114.8	145.4	
1인당 GNI		99.3	125.2	
EU 27개국		100	100	

출처: CSO Quarterly National Household Survey(2003: 2007; 2008); Kirby(2010a, 34; 36).

생하기 이전에 아일랜드 경제는 겉으로는 여전히 고도성장을 하는 듯이 보였다. 〈표 4-6〉에서 보듯이 2006년 기준 아일랜드의 1인당 GDP는 EU 27개국 평균의 145.4% 수준까지 성장해 룩셈부르크를 제외하고는 가장 높은 수준을 보여 준다. 외국 기업의 이윤 해외 이전을 제외한 1인당 GNI 측면에서 보아도 아일랜드는 EU 27개국 평균보다 높은 125.2% 수준이며 이는 룩셈부르크·네덜란드·오스트리아를 제외하고 가장 높은 수준에 해당한다.

그러나 이런 양적 성장과 달리 아일랜드 경제는 2000년대 들어 변질되어 가고 있었다. 무엇보다 2000년대에는 1990년대 '켈틱 타이거'의 고도성장을 주도하던 제조업 중심의 수출산업이 상대적으로 쇠퇴하고 있었던 반면, 내수산업 특히 부동산과 주택건설 붐에 의존하는 경제로 바뀌었다. 수출의 증가율은 1995년에서 2000년 사이 연평균 17.6%이던 것이 2001년에서 2006년 사이에는 단지 4.9%로 줄었다. 더구나 2006년 공산품 수출의 가치는 2002년보다 감소했다. 그리고 국제수지 면에서도 2003년에는 균형을 이루던 것이 2006년에는 GDP의 약 3.3% 정도의 적자를 기록했다(FitzGerald 2007; Kirby 2010a, 35).

〈표 4-6〉의 고용구조 변화는 아일랜드 경제의 구조변화를 잘 보여 준

다. 2002년에서 2006년 사이 제조업 고용은 5.8%나 감소한 반면, 전체 고용은 14.7%나 증가했다. 그 이유는 공공서비스업의 고용 증가로 서비스업에서 고용이 17.8% 증가했을 뿐만 아니라 무엇보다 건설업에서 고용이 43.9%나 증가했기 때문이다. 요컨대 2000년대 아일랜드 경제는 1990년대 '켈틱 타이거'를 이끌었던 제조업에 기초한 수출산업은 쇠퇴하게 되었고 '부채에 기초한'debt-financed 국내 수요, 특히 부동산과 건설 붐에 지나치게 의존하는 경제체제로 변질되었던 것이다.

게다가 주목해야 할 점은 OECD의 분석에 따르면 제조업 고용 감소의 대부분은 하이테크 산업들에서 발생했으며 하이테크 산업의 쇠퇴가 다른 하위 부품 연계 산업들로 확산되었다는 데 있다(OECD 2006, 20). 1990년대까지 '켈틱 타이거'의 주요한 원인으로 작용했던 첨단 산업 부문 토착 기업들, 특히 컴퓨터 제조업과 관련 부품 업체들의 성장이 2000년대 들어 쇠퇴하기 시작한 것이다(O'Riain 2011, 199-200).

1990년대 큰 성공을 거둔 첨단 산업 분야 토착 기업들은 왜 2000년대 들어 정체하거나 쇠퇴하게 되었는가? 첨단 산업 토착 기업들의 쇠퇴 원인으로는 제7장에서 좀 더 구체적으로 살펴보겠지만 먼저 2000년대 들어오면서 사회협약의 성격이 고비용 구조로 변화했음에 주목할 필요가 있다. 사회협약의 주요 행위자들인 공공 부문 노조들이 임금 상승을 주도함으로써 국가 재정에 부담을 안겨 주었을 뿐만 아니라 토착 기업의 경쟁력을 저하시켰던 것이다. 1990년대 사회협약은 임금 인상을 자제하고 산업 평화를 가져옴으로써 기업들의 경쟁력을 높여 '켈틱 타이거'라는 고도성장을 이루는 데 크게 기여했다. 그리고 기업의 고도성장으로 국가 재정 수입원이 확대됨으로써 선순환 구조를 창출했다. 그러나 1987년 사회협약 이후 소득세 감면 및 일자리 창출에 대한 정치적 교환으로 이루어졌던 임금 인상 자제는 2000년대 들어오면서 더 이상 잘 작동하지 않게 되었다. 사회협약에 기초한 경제가 크게 성공을 거두자 노동자들 사이에 '성장의 과실을 공평하게 나눠야 한다'는 사회정의의 관점이 강조되면서 노동계에서 더 많은 임금 인상과 혜택을 요구하게 되었기 때문이다. 특히 공공 부문 노조들이 '공사 노조들 간의 균형'을 강조하면서 급격한 임금 인상을 주도했다(Kwon 2012b, 2013; Hastings et al. 2007).

결국 2000년대에는 사회협약을 성사시키기 위해 임금 인상과 복지 혜택 같은 더 많은 비용이 들었는데 이는 한편으로는 토착 산업의 임금 경쟁력을 낮추는 효과를 가지기도 했지만, 무엇보다 국가 재정에 더 큰 부담을 안겨 줌으로써 발전주의를 위해 사용될 재원을 축소시켰다. 게다가 사회협약을 위해 임금 인상 자제와 교환되던 소득세 감면 그리고 경기 진작을 위한 신자유주의적 법인세 감면 등으로 아일랜드 국가에서 발전주의를 위해 사용할 수 있는 공공 재원은 점점 축소되었다. 더구나 2000년대에는 이런 조세수입원의 감소를 상쇄하기 위해서 부동산과 건설 경기 붐에 의존함으로써 조세수입원이 기형화되었다. 결과적으로 1990년대 아일랜드 경제의 선순환 구조를 창출했던 사회협약 체제는 2000년대 들어 오히려 악순환 구조를 만들어 내는 매개물로 변질되었던 것이다. 이는 1990년대 '켈틱 타이거'를 구성한 제도적 조건들인 발전주의 국가와 사회협약 체제가 외부 충격이라고 할 수 있는 2008년 금융 위기 이전에 이미 국내 주요 행위자들 간의 정치에 의해 변질되었음을 의미한다.

한편 2000년대 아일랜드는 발전주의 국가 측면에서도 변화에 직면했다. 잠깐 살펴본 것처럼 2000년대 아일랜드 국가는 발전주의 정책을 추구할 수 있는 공공 재정을 확보하지 못했다. 1990년대 경제성장을 통해 얻게 된 이득을 2000년대에는 산업의 혁신과 업그레이드 그리고 사회의 안정적 재생산을 위한 발전주의 전략을 위해 사용하지 못했던 것이다. 2000년대 들어 투자가 거의 '건설 부문'이나 부동산 투기 부문으로 몰림으로써 아일랜드 경제는 위기에 봉착했다. 그러나 아일랜드 국가는 이런 기형적 투자를 제어하고 조절함과 동시에 보다 생산적 방향으로 투자를 유도하기보다는 오히려 적극적으로 건설 경기에 안이하게 의존하는 모습을 보여 주었다(Kirby 2010a, 35).

좀 더 구체적으로 보면, 아일랜드 국가는 국내 투자를 증진시키기 위해서 1998년 자본이득세capital gains tax를 기존의 40%에서 20%로 줄였다. 이 조치로 1998년에서 2007년 사이 아일랜드 금융기관의 총 대부는 약 466% 정도 증가했고 이로 인해 이 시기 아일랜드는 OECD 국가들 중에서 가장 높은 투자율을 보여 주었다. 그러나 2000년대 들어와서 이런 과도한 투자의 내용이 변질되기 시작했다. 대부분의 투자가 부동산 개발과 주택 금융으로 사용되었던 것이다. 이처럼 아일랜드 발전주의 국가는 산업의 혁신과 업그레이드를 위한 적극적 혹은 선별적 지원이 아니라 단순히 신자유주의적 조치에 기초한 규제완화와 세금 감면을 통한 성장을 추구함으로써 부작용을 낳았다(O'Riain 2010, 182).

또한 주어진 공공 재원을 어디에 어떻게 쓸 것인지의 문제에서도 2000년대에는 신자유주의적 담론의 영향력이 강화됨으로 인해 발전주의가 약화되었다. 아일랜드 첨단 산업 분야에서 아일랜드 토착 기업들이 쇠퇴한 주요한 원인들 중 하나는 1990년대 수립된 혁신 네트워크들이 2000년대 와서 신자유주의적 지배 구조의 영향으로 쇠퇴하기 시작했다는 데 있다. 예를 들면 2007년 12월 토착 기업을 전담하는 EI는 국내 토착 소프트웨어 기업 지원체인 NSD를 폐쇄하고 토착 기업들에 대한 데이터 제공을 멈추었다. 1990년대의 대표적인 산업 네트워크였던 '선진 테크놀로지 프로그램'The Programs in Advanced Technologies도 쇠퇴했다. '켈틱 타이거' 시절 토착 기업의 소프트웨어 산업은 아일랜드 발전 모델의 상징처럼 여겨져 왔다. 그러나 아일랜드 국가는 2008년 말 금융 위기 이전에 이미 자체 발전주의를 조용히 포기하는 양태를 보여 주었다(Breznitz 2012, 89).

　2000년대 아일랜드 발전주의의 변형 과정은, '연구 개발 네트워크'를 한층 더 발전시키려는 실천과 논의 과정에서 역설적이게도 신자유주의 담론과 거버넌스 논리가 득세함으로써 오히려 기존의 발전주의적 '협력 네트워크'가 쇠퇴하게 된 예에서 잘 나타난다. 1990년대 '켈틱 타이거' 시기 토착 기업들이 성장할 수 있었던 이유는 대학과 연구 센터들의 연구원들, 비즈니스맨, 국가 관료 그리고 기업 단체들 등으로 이루어진 소규모 단위의 혁신 네트워크들이 발전했기 때문이다. 그러나 1999년 이후 아일랜드는 혁신 산업 업그레이드 전략을 둘러싼 논쟁에서 영미식 신자유주의 모델이 지배적이게 되었다. 혁신 산업 업그레이드 과정에서 아일랜드는 1999년 '아일랜드과학재단'Science Foundation Ireland, SFI의 수립과 함께 기존의 탈집중적 네트워크 체제를 중앙 집중적 조정 체제로 바꾸었다. 그러나 중앙 집중 체제로 바뀌면서 펀드는 다소 늘었지만 역설적이게도 중앙 정부에서 지배적이던 신자유주의적 거버넌스 원리가 우세하게 되고 이와 더불어 시장주의적 경쟁 논리가 도입되면서 기존의 발전주의 네트워크가 쇠퇴하게 되거나 주변화되었다(O'Riain 2011, 201; 206).

　좀 더 구체적으로 살펴보면, 2000년대 아일랜드 정부는 자유시장 원리에 기초해서 '자립형 연구 센터들'self-sustaining research centers 간에 경쟁을 부추겼다. 새로 도입된 중앙 집중적 조정 체제하에서 자립형 연구 센터들은 국가에서 정한 목표를 충족시키고 스스로의 노력으로 살아남기 위해 시장에 팔 수 있는 자체 상품 개발에 주력해야 했다. 그러나 이런 경쟁적 시장 체제는 기초연구나 과학 정보 공유와 축적이라는 공공재 창출에는 부정적으로 작용했다. 연구 센터들은 한편으로는 연구자들 간의 네트워크와 협력을 통한 연구 역량의 축적이라는 공적 목표를 지니고 있었지만, 동시에 신자유주의적 논리로 자립형 체제를 구축하기 위해 산업체들과 직접적으로 경쟁을 하게 됨으로써 이들과의 긴밀한 협력 관계는 무너지게 되었던 것이다(O'Riain 2004a; O'Riain 2011, 207-208).

그런데 경쟁은 연구 센터와 산업체 간뿐만 아니라 정부 부처와 연구 기관들 간에도 심화됨으로써 이들 간의 긴밀한 협력을 통한 정보 공유와 협력적 혁신도 쇠퇴하게 되었다. 특히 펀드가 중앙 집중화되면서 중앙정부 관료들과 대학 행정가들 그리고 대학 연구원들 간의 긴밀한 상호 대화와 학습의 과정도 감소했다. 중앙에서 일방적으로 세워진 계획은 기존의 탈집중적 네트워크를 통한 단체와 조직들 간의 긴밀한 협력 관계를 없애는 효과를 가지게 되었다. 또한 대학들은 통합된 지원 프로그램인 '전략적 혁신 펀드'Strategic Innovation Fund를 따기 위해 서로 경쟁하는 가운데 지속적인 연구를 발전시키고 연구 성과를 축적하기보다는 기존 연구와 구별되는 새로운 프로젝트를 발주하는 데만 초점을 두게 되었다. 더구나 이런 상호 경쟁 속에서 대학들은 자율성을 잃고 정부의 정책에 우선적으로 집중하는 경향을 보여 주게 되었다(O'Riain 2011, 207-208).

결국 2000년대에 혁신 체제의 거버넌스에서 자유시장과 경쟁을 중심으로 한 신자유주의 담론이 지배적이게 됨으로써 1990년대 탈집중적 네트워크에서 연구원들과 혁신가들이 상호 연계를 맺고 아이디어를 공유하는 공적 공간들이 무너지거나 약화되었던 것이다. 1990년대 발전한 산업과 과학계 간에 상호 소통하는 공간들을 지원하던 프로그램들(예를 들면, '선진 테크놀로지 프로그램')은 폐쇄되거나 주변화되었다(O'Riain 2011, 209). 또한 연구원들 사이에서도 상호간 경쟁 구도가 심화되어 협력과 협의를 위한 논의 구조가 무너지게 되었다. 특히 리서치 펀드를 배분하는 과정에서 대학 연구 공동체와 독립 연구 기관들 간에 분열과 긴장이 조성되었다.[16]

왜 2000년대 이런 발전주의의 변형이 발생했는가? 왜 2000년대 이후 신자유주의 담론이 강화되었는가? 그 이유는 먼저 1990년대 아일랜드 발전주의는 사실 산업정책 부서들 차원에서 수립되었을 뿐 중앙 정당정치 차원에서는 여전히 신자유주의적 담론이 지배적이었기 때문이다. 1990년대 아일랜드에서 성장한 발전주의 국가는 한국·일본 같은 동아시아 발전주의 국가들에 비해 취약하고 한계를 가지고 있었다. 1980년대 경제 위기를 배경으로 FDI에 일방적으로 의존한 발전 체제에 대한 비판으로 '토착산업을 육성하자'는 담론이 힘을 얻으면서 발전주의 국가가 등장했지만 아일랜드가 FDI에 기초한 발전 전략을 포기한 것은 아니었다. 1990년대 수립된 발전주의 네트워크 체제는 1980년대까지 풍미하던 FDI에 일방적으로 의존하는 발전 모델을 손상시키지 않는 한도 내에서 EU 차원의 외부 펀드에 힘입은 바가 크다. 예를 들면, 심지어 발전주의 국가 전략을 추구하는 정부 관료들도 자신들의 정책을 주로 '스컹크 작업'으로 부를 만큼 은밀하게 추진하거나 혹은 발전주의 논리로 정당화하기보다는 '기업과 시장' 개념으로 정당화했다. 즉 발전주의 정책은 자유주의 경제 담론의 틀 안에서 정당화되었던 것이다(O'Riain 2011, 212-213).

아일랜드는 1990년대에도 결코 FDI에 의존하는 체제를 폐기한 것은 아니었다는 것이다. 오히려 IDA를 중심으로 하는 'FDI에 의존한 발전 모델'을 추동하는 세력들은 여전히 강고하게 자리를 잡고 있었다. IDA의 제

16_혁신 체제 거버넌스의 변화와 더불어 일어난 변화 중 지적해야 할 하나의 사실은 자유 경쟁 원리에 기초한 거버넌스의 변화로 인해서 이득을 본 것은 토착 기업들보다는 외국계 기업들이라는 것이다. 새로 설립된 SFI는 경쟁과 효율을 운영 원리로 삼았는데 이런 운영 원리하에서 외국계 기업들은 SFI 펀드를 받을 능력뿐만 아니라 SFI를 통해서 이루어진 연구를 흡수할 능력 면에서 토착 기업들에 비해 훨씬 유리했기 때문이다 (O'Riain 2011, 209).

도적 힘은 토착 기업 육성을 추진하는 발전주의 기구들보다 중앙정부에서 훨씬 강한 영향력을 가지고 있었다. 과학 혁신 정책은 '포르파스'가 관장했는데, 이 기구는 IDA 출신의 관료들이 지배하는 편이었다. 이 때문에 정부의 연구개발 지원에서도 IDA의 영향력이 지배적이었다(O'Riain 2011, 213).

결국 1990년대 아일랜드 발전주의 국가는 신자유주의적 담론과 동거하는 이중적 구조를 보여 주었다. 특히 중앙 정치에서는 신자유주의적 논리가 우세함으로써 발전주의 논리는 다소 '숨겨진 발전주의'의 형태를 취했다. 이것은 한국, 일본 같은 아시아 발전주의 국가에서 보이듯이 공적 영역에서 발전주의 논리가 공공연히 옹호되고 이와 더불어 산업 개발을 위해 공적 자금이 투자되는 것과는 대조적이라고 할 수 있다. 아일랜드에서는 1990년대 산업 차원과 '숨겨진' 부처에서 탈집중적 발전 네트워크가 성장했지만 공적 영역에서의 신자유주의 담론의 우위로 인해 2000년대에는 그나마 '숨겨진 발전주의' 요소들도 변모하기 시작했던 것이다(O'Riain 2011, 197-198).

특히 아일랜드 중앙 정치 무대에서는 신자유주의적 담론이 지배적이었는데 발전주의는 이 벽을 넘지 못했다. 야당인 피너 게일뿐만 아니라 집권 연합인 피어너 폴과 '진보민주당'Progressive Democrats도 신자유주의에 동조했는데, 특히 진보민주당은 신자유주의와 자유시장 원리를 강조했다. 피어너 폴은 포퓰리즘적 성향으로 인해 특별한 정치적 원칙을 표방하지는 않았지만 대체로 신자유주의 정책인 낮은 세금, 부동산 개발과 건설에 대한 인센티브 부여, 은행과 금융의 규제완화와 자유화 등에 동조했다(O'Riain 2011, 213). 사회협약과 발전주의는 자유시장에 기초해 국제경쟁력을 향상시켜야 한다는 이들 주요 정당들의 신자유주의 이데올로기로부터 심각한 도전을 받았다. 신자유주의 이데올로기에 기초한 이 정당들은 발전주의 프로젝트를 전혀 지지하지 않았다. 이들은 공공 지출을 축소하고 시장에 기초한 복지 논리로 사회적 배제를 강화했고, R&D와 혁신을 지지하는 데 효과적이었던 여러 제도들을 약화시켰다(O'Riain 2004a, 11).

2000년대 들어와 발전주의가 약화된 또 다른 이유는 중앙 무대에서 자유시장 담론의 우위뿐만 아니라, 1990년대 발전주의를 지지하던 내부 세력들 간의 분열과 긴장 때문이기도 하다. 그것은 사회협약의 변질과 관계가 있다. 1990년대 발전주의 국가는 산업정책 담당 관료들, 토착 기업들, 기능 인력들뿐만 아니라 사회협약 지지자들인 일반 노동자들 간의 계급적 연합에 기초해 있었다. 1990년대 사회협약은 임금 상승을 안정시키고 인플레이션을 억제했다는 점에서 발전주의와 '국가경쟁력 강화'라는 목표를 공유했던 것이다. 사회협약을 통한 임금 안정으로 기업들은 경쟁력을 회복했고 나아가 더 많은 일자리를 창출했다. 그러나 이런 연합 세력들은 2000년대 들어와서 상호 경쟁과 긴장으로 분열되기 시작했다.

발전주의와 사회협약 지지 세력들 간의 긴장은 먼저 2000년대 국가 재원을 두고 서로 경쟁하는 과정에서 나타났다. 아일랜드 사회협약 과정에서 노동자들은 임금 인상을 자제하는 대신 소득세 감면이라는 보상을 받았기 때문에 오히려 실질소득은 상승하는 이득을 보았다. 그리고 국가의 경우도 소득세를 감면해 주었지만 전체 국가 경제의 활성화로 인해 조세수입이 더 증가했다. 그러나 감세에 기초한 선순환 구조는 호황기에는 별 문제가 없었지만 불황기에는 조세수입원의 급격한 감소로 흔들릴 수밖에 없었다. 줄어든 국가 수입원을 두고 발전주의 부처 관료들과 사회협약의 노동자들 간에 경쟁이 발생했던 것이다. 이런 긴장은 이미 2001년에서 2002년 사이 미국 IT 산업의 버블 붕괴와 함께 나타나기 시작했다. 2001년과 2002년 글로벌 IT 산업 경제가 급격히 후퇴하자 아일랜드 경제도 성장률이 3%대로 추락했다. 이런 경제 상황의 변화는 먼저 국가 재정의 악화로 귀결되었다. 특히 공공 부문을 중심으로 사회협약 참여자들은 지속적으로 소득세 감면과 임금 인상을 요구함으로써 국가 재원을 두고 발전주의와 사회정의를 강조하는 사회협약파들 간의 경쟁과 긴장을 초래했다(O'Riain 2004a, 11; 63).

발전주의와 사회협약 간 긴장의 또 다른 측면은 1990년대까지 발전주의를 지지하던 토착 기업들과 기능 인력들, 그리고 사회협약의 중심 세력인 공공 부문 노조들과 일반 노동자들 사이에 발생했다. 1990년대 말까지 발전주의 계급 연합은 사회협약을 계기로 형성된 사적 부문의 기술직/전문직 중간계급과 공공 부문 노동자들의 연합에 기초해 있었다. 이들은 탄탄한 자금지원을 바탕으로 한 양질의 공공서비스와 사적 부문에서의 경쟁력 향상을 위해서 상호 협력했다(O'Riain 2010, 188).

그러나 2000년대 초반 이미 사회협약의 주요한 사회적 기반인 일반 제조업과 공공 부문 노동자들 그리고 첨단 IT 산업의 전문 기술인들 간에 갈등이 일어났고 이로 인해 새로운 사회협약을 수립하는 데 어려움을 겪기 시작했다. 사회협약의 최초 위기는 2001년경에 나타났다. 사회협약의 노동 측의 주요 조직인 공공 부문 노조들은 고도성장으로 인한 급격한 인플레이션과 주택 가격의 급등을 배경으로 임금 안정에 합의하지 않으려는 경향을 보였다(O'Riain 2004b, 47; Kwon 2013). 1990년대에는 국가의 위기 극복이라는 긴박감으로 인해 희생되던 것들이 1990년대 고도성장기를 거치면서 더 이상 양보되기 어려워졌던 것이다. 제7장에서 좀 더 구체적으로 살펴보겠지만 2000년대 사회협약은 공공 부문 노동자들이 임금 상승을 주도함으로써, '사회정의'에 초점을 둔 사회협약 세력과 경제성장에 초점을 둔 발전주의 세력 간에 긴장을 불러왔다.

결국 아일랜드 발전주의 국가는 2008년 금융 위기 이전에 이미 쇠퇴하는 모습을 보여 주었다. 이처럼 2008년 말 이후 가시화된 아일랜드의 위기는 단순히 미국발 금융 위기라는 외적 충격만으로 이해할 수 없고 이미 진행되고 있었던 발전주의 국가의 해체와 사회협약의 변화를 통해서만 이해될 수 있다.

제5장

아일랜드 노사관계의 역사적 변화

세계화 시대 아일랜드 발전 모델이 주목을 받은 이유는 단순히 '켈틱 타이거'로 불리는 고도성장 때문만은 아니다. 전 세계 정책 입안자들과 정치경제학자들이 아일랜드에 주목한 이유는 세계화를 배경으로 기존의 코포라티즘적 조정 자본주의는 쇠퇴하고 신자유주의적 자유시장 체제로 수렴할 것이라는 예상과 달리 아일랜드가 영국 대처리즘의 자유시장 체제와는 다른 코포라티즘적 사회조정을 통해서 경제적 성공을 거두었기 때문이다. 더욱 주목할 사실은 신자유주의적 수렴론을 비판하며 자본주의 다양성을 주장하는 신제도주의자들의 주장과도 달리 아일랜드는 영국과 유사한 다원주의적 이익대표 체계에 기초해 있어 코포라티즘적 조정을 위한 제도적 조건이 미비함에도 불구하고 사회적 조정에 성공했다는 것이다. 신제도주의자들의 예상처럼 '경로 의존적'으로 적응을 했다기보다는 '경로 혁신적' 전환을 이룬 것이다. 어떻게 이것이 가능했는가?

다음 제6장에서 제도적 조건이 미비함에도 불구하고 어떻게 아일랜드 사회협약이 수립되고 제도화되었는지를 살펴보기 이전에, 이 장에서는 아일랜드의 노사관계가 1987년 사회협약이 수립되기 이전과 이후 얼마나 어떻게 변했는지, 1987년 이전 체제는 어떤 체제라고 할 수 있을지 그리고 과연 1987년 이후 20년 가까이 지속된 사회협약을 이전 시기와 구별해 새로운 노사관계 체제라고 할 수 있는지를 비교역사적 시각에서 살펴볼 것이다.

1. 경로 혁신적 전환: 다원주의에서 사회협약으로

1987년 첫 사회협약을 수립한 이래 아일랜드는 2008년까지 약 3년 단위로 여덟 차례에 걸친 사회협약을 성공적으로 수립·유지했다. 이런 코포라티즘적 사회 협치 체제는 영국이 대처리즘을 계기로 급격히 비조정 자유시장 체제로 전환한 것과는 대조적이다. 전통적으로 아일랜드는 영국과 같이 다원주의적 이익대표 체계에 기초해서 사회적 조정을 시도했지만 실패했다. 홀과 소스키스를 비롯한 많은 신제도주의자들은 경로 의존성 이론에 기초해 '주어진 제도적 조건으로 인해 역사적인 경로를 강화하는 방향으로 적응할 것'이라거나 혹은 비교 제도 우위론에 기초해 각국은 '자국의 주어진 제도 이점을 살리는 방향으로 적응해 갈 것'이라고 주장한다(Hall and Soskice 2001). 이런 주장에 따르면 아일랜드와 영국은 다원주의적 자유주의 제도들로 인해 비조정 시장 체제를 강화하는 방향으로 움직일 것이라고 예상된다. 그러나 1987년 아일랜드는 영국과 다를 뿐만 아니라 자체의 전통적인 비조정 체제를 뛰어넘어 코포라티즘적 사회 조정

표 5-1 | 아일랜드 사회협약들

이름	약칭	기간	협약의 주요 내용	임금 합의 준수율(%)
국가재건 프로그램 (Programme for National Recovery)	PNR	1987~91년 (39개월)	•거시 경제 안정화 •국가 부채 축소, 조세원 확대 •매년 2.5% 임금 안정과 소득세 감면 교환	94
경제·사회 진보 프로그램 (Programme for Economic and Social Progress)	PESP	1991~94년 (36개월)	•PNR 협약의 기본 전략 유지 •지방 수준으로 협약 확장 •1년차 4%, 2년차 3%, 3년차 3.75% 임금 인상	93
경쟁력·일자리 프로그램 (Programme for Competitiveness and Work)	PCW	1994~97년 (36개월)	•임금 안정과 세금 감면의 이전 협약 기본 틀 유지 •고용 창출 노력	93
파트너십 2000 (Partnership 2000)	P2000	1997~2000년 (39개월)	•사회협약을 회사 단위로 확장 •사회 불평등과 소외 극복을 위한 프로그램	89
번영·공정성 프로그램 (Programme for Prosperity and Fairness)	PPF	2000~03년 (33개월)	•임금 안정과 세금 감면 기본 틀 유지 •정책의 초점을 거시 경제정책에서 노동 기술의 공급 측면 정책으로 이전	75
지속적 진보 (Sustaining Progress)	SP	2003~05년 (36개월)	•작업장 혁신을 위한 '미래형 작업장 포럼'(Forum on Workplace of the Future) 설립 •ICTU와 IBEC에 의한 공동 직업훈련 강화	87
2016년을 향하여 (Towards 2016)	T2016	2006~09년	•국가경쟁력 향상을 위한 10년간 사회협약 기본 틀 정립	
이행기 합의 (Transitional Agreement)	TA	2008년 10월~ 2009년 12월	•사적 부문에서 21개월 간 총 6% 임금 인상 •공공 부문에서 11개월의 임금 인상 자제 이후 총 6% 임금 인상 •고용 보장	12.5~50 (낮은 준수율)
크로크파크 합의 (Croke Park Agreement)		2010년 6월 ~현재	•공공 부문에서 정부와 노조 간 양자 협약 •공공 부문 임금과 서비스 개혁 연계 •더 이상 임금 삭감 없음 •더 이상 강제 구조조정 없음	진행 중
프로토콜 (Protocol)		2010년 3월 ~현재	•사적 부분에서 고용주 단체와 노조 간 양자 협약 •임금 협상을 위한 비공식적 가이드라인 •임금 동결	진행 중

체제로 전환을 했던 것이다. 이 절에서는 먼저 아일랜드 노사관계가 1987년을 기점으로 얼마나 변화했는지, 과연 1987년 이후 아일랜드를 코포라티즘적 사회 조정 체제라고 할 수 있는지를 양적·통계적 지표뿐만 아니라 비교역사적 분석을 통해서 살펴볼 것이다.

〈표 5-1〉에서 보듯이 아일랜드는 1987년 첫 사회협약인 PNR에서부터 노동 조직, 사용자 단체, 그리고 정부와 시민 단체들이 참여해 약 3년을 단위로 사회협약을 갱신하면서 임금 협상과 더불어 조세, 재정, 복지 및 산업 발전 정책 등을 포괄하는 광범위한 영역에서 거시 경제정책과 사

회정책을 조정해 왔다(O'Donnell and Thomas 1998, 125; Kirby 2010a, 43). 아일랜드 사회협약은 핵심적인 사회 파트너인 노·사·정뿐만 아니라 종교 단체, 실업자 단체 등 시민 단체들도 참여를 허용했다는 점에서 전통적인 코포라티즘보다는 다소 확장된 형태를 취하기는 하지만 여전히 핵심은 노·사·정을 중심으로 한 임금과 사회경제 정책의 조정에 있었다. 또한 1970년대 스칸디나비아 국가들의 코포라티즘 같은 사회민주적 복지와 임금 안정 간의 정치적 교환과 달리, 아일랜드 사회협약은 산업 경쟁력 향상과 일자리 그리고 생활수준 향상에 초점을 두었다는 점에서 '경쟁적 코포라티즘'의 형태라고 할 수 있다(Rhodes 1998; 2001; Roche 1994). 주목할 사실은 정치적 교환의 내용은 시기별로 달랐지만 아일랜드는 1987년 첫 사회협약인 PNR 이후 자체의 전통적인 영국식 탈집중적 시장 체제에서 벗어나 사회경제 정책에 대한 노·사·정 협의에 기초한 코포라티즘적 사회 조정 체제를 수립했다는 것이다.

아일랜드 사회협약에 대한 이런 평가는 기존의 비교정치경제 문헌들과 대조적이라고 할 수 있는데, 기존의 문헌들은 대부분 1980년대까지의 경험적 자료에 기초해서 아일랜드를 영미식의 비조정적 자유시장 체제로 분류하고 있기 때문이다(Soskice 1999; Hall and Soskice 2001; Hall and Gingerich 2004). 아래에서는 먼저 1987년 이후의 아일랜드 사회협약 체제가 얼마나 코포라티즘적 조정 체제에 가까운지를 분석한다.

어떤 노사관계 체제가 코포라티즘이라고 할 수 있는지 아닌지를 평가하기 위해서 학자들마다 여러 가지 상이한 분류 척도들을 제시해 왔다. 그러나 초기 코포라티즘 문헌에서는 주로 이익대표 체계의 조직들이 포괄적인지 아니면 경쟁적으로 다원화되어 있는지, 혹은 노동총동맹 같은 정상 조직들이 하위 조직에 대해 충분한 권위를 가진 위계적 체계인지 아닌지로 구분하는 경향이 있었다(Schmitter 1979; Schmitter 1981). 코포라티즘 조정 체제란 주요한 사회경제 정책들이 시민사회 내 주요 그룹들과 정부의 긴밀한 협의하에 조정되는 체제를 의미한다. 코포라티즘적 국가는 임금 결정과 같은 사적인 시장 계약 관계에 직접 영향력을 행사하는 반면, 시민사회 내 노조와 고용주 단체들은 조세, 고용 창출, 복지 같은 공공 정책에 영향을 미친다. 노조와 고용주 단체들은 공공 정책의 결정 과정에 직접적으로 참여하는 대신에 합의된 정책의 실행을 위해 내부 구성원들의 적극적인 지지를 유도함으로써 국가와 협력한다. 이런 코포라티즘적 사회 조정을 위해서는 노조와 고용주 단체의 권위가 중앙 집중화되어 있어야 하고 노조와 고용주 단체들이 다원화 혹은 파편화되어 있는 정도가 작아야 한다. 유럽에서 코포라티즘적 조정이 잘 이루어지는 대표적인 국가들로는 스웨덴·덴마크·노르웨이 같은 스칸디나비아 국가들과 오스트리아·스위스 같은 소국들을 들 수 있다.[1]

그러나 필립 슈미터와 같은 전통적 코포라티즘 학자들이 강조하는 포괄적 조직과 위계적 조직 구조와 같은 이익대표 체계는 코포라티즘을 위한 제도적 조건이지 코포라티즘적 조정 그 자체라고 할 수는 없다. 코포라티즘적 사회 조정이 잘 이루어지는지를 측정하기 위해서는 슈미터와 같이 이익대표 체계의 조직 구조에 초점을 두기보다는 실질적인 정책 조정의 양태와 정도를 평가하는 것이 중요하다. 코포라티즘적 사회 조정 체제를 실질적인 정책 조정이라는 측면에서 평가하기 위해 주목해야 하는 것은 크게 두 가지 차원이다.[2] 첫째는 사회경제 정책의 협치 수준degree of

---

1_1980년대 대표적인 코포라티즘의 논의를 보기 위해서는 다음의 문헌을 참조. Schmitter and Lehmbruch eds.(1979); Lehmbruch and Schmitter eds.(1982); Berger ed. (1981); Goldthorpe ed.(1984); Katzenstein(1985).

policy concertation이고 둘째는 노사관계에서의 조정coordination of industrial relations이다. 전자는 사회경제 정책을 수립하고 집행하는 데 노조와 고용주 단체 같은 시민사회 내 주요 사적 이익집단들이 (준)공적 지위para-public status를 부여 받고 공식적이고 정규적으로 정책 결정 과정에 참여하는 정도를 의미한다. 후자인 노사관계의 조정은 노사관계 주요 행위자들 간의 실질적인 조정을 의미하는 것으로 대표적인 사례는 임금 협상과 생산조직을 둘러싼 집단적 협상과 조정이라고 할 수 있다. '사적 집단들이 (준)공적 지위를 가지고 정책 과정에 공식적으로 참여하는 정도'와 '노사관계의 실질적 조정의 정도'를 파악하기 위해서 본 연구는 이 분야에서 국제적으로 권위 있는 '암스테르담노동연구소'AIAS의 '노조·임금결정체계·국가개입·사회협약의 제도적 특성 관련 데이터베이스'ICTWSS 데이터를 사용한다.[3]

먼저 사적 조직들인 노조와 고용주 조직들에게 (준)공적 지위를 부여해 공공 정책 결정 과정에 참여하게 하는 것은 코포라티즘적 사회 조정의 가장 두드러진 특징으로 자유주의적 원리와는 대별된다. 흔히 자유민주주의 체제에서 이익의 대표는 개인들에게 부여되고 이들의 투표에 의해 권위를 위임받은 공적 조직, 즉 정부만이 공적인 지위를 가지고 사회경제 정책을 결정하고 책임을 진다. 사적 이익을 추구하는 집단은 이런 공적 지

2_이 부분은 Kwon(2013) 등을 참조해 확대 보충했음.

3_암스테르담노동연구소의 ICTWSS는 노사관계 관련 가장 최신의 정보를 보유하고 있는 가장 포괄적인 데이터베이스 중 하나다. 이 데이터베이스는 1960~2007년까지 OECD 34개국의 노조, 임금 책정, 국가 개입, 사회협약과 관련해 연간 통계를 축적하고 있다. 한편 코포라티즘 체제 국가들에 대한 경험적 측정으로는 Siaroff(1999)도 참조.

그림 5-1 | 사회 파트너들의 정책 결정 참여 정도 변화

국가		연도									
		1962	1967	1972	1977	1982	1987	1992	1997	2002	2007
자유 시장 경제	미국				0						
	영국	0		1			0				
	아일랜드			0				1		2	0,5+
조정 시장 경제	독일	1		2		2	1			1	
	스웨덴					2					
	노르웨이	1				2					

주: *는 2009년 '사회 파트너십을 통한 국가 재건 조치들' 이라는 협약이 실패한 것을 반영함.
　　사회경제 정책 결정 과정 참여 지수:
　　2 = 사회경제 공공 정책 결정 과정에 (예를 들어 사회위원회, 특별위원회, 혹은 의회심의 전(前) 단계 과정을 통해서) 노조와 고용주들이 일상적으로(routinely) 참여함.
　　1 = 사회경제 공공정책 결정 과정에 노조와 고용주들이 불규칙적으로 때때로(occasionally) 참여함.
　　0 = 사회경제 공공정책 결정 과정에 노조와 고용주들이 거의 혹은 전혀(not or nearly never) 참여하지 않음.
출처: ICTWSS database.

위를 부여 받을 수 없다. 따라서 자유주의 체제에서는 이런 공적 영역과 사적 영역이 철저히 구별된다. 반면 코포라티즘적 체제에서는 사적 이익 집단에게 일종의 대표성을 부여하고 공적 정치와 사적 영역이 상당히 겹치는 경향이 있다. 즉 코포라티즘적 사회 조정에서는 시민사회 내 단체 협상과 정부의 사회경제 정책이 직접적으로 연결된다. 정부는 임금 책정 등 자유주의 체제라면 사적 영역으로서 시장 기제를 통해 자율적으로 해결해야 할 이슈들에 대해 적극적으로 개입하고 영향력을 행사하는 반면, 노조와 고용주 단체는 반대급부로 조세, 고용 그리고 거시 경제정책 등 공공 정책에 직접적인 영향력을 행사한다(Roche 1994, 129; Schmitter 1979, 129).

　　이런 코포라티즘적 사회 조정 모델은 자유주의 혹은 자유방임 국가 체제와 구별된다. 앞에서 언급했듯이 자유주의 체제에서는 공적 영역과 사적 영역이 엄격히 구분되어 공공 정책 결정 같은 공적 영역에 사적 조직들은 공식적으로 참가할 수 없다. 자유주의 국가에서 사적 이익집단들은

대표성도 없고 공적인 책임성도 없기 때문이다. 사적 조직들은 다만 공적 결정에 직접적인 참여나 영향력을 행사하기보다는 간접적으로 로비를 할 뿐이다. 자유주의에서는 아무리 민주적인 권력이라 하더라도 시장에서 이루어지는 자유계약 같은 사적 영역에 개입할 수 없다. 국가는 다만 시민 사회 내에 자유계약이 작동하기 위한 법적 조건만을 제시할 뿐이다.

〈그림 5-1〉에서 보듯이 전통적으로 코포라티즘이 강하고 조정 시장 자본주의라고 할 수 있는 나라들인 노르웨이, 스웨덴, 독일은 노조와 고용주들이 정규적이고 일상적으로 사회경제 정책 결정 과정에 참여한다. 반면 전통적으로 자유주의 국가들이자 자유시장경제 국가들인 영국과 미국의 경우는 공적 영역과 사적 영역의 엄격한 분리하에서 사적 조직인 노조와 고용주들은 공공 정책 결정에 '거의 혹은 전혀' 참여하지 않는다.

여기서 주목해야 할 점은 아일랜드의 변화다. 〈그림 5-1〉에서 보듯이 아일랜드는 1987년 이전에는 영국과 같이 자유주의적 전통하에서 노조와 고용주 단체들은 공적 영역의 정책 결정 과정에 거의 혹은 전혀 참여하지 않았다. 그러나 1987년 이후 아일랜드는 점점 더 코포라티즘적 요소를 띠기 시작했다. 즉 1987년 이후 사회 파트너들인 노조와 고용주 단체들을 비롯한 주요 시민 단체들(실업자 단체와 종교 단체 등)은 점점 더 정규적이고 일상적으로 공공 정책 결정에 참여하게 되었고 이것이 제도화되었다. 결국 사회 파트너들이 공공 정책 결정 과정에 정규적으로 참여하게 되었다는 점에서 아일랜드는 기존의 자유주의 체제에서 코포라티즘적 사회 조정 체제로 전환했다고 할 수 있다.

다음 절에서 좀 더 상세히 살펴보겠지만, 아일랜드는 1987년의 전환 이전에는 전통적으로 영국과 같이 자유주의 전통하에서 공적 영역과 사적 영역이 엄격히 분리되어 있었다. 그래서 노조와 고용주들은 공적 영역인 사회경제 정책 결정에 거의 참여할 수 없었다. 또한 정부도 사적 영역인 임금 협상에 직접적으로 참여하기 어려웠다. 임금 협상은 사적이고 자발적인 영역이지 국가가 개입해서는 안 되는 영역으로 간주되었다. 그뿐만 아니라 노사 간의 집단 협상이 1987년 이후 흔히 보이듯이 국가의 경제발전 계획이나 사회정책과 연계하에서 이루어지지도 않았다(Chubb 1980, 8; Roche 1994, 127-129; 140-143).

심지어 1987년 첫 사회협약이 이루어질 때조차 집권당인 피어너 폴을 제외한 피너 게일, 진보민주당, 그리고 심지어 노동당 등 주요 정당들은 당시 협약이 '지나치게 코포라티즘적'이라고 비판했다(Hastings et al. 2007, 54). 그들의 주장은, 사회협약은 공적인 대표성과 책임성이 부재한 사적 이익집단들이 공공 정책 결정 과정에 참여함으로써 민주주의를 위협한다는 것이었다. 그러나 이후 첫 사회협약(PNR)의 성공으로 인해 1990년과 1997년 사이 두 협약 — '경제·사회 진보 프로그램'PESP과 '경쟁력·일자리 프로그램'PCW — 을 거치면서 코포라티즘적 사회협약이 국가 경제와 사회 통합에 대단히 긍정적이라는 인식이 확산되었고 이로 인해 거의 모든 정당들이 사회협약을 지지하는 쪽으로 변화했던 것이다.

한편, 코포라티즘적 사회 조정의 또 다른 주요한 측면은 사회 파트너들 간의 실질적 조정actual coordination이다. 특히 사회적 조정에서 가장 주요한 이슈는 주요 코포라티즘 문헌들이 주목하듯이 고용주와 노동 간의 노동조건을 비롯한 집단적 임금 협상이다. 임금 협상에서 조정은 첫째, 노조와 고용주 단체 같은 주요 행위자들에게 집단적 임금 책정의 의사가 있는지, 둘째로는 주요 행위자들이 실제 합의안을 준수하는지에 의해 결정된다. 이런 의미에서 사회적 조정의 정도는 전통적인 코포라티즘 문헌들이 보여 주듯이 노조와 고용주 단체들의 중앙 집중화 정도와 동일하지 않다(OECD 2004, 129-130). 정상 조직에 의한 협상의 중앙 집중성은 집단적 조정을 수월하게 하는 제도적 조건들 중 하나이지 조정의 정도 자체는 아니다. 이익대표 체계가 중앙 집중적이지 않다 하더라도 실질적으로 조정이 뛰어난 사례는 흔히 볼 수 있다.

예를 들면 일본·스위스·독일·네덜란드 같은 나라들에서 임금 협상은 탈집중적인 차원에서 이루어지지만 경제 전반에 걸친 조정력은 대단히 높다(Traxler et al. 2001, 169-173; Soskice 1990, 41; 43-44; Kenworthy 2001a; 2001b). 일본과 스위스의 임금 협상은 주로 영국이나 미국과 같이 개별 기업 단위에서 주로 이루어진다. 그러나 두 국가에서는 케이레츠 Keiretsu 혹은 고용주 단체들의 강력한 네트워크로 인해서 경제 전반에 걸쳐 높은 정도의 조정을 보여 준다. 한편 독일과 네덜란드도 임금 협상의 중앙 집중도는 높은 편이 아니지만 조정력은 상당히 높은 편이다. 독일과 네덜란드에서 임금 협상은 주로 산업별로 이루어진다. 그러나 주요 산업의 임금 협상 내용이 전 산업의 임금 협상에 암묵적으로 영향을 미친다. 그래서 독일과 네덜란드는 산업 차원에서 노사 협상이 이루어지지만 경제 전반에 걸친 조정력이 대단히 높다.[4]

결국 어떤 경제체제의 실질적인 작동 원리를 이해하기 위해서는 이익대표 체계의 집중도가 아니라 실질적인 조정이 얼마나 이루어지고 있는지

4_이익대표 체계의 집중도와 조정력이 같지 않음을 지적한 대표적인 학자는 소스키스다 (Soskice 1990). 소스키스의 주장은 라스 캠포스와 존 드리필의 유명한 '낙타 등 테제' (hump-shaped relationship thesis)에 대한 비판으로 제기되었다. '낙타 등 테제'의 핵심은, 임금 협상이 중앙 집중화되어 철저한 조정을 하거나 탈집중화되어 전혀 조정을 하지 않고 시장에 맡기는 경우에는 경제적 성과가 좋은 반면, 중앙 집중도가 어중간한 경우는 경제적 성과가 가장 낮다는 것이다. 그러나 소스키스는, 캠포스와 드리필의 설명력이 다소 떨어지는데 그 이유는 협상의 중앙 집중도와 실제 조정력을 혼동했기 때문이라고 지적한다. 예를 들어, 일본이나 독일은 중앙 집중도는 낮지만 조정력은 높은데 캠포스와 드리필은 이런 예외를 보지 못했다는 것이다.

에 주목할 필요가 있다. 이익대표 체계의 집중도는 조정을 위한 주요한 하나의 조건이긴 하지만 조정 그 자체는 아니기 때문이다. 그러나 문제는 켄워디가 지적하듯이 실질적인 조정의 정도를 측정하는 것이 대단히 어렵다는 것이다(Kenworthy 2001a; Kenworthy 2001b). 켄워디는 실질적인 조정의 정도를 측정하기 위해서 다음 두 가지 지표를 제시한다(Kenworthy 2001a). 그것은 첫째, 임금 협상의 적용 범위로서 임금 합의안의 적용을 받는 노동자의 비율과 둘째, 합의한 협상안을 준수하는 비율로 회사나 노조들이 합의안을 따르는 정도를 의미한다. 그러나 이런 구체적인 지표를 나라별로 구하기란 대단히 어렵다. 최근에 가장 광범위한 임금 협상에 대한 자료를 수집한 켄워디와 암스테르담노동연구소의 ICTWSS(2009)의 경우도 실질적인 조정의 정도라기보다는 임금 협상의 구조적 특성의 지표로 대신한다. 이들이 만들어 낸 임금 협상의 구조적 특성에 대한 지표는 '임금 협상의 제도적 특성들이 높은 정도의 조정을 야기할 것으로 예상되는 기댓값'이다(Kenworthy 2001a). 즉 이들의 지표도 실질적인 조정의 정도를 의미하지는 않는다. 예를 들어 ICTWSS 데이터에 따르면 1970년대와 1990년대 아일랜드 임금 협상에서 조정의 정도는 모두 4 혹은 5다. 그러나 실제 아일랜드의 1970년대와 1990년대는 사회적 조정이란 측면에서 결코 동일하지 않다. 아래에서 좀 더 자세히 살펴보겠지만, 1970년대는 전국적 단위에서 임금 협상을 했다는 점에서 1990년대와 유사할지 모르지만 모두가 동의하듯이 1970년대 임금 협상에서 조정은 거의 실패했다.

　따라서 본 연구에서는 기본적으로 가장 최근의 광범위한 임금 협상 데이터를 보여 주는 암스테르담노동연구소의 ICTWSS 데이터를 이용하되 좀 더 실질적인 조정 수준의 변화를 보기 위해서 '합의안 준수율'을 참고해 '조정의 성패 여부'를 고려하기로 한다. 여기서 조정의 실패란 주요 행위자들이 조정의 의도를 가지기는 했지만 실제 과정에서 하부 단위 조

그림 5-2 | 임금 협상 조정 정도의 변화(1960~2010년)

국가		연도									
		1963	1968	1973	1978	1983	1988	1993	1998	2003	2008
자유 시장 경제	미국	1		2.5*				1			
	영국	1	2.5*	1 2.5* 1	2 2.5*			1			
	아일랜드	1		2 1	2 1 2	2	4		5		3
조정 시장 경제	독일					4				3.5*	
	스웨덴	5				4 3 4 3	4 5 4	3			
	노르웨이	4 5 4 5 4 5 4 5 4 5	4	5 4	5	4	3	5	4 2 2.5*	5	4 3 5 4

주: 임금 협상 조정 정도의 값.

임금 협상에서 실제 조정의 가중치는 아래 ICTWSS 점수에 조정의 실패(0.5)와 성공(1)의 값을 반영함.

5 = 경제 전반에 걸친 협상(Economy-wide bargaining): a) 전 경제에 혹은 사적 경제 전체에 영향을 미칠 수 있는 노조와 고용주 정상 조직들 간에 이루어진 강제력 있는 합의안(enforceable agreements)이거나 혹은 b) 임금 스케줄, 임금 동결 혹은 임금 상한제 등 정부가 부여한 강제 안의 형태를 가진다.

4 = 산업과 경제 전반에 걸친 협상의 혼합형(Mixed industry and economy-wide bargaining): a) 전국 단위의 노사 정상 조직들이 강제력이 없는 합의안 혹은 가이드라인을 도출하거나 혹은 b) 주요 노조와 고용주 단체들이 전 경제에 영향을 미치는 임금 책정 패턴을 형성해 조정하는 것을 의미한다.

3 = 임금 책정의 패턴이 없거나 패턴이 불규칙한 산업 차원의 협상(Industry bargaining)으로서 중앙 조직들의 개입이 제한되어 있고 회사 수준의 협상을 위한 자유도 제한되어 있다.

2 = 산업과 회사 수준 협상의 혼합형(Mixed industry- and firm- level bargaining)으로서 산업 수준의 합의안은 강제력(enforceability)이 약하다.

1 = 위의 협상 방식 어디에도 속하지 않고 대부분 회사 수준의 파편화된 협상들이 주를 이룬다.

출처: ICTWSS database에 기초해 실패/성공 값을 반영.

직들이 임금 협상안을 준수하지 않거나 혹은 '임금 유동'(평균 임금 인상률을 웃도는 개별 기업 수준의 임금 상승 경향)이 발생한 경우를 의미한다. 이에 따라 본 연구에서는 임금 협상의 실질적 조정 정도를 다음과 같이 측정한다.

실질적인 조정의 정도 = ICTWSS/켄워디의 조정 점수 × 0.5(실패의 경우)

혹은 1(성공의 경우)

여기서 실질적인 조정의 정도란 주요 행위자들이 임금 협상 등 주요 이슈에 대해 직접적인 조정의 의사를 가지고 어느 정도 수준과 포괄 범위에서 조정을 시도하는지 그리고 실제로 조정에 성공했는지 아니면 실패했는지를 의미한다.

〈그림 5-2〉에서 보듯이 선진 자본주의국가들은 임금 협상 방식에서 다양한 적응 방식을 보여 준다. 이것은 먼저 '세계화와 더불어 자유시장 모델로 수렴할 것'이라는 신자유주의적 예상이 현실과 다름을 보여 준다. 미국과 영국을 비롯한 '자유시장경제 체제'에서는 사회적 조정을 시도하지 않거나 설사 시도했다 하더라도 대부분 실패했다. 1970년대 미국과 영국에서는 소득정책을 통해서 임금 조정을 시도했지만 1980년대 이래 경제 전반에 걸친 임금 조정 자체를 완전히 포기하고 탈규제와 자유시장 체제를 강화했다. 반면 스칸디나비아 국가들과 독일 같은 유럽 대륙의 국가들은 여전히 높은 조정력을 보여 주었다. 이런 다양한 적응 방식들에는 일차적으로 국내 이익집단들의 조직 구조라는 제도적 조건이 중요한 영향을 미쳤다. 그러나 유사한 제도적 조건하에서의 1980년대 영국의 대전환, 1980년대 이후 강한 코포라티즘적 제도에도 불구하고 조정에 실패한 스웨덴, 그리고 무엇보다 영국과 유사한 자유주의적 다원주의 제도에 기초한 아일랜드가 높은 수준의 사회 조정 체제로 전환한 경우를 고려한다면 단순히 제도적 조건의 존재 여부만으로는 다양한 적응 방식을 설명하기 어렵다. 향후 자세히 살펴보겠지만 본 연구는 이에 대한 대안으로 제도에 기초해 이루어지는 주요 행위자들의 정치와 이 과정에서 일어나는 주요 행위자들의 인식 변화에 분석의 초점을 둘 것이다.

먼저 주목할 사실은 자유주의적 다원주의 국가들은 제도적 조건으로 인해 사회적 조정에 실패하는 경향을 보여 준다는 것이다. 영국·미국 같은 자유시장경제 국가들은 전통적으로 코포라티즘 국가들보다는 낮은 노조 가입률, 파편화된 다원주의적 노조 조직 방식, 정상 조직의 권위 취약성 그리고 낮은 임금 협상 조정 수준 등의 제도적 특징을 가지고 있다. 이런 다원주의적 자유주의 국가들도 1970년대까지는 집단주의적 조정을 시도하지만 이내 실패하고 곧 그 반동으로 탈규제를 강화하고 신자유주의적 시장경제 모델로 전환하게 된다. 구체적으로 보면, 미국의 경우는 전형적으로 낮은 노조 가입률, 탈집중화된 회사 단위의 임금 협상, 사적 행위자들 간의 자율적 협상과 국가 개입 부재를 특징으로 하며 전반적으로 사회적 조정이 부재하다. 그러나 이런 신자유주의적인 비조정적 자유 시장 모델은 유럽 조직 자본주의의 경직성에 대한 대안으로 세계화와 더불어 1990년대 들어 가장 효율적인 모델로 부상했다(Du Caju et al. 2008, 27-28; Siebert 1997; OECD 1994; OECD 2004, 130-134).

또한 영국의 경우도 전후 '집단주의'collectivism에서 1970년대 말 대처리즘을 계기로 탈규제 개인주의deregulated individualism로 전환했다. 전후 영국 정부도 1970년대까지 미국처럼 소득정책을 조정하려는 노력을 기울였다. 그러나 영국도 전통적으로 국제주의적 성향을 지닌 금융자본의 강한 영향력, 노사 정상 조직들의 위계적 권위의 부재, 고용주 단체와 노조들의 다원적 경쟁 구도 때문에 사회적 조정 시도가 번번이 실패했다. 이것은 스칸디나비아 국가들과 오스트리아 등 코포라티즘 국가들이 전후 성공적인 임금 조정을 통해서 안정적인 경제성장을 이룬 것과는 대조적이었다. 영국의 사례는 타국과의 비교적 시각에서 중요한 참고가 되기 때문에 좀 더 상세히 살펴보자.

전후 영국 정부의 소득정책 조정 시도는 크게 세 차례로 요약된다. 첫 번째 시도는 1964년 노동당 정부가 새로운 투자와 현대적 기술개발을 위해 새로운 산업정책을 도입하면서 영국노총TUC의 자발적 임금 인상 자제 합의를 이끌어 냄으로써 이루어졌다. 그러나 이 시도는 하부 노조들이 정상 조직인 TUC의 임금 합의안을 따르지 않으면서 실패했다. 두 번째 시도는 1973년 히스 정부의 반인플레이션 정책의 일환으로 이루어졌지만 탄광 노조의 반대로 실패했다. 이후 세 번째 시도는 1975년과 1976년 노동당 정부에 의한 '신사회 계약'New Social Contract하에서 잠시 성공의 조짐을 보였지만 이내 1978년과 1979년 '불만의 겨울'Winter of Discontent로 불리는 노동자 대투쟁으로 인해 실패로 끝나고 만다. 결국 영국은 1979년 '불만의 겨울'을 계기로 대처의 신자유주의가 득세하게 되었고, 이후 영국은 당시까지 추구하던 집단적 조정 자체를 완전히 포기하게 된다(Scharpf 1987, 71-88; Soskice 1990, 46-47; 58).

영국이 이처럼 1960년대와 1970년대 계속해서 집단적 조정을 추구했지만 실패한 이유는 먼저 영국 자본의 고유한 조직적 특성 때문이다. 독일 자본 조직과 달리 영국 자본 조직은 전통적으로 금융자본과 산업자본의 분리, 금융자본의 우위, 금융자본의 국제적 성향이라는 특성을 가지고 있었다. 그런데 영국 국내 정치에서 지배적 영향력을 행사하던 금융자본의 이익은 '강한 파운드'를 유지하는 데 있었기 때문에 인플레이션을 부추기는 재정팽창 정책은 지속성을 가질 수 없었다(Hall 1986, 248-254). 그 결과 전후 영국의 경제정책은 '스톱-고 정책'으로 특징지어진다. 여기서 '스톱-고'는 경기후퇴에 대한 대응으로 정부가 케인스주의적 재정팽창 정책을 펴지만 결국 인플레이션 압력 때문에 제대로 실효도 보기 전에 조기에 포기하는 것을 의미한다. 케인스주의적 재정팽창 정책이 제대로 작동하기 위해서는 임금 안정을 통해 인플레이션을 막을 수 있어야 하는데 영국은 임금 책정이 사회적으로 조정되지 않았기 때문에 재정 팽창으로 인한 인플레이션을 조절할 수 없었던 것이다. 결국 인플레이션은 수입의 증가와 경상수지 적자, 자본의 해외 유출을 야기함으로써 재정팽창 정책은 지속될 수 없었다.

그러나 1960년대와 1970년대 영국 정부의 계속된 소득정책 조정 시도가 실패한 더 중요한 이유는 무엇보다 영국 노동운동의 조직 구조에 있었다. 영국의 경우 노조 가입률은 독일보다 높은 편이지만 노동운동 내부의 조직 구조가 일반 노조뿐만 아니라 다양한 전문직과 직능별 노조들로 파편화되어 있어서 이들 간 상호 경쟁으로 인해 집단적으로 통일된 조정을 하기가 어렵다. 이에 비해 독일의 노동 조직은 산업별로 단순하게 조직되어 있어서 사회적 조정이 상대적으로 용이하다. 게다가 정상 조직인 영국의 TUC는 오스트리아나 스웨덴의 노조 정상 조직과 비교하면 권위가 매우 낮은 편으로 하위 노조들에 대한 조정 능력이 미미하다. 이는 예를 들어 오스트리아노총OGB은 법적·재정적 독점권을 가지고 있지만 영국의 TUC는 전국적 합의안을 하위노조들에 강제할 수단이 거의 부재하기 때문이기도 하다. 결국 1960~70년대 영국에서 전국적 임금 협상안이 번번이 실패한 이유는 이처럼 TUC의 권위 부재와 노동 조직의 파편화로 인해 하위 노조들이 TUC의 권고안을 전혀 따르지 않았기 때문이었다(Kenworthy 2001a, 69; Scharpf 1987, 187-88).

한편 영미와 달리 전통적으로 코포라티즘이 강한 나라들은 1980년대와 1990년대 세계화의 진행 속에서도 여전히 자유시장보다는 사회적 조정을 통한 적응 방식을 보여 주었다. 그러나 주목할 사실은 이들이 단지 신자유주의의 수렴론과 달리 다양한 형태의 자본주의 체제를 보여 준다는 것만이 아니라 신제도주의의 경로 의존성 주장과 달리 전통적인 조정적 시장 체제 국가들 내부에서도 새로운 분화가 이루어지면서 다양한 적응 양태를 보여 주고 있다는 것이다. 〈그림 5-2〉에서 보듯이 전통적으로 코포라티즘 제도들이 강한 나라인 노르웨이·스웨덴·독일은 1980년대 이후 상이한 적응 방식을 보여 준다. 노르웨이 같은 몇몇 나라들은 여전히 높은 정도의 조정 체제를 유지하는 반면, 독일·일본·스웨덴 같은 조정 자본주의국가들은 여전히 영미 자유주의 국가들에 비해서는 높은 조정력을 보여 주지만 과거에 비해서는 조정의 정도가 상당히 낮아졌다.[5]

먼저 노르웨이는 기본적으로 전국 단위의 안정적이고 높은 조정 능력을 보여 준다. 노르웨이는 1964년 이래 국가 수준의 중앙 집중적 협상과 산업별 협상이 2년 단위로 교대로 이루어지는 시스템이다. 주요 협상은 다양한 이슈들을 다루면서 산업 차원에서 이루어지는데 산업별 협상도 노사 정상 조직들(노르웨이노총LO과 노르웨이고용주연합NHO)에 의해 중앙 집중적으로 조정된다. 화이트칼라 노동자들은 개별 협상을 하지만 산별 전체 노조가 조정자로서 역할을 한다(Kenworthy 2001a, 56-60; Ferner and Hyman 1998, 127).

그러나 노르웨이도 1980년대 이후 집단 협상이 전반적으로 상당히 탈규제·탈집중화되는 경향을 보여 주었다. 그러나 1986년 고용주들이 '최저임금 보장'을 철폐하려다가 패배하면서 집단 협상은 다시 중앙 집중화되었다. 이후 1990년대 노르웨이는 소위 말하는 '대안 연대'solidarity alternative를 통해서 노·사·정 합의를 이루었다. 노르웨이의 '대안 연대'는, 임금 상승은 경제가 경쟁력을 유지할 수 있는 수준으로 유지되어야 하고 임금 안정은 적극적 노동시장 정책에 의해 보상되어야 한다는 정치적 교환에 기초했다(Kenworthy 2001a, 59).

그러나 유사한 코포라티즘적 중앙 집중적 집단 협상 제도를 발전시켜 온 스웨덴의 경우는 1980년대 이후 노르웨이와 달리 세계화 과정에서 상당히 많이 자유화되었다. 〈그림 5-2〉에서 보듯이 스웨덴의 코포라티즘적 중앙 집중적 집단 협상 체제는 1956년에서 1982년까지는 놀라울 정도로 안정적이고 높은 조정 능력을 보여 주었다. 집단 협상은 전국적 차원에서 두 정상 조직인 스웨덴고용주연합SAF과 스웨덴생산직노총LO 간에 중앙 집중화되어 있었다. 그러나 1982년 금속 노동자들이 중앙 집중적 협상에서

5_독일과 스웨덴 등에 대해서는 이하에서 상술하고 있다. 일본에서 최근 조정 능력이 저하되었음을 보기 위해서는 Weathers(2008)를 참조.

탈퇴해 자체의 독립적 협상안을 만든 이래, 스웨덴의 코포라티즘적인 집단 협상 체제는 불안정해지기 시작했다. 1985년에서 1987년 사이 다시 코포라티즘적 중앙 집중적 조정 체제를 되살리려는 시도들이 있었지만 1990년대 스웨덴의 중앙 집중적 협상 체제는 〈그림 5-2〉에서 보듯이 산업 차원으로 탈집중화되고 해체되어 갔다. 1991년 고용주 정상 조직인 SAF는 공식적으로 중앙 집중적 집단 협상 체제에서 탈퇴했다. 이후 스웨덴은 산업 차원에서의 '패턴 세팅'pattern-setting에 의존했지만 독일과 비교하면 조정력이 높지 않았다. 독일의 패턴 세팅은 가장 강력한 독일 금속노조IG Metall의 주도하에 암묵적으로 전체 경제의 임금수준이 결정되는 관행이었기 때문에 거의 전국 수준의 임금 책정 패턴이나 다름없었다. 그러나 스웨덴에서는 집단 협상 라운드마다 누가 패턴을 결정할지가 불분명했다. 독일 금속노조는 전 산업을 포괄하는 조직으로 전체 경제의 관점에서 행동할 충분한 인센티브가 있지만, 스웨덴의 금속노조는 독일에 비해서는 파편화되어 있고 영향력에서 독일 금속노조에 미치지 못하기 때문에 전체 경제의 관점에서 자신의 이익을 고려할 인센티브가 낮다고 할 수 있다. 그래서 산업 차원에서 이루어지는 스웨덴의 집단 협상에서는 파업을 자제할 인센티브가 낮은 편이다(Lange, Wallerstein and Golden 1995; Kenworthy 2001a, 51-66).

스웨덴의 이런 탈조정 자유화로의 전환은 단순히 기존 제도의 영향이라기보다는 오히려 1930년대 이루어진 사회협약인 살츠셰바덴 협약saltsjöbaden agreement의 제도를 실천하는 가운데 나온 새로운 결과와 이에 대한 상이한 해석을 둘러싼 노동과 고용주 단체 간의 정치적 투쟁에 의해 이루어진 것이다. 대표적인 사례가 1970년대 '임노동자 기금'wage-earners' funds을 둘러싼 투쟁이다. 고용주 단체에서는 임노동자 기금의 확립이 기존 사회협약에 대한 공격이라고 생각했던 반면, 노조 측에서는 반대로 기존 사회협약의 정신을 지키는 과정으로 이해했다. 즉 스웨덴 고용주들은 기존 사회협약이 사적 소유권을 건드리지 않는 안정적인 정치적 교환으로서 기업은 투자로, 노동은 산업 평화로, 그리고 국가는 사회복지를 통해서 전체 유효수요를 창출하고 안정적인 경제성장을 추구할 수 있었다고 생각했다. 반면 노조 쪽에서는 저투자 문제의 해소와 소득의 균등한 배분이라는 기존의 사회협약을 기초로 정치적으로 결정한 수준 이상의 이윤은 정치적으로 통제하고자 했던 것이다. 이 과정에서 자본 측과 부르주아 정당이 반격을 가하면서 스웨덴의 노사관계는 점점 더 자유화되어 갔던 것이다.[6]

한편 독일의 경우도 스웨덴과 같이 전통적으로 조정 자본주의 체제의 대표적 국가들 중 하나이지만 최근에는 심각한 탈규제와 탈조정의 자유화 과정을 거치고 있다. 물론 독일의 탈조정 경향이 곧 영미식 자유시장 체제로의 수렴을 의미하지는 않는다. 그것은 새로운 상황에 적응하는 과정에서 이루어진 새로운 조정 방식의 창출이라고 볼 수 있다.[7] 독일의 사례는 탈집중적 조직 구조하에서도 목표의 새로운 조정이 가능함을 잘 보여 주며 이는 탈집중이 곧 조정의 해체와 자유시장으로의 수렴을 의미하는 것은 아님을 시사한다.

전통적으로 독일은 산업 차원에서 집단 협상이 이루어짐으로써 중앙

6_ '임노동자 기금'을 둘러싼 투쟁을 통해 자유화되어 가는 스웨덴에 대해서는 Blyth(2002, 7장), Tsarouhas(2008, 62-117)를 참조.

7_ 독일이 1990년대와 2000년대 전통적인 코포라티즘적 조정 방식에서 이탈해 탈집중·탈조정의 경향을 보이는 것을 신자유주의화라고 파악하는 입장은 슈트렉(Streeck 2009)이다. 반면 새로운 조정의 창출로 보는 대표적 주장으로는 헤리겔(Herrigel 2010)과 필자의 논문들(Kwon 2002; 2004a; 2012a)을 참조할 수 있다.

집중도는 상대적으로 낮지만 협상안은 대개 해당 산업을 넘어 적용되기 때문에 전체 경제 차원에서 높은 수준의 사회적 조정력을 보여 주는 대표적인 국가 중 하나였다. 단일한 독일노총DGB이 금속노조가 세운 패턴을 다른 산업도 따르도록 하는 역할을 했기 때문이다. 또한 독일은 노조 가입률은 상대적으로 낮지만 이것이 집단 협상 적용 범위에 직접적인 영향을 미치지는 않았다. 왜냐하면 금속노조의 영향력뿐만 아니라 노사 간 집단 협상안을 비노조원에게도 확장하도록 하는 법적 장치 때문이다. 이런 제도와 관행들에 기초한 높은 수준의 조정력으로 인해 독일에서 '임금 유동'이나 노동쟁의 빈도수는 대단히 낮은 편이었다(Ferner and Hyman 1998, 216-218).

그러나 독일도 1990년대 통독 이후 경제적 어려움을 겪으면서 서서히 탈집중화·탈규제화되어 갔다. 기존의 높은 조정력을 뒷받침하던 제도들 중 하나인 포괄적 형태의 고용주 단체 단결력이 1990년대 후반부터 서서히 내부 갈등으로 약화되기 시작했다. 수출 중심의 경쟁력이 있는 대기업과 내수 중심의 중소기업들 간의 갈등이 그것이다. 중소기업들로서는 집단 협상에 기초한 '높은 임금과-높은 기술력-높은 경쟁력'이라는 기존의 독일 자본주의 발전 모델을 유지하기 어려웠던 것이다. '높은 임금-높은 기술력-높은 경쟁력'은 자동차를 비롯한 독일의 수출 기간산업의 주요 전략이지만 내수 중심의 중소기업으로서는 집단 협상에 의해 일괄 규정되는 높은 임금을 유지하는 데 어려움을 겪고 있었다. 그래서 1990년대와 2000년대 많은 중소기업들이 고용주 단체를 탈퇴했다(Regini 2000, 22; Silvia and Schroeder 2007).

예를 들면 서독 금속 산업 고용주 단체의 '노동자 포괄 범위'employment density는 1984년 77.4%에서 2004년 57.6%로 줄었다. 이런 경향은 동독에서 더욱 뚜렷하게 나타났는데 동독에서는 1991년 65.7%에서 2004년 단지 18.1%로 급격히 축소되었다(Silvia and Schroeder 2007, 1440). 또한 2003년 금속노조의 동독 지역에서 노동시간을 주 38시간에서 주 35시간 으로 줄이려는 투쟁이 대패한 이후,[8] 금속 산업에서 대기업들에 의해 시 작된 새로운 시도들은 기존의 집단적 조정을 해체하는 경향을 보여 주었 다. 금속 산업의 거대 기업들은 기존의 산업 평화와 노조의 협력을 대가로 한 높은 임금의 '일괄 타결 협약'Flächentarifvertrag에 대한 선호에서 '금속노조 약화'로 목표를 전환했던 것이다(Raess 2006, 450).

결국 독일의 집단 협상 체제는 2000년대 탈집중적 유연 체제로 전환 했다. 이는 주로 한편으로는 통독 이후 경제적 어려움을 고려해 '개방 조 항'opening clauses 그리고 '곤경 조항'hardship clauses 등 집단 협상안에 예외조 항들을 도입하는 과정을 통해, 다른 한편으로는 많은 고용주 단체들이 회 원사들의 어려움을 고려하는 타협안으로 '집단 협상안 준수 의무가 없 는'ohne Tarifbindung 회원제를 도입하는 과정을 통해 이루어졌다(Silvia and Schroeder 2007, 1453).

그러나 이런 독일의 유연화 경향은 독일이 곧 영미식 신자유주의적 자유시장 모델로 수렴했음을 의미하지는 않는다. 오히려 독일의 탈집중 화 과정은 새로운 조정 체제를 발전시키는 과정이었다고 할 수 있다. 즉 집단 협상의 탈집중화와 유연화 과정에서 중앙 조직들은 그 과정을 조율

8_독일의 금속노조는 2003년 동독 지역에서 주 35시간제를 요구하면서 총파업을 주도하 지만, 18%가 넘는 동독 지역의 실업과 경기침체로 인해 정부와 여론으로부터 배척을 받 아 1954년 이래 가장 큰 정치적 패배를 경험한다. 이 패배를 계기로 금속노조의 지도부 가 노조 안팎으로 비판을 받았을 뿐만 아니라 독일 노동운동 자체의 후퇴를 가져오는 계 기가 되었다. "IG Metall verliert Arbeitkampf im Osten," Handelsblatt 2003/06/29; "Strike Debacle Plunges IG Metall into Disarray," Deutsche Welle 2003/07/01.

했고 무엇보다 탈집중화된 하부 단위에서 적극적인 민주적 협의와 조정을 통해 노사 간 협력적 해결 방안들을 모색하고 발전시켰던 것이다 (Kwon 2012a).

그러나 무엇보다 〈그림 5-2〉에서 가장 주목할 부분은 바로 아일랜드의 변화다. 아일랜드는 전통적으로 영국의 자유주의적 다원주의 제도를 물려받은 관계로 1987년 이전까지는 대체로 영국과 유사하게 개별 기업 단위의 탈집중적 협상 체제를 유지했다. 즉 비조정적 시장 관계가 주를 이루었던 것이다. 다음 절에서 좀 더 구체적으로 살펴보겠지만 1960년대까지 아일랜드는 '임금협상라운드'Wage Rounds; Pay Rounds 제도를 도입해 나름 대로 사회적 조정을 시도했다. '임금협상라운드' 제도는 임금 협상 시기를 일치시킴으로써 협상력 향상과 더불어 일종의 사회적 조정을 시도한 것이다. 그리고 1970년대 아일랜드 집단 협상 체제는 전국적 차원에서 협상을 시도했다. 그러나 아일랜드는 영국과 같은 다원주의적 이익대표 체계 구조로 인해 복수 노조들이 서로 경쟁함으로써 노조들 간의 수평적 조정이 대단히 어려웠다. 게다가 ICTU 같은 정상 조직의 위계적 권위가 약했기 때문에 수직적 조정도 취약해 1970년대까지 전국적인 차원의 합의와 조정은 대부분 실패했다(Hardiman 1988; Roche 1994, 147-152). 그리고 1980년대 전반기에는 자유시장 체제를 기초로 전국적 차원의 조정 시도 자체를 포기했다.

그러나 〈표 5-1〉과 〈그림 5-2〉가 보여 주듯이 1987년 첫 사회협약 이후 아일랜드는 전국 단위의 집단적 임금 협상과 90% 이상의 높은 합의안 준수율 그리고 주요 사회경제적 이슈들과 임금 협상의 연계 등을 확립하는 데 성공하며 코포라티즘적 사회 조정 체제로 전환했다. 이런 경향은 1980년대 이후의 전 세계적인 '신자유주의화 경향'과 대조를 이룰 뿐만 아니라 더욱 주목할 사실은 이것이 신제도주의자들의 '경로 의존성'에 기초한 자본주의 다양성 논리와 달리 경로 혁신적 변화라는 데 있다. 아일랜드가 전통적으로 영미와 같은 높은 비조정적 자유시장 체제에서 전국 단위에서 이루어지는 높은 수준의 사회적 조정을 중심으로 하는 사회 협치 체제 혹은 조정 시장 자본주의 체제의 방향으로 전환한 것이기 때문이다.

아일랜드는 왜 그리고 어떻게 세계화 시대 지배적인 예상과 달리 오히려 사회적 조정 체제를 강화하게 되었는가? 무엇보다 아일랜드는 어떻게 경로 혁신적 전환을 이룰 수 있었는가? 다시 말하면 아일랜드는 어떻게 제도적 조건들이 미비한 상태에서 코포라티즘적 사회 협치 체제를 수립할 수 있었는가? 본 연구는 기본적으로 아일랜드가 문제 해결의 방향과 그 방향의 가치에 대한 '사회적 합의' 그리고 민주적 절차에서 나오는 도덕적 권위와 같은 기능적 대체물을 수립함으로써 수직적·수평적 조정을 위한 제도적 조건을 대신해서 사회적 조정 체제를 수립할 수 있었다고 본다. 아일랜드에서 사회협약 체제로의 전환이 가능했던 이유를 다음 제6장에서 구체적으로 살펴보기 이전에, 다음 절에서는 사회협약 체제가 이루어지기 이전 아일랜드의 전통적인 노사관계를 좀 더 구체적으로 살펴볼 것이다.

2. 아일랜드의 전통적 체제: 자유주의적 다원주의

앞에서 살펴보았듯이 1987년 이후 아일랜드는 코포라티즘적 전통의 조정 자본주의국가들인 노르웨이·스웨덴·독일과 유사하게, ① 사회경제 정책 결정 과정에 사적 영역의 사회 파트너들이 일상적으로 참여하고 국가가 임금 책정과 같은 사적 영역의 조정에 적극적으로 참여할 뿐만 아니라, ② 노사관계 집단 협상에서도 전국적 단위에서 전체 사회경제적 이슈와 연계하에서 협상이 이루어지는 코포라티즘적 사회 조정 체제로 전환했다. 이런 전환은 그 이전의 체제와 비교하면 경로 혁신적 전환이었다. 아일랜드가 1987년을 전후로 어떻게 영국식 자유주의적 다원주의 체제에서 코포라티즘적 사회 조정 체제로 전환할 수 있었는지는 다음 제6장에서 구체적으로 살펴보기로 하고 이 절에서는 1987년 이전 아일랜드 노사관계의 역사를 좀 더 구체적으로 살펴볼 것이다.

아일랜드는 1922년 영국으로부터 독립했지만 정치·경제·사회 모든 면에서 여전히 영국식 제도의 영향하에 있었다. 특히 아일랜드의 노사관계는 자유주의적 다원주의라고 할 수 있다. 자유주의적 다원주의 노사관계란 자유방임적 국가와 사적 영역의 자발적 계약 관계에 기초함을 의미한다. 아일랜드 노사관계의 '자유방임적' 혹은 '보조적 국가'auxiliary or residual state 개념은 19세기와 20세기 초에 수립된 노사관계의 '자유 협상'free collective bargaining이라는 영국 전통에 기초한다. 영국의 자유주의 전통하에서 임금 책정은 당사자인 노동자와 고용주들이 시장에서의 '자유계약 관계'와 같이 자발적으로 결정할 문제이지 국가나 제삼자가 개입하고 조정할 사안은 아니라고 여겨졌다. 그래서 국가에 의한 직접적인 개입은 '부당한 것'으로 간주되었을 뿐만 아니라, 노사관계를 조정하려는 국가의 시도들은 실제로 강력히 거부되었다. 또한 자유주의 전통에서는 자발적 시장 관계가 가장 효율적이라고 가정되었기 때문에 국가의 개입과 조정은 비효율을 낳는 원인으로 간주되었다. 따라서 국가의 역할은 노조와 고용주들에게 공적 편의 시설이나 분쟁 조정 법원 같은 것을 제공하는 것에 국한되었다(Roche 1994, 127-128; 138-139).

좀 더 구체적으로 보면, 1920년대 아일랜드는 영국으로부터 독립은 했지만 노사관계에서 큰 변화는 없었다. 1920년대 W. T. 코스그레이브의 쿠먼 너 게일 정부는 기본적으로 '경제적 자유주의'를 유지했다. 당시 정부는 신고전파 경제학에 의한 재정정책으로 긴축재정을 추구했을 뿐만 아니라 사적 영역인 노사 집단 협상에 개입하려 하지 않았다. 당시 정부는 임금은 시장에서 고용주와 노동자 당사자들 간에 자발적으로 결정되어야 한다는 입장을 견지했다(Roche 1994, 140).

1930년대 노동당의 지지를 배경으로 민족주의적 피어너 폴 정당이 권력을 잡았을 때 아일랜드 정부는 보호주의 아래 국내 토착 기업들에 의한 산업화를 추진하는 과정에서 코포라티즘적 경향을 보여 주었다. 당시 상공부 장관이던 숀 레마스는 코포라티즘적 조정 기구를 제안하면서 다음과 같이 주장했다. "피어너 폴은 '국가의 전체 경제정책은 독일이나 프랑스에서 존재하듯이 그리고 영국 주요 정당 중 하나가 제안하듯이 국가경제위원회National Economic Council에서 결정되어야 한다'고 생각한다"(Lee 1979, 321). 이런 생각을 바탕으로 레마스는 노동평의회, '산업효율성사무국', 노·사·정이 참여하는 노사위원회들industrial councils을 만들자고 제안했다. 하지만 레마스의 시도들은 자본과 국가 관료들 그리고 국가 개입에 반대하는 보수주의자들의 반대로 인해서 대부분 실패했다.

당시 코포라티즘적 색채는 여전히 하나의 시도에 불과했다. 1930년대 보호주의와 국가 후원하에서 산업화를 추진하는 과정에서 국가 관료들과 비즈니스 엘리트들 사이에 비공식적 네트워크가 발전하게 되었는데, 이를 계기로 사적 영역의 파트너들이 공공 정책 결정 과정에서 때때로 자문 기능을 하게 되었다. 그러나 이런 시도들은 완전한 형태의 코포라티즘으로 발전하지는 못했다. 당시 경제정책과 산업화 과정을 주도했던 부서는 상공부였는데 상공부가 산업 육성에 관여하긴 했지만 그것은 주로 보호관세와 수입에 대한 통제를 통해서였지 한국과 같은 적극적인 발전주의적 개입은 아니었다. 또한 국가는 여전히 노사 간 집단 협상은 자발성 혹은 자유계약에 기초해야 한다는 원칙을 고수하면서 노사관계에서 보조적 태도auxiliary posture를 유지했고 전혀 개입하지 않았다(Daly 1992, 64-65; Roche 1994, 142-143).

제2차 세계대전 이후 대부분의 서유럽 국가들에서는 케인스주의적 혼합경제에 기초해 자본과 노동의 '역사적 타협'에 기초한 사회적 조정 체제를 수립했다(Gourevitch 1986, 166-180). 그러나 이와 대조적으로 전후 아일랜드에서는 상공부 장관이던 레마스에 의해 이루어진 코포라티즘적 시도들이 대부분 실패했다. 레마스는 1940년대의 실패에도 불구하고 이후 1960년대에도 줄곧 대륙의 민주적 코포라티즘 국가들, 특히 스웨덴과 네덜란드 모델을 따라서 임금 협상을 중앙 집중화하고 임금 협상과 경제 정책을 연계하고자 시도했다. 1960년대 레마스의 주요한 목적은 피어너 폴의 부활을 위한 노동계급의 사회적 기초를 수립하는 것이었다. 하지만 이런 레마스의 코포라티즘적 시도들은 1960년대에도 대부분 실패했다 (Roche 2009, 185-187).

레마스의 코포라티즘적 시도들을 좀 더 구체적으로 살펴보면, 먼저 1930년대와 1940년대 피어너 폴 정부하에서 이루어진 레마스의 시도는 토착 중소기업들로 이루어진 아일랜드 산업을 발전시킬 방법과 전망을 연구하는 위원회를 만드는 것이 주목적이었다. 그러나 당시 직능조직위원회Commission on Vocational Organization의 보고서는 실질적인 결과를 만들지는 못했다. 코포라티즘은 파시스트적인 색채를 띤다는 것과 야당인 피너 게일이 이것을 지지한다는 것 때문에 정작 피어너 폴 정부 내에서 지지를 받지 못했을 뿐만 아니라, 자유주의의 이념적 전통으로 인해 여전히 받아들여지기 어려운 이념 원리였기 때문이었다. 당시 코포라티즘적 아이디어는 주로 가축 사육 농장주들과 같은 피어너 폴 정부에 불만을 가진 세력들에 의해 지지되었다. 또 피어너 폴 정부는 당시 야당의 주장에 대한 대응으로 직능조직위원회를 만들기는 했지만 장관들과 고위 관료들은 기본적으로 영국식의 자유주의적 입헌주의에 집착하고 있었기 때문에 사적 그룹들이 국정에 참여하는 코포라티즘적 원리를 거부했다. 정부 관료들은 자유주의적 원칙에 입각해 공공 정책은 의회와 국민들에게 책임을 지는 정부 관료들에 의해 결정되어야 하지 코포라티즘에서처럼 공공 정책 결정 과정에 공적 책임을 지지 않는 사적 집단이 대표성을 가지고 참여하는 것은 부당하다고 생각했다(Whyte 1980, 96-119; Lee 1979, 324-346; Daly 1992, 116-117).

아일랜드에서 자유방임적 자유주의 전통은 1939년에서 1945년, 1964년 그리고 1970년 등 전쟁과 경제 위기 같은 비상시국의 예외를 제외하고는 지속되었다. 다시 말해 국가는 사적 영역의 자발적 협상에서 항상 외부자로 존재했던 것이다(Roche and Cradden 2003, 76-77; Roche 1994, 128). 전후 경제 재건이라는 계획하에서 레마스는 집단 협상 체제의 근본적인 개혁과 더불어 전시 비상 통제 체제를 지속하고자 했지만 실패했다. 레마스는 전후 경제 재건을 위한 계획을 가지고 모든 노동문제를 다룰 전담부서로 노동부Ministry of Labour를 신설하고 전시에 수립된 경제 통제 체제가 유지되어야 한다는 입장을 견지했다. 그리고 노사 자율 협상은 국가 경제의 필요성에 따라 임금을 규제하는 체제로 바뀌어야 하고 노동자와 산업가들 그리고 제삼자들이 참여하는 위원회를 구성해야 한다고 역설했다. 그러나 이런 레마스의 계획은 실패로 귀결되었다. 자유주의적 전통과 노사 자발적 협상 전통 그리고 자유방임적 국가 역할 개념 때문이었다. 심지어 노조조차 국가의 경제적 계획과 필요에 기초해 노동 법원Labour Court이 임금을 결정하는 국가 개입 정책을 반대했다. 또한 고용주들도 국가 개입에 의한 경제 조정 혹은 임금 결정에 반대했다. 그러나 레마스의 생각에 대한 가장 큰 반대는 바로 정부 관료들 특히 재무부에서 나왔다

(Roche 1994, 145-146).

1959년 수상이 된 레마스는 '경제 팽창 프로그램'program for economic expansion을 발전시키는 과정에서 주요 경제 주체들인 기업가들과 노동자들로부터 협력을 이끌어 내기 위해 다시 코포라티즘적 제도화를 시도했다. 1958~63년 제1차 경제발전 계획에서는 '산업조직위원회'CIO로 하여금 당시 아일랜드 기업체들의 문제점을 조사하도록 했다. CIO에는 FII, FUE, ICTU, 그리고 정부쪽에서는 재무부, 상공부, 보조금위원회Grants Board, IDA 등이 참여했다. CIO는 당시 아일랜드 산업의 문제점으로 규모의 영세성, 부품의 수입 의존성, 낮은 전문성 등을 지적하고, 이 같은 문제를 해결하기 위해 '적응 위원회'Adaptation Councils 구성을 제안했다. 그러나당시 수립된 '적응 위원회들'은 큰 효력을 발휘하지 못하고 실패했다. 그이유는 무엇보다 아일랜드 기업들이 적응 위원회의 활동에 관심이 별로없었을 뿐만 아니라 국가 개입에 대해 불신과 불만을 가지고 있었기 때문이었다. 그리고 국가도 계획을 일관성 있게 추진하고 개입할 능력과 의사가 부재했다(Jacobsen 1994, 74-80).

1964년에서 1969년 2차 경제발전 계획 기간 동안 아일랜드는 CIO 이외에 공식적인 공공 정책 자문 네트워크로서 영국의 국가경제발전위원회NEDC와 유사한 '국가산업경제위원회'NIEC를 수립했다. 국가산업경제위원회는 산업 발전을 위한 사회적 합의와 협조가 부족한 상태에서 레마스를 중심으로 한 피어너 폴 정부가 주창해서 수립된 자문 기구다. 그러나주요 산업 행위자들로부터 사회적 합의를 불러오기 위해 수립한 NIEC 역시 큰 성과를 내지 못하고 실패했다.

그 이유는 첫째, 사회 세력들이 적극적으로 협조하지 않았기 때문이다. 예를 들면, 1963년 '생산성 향상을 위해 임금 인상을 자제해야 한다'는요지의 정부 백서가 출간되자 ICTU는 노사 양자 간의 자율적 협상 체제인 '전국고용주-노동자협의체'National Employer-Labour Conference에서 탈퇴했다. ICTU의 탈퇴에 대한 대응으로 노동을 정책 결정 과정에 끌어들이기 위해 정부는 NIEC를 수립했지만 여전히 임금 조정 문제가 반복해 제기되자 결국 1970년 NIEC를 해체했다. 그리고 ICTU와 고용주 단체들은 아래에서 좀 더 살펴보겠지만 조직 구조상으로나 역사적 경험으로나 상호 강제력을 가진 집단 협상안을 만들 수 있는 능력과 의사를 충분히 갖고 있지 못했다. ICTU 지도자들은 NIEC 같은 코포라티즘적 협의 조직에 참여하는 것을 주저했다. 정부나 고용주와 협의하고 협력하는 구조에 참여하게 되면 '어용' 혹은 '정부의 앞잡이'라고 낙인이 찍힐까 봐 두려웠기 때문이다(Jacobsen 1994, 88). 이것은 아일랜드에서 노조가 정부의 공공 정책에 정규적으로 참여한 경험이 거의 없다는 사실을 반영할 뿐만 아니라 코포라티즘에서 흔히 보이는 '건설적 협의와 협력'의 정신이 아일랜드 노사관계에서는 부재했다는 것을 방증한다(Jacobsen 1994, 80-83; 88).

그러나 무엇보다 중요한 것은 당시까지 아일랜드에서는 코포라티즘 국가들에서 흔히 보이는 사적 영역의 주요 행위자들에게 공공 정책 결정 과정에 일상적으로 참여할 공적 지위를 부여한 경험이 없었다는 것이다. 이것이 NIEC가 실패한 또 다른 이유다. 아일랜드의 NIEC는 영국의 NEDC처럼 '공공 정책 결정을 위한 정상적인 채널에서 아웃사이더'에 불과했다(Jacobsen 1994, 82). NIEC가 1970년 해체된 직접적인 이유는 물론 NIEC가 제기한 '경제정책과 소득정책의 연계안'이 노동의 반발과 더불어 실질적인 조정이 실현될 가능성이 대단히 낮았다는 데도 이유가 있지만, 무엇보다 코포라티즘적 정책 결정 방식이 기존의 자유주의적 관료 체제에 대한 심각한 도전으로 여겨졌기 때문이기도 했다(Roche 1994, 156-158; Jacobsen 1994, 92). NIEC 같은 삼자 협의 조직이 소득정책과 포괄적인 사회경제 정책을 연계해 결정하는 것에 대한 조직적 반발이 대단히 거셌다.

아일랜드 정부 기구들은 정책 결정과 집행의 권위를 사적 행위자들이 참여하는 NIEC에 부여하기를 거부했던 것이다(Jacobsen 1994, 94). 이처럼 레마스는 피어너 폴 정부를 부활시키기 위한 계급 연합을 형성하고자 코포라티즘적 실험을 시도했지만 결국 자유주의적 국가 전통 그리고 아래에서 좀 더 자세히 살펴보듯이 다원주의적 이익 매개 조직 구조로 인해서 영국과 유사한 실패를 반복했다(Jacobsen 1994, 73).[9]

1980년대에도 아일랜드에서는 1987년 사회협약이 이루어지기 이전까지 여전히 자유주의적 비개입주의 국가 개념이 지배적이었다. 1980년대에는 외국 기업에 의존한 기존의 아일랜드 발전 모델에 대한 비판을 제기한 "텔레시스 보고서"에 기초해 국가계획원이 산업 발전을 위한 사회적 합의와 협력을 목적으로 예전의 NIEC와 유사한 형태의 삼자 협상 위원회를 구성할 것을 제시했다. 그러나 이런 제안은 받아들여지지 않았다. 왜냐하면 당시 집권당인 피너 게일은 시장 기제를 제한하고 사회적 조정에 의존한다는 것에 거부감을 가지고 있었기 때문이다. 또 무엇보다 대중적 여론에서도 확장된 국가의 역할에 대한 불신이 지배적이었다. 당시 국가 개입에 대한 시민들 사이의 지배적인 인식은, '국가 개입은 또 다른 비효율을 초래하기 때문에 제한되어야 한다'는 것이었다. 예를 들면, 앞에서도 언급했듯이 1980년대 경제 위기로 실업이 늘자 정부는 일자리 창출을 위한 야심찬 계획으로 '국가개발공사'NDC를 수립하고자 했다. 이런 계획은

9_자유주의적 다원주의로 인해서 코포라티즘적 조정과 계획에 실패한 아일랜드와 영국의 유사성에 대해서는 셍스(Shanks 1977)를 참조. 한편 영국, 프랑스, 독일, 이탈리아 등에서 보이는 '사회적 조정'의 다양한 형태에 대해서는 홀(Hall 1986), 헤이워드(Hayward 1975)를 참조.

서유럽의 국가들이었다면 충분히 환영을 받았겠지만 당시 아일랜드의 일반 시민들은 이에 대해서 반감과 의구심을 표출했다. 유사한 맥락에서 당시 여론은 노동이 참여하는 삼자 협의체에 대해서도 불신을 가지고 있었다. 그 이유는 공공 기관 노조가 그렇듯이 노조 같은 조직이 공공 정책 결정에 참여하게 되면 민주적 대표성이 부재한 사적 집단이 공적인 국가기구들과 재원을 사적 이익을 위해 이용할 수 있다는 인식이 지배적이었기 때문이다(Lee 1989, 536-537; Jacobsen 1994, 169).

한편 아일랜드의 코포라티즘적 시도들이 실패한 이유는 자유주의적 국가 개념 그리고 자유주의적 공·사 개념 때문이기도 하지만 무엇보다 사회적 조정을 하기에 불리한 다원주의적으로 파편화된 이익 매개 조직 체계의 영향도 컸다. 아일랜드 노사관계는 사적 영역의 자발성에 기초해 국가의 개입과 중재가 약했다는 것과 동시에, 노사 조직 구조의 측면에서도 영국과 유사하게 다양한 노조들 간의 경쟁과 정상 조직의 약한 권위를 특징으로 한다. 1950년대 말 레마스가 코포라티즘적 산업 조정을 시도했지만 실패한 이유는 자유주의적 전통하에서 국가도 적극적인 개입의 경험이 없었고 심지어 노조도 국가와 협의를 하는 것에 익숙하지 않았기 때문이다. 그러나 무엇보다 중요한 이유는 사적 영역의 노조와 고용주 단체들이 복수로 상호 경쟁하는 구조 아래에서 스스로 단일한 집단 의지를 도출하고 상대편과 조정하는 것이 어려웠다는 데 있다.

1950년대 말 아일랜드 노동은 조직 구조상에서 분절화되고 파편화되어 있었다. 1959년 재통합이 이루어지기 이전에 아일랜드 노동의 정상 조직은 '아일랜드노조협의회'ITUC와 '아일랜드노조회의'CIU로 나뉘어 있었다. 전자는 64개의 회원 노조들로 구성되어 있었고, 후자는 21개의 회원 노조들로 구성되어 있었다. 노조 가입률은 영국과 같이 비교적 높은 편으로 1967년 기준 56% 수준이었다. 이는 같은 해 스웨덴과 같은 수준으로 네

표 5-2 | 아일랜드 노조들의 회원 구조(1966년 기준)

노조 규모	노조 수(개)	총 회원 수(명)
1,000명 이하	51	14,600
1,001~4,000명	28	56,100
4,001~7,000명	11	60,000
7,001~15,000	3	32,100
15,001명 이상	4	201,000
총	97	363,800

출처: ICTU의 1967년 Trade Union Information; Chubb(1970, 109, table 4,3).

딜란드의 43%, 서독의 32%, 미국의 25% 비해서는 상당히 높은 편이었
다. 하지만 아일랜드 노조 조직 구조는 매우 파편화되어 있었기 때문에 노
동운동 내부에서 파편화된 복수 노조들 간 조정이 대단히 어려웠다. 아일
랜드 노동조합운동은 6개의 거대 조합이 회원의 절반을 차지하고 나머지
는 〈표 5-2〉에서 보듯이 매우 작은 규모의 노조들로 흩어져 있었다. 전체
97개 노조들 중에서 4천 명 이하의 회원을 가진 소규모 노조들이 79개로
서 전체의 81%를 차지했다. 또한 아일랜드는 영국과 같이 직능 노조, 전
문직 노조, 일반 노조 등 복수의 노조들이 동일한 노동자들을 두고 상호
경쟁하는 구조이기 때문에 상호 협력과 조정은 더욱 어려웠다. 이처럼 소
규모 노조들의 난립과 복수 노조들 간의 경쟁에 기초한 다원주의적 구조
는 아일랜드에서 전국 단위의 임금 협상과 조정을 어렵게 하는 주요한 요
인 중 하나였다(Chubb 1970, 107-109; Jacobsen 1994, 72; Sheehan 2008,
105-126).

아일랜드에서 코포라티즘적 조정이 어려웠던 또 다른 이유는 노조 정
상 조직의 권위가 약했기 때문이다. 코포라티즘 국가들에서 흔히 보이는
정상 조직의 중앙 집중적 권위는 아일랜드에서 찾아보기 힘들었다. ICTU
는 영국의 TUC와 같이 전국 차원에서 노·사·정 합의를 이끌어 낸다 하더
라도 하부 노조들을 강제할 조직적 권위가 부재했다. 당시 노사관계 전문

가인 바질 첩에 따르면 ICTU는 조직 구조와 능력 면에서 대표성이 거의 없는 조직이었지만 국가에 의해 노동을 대표하는 조직으로 간주되었을 뿐이었다고 한다(Chubb 1970). 그는 1967년 당시 ICTU와 하부 노조들 간의 관계를 다음과 같이 기술하고 있다.

> ICTU는 자체의 [조직상] 한계에도 불구하고 국가에 의해 노동을 대변하는 듯이 간주되었다. 그래서 노동은 비즈니스 혹은 농민 이상으로 사회에서 하나의 단일 조직corporate body 혹은 '계급'estate으로 여겨졌다. …… 그러나 노동은 그런 역할을 하기에 비교적 너무나 준비가 되어 있지 않았다. 1967년 기준, ICTU는 조합비로부터 나오는 2만4천 파운드의 수입과 8명의 전문 스태프를 가지고 있었을 뿐이다. 더구나 아일랜드에서는 개별 노조들이 공동의 목적을 위해서 서로 협력할 때마다 개별 노조 자체의 자율성과 정체성을 여전히 유지했다. …… 정부에서는 노동의 이익에 관련된 모든 문제들에 ICTU를 전국 대표로 간주했지만 ICTU는 그 자체가 노동자를 회원으로 둔 노조가 아니었고, 독립적으로 집단 협상에 참여할 수도 없었으며, 회원 노조들의 내부 결정에 영향을 미칠 어떤 권위도 없었고, 개별 노조와 합의가 없이는 협상 결정들을 회원 노조들에 강제할 수도 없었다(Chubb 1970, 109).

자유주의적 국가의 불간섭, 사적 영역의 자유계약에 의한 자발성 그리고 파편화된 복수 노조들 간의 경쟁으로 인해 아일랜드는 1987년 이전까지 코포라티즘적 조정이 거의 불가능했다. 실질적인 조정의 실패는 임금 결정을 둘러싼 조정이 성공하지 못했다는 데서 가장 잘 확인이 된다.

1987년 사회협약을 통해서 임금 협상을 둘러싼 사회경제적 이슈들의 조정 체제가 수립되기 이전에 아일랜드의 노사 간 집단 협상의 특징을 역사적으로 살펴보면 〈표 5-3〉과 같이 요약할 수 있다. 사실 1960년대까지

표 5-3 | 아일랜드 임금 협상의 역사 개관

시기	명칭	합의 횟수	협상의 수준
1941년 이전	없음	체계적인 합의의 부재	산발적 협상
1941~46년	임금 인상 금지령	법에 의한 협상 제한	전국 단위의 법적 규제
1946~70년	임금협상라운드	총 12회	•대부분 산업과 지역 수준 •12회 중 4회에서 전국적 요소 가미
1970~81년	•전국임금합의안(NWAs) •전국협의안(NUs)	NWAs 7회 NUs 2회	전국 수준, 그러나 지역에서 보완
1982~87년	탈집중적 협상 혹은 자율 협상(free-for-all)	조직들마다 상이함	회사 단위 협상과 공공 부문은 일반 합의
1987~2009년	사회협약 (구체적 명칭은 모두 다름)	사회협약 8회	전국 단위의 중앙 집중적 협약
2009년~현재	•공공 부문은 크로크파크 합의 •사적 부문은 임금 프로토콜	크로크파크 합의 1회	•공공 부문은 전국적 수준 •사적 부문은 전국적 단위에서 가이드라인 협상, 그러나 실제에서는 지역/회사 단위 협상

출처: Wallace et al.(2004, 370); *IRN*(years).

아일랜드 임금 협상 체제는 탈집중화되어 있었고, 전체 경제 차원에서 조정은 거의 전무했다. 1950년대 아일랜드에는 1970년대 주로 나타나던 전국적 차원의 임금 권고 합의안들이 있었지만,[10] 소득정책을 위한 실질적 시도들이라기보다는 특별한 경제 상황들에 대한 임시방편적인 조치로 간주되었다(FitzGerald 1992, 13).

1950년대와 1960년대 지배적인 임금 협상 형태는 1945년 이후 조정의 시도로 새로이 등장한 '임금협상라운드'였다(Roche 1994, 147). 그러나 임금협상라운드를 통한 조정 시도에도 불구하고 전반적인 임금 협상은

10_전국적 노사 합의 권고안들은 1948년의 '임금 협상 공동 프로포절'(The Joint Statement of Proposals to be Observed in Negotiations for the Adjustment of Wages), 1952년의 '임금 정책 합의안'(The Agreement on Wage Policy), 1957년의 '경제 상황에 기초한 임금 가이드라인 합의안'(Joint Agreement on Guiding Principles Relating to Wage Claims and the Present Economic Situation) 등이다(FitzGerald 1992, 13).

기본적으로 개별 회사 단위로 파편화되어 있었다. 그리고 1970년대에는 〈표 5-3〉에서 보듯이 전국적 단위에서 7회의 '전국임금합의안'National Wage Agreements, NWAs과 2회의 '전국협의안'National Understandings, NUs을 통해서 중앙 집중적 조정을 시도했다. 이는 1987년 사회협약이 이루어지기 이전에 이루어진 코포라티즘적 사회 조정에 가장 가까운 시도들이었다. 하지만 이 같은 1970년대 전국적 단위의 사회 조정 시도들도 노조들 간의 경쟁으로 인해 실패했다. 그리고 1987년 사회협약이 이루어지기 이전 1980년대에는 1970년대 중앙 집중적 집단 협상의 실패에 대한 반발로 탈집중적이고 시장주의적인 자율 협상으로 돌아섰다. 그러나 이런 시장적 관계가 경제 위기를 극복하지 못하자 1987년 이후에는 2008년까지 약 3년 단위로 여덟 차례에 걸친 사회협약을 통해 코포라티즘적 사회 조정을 안정적으로 수립했다. 2008년 말 위기 이후에는 기존의 코포라티즘적 삼자 협상 체제는 붕괴했지만 2010년 공공 부문과 사적 부문이 분리되어 각각 양자 체제로 새로운 조정 방식을 발전시켰다.

왜 1987년 이전에는 임금 협상을 둘러싼 집단 협상에서 노사 간 자율적 조정이 실패했는가? 반대로 어떻게 1987년 이후 약 20여 년간 아일랜드는 안정적으로 코포라티즘적 사회협약에 성공할 수 있었는가? 다음 제6장에서 1987년 시기 영국과 같은 자유주의적 다원주의 제도에도 불구하고 아일랜드는 어떻게 성공적으로 코포라티즘적 사회협약을 수립할 수 있었는지를 살펴보기 이전에, 1987년 이전 아일랜드는 어떻게 집단 협상을 통한 사회적 조정에 실패하게 되었는지 좀 더 구체적으로 살펴보자.

먼저 1950년대 '임금협상라운드'는 전쟁 기간 동안의 '임금결정위원회'wage tribunals 경험에 기초해서 임금 협상의 시기를 일치시키고 전반적인 임금 인상 정도를 조정하려는 나름의 노력이었다. '임금협상라운드'의 특징은 다음과 같다. 첫째, 생계비의 변화를 새로운 임금 라운드에 반영해 임금 인상의 수준을 정하는 주요한 척도로 삼았다. 둘째, 가장 주목할 사실은 임금 협상 시기와 임금 인상 정도를 조정하고자 했지만 노조들 간의 경쟁으로 인해 실질적인 조정은 잘 되지 않았다는 것이다. 예를 들면 만약 특정 노조 A의 조합원 임금이 다른 노조들의 조합원 임금 인상과 비교해 낮다고 하면, 노조 A는 새로운 임금협상라운드를 시작했다. 이 때문에 임금협상라운드들은 '임금 결정의 사회심리학'의 일부분이 되었다. 일단 임금협상라운드가 시작되면 노조들은 다른 노조들과의 비교에 초점을 두었는데 이 비교는 고용주들에게 하나의 강제로 작용했다. 또한 1940년대와 1950년대 임금협상라운드들에서는 임금 인상 정도를 결정하는 '페이스 세터'pace-setters가 없었기 때문에 조정은 더욱 어려웠다. 이처럼 다원적 노조들 간의 경쟁과 전국적 차원의 조정 부재로 동일한 임금 라운드에서도 상이한 노동자 그룹들이 얻는 임금 인상분은 대단히 달랐다. 1964년 '전국임금합의안'National Pay Agreement의 아홉 번째 임금협상라운드까지 임금협상라운드는 일반적으로 끝이 없는 개방형의 모습을 보여 주었다(Roche 1994, 141-142; 149-150; O'Mahony 1965).

1960년대에도 아일랜드는 1950년대와 유사한 형태의 '임금협상라운드' 제도를 유지했다. 하지만 1960년대에는 1950년대와 달리 임금 인상을 리드하는 그룹wage leaders과 추종 그룹wage followers 간에 구별이 생기기 시작했다는 점에서 차이가 있었다. 1959년 일곱 번째 임금협상라운드로부터 1970년 열두 번째 라운드까지를 대상으로 한 맥카시 등(McCarthy et al. 1975)의 연구에 따르면 1960년대에는 건설업과 하부 연계 산업인 전기와 정비 산업의 숙련 기능공들이 임금 인상을 선도하는 주요한 그룹들로 부상했다. 그러나 이런 차이에도 불구하고 1960년대에도 1950년대처럼 임금협상라운드들은 주로 노조 간 그리고 심지어는 노조 내부의 영향력과 조합원 확대를 위한 경쟁에 의해 지배되었다. 이런 노조 내부와 노조들 간의 경쟁은 임금 협상에서 경제적 변수들보다 더욱 중요하게 작용했다. 예를 들면, 임금 추종 그룹들의 임금 인상 수준은 주로 경제적 요인들보다는 다른 그룹들과의 '공정한 비교'에 따라 결정되었다. 그래서 1960년대 임금협상라운드들은 '라운드 과정에서 임금이 점점 상승하는 경향'을 보여 주었다. 그 이유는 처음 임금협상라운드를 시작한 그룹들이 종종 이후 그룹들이 성취한 임금 인상률을 고려해 추가적인 임금 인상을 요구하며 재협상을 재개했기 때문이다. 결국 1960년대는 파편화된 조직 구조와 복수 노조들 간의 경쟁으로 인해 정상적인 임금협상라운드와 추가적인 임금 협상이라는 이중적 구조를 보여 주었다(Roche 1994, 151-152).

한편 1970년대 아일랜드는 집단 협상 구조의 변화로 인해 구조상으로는 코포라티즘적 사회 조정에 가장 가깝게 발전했다고 할 수 있다. 먼저 1960년대와 달리 임금 합의 적용 기간이 고정되는 경향을 보여 주었다. '임금 합의 기간의 고정화와 표준화'fixed-term and standard duration wage agreements 의 도입으로 1970년에서 1980년 사이 아홉 번의 전국 단위 임금 협상이 이루어졌다. 그러나 1970년대에도 합의 기간의 고정화 자체에 대한 조정과 합의 이행의 어려움으로 인해 기존 그룹들이 새로운 협상 라운드에 들어가는 기간이 점점 더 짧아지게 되었는데, 1970년대 중반에는 고정 기간이 3개월 정도에 불과했다(Roche 1994, 153).

1970년대 집단 협상의 가장 큰 변화는 협상 구조의 변화다. 1970년대에는 기존에 지역적으로 파편화되어 있던 협상 구조가 다수의 노조와 고용주 단체를 포괄하는 보다 넓은 영역으로 확장되어 주로 산업 단위 혹은 큰 산업의 경우는 지역적으로 분화된 산업 차원과 직능 단위에서 협상이 이루어졌다. 또한 협상 수준도 전국 단위로 중앙 집중화되는 경향을 보여 주었다. 임금 상승은 어디서나 쉽게 눈에 띄었고 확장된 협상 단위들은 비교에 의해 상호 연결되었다. 1970년에서 1978년 사이 전국적 단위에서 노동 조직과 고용주 단체 사이에 협상을 통해 일곱 차례의 '전국임금합의안'이 만들어졌다. 그리고 1979년과 1980년에는 두 차례의 '전국협의안'이 만들어졌다(Hardiman 1988, 53-54; Wallace et al. 2004, 373-378).

보다 주목할 사실은 1970년대에는 집단 협상이 전국적 단위로 가시화됨으로써 전체 경제 차원에서 임금 협상이 거시 경제정책의 주요 이슈가 되었다는 것이다. 이것은 사적 영역에서의 자발적인 노사 계약 관계가 국가의 거시 경제정책에서 무시할 수 없는 변수로 발전하게 되었다는 것을 의미한다. 즉 거시 경제 관리자들은 임금 협상이 전체 경제에 미치는 영향을 고려하지 않을 수 없게 되었다는 것이다(Roche 1994, 153). 그래서 1970년에서 1976년까지 전국임금합의안을 위한 협의는 주로 정부가 빠진 양자 체제로 이루어졌지만 이후 1970년대 후반에는 정부도 협의에 적극 참여하는 모습을 보여 주었다. 특히 1970년대 후반 정부의 개입은 예산 정책과 결부되어 있었다. 정부가 참여하게 되면서 1979년과 1980년 '전국협의안'은 이전의 '전국임금합의안'과 달리 노조-고용주 양자 간 임금 합의에 덧붙여 노조-정부 간의 사회복지 등 비임금 이슈들non-pay issues에 대한 협의도 포함하게 되었다(Wallace et al. 2004, 374). 이것은 아일랜드에 코포라티즘적 조정을 위한 조건이 무르익었다는 것을 의미한다.

또한 1970년대에는 집단 협상을 조정하고 모니터링하는 제도들이 보다 체계적으로 발전했다. 1970년대 전국 단위의 모든 중앙 집중화된 합의안들은 '전국고용주-노동자협의체'를 통해서 협의되었고 '고용주-노동자협의체'는 또한 합의안의 실행과 해석에도 관여했다. 또한 '고용주-노동자협의체'는 합의안 조정 능력을 향상시키기 위한 조정 위원회Steering Committee, 임금 합의안에 대한 해석과 분쟁을 해결하기 위한 합의안 '해석위원회'Interpretation Committee와 '판결 위원회'Adjudication Committee를 만들었다(Wallace et al. 2004, 374; Hardiman 1988, 54-55).

그러나 이런 전국 단위의 중앙 집중화된 임금 협상, 정부의 적극적 개입, 그리고 조정 제도의 발전에도 불구하고 1970년대 집단 협상은 코포라티즘적 사회 조정으로 발전하지 못하고 실질적인 조정에 실패했다. 먼저 '임금 유동'은 사회적 조정이 실패했다는 경험적 증거다. 1970년대 전국 임금합의안은 협의안이 규정한 '규정 이상의 임금 인상'Above The Norm, ATN 을 허용했는데 이것이 '임금 유동'으로 귀결되었다. 사실 '규정 이상의 임금 인상'은 생산성 향상을 위한 특별 예외조항으로 허용되었지만 실제로는 생산성과 별개로 경쟁적인 노동조합들의 요구에 이용되었고 이것은 다시 임금 협의안 준수를 어렵게 했던 것이다. '규정 이상의 임금 인상'에 의한 임금 유동은 공공 부문에서 특히 일반적인 현상으로 나타났다(Wallace et al. 2004, 377; *IRN* 2001/07/19, 23).

1970년대 아일랜드가 집단적 조정이 실패했다는 또 다른 증거들 중 하나는 바로 급격한 임금 상승이었다. 1970년대 동안 아일랜드의 시간당 임금의 연평균 증가율은 약 18%로 이탈리아를 제외하고 EEC 국가들 중에서 가장 높았다(Hardiman 1988, 85). 〈표 3-4〉의 '1960년에서 2003년 사이 비즈니스 부문 단위노동비용의 증가율'을 보면 1970년대 아일랜드의 연평균 임금 인상률은 다른 국가들에 비해 월등히 높은 편이다. 1970년에서 1974년 사이, 그리고 1975년에서 1979년 사이의 아일랜드 비즈니스 부문 단위노동비용의 증가율은 각각 12.1%와 13.8%였다. 이에 비해 독일은 같은 기간 각각 7.3%와 3.4%이었고 노르웨이는 이보다 훨씬 낮았다. 아일랜드의 임금 인상은 심지어 미국이나 영국과 같은 자유주의 국가들보다도 훨씬 더 높았는데 미국의 경우는 같은 기간에 각각 5.4%와 7.0%, 영국은 각각 10.3%와 11.1%였다.

이처럼 1970년대에는 1960년대 탈집중적 집단 협상이 인플레이션을 유발한다는 것에 대한 반성으로 집단 협상이 중앙 집중화되었지만 지역과 개별 회사 수준에서 '규정 이상의 임금 인상'을 허용함으로 인해 임금 인상 억제에는 실패했다. 중앙 집중화된 임금 합의안은 조정의 기준으로 작용하기보다는 오히려 통제가 되지 않는 지역 임금 협상에서 강력한 노조에 의해 더 많은 임금 인상을 위한 하나의 발판으로 이용되었다. 결국 이런 임금 상승은 높은 인플레이션과 더불어 생활수준의 저하를 초래했고, 이는 다시 생활수준 보전을 위한 더 많은 임금 인상과 노동쟁의를 유발하는 악순환의 고리를 만들어 냈다(Baccaro and Simoni 2004, 10-11; O'Donnell and O'Reardon 2002, 198; Hastings et al. 2007, 110).

1970년대 노사관계 조정이 실패했다는 또 다른 증거는 바로 노동쟁의의 급격한 증가다. 〈그림 3-5〉의 '아일랜드 노동쟁의 빈도수 변화'에서 보듯이 1970년대는 1980년대 전반 탈집중적 집단 협상 체제나 1987년 이후 코포라티즘적 사회협약 체제와 비교하면 월등히 높은 노동쟁의 빈도를 보여 준다. 1971년에서 1973년 사이 전국임금합의안으로 집단 협상이 전국 단위로 중앙 집중화된 초기 단계에서는 노동쟁의가 다소 줄었지만, 1970년대를 통틀어 노동쟁의 빈도와 노동쟁의로 인한 노동일 상실은 이전에 비해 크게 증가했다. 아일랜드의 연평균 노동쟁의 수는 1960년에서 1969년 사이 90회 정도였던 반면, 1970년에서 1979년 사이는 155회로 급격히 증가했다(Hardiman 1988, table 4.3 참조). 그리고 노동력 10만 명당 노동쟁의 빈도수는 1960년에서 1964년 사이 연평균 고작 6.8회였던 반면, 1970년에서 1974년 사이에는 두 배 이상인 14.9회, 그리고 1975년에서 1979년 사이에도 두 배 이상인 14.0회의 높은 증가를 보여 주었다(Hardiman 1988, 92-93).

특히 주목할 사실은 〈그림 3-5〉에서 보듯이 1970년대에는 공식적인 통제와 절차를 벗어난 '비공식적 노동쟁의'가 급격히 증가했다는 것이다. 비공식적 쟁의의 증가는 곧 중앙 조직들의 통제와 조정의 불능을 보여 주는 경험적 증거라고 할 수 있다. 그런데 1970년대에는 이런 비공식적 쟁의가 전체 쟁의의 절반 이상을 차지했고 이는 이후 탈집중적 자유시장 체제인 1981년에서 1986년 사이의 기간과 비교하면 대단히 높은 편이었다. 전체 노동쟁의에서 비공식적 쟁의가 차지하는 비중은 1986년에는 38% 인 데 반해 1980년에는 61%나 되었다. 그리고 상실 노동일 수로 보아도 1986년 비공식적 쟁의로 인한 상실 노동일 수는 전체 상실일수의 약 6% 정도였던 데 반해 1980년에는 46%나 되었다(Hardiman 1988, 222, table 8.1 참조).

1970년대 비공식적 노동쟁의의 높은 빈도수는 1970년대 중앙 집중화된 집단 협상에 의한 사회적 조정의 실패와 관련이 있다. '전국임금합의안'을 통해 책정된 임금 인상 규범보다 높은 추가적 임금 인상률을 쟁취하려는 노동자들은 공식적인 노조의 승인을 받으려 하기보다는 비공식적인 쟁의를 선택하는 경우가 많았다. 전국적 협상에서는 대부분 노조 쪽에서 임금 인상 쟁의를 자제할 것에 합의했기 때문이다. 반면 앞에서도 언급했듯이 1981년에서 1986년 사이 비공식적 쟁의의 빈도수가 상대적으로 낮았던 이유는 이 당시 노사관계는 탈집중적 자유계약 체제로서 1970년대와 같은 중앙 집중적 합의안에 의한 조정 자체를 포기했기 때문이었다. 결국 1970년에서 1980년까지는 전국적 차원에서 조정을 시도했음에도 불구하고 비공식적 쟁의가 많았다는 것은 조정이 실패했음을 보여 주는 명확한 사례라고 할 수 있다(Wallace et al. 2004, 233; Brannick and Doyle 1994, 270).

한편 1970년대 전국적 단위의 협상안을 통한 조정의 실패는 또한 고용주 단체들의 빈번한 '지불 불능권 발동'invocation of inability to pay에서도 나타난다. 아일랜드에서는 고용주 단체들도 노조 조직과 같이 정상 조직의 권위가 상대적으로 약했다. 1970년대 전국적 단위에서 협상안을 합의했지만 고용주 정상 조직은 하부 조직들을 통제 조정할 능력이 없었다. 그래서 1970년대 고용주들이 '지불 불능' 조항을 발동하는 경우는 공표된 '비공식적 노동쟁의'보다도 훨씬 더 많았다(Jacobsen 1994, 143-145).

결국 1970년대는 인플레이션과 1960년대 '임금협상라운드'의 조정 실패를 극복하기 위해서 전국 단위의 중앙 집중적 집단 협상 체제를 강화했지만 실질적인 조정에는 실패함으로써 오히려 높은 임금 인상률, 빈번한 노동쟁의, 그리고 높은 인플레이션의 악순환을 겪게 되었던 것이다. 아일랜드는 1970년대에 왜 사회적 조정에 실패했는가? 1970년대 아일랜드는 전국적 임금 협상, 임금 협상과 사회경제 정책의 높은 연계 가능성, 소규모 개방경제라는 특징으로 인해 코포라티즘적 사회 조정이 가능할 수도 있었는데 왜 실패했는가? 아일랜드가 1970년대 코포라티즘적 조정에 실패한 원인은 파편화된 다원주의적 조직 구조뿐만 아니라 무엇보다 전국적 협상안의 수립과 집행 과정에서 서로에 대한 신뢰와 사회적 합의가 상실되었기 때문이라고 할 수 있다. 1970년대 전국적 사회 조정이 실패한 원인에 대해서는 다음 장에서 더 구체적으로 살펴보기로 하고 이 절에서는 끝으로 1987년 사회협약이 수립되기 이전인 1981년에서 1987년 사이의 아일랜드 노사관계를 살펴보자.

1980년대 초 아일랜드 노사관계는 경제 위기와 1970년대의 중앙 집중적 조정 실패를 거울삼아 탈집중적 자유시장 관계로 전환한다. 전국적 임금 안정의 실패는 제도와 정책으로 보완·강화될 수도 있었지만 1980년대 들어 정부와 주요 사회 행위자들 사이에 자유주의적 관점이 다시 힘을 얻으면서 전국적 집단 협상 혹은 사회적 조정 자체에 대한 반대 목소리가 득세했던 것이다. 1970년대 후반 전국적 집단 협상에 우호적이었던 피어너 폴의 호히 수상은 인플레이션을 막고 산업 경쟁력을 높이기 위해 전국 협상안에 기초해 임금 안정 정책을 추구했다. 하지만 중앙 집중화된 임금 조정 체제에서 임금 상승의 압박은 제어되지 못했고 인플레이션은 통제되지 못했다. 그래서 '전국협의안'이 임금 상승과 재정적자의 원인이라는 자유주의적 사고가 더욱 힘을 얻게 되었던 것이다. 특히 1981년 6월 집권한 피너 게일과 노동당 연합 정부는 철저한 통화주의와 자유시장 원칙을 강조했다(Roche 1994, 172). 결국 1980년대 초 아일랜드는 영국과 같이 집단적 조정 자체를 포기하고, 고용주의 지불 능력에 초점을 둔 개별 회사 단위의 탈집중적·자율적 계약 관계로 전환했다(O'Donnell and O'Reardon 2002, 197).

1980년대 전반기 아일랜드에는 중앙 집중화된 집단 협상도 1960년대와 같은 '임금협상라운드'도 없었다. 이 시기에도 정부와 ICTU의 공공서비스위원회Public Services Committee 간에 합의된 임금 가이드라인이 있었지만 사적 영역에서는 대체로 무시되었다(von Prondzynski 1998, 66). 임금 상승의 수준은 협상 그룹과 회사에 따라 천차만별이었다. 노조들 사이에 오랫동안 지속되어 오던 상대적 비교 기준들도 더 이상 의미가 없게 되었고 임금수준은 광범위하게 분산되었다. 1980년대 탈집중적 임금 협상에서는 개별 회사들의 영업 상황과 경쟁 조건이 가장 중요하게 영향을 미쳤다. 1960년대 탈집중적 임금협상라운드에서 임금은 지역이나 산업 단위로 개별 기업이 아니라 여러 회사들을 포괄하는 집단 협상에 기초해서 결정되었다. 그러나 1980년대에는 여러 회사들을 가로지르는 공통의 비교 기준들은 사라지고, 아일랜드 경제에서 최초로 단일 회사의 이윤율이나 경쟁력 혹은 생산성이 임금 책정의 주요한 지표로 고려되었다(Roche 1994, 174-176).

또한 1980년대 탈집중적 집단 협상에서는 임금 협상의 종료 시기가 상이하게 분산되었다. 1982년에서 1985년 사이 이루어진 단체 협상의 기간은 3개월에서 21개월로 다양하게 분포했다. 그리고 1980년대에는 임금 협상을 리드하는 '페이스 세터'도 없었다(Grafton et al. 1984, 9; O'Brien 1987, 111; Roche 1994, 174; 176). 그래서 1980년대 탈집중적 자유시장 관계에서는 개별 회사 단위 협상에서 승자와 패자가 확연히 갈라지게 되었다. 이것이 1960년대 탈집중적 집단 협상인 '임금협상라운드'와 다른 1980년대 탈집중적 협상의 특징이다.

1980년대 아일랜드는 왜 기존의 중앙 집중적 집단 협상을 포기하고 탈집중적 자유시장 체제로 돌아섰는가? 이는 단순히 자유주의적 다원주의라는 제도적 조건만으로는 설명이 곤란하다. 다음 절에서 구체적으로 살펴보겠지만, 1980년대 탈집중적 노사 협상 체제로의 전환에는 1970년대 중앙 집중적 집단 협상의 실천적 과정에서 강화된 주요 행위자들의 인식 변화가 중요한 영향을 미쳤다. 1970년대 전국 단위 협상을 경험하는 과정에서 고용주들은 전국 단위 협상안보다는 탈집중적 집단 협상을 선택하는 것으로 돌아서게 되었던 것이다. 1970년대 초 절대다수의 고용주들은 원래 임금 안정을 기대하면서 전국 단위의 집단 협상을 지지했다. 그러나 10년 넘게 전국 임금 협상을 경험하면서 고용주들은 노조들이 전국 임금 협상을 통한 조정 의사나 조정 능력이 있는지에 대해 불신을 가지게 되었다. 1970년대의 이런 경험을 통해 1980년대 고용주들은 탈집중적 시장 관계가 오히려 전국 임금 협상의 목표들인 임금 안정과 산업 평화 그리고 반인플레이션을 성취할 수 있다고 믿게 되었다. 실제로 1983년 이후 인플레이션이 약화되고 노동쟁의도 줄어들자 고용주들은 자신들의 믿음에 더욱 확신을 가지기 시작했다(Roche 1994, 173).

또한 이 시기 피너 게일 정부는 자유주의적 비간섭주의 혹은 사적 영역의 자발적 관계를 중시하는 태도를 보여 주었다. NESC와 같은 코포라티즘적 자문 조직들은 여전히 존재했지만 정부는 노조들이 공공 정책 결정에 일상적으로 참여하는 것에 반대했다(Roche 1994, 173). 이에 따라 이 시기 정부와 노조는 형식적인 관계arms length relations를 유지했다. 당시 수상이던 개럿 피츠제럴드는 당시 노조와의 관계에 대해, "우리와 ICTU 간의 모임들은 형식적이었고 종종 긴장이 감돌았으며 대체로 우리의 관점에서 보면 비생산적이었다"고 회상했다(FitzGerald 1991, 454).

이상에서 살펴보았듯이 1987년 이전 아일랜드 노사관계는 스웨덴, 덴마크, 오스트리아 등 서유럽 소규모 개방경제들에서 보이는 코포라티즘적 체제라기보다는 영국과 미국의 자유주의적 다원주의 체제에 가깝다고 할 수 있다. 물론 코포라티즘 연구의 대표적 정치학자인 피터 카첸스타인이 주장하듯이 아일랜드는 유럽의 소규모 개방경제로서 외부 위협에 취약하고 인종적·종교적 측면에서 대체로 동질적이어서 코포라티즘의 수립에 유리한 조건이 갖추어졌다고 볼 수도 있다. 그러나 아일랜드는 영국의 자유주의 전통하에서 국가가 사적 영역에 개입하거나 사적 영역의 이익집단들이 사회경제의 공공 정책에 일상적으로 관여하는 것에 거부감을 가지고 있었다. 또한 사회경제 주요 행위자들의 조직이 파편화되어 있고 복수 조직들 간의 경쟁으로 인해서 사회적 조정은 더욱 어려웠다. 제도주의자들은 1980년대의 탈집중적 시장 관계가 영국의 대처 시기처럼 아일랜드의 다원주의적 제도와 조직 구조에 기초한 필연적 귀결이라고 할지도 모른다. 그러나 이런 제도주의 접근은 아일랜드가 1987년 이후 유사한 제도적 조건에서 어떻게 코포라티즘적 사회 조정에 성공했는지를 설명하지 못한다.

이제 다음 장에서 1987년 이전, 특히 코포라티즘적 사회 조정에 가장 가까웠다고 할 수 있는 1970년대 전국적 협의안들이 왜 조정에 실패하게 되었는지 그리고 유사한 노사관계 제도에서 왜 1980년대 후반에는 코포라티즘적 사회협약에 성공했는가를 구체적으로 살펴보자.

제6장

사회협약 체제로의 전환

이 장에서는 어떻게 아일랜드가 1987년 이후 경로 혁신적인 전환에 성공할 수 있었는지를 살펴보려고 한다. 왜 아일랜드는 1987년 이전, 특히 1970년대 코포라티즘적 사회 조정을 시도했지만 실패했는가? 반대로 1987년 이후에는 제도적 조건들이 미비함에도 불구하고 어떻게 사회 파트너십을 수립하는 데 성공할 수 있었는가?

1970년대 코포라티즘적 조정의 시도들이 실패한 이유에 대한 지배적인 설명은 제도주의 설명이다. 제도주의자들에 따르면 아일랜드에서 코포라티즘적 사회 조정이 실패한 이유는, 중앙 집중화되고 포괄적인 노동과 자본의 조직 체계 그리고 강력한 사회민주주의 정당의 존재와 같은 코포라티즘을 위한 필수적인 제도적 조건들이 아일랜드에는 충분하지 않았기 때문이다(Hardiman 1988). 확실히 제도적 조건의 부재가 1970년대에 사회적 조정을 어렵게 한 것은 사실이다. 아일랜드는 전통적으로 영국의 자유주의적 다원주의 제도를 물려받았는데 이것이 코포라티즘적 조정을 어렵게 했던 것이다. 아일랜드의 노조 조직 구조는 파편화되고 중첩되어 있어서 복수의 조직들이 동일한 노동자를 대상으로 서로 경쟁해야 하기 때문에 이들 간 수평적 조정은 어려웠다. 더구나 노조와 자본의 정상 조직들은 산하 회원 조직들이 전국 합의안을 따르지 않을 때 이를 강제하고 조정할 수 있는 위계적 권위를 충분히 가지지 못했기 때문에 수직적 조정도 어려웠다(Hardiman 1988, 123; 130; O'Donnell and O'Reardon 2002, 196; Roche 1994, 168-169). 또한 아일랜드 국가는 영국과 같은 자유주의 전통 하에서 노사 간의 자유계약을 존중하며 사적 영역에 개입하지 않으려는 경향이 있었다. 대신 사적 영역의 주요 행위자들도 사회경제적 공공 정책 결정 과정에서 배제되었다. 이런 제도적 조건들 때문에 1970년대 아일랜드에서 주요 사회경제 행위자들이 정부와 함께 참여하는 코포라티즘적 사회 조정의 수립은 어려웠던 것이 사실이다.

그러나 포괄적이고 위계적인 이익대표 체계, 강력한 사회민주주의 정당의 존재와 같은 제도적 조건들은 사회적 조정을 유리하게 하는 조건 가운데 하나일 뿐 충분조건은 아니다. 제도적 조건만으로는 '왜 1980년대 아일랜드가 성공적으로 코포라티즘적 사회 조정을 수립할 수 있었는지'는 설명하기 어렵기 때문이다. 게다가 코포라티즘을 위한 제도적 조건들이 미비한 상태에서 코포라티즘적 사회 조정에 성공한 나라들은 비단 아일랜드만이 아니다. 아일랜드·이탈리아·스페인·포르투갈은 코포라티즘의 제도적 조건을 갖추지 못한 나라로 분류되던 국가들이지만 1990년대 상대적으로 안정적인 코포라티즘적 사회 조정을 수립했다. 이와 반대로 코포라티즘적 제도적 조건들이 가장 잘 갖추어진 것으로 평가되던 스웨덴은 1990년대에, 덴마크와 네덜란드는 1970년대에 오히려 사회적 조정에 실패한 경험을 가지고 있다(Scharpf 2000, 47; Traxler and Kittel 2000;

Traxler et al. 2001; Baccaro 2003; Compston 2002, 313).

이익대표 체계의 조직 구조와 정상 조직들의 위계적 권위 같은 제도적 조건들은 포괄적이고 장기적인 이익이 실현될 수 있다는 확신을 제공함으로써 행위자들이 단기적·분파적 이익을 추구하기보다는 코포라티즘적 사회 조정을 선호할 수 있도록 이끄는 경향이 있다. 그러나 이것은 포괄적·위계적 조직이 필연적으로 장기적 이익에 대한 확신과 상대 행위자들에 대한 신뢰를 창출해 낸다는 것을 의미하지는 않는다. 오히려 이런 조건들이 부재하더라도 정치적 상호작용의 과정에서 경제 위기의 심각성 인식, 위기에 대한 진단과 바람직한 해결책에 대한 인식, 그리고 상대의 협력 가능성에 대한 믿음 등과 같은 실천적 아이디어의 공유가 포괄적 이익을 위한 사회적 조정을 더 수월하게 할 수 있다.

1970년대에 아일랜드에서 전국적 협상안을 통한 사회적 조정이 실패한 이유는 파편화된 조직 구조와 정상 조직들의 약한 권위도 문제이지만 바람직한 해결책에 대한 사회적 합의의 부재, 실천적 과정에서 상대에 대한 신뢰의 약화와 같은 정치적·담론적 상호작용 과정에서도 문제가 있었기 때문이다. 반면 아일랜드가 1987년에 제도적 조건들이 미비한 상태에서도 코포라티즘적 사회 조정에 성공한 이유는 주요 행위자들이 위기와 바람직한 해결책에 대한 공유된 인식 그리고 상대 파트너들의 협력 가능성에 대한 믿음을 가질 수 있었기 때문이다. 이 장에서는 1970년대 코포라티즘의 실패와 1987년 이후의 성공을 정치적 상호작용 과정에서의 인식 변화와 사회적 합의의 창출 여부에 초점을 두고 분석할 것이다. 이를 위해 첫 번째 절에서는 먼저 1987년 이전 집단 협상의 구조로는 코포라티즘적 사회 조정에 가장 가까운 시도였던 1970년대 중앙 집중적 집단 협상이 왜 실패했는지를 살펴볼 것이다. 그리고 다음 절에서는 담론의 상호작용을 통해서 이루어지는 주요 행위자들의 인식 변화와 사회적 합의의 창출 과정을 분석함으로써 '1987년 이래 제도적 조건이 미비한 상태에서 아일랜드가 어떻게 코포라티즘적 사회 조정을 성공적으로 수립했는지'를 분석할 것이다.

1. 1970년대 코포라티즘적 사회 조정의 실패 원인

1980년대까지만 해도 코포라티즘을 연구하는 정치사회학자들에게 아일랜드는 하나의 흥미로운 반증 사례였다. 코포라티즘 연구의 대가라고 할 수 있는 피터 카첸스타인에 따르면 아일랜드는 서유럽 코포라티즘 국가들의 특징을 많이 공유하고 있었음에도 불구하고 1980년대 중반까지 코포라티즘적 사회 조정에 계속해서 실패하고 있었기 때문이다. 즉 아일랜드는 첫째, 스웨덴·덴마크·오스트리아 등과 같이 소규모 개방경제로서 외부의 위협에 취약해 국내적 결속력이 강할 수 있고, 둘째, 인종·종교·언어 면에서 대단히 동질적이라는 점에서 코포라티즘적 사회 협력이 잘 이루어질 수 있는 조건을 갖추었다고 평가되었던 것이다. 그러나 앞 절에서 살펴보았듯이 아일랜드는 1970년대에 코포라티즘적 사회 조정에 가장 가까웠던 시도를 했지만 결국 실패했다. 1970년대 아일랜드는 임금 협상을 전국 단위로 중앙 집중화함으로써 정부가 사회경제적 공공 정책과 임금 조정을 연계할 수 있었다. 실제로 1970년대 후반 '전국협의안'에서는 임금 협상과 사회경제정책·조세정책의 연계가 이루어졌다. 이는 코포라티즘적 조정이 가능할 수 있는 상황이 당시에 거의 무르익었음을 의미한다.

그렇다면 1970년대에 아일랜드는 왜 코포라티즘적 사회 조정에 실패했는가? 이 질문에 대한 가장 유력한 대답은 니암 하디만과 같은 제도주의자들에 의해 제기되었다(Hardiman 1988). 아일랜드의 대표적인 제도주의 정치경제학자인 하디만은 1970년대와 1980년대 전반의 아일랜드 집단 협상에 대한 분석을 통해 "왜 아일랜드는 많은 코포라티즘 연구가들의 주장과 달리 유럽의 소규모 개방경제 국가들과 같이 외부 위협에 취약함에도 불구하고 코포라티즘적 조정 체제가 수립되지 못했는가"라는 문제를 제기하면서 외부 요인보다는 파편화된 조직 구조와 조직 간 경쟁과 같은 국내 제도적 조건에 초점을 맞추었다. 하디만의 주장은 다음과 같다.

> 지속적인 신코포라티즘적 합의들에 유리하게 작용할 조직적·정치적 조건들이 아일랜드에서는 잘 발전되지 못했다. 그래서 협치에 기초한 임금 협상은 더 발전할 수 없었다. 특히 노조 운동의 권위적 집중성은 한계가 있었고, 그리고 중앙 집중적 전략을 구상하고 모든 회원들이 안정적으로 명령을 따르도록 하는 능력에서는 대단히 제한적이었다. 마찬가지로 고용주 단체들이 중앙 집중적 전략을 구상할 수 있는 능력도 제한적이었는데, 그것은 다른 여러 요소들 중에서도 다양한 산업 부문들 사이에 존재하는 경제적 여건들의 차이 때문이었다(Hardiman 1988, 3).

이처럼 하디만은 아일랜드가 코포라티즘적 사회 조정에 실패한 이유가 영국과 같은 파편화된 다원주의적 조직 구조에 기초한 노조 간 경쟁, 노사 정상 조직의 권위 부재 때문이라고 설명한다. 실제로 1970년대 영국도 경기 부양을 위해 재정정책과 임금 협상 조정을 연계하려고 했지만 다원주의적 조직 구조로 인해 집단 조정에 실패하고, 1979년 대처 정부 이후부터는 오히려 집단적 조정 자체를 포기했던 경험이 있다. 그리고 유사한 조직 구조를 갖춘 아일랜드도 1980년대 중반까지 조정에 실패했다는 사실을 고려한다면 제도주의적 설명이 가진 설득력은 결코 무시될 수 없다.

사실 많은 코포라티즘 문헌들은 코포라티즘적 사회 조정을 위해 필요한 몇 가지 중요한 제도적 요소들을 강조한다(Schmitter 1979; 1981; Lehmbruch and Schmitter eds. 1982; Goldthorpe ed. 1984; Berger ed. 1981). 먼저 수평적 차원에서 각 진영 내부에서 의사 조정이 잘 이루어져야 한다. 즉 노동과 자본 조직 내부에서 각각 단일한 의사를 결집할 능력이 있어야 한다. 그리고 이를 위해서는 파편화되고 중첩된 조직 구조보다는 독일과 같이 포괄적인 조직 구조가 유리하다는 것이다. 둘째로는 수직적 차원에서 상부의 결정이 하부에 잘 전달되어야 한다. 즉 정상 조직들에 의해 합의된 전국적 합의안을 하부 조직들이 충실히 따르도록 통제하고 조정할 수 있어야 한다. 서유럽의 코포라티즘적 국가들에서는 노동총동맹과 같은 정상 조직들이 하부 노조들에 대해서 가지는 법적·위계적 권위에 의해 코포라티즘적 조정이 가능했다. 셋째로는 자본과 노조의 협약 이행을 강제하고 보장할 뿐만 아니라 노동을 비롯한 사적 집단들의 목소리를 공공 정책에 적극적으로 반영하려는 국가의 노력이 필요하다는 것이다. 흔히 많은 코포라티즘 연구들에서는 노조의 공공 정책 참여를 보장하고 자본이 합의를 이행하도록 강제하기 위해서는 사회민주주의 정당이 강해야 한다고 강조한다. 제도주의자들의 주장은 바로 이상과 같이 전통적 코포라티즘 문헌들이 강조하는 제도적 조건들에 기초해서 볼 때 아일랜드의 제도적 조건은 부족하기 때문에 코포라티즘적 사회 조정에 실패했다는 것이다.

제5장에서 살펴보았듯이 아일랜드 노사관계는 구조적으로 영국과 유사한 자유주의적 다원주의 체제로서 코포라티즘적 사회 조정을 하기에 어려움이 대단히 많았던 것이 사실이다. 첫째, 아일랜드가 코포라티즘적 사회 조정에 어려움을 겪었던 이유 중 하나는 동일한 노동자를 대상으로 복수의 노조들이 서로 경쟁하는 다원주의적이고 파편화된 노조 조직 구

조에 있었다. 이와 대조적으로 서유럽 코포라티즘 국가들에서는 노조들이 대부분 산업별로 포괄적으로 조직되어 있어서 집단적 협상이나 사회적 조정이 용이했다. 예를 들면 아일랜드 노조 조직들은 합병을 통해서 그수가 줄어들었음에도 불구하고 1981년 기준으로 여전히 85개의 노조들이 난립하고 있었다(von Prondzynski 1998, 60; *IRN* 1979/11/21, 7). 게다가 아일랜드 노동운동 조직의 기능적 중첩성은 단순히 복수노조의 존재 때문만이 아니라 영국 식민지 역사의 산물로 국적만 다른 동일 기능 노조들의 존재 때문이기도 했다. 즉 아일랜드 소재 노조와 영국에 기원을 둔 노조들이 서로 중복해 경쟁함으로써 노동운동 내부의 조직 구조가 더욱 복잡해졌던 것이다(Hardiman 1988, 124-125; 130).

구체적 사례를 들어보면 교직원 노조의 경우 아일랜드에는 아일랜드중등교사협회ASTI, 아일랜드전국교사조직INTO, 아일랜드교원노조TUI 등 세개의 노조가 있다. 그런데 이들 세 노조 중 어느 한 노조가 먼저 어느 정도의 임금 인상에 성공하면 다른 두 노조들이 자연스레 이를 기준으로 더 높은 임금 인상을 성취하기 위해 경쟁에 돌입하는 체제가 형성되었다. 세 노조들은 급격히 팽창하는 교육 부문에서 노조원들을 확보하기 위해 서로 경쟁하는 관계였기 때문이다. 예를 들면, 1980년 ASTI가 새롭게 전투적 태도를 취하면서 다른 두 노조와의 차별성을 강조하자 다른 두 노조인 INTO와 TUI도 곧 ASTI의 전투적 태도를 따라갔다. 그러나 애초에 INTO와 TUI는 전국임금합의안을 준수할 의도가 있었다. 특히 TUI는 당시 위원장인 크리스티 디바인이 '전국임금합의안'을 만든 ICTU의 집행위원이었기 때문에 전국 합의안을 준수할 의사가 매우 강했다. 그래서 TUI는 1979년 5월 자체 기관지에서 "만약 '전국협의안'이 만들어지면 TUI는 그것을 따를 것"이라는 점을 분명히 했다. 그러나 일단 ASTI가 임금 인상을 위해 전투적 태도로 파업을 결의하자 TUI와 INTO 두 노조들은 이내 자신들의 기존 입장을 바꾸어 임금 재협상을 요구하며 1일 파업을 선언했다. 한편 ASTI가 처음에 전투적인 태도로 임금 인상을 추구한 것도 노조원 확보 경쟁을 벌이고 있던 다른 두 노조들을 의식해서였다. 원래 1970년대에 교원 노조들은 상호 합의를 통해 노조원 모집 대상을 서로 분할했다. ASTI는 중등 교원들을, TUI는 직업학교 교원들을 대상으로 하기로 했던 것이다. 다만 지역공동체 학교community schools의 교원들에 대해서는 두 노조 모두 영입이 가능했다. 이런 상황에서 ASTI가 먼저 조직세 확보를 위한 경쟁을 시작하자 다른 두 교원 노조들도 전투적인 태도로 돌변하면서 상황이 악화되었던 것이다(*IRN* 1980/02/20, 10-11; 2008년 7월 15일, ASTI의 노조 지도자와 인터뷰).

이처럼 1970년대에는 중앙 집중화된 전국 단위의 협상으로 합의안이 만들어지긴 했지만 파편화된 조직 구조 때문에 지역과 회사 단위의 협상에서 전국 합의안은 유명무실해졌다. 2008년 필자와의 인터뷰에서 한 기업의 고위 관리자는 당시의 상황을 잘 묘사하고 있다.

내 경험으로 볼 때 1987년 이전 아일랜드 토착 기업들과 공기업들에는 작은 노조들이 여럿 있었다. 한 회사가 대응해야 할 노조는 하나의 중앙 집중적 노조가 아니라 보통 6~7개의 노조들이었다. 1980년경 나는 매우 성공적인 어떤 회사의 기술 훈련 매니저였다. 그런데 그 회사에는 약 12개의 노조가 있었다. 우리는 날마다 파업을 경험했다. 왜냐하면 회사는 12개 노조에 다 제대로 대응할 수 없었고 노조는 서로 경쟁적으로 회사에 대항하며 새로운 요구를 했다. 노조들은 회사와의 협상에서 보다 많은 성과를 내고 더 많은 회원을 모집하기 위해 서로 경쟁했다(2008년 6월 30일, 휴렛패커드 인사담당 매니저와 인터뷰)

파편화된 복수 노조들 간에 노조원 영입을 두고 서로 경쟁하는 구도 아래에서 노조 지도자들은 지역 및 회사 단위의 협상 과정에서 장기적 이익보다는 일반 노조원들의 단기적이고 직접적인 요구에 보다 민감하게 반응하는 경향이 있었다. 이런 구조하에서 노조들은 서로 경쟁적으로 임금 인상을 요구하게 되었고 이 과정에서 전국적 임금 협상안은 단지 실질적인 임금 협상의 출발점 혹은 발판으로만 작용했다(Hardiman 1988, 130-133; 148).

둘째, 1970년대 아일랜드에서 코포라티즘적 사회 조정을 어렵게 했던 또 다른 제도적 조건은 정상 조직과 하부 조직들 간의 관계가 코포라티즘 국가들에서 흔히 보이는 위계적 관계라고 할 수 없었다는 점이었다. ICTU는 회원 노조들에 대해 공식적·강제적 권위를 행사할 수 없었으며 노동운동 전체 합의안의 준수 여부는 오직 개별 노조의 자발적 협력에 기초해 있었던 것이다. 예를 들면 1970년대 아일랜드에서는 전국 단위로 중앙 집중화된 집단 협상을 통해 정상 조직들이 임금 협상안에 합의를 했지만 정상 조직들은 회사와 지역 단위 협상들에서 하부 조직들이 전국임금합의안을 따르도록 할 어떤 권한도 없었다. ICTU의 최종적 권위는 각 노조들의 대의원대회에 있지 ICTU의 집행위원회에 있지 않으며, ICTU의 권위는 각 회원 노조들의 자발적 복종에 의존하기 때문이다. 따라서 ICTU는 산하 노조들의 내부 결정에 어떤 영향도 행사할 수 없었고 협상안의 결정을 위해서는 개별 노조와 합의가 있어야 했다(Chubb 1970, 109; Baccaro 2003, 690; O'Donnell and O'Reardon 2002, 196; Collings et al. 2008, 243-244; Hardiman 1988, 139; Teague and Donaghey 2004, 12-14). 국제노동기구ILO 고문인 요하네스 슈레글은 아일랜드 노동 조직의 권력 구조를 유럽의 코포라티즘 체제와 비교하면서 다음과 같이 언급한 바 있다.

유럽 대륙의 많은 노조들과 비교하면 아일랜드 노조 운동 내에서 정책 결정 권력은 상위 노조의 수준에 있다기보다 작업장 수준에 더 강하게 존재한다 (Schregle 1975, 11).

슈레글은 아일랜드에서 전국적 단위의 협상과 조정이 이루어지기 위해서는 조직 구조가 좀 더 위계적이고 중앙 집중적이어야 한다고 강조했다. 사실 아일랜드 노조 지도자들 스스로도 평조합원들의 요구와 압력으로 인해 전국 단위의 협상안이 준수되기 어렵다는 것을 인정했다. 노조 지도자들은 1981년 타결된 새로운 '전국협의안'의 전망이 어둡다고 평가한 바 있는데 이런 평가는 이전의 전국 합의안들이 평조합원들의 요구와 압력으로 실행되지 못했다는 경험에 기초해 있었다(*IRN* 1981/11/13).

〈그림 3-5〉에서 보았듯이 1970년대는 비공식적 노동쟁의가 매우 빈번했다. 1980년경 비공식적 노동쟁의는 전체 쟁의 빈도수의 약 70%에 달했다. 이는 전국 단위의 중앙 집중적 임금 협상안들이 만들어졌음에도 불구하고 회사와 작업장 단위의 협상에서 현장 노동자 대표들이 실질적인 결정권을 가지고 있었다는 것을 의미한다(*IRN* 1981/05/22, 8-9). ICTU는 자체 회원 노조들에 대한 권위가 약했을 뿐만 아니라 비회원 노조들로부터 오는 압력에서도 자유롭지 못했다. 비회원노조들은 손쉽게 전국 합의안에서 지정한 임금 가이드라인을 넘어서는 '규정 이상의 임금 인상'을 협상할 수 있었는데 이는 비공식적 노동쟁의 증가와 더불어 전국 협상안의 유명무실화를 촉발하는 계기로 작용했다. 이런 조직의 파편화와 정상 조직의 권위 부족은 고용주 단체들에서도 마찬가지였다. 아일랜드고용주연맹Irish Employers Confederation의 경우도 비회원으로 남아 있는 고용주들로부터 유사한 문제에 봉착했던 것이다(*IRN* 1981/10/30, 9).

셋째, 1970년대 코포라티즘적 사회 조정이 실패한 또 다른 이유는 제

5장에서 살펴보았듯이 아일랜드 정부는 영국식 '자유주의 국가' 개념에 기초해 사적 영역의 노사 협상에 적극적으로 개입할 의사가 별로 없었을 뿐만 아니라, 아일랜드 정당정치에서는 강력한 사회민주당이 부재했다는 것이다. 아일랜드 정당정치에서 압도적인 제1당인 피어너 폴과 주로 야당이었던 제2당인 피너 게일은 민족주의 문제로 갈라진 정당이었기 때문에 계급 정치에는 별로 관심이 없었다. 다시 말하면 사회민주당 등 노동자 정당이 강세를 보이던 서유럽 코포라티즘 국가들과 달리 아일랜드에서 정당정치는 민족주의에 기초한 포괄 정당catch-all-party과 포퓰리즘이 주를 이루었다. 이런 맥락에서 정당정치의 주요 담론은 영국식 자유주의가 지배함으로써 아일랜드에서는 정부가 사적 영역의 조율에 적극적으로 참여하는 것을 주저했을 뿐만 아니라 사적 영역의 이슈와 공공 정책을 연계하는 코포라티즘적 조정의 시도도 드물었던 것이다.

결국 수평적 차원에서 파편화된 다원주의적 노조들 간의 상호 경쟁, 수직적 차원에서 정상 조직들의 위계적 권위 부재, 사회민주주의 정당의 약세와 정부의 자유방임적 국가 운영 등 제도적 조건들이 1970년대 아일랜드 중앙 집중적 조정이 실패하는 데 주요한 원인이 되었다는 것은 부인할 수 없는 사실이다. 그러나 제도적 조건들만으로는 왜 아일랜드가 1970년대에는 코포라티즘적 사회 조정이 실패했지만 1987년 이후에는 성공하게 되었는지를 설명하기가 어렵다. 제도적 조건들은 필요조건들 중 하나일지는 모르지만 충분조건은 아니다. 1970년대의 사회적 조정의 실패와 1987년 이후 사회적 조정의 성공을 동시에 설명할 수 있는 공통된 변수는 무엇인가?

본 연구는 코포라티즘적 사회 조정을 위해서는 무엇보다 문제 진단과 해결책에 대한 주요 행위자들의 공유된 생각과 정치적 교환을 통한 사회적 합의가 중요하다고 본다. 복수 노조들로 파편화된 조직 구조는 수평적인 협력을 창출하는 데 장애로 작용할 수 있지만 그것을 불가능하게 만드는 것은 아니다. 행위자들이 공통의 문제의식하에서 상호 신뢰할 수 있는 행동의 패턴을 보여 준다면 합의와 협력을 끌어낼 수 있기 때문이다. 그리고 다음 절에서 구체적으로 살펴보겠지만 정상 조직이 하층 조직들에 대해서 조직적·위계적 권위가 부재하더라 하더라도 도덕적·정신적 권위를 가질 수는 있다. 제도적 조건과 동일한 역할을 할 수 있는 사회적 합의와 도덕적·정신적 권위 같은 '기능적 대체물'이 정치적·담론적 상호작용의 과정에서 수립될 수 있기 때문이다. 1970년대 아일랜드에서 사회적 조정이 실패한 이유는 이런 사회적 합의뿐만 아니라 정상 조직의 조직적 권위를 대체할 수 있는 다른 권위를 창출하는 데 실패했기 때문이다. 반대로 1987년 이후 아일랜드에서 20년이란 장기간 동안 코포라티즘적·사회적 조정에 성공한 이유는 바로 주요 행위자들의 인식 변화를 토대로 문제 진단과 해결책에 대한 사회적 합의와 민주적 의사 결정에 기초한 상부 결정의 도덕적·정신적 권위, 또한 노·사·정 삼자 간 상호 신뢰를 확립할 수 있었기 때문이다.

　그런데 주목할 사실은 사회적 합의나 수평적·수직적 관계의 상호 신뢰와 도덕적 권위는 제도적 조건에 따라 단순히 주어지는 것이 아니라 정치적·담론적 상호작용의 과정에서 수립되거나 해체될 수 있다는 것이다. 먼저 본 연구에서 말하는 사회적 합의란 협력적 사회 조정이 바람직한 수단이라는 데 대한 합의뿐만 아니라 정치경제 상황에 대한 진단과 해결책에 대한 전반적인 합의를 의미한다. 또한 이런 사회적 합의는 파트너들 간 상호 '신뢰할 수 있는 실천'의 과정에 의해 뒷받침되어야 한다. 행위자들의 실천적 상호작용 과정에 초점을 두는 관점은 게임의 시작 시점에 행위자들의 선호와 이익이 결정되는 합리적 선택 이론의 가정과 달리 상호작용을 통해 지속적으로 자신과 상대의 행위를 해석하는 행위자들의 실천적 과정에 초점을 두는 최근의 이론적 경향을 반영한 것이다.

이 같은 맥락에서 본 연구는 아일랜드가 1970년대 전국적 협상안에 기초한 사회적 조정에 실패한 이유로 아일랜드 노·사·정의 주요 행위자들이 1970년대 정치적 상호작용의 과정에서 상호 신뢰와 사회적 합의를 수립하는 데 실패했다는 점을 강조한다. 여기서는 먼저 사회적 합의에 부정적으로 작용한 아일랜드의 갈등적 노사 문화에 초점을 두어 정치과정에 대한 분석을 시작하고자 한다. 아일랜드는 전통적으로 영국처럼 갈등적 노사관계 전통이 강한 편이었다. 아일랜드에서 노사는 유럽 코포라티즘 국가들에서 보듯이 숙련 형성과 같은 공공재 창출이나 임금 조정을 위해 서로 협력을 해본 경험이 거의 없다. 예를 들면, 1940년대 아일랜드 고용주 단체인 FUE는 당시 아일랜드 노동조합의 두 정상 조직들인 ITUC와 CIU, 그리고 거대 노조인 '아일랜드수송·일반노조'ITGWU와 협상을 했는데, 노사 양쪽 모두 상대에 대한 불신이 대단히 깊었다. 갈등적 관계를 해결하기 위해서 1946년 입법을 통해 중재위원회로 '노동 법원'을 수립했지만, 1940년대와 50년대 내내 '노동 법원'은 갈등 해결에 '적절한 기구'로 인식되지 못했다(FitzGerald 1992, 11-12). 당시 노사 간 갈등과 불신의 깊은 골은 고용주들 쪽에서 심지어 대안으로 협력적인 스웨덴이나 독일 모델의 도입을 고려할 정도로 심각한 사회 문제가 되어 있었다(FitzGerald 1992, 10-12). 1960년대와 1970년대 노사관계에서도 노사 양쪽은 '서로 거리감을 둔 사이'arms-length relations로서 협력적이라기보다는 갈등적이었다(O'Donnell and O'Reardon 2002, 200). 아일랜드에서 이와 같은 노사관계의 갈등적 전통은 1970년대 노조와 고용주 단체들이 협력적 조정을 만들어 내는 데 부정적으로 작용했다.

그러나 본 연구에서 보다 주목하는 것은 사회적 합의나 상호 신뢰가 전통이나 제도적 조건들에 의해 영향을 받긴 하지만 정치적인 상호작용 과정에서 상호 신뢰는 쌓일 수도 혹은 무너질 수도 있다는 점이다. 이런 관점에서 1970년대 아일랜드에서 코포라티즘적 사회 조정이 실패한 이유는 앞서 언급한 제도적·문화적 조건들과 더불어 주요 행위자들이 실천적 과정에서 사회적 조정의 바람직성과 그 방법에 대한 사회적 합의와 상호 신뢰를 창출하는 데 실패했기 때문이라고 할 수 있다. 즉 1970년대 중앙 집중적 사회 조정이 실패한 이유는 실천적 과정에서 주요 행위자들이 사회적 합의를 도출하지 못했다는 것이고 그 이유는 1970년대 사회적 조정의 시도와 실천의 과정에서 노·사·정 가운데 어느 행위자들도 결과에 충분히 만족하지 못했다는 것을 의미한다. 아일랜드의 저명한 노사관계 연구자인 로체가 1970년대 코포라티즘적 시도들이 실패한 원인을 '모든 주요 행위자들의 누적된 실망과 환멸'이라고 표현하는 것은 이 같은 맥락에서다(Roche and Cradden 2003, 78).

아일랜드 정치경제의 주요 행위자들이 처음부터 코포라티즘적 조정에 대해서 좋지 않은 선호와 인식을 가졌던 것은 아니다. 오히려 코포라티즘적 시도들과 실천적 상호작용의 과정에서 그들의 선호가 바뀌었다. 주요 행위자들은 1970년대 중앙 집중적 집단 협상들의 실천적 과정을 통해서 애초에 목표했던 것과 달리 성과가 턱없이 모자라자 불만을 느끼게 되었던 것이다. 그리고 불만과 함께 서로에 대한 불신도 축적되어 갔다. 1970년대의 이런 부정적 실천 과정은 1987년 이후의 실천 과정과 대조적이다. 다음 절에서 구체적으로 살펴보겠지만 1987년 이후 아일랜드는 1970년대와 비교해 유사한 제도적 조건들에도 불구하고 상호작용의 과정에서 서로에 대한 신뢰가 강화됨으로써 코포라티즘적 사회 조정 체제가 안정화될 수 있었다.

한 가지 더 주목할 사실은 1970년대 전국 단위의 임금 협상을 하는 과정에서 중앙 집중적 사회 조정이 바람직한지에 대한 인식 자체가 변화했

표 6-1 | 임금·세금·물가의 변화(1969/70년~1985/86년)

단위: %

16년간 근로소득세·명목임금·물가의 누적적 변화		
근로소득세	372.6(산업 노동자 평균과 '기혼자+2')	
명목임금	244.9 (산업 노동자 평균)	
물가	208.0	
16년간 연평균 변화율		
	총임금	세후 소득
연평균 명목임금	15.3	13.8
연평균 물가	-13.0	-13.0
연평균 실질임금	2.3	0.8

출처: *IRN*(1986/04/30, 15-18).

다는 것이다. 그리고 이 과정에서 문제 진단과 해결에 대한 시각이 서로 달라졌을 뿐만 아니라 서로에 대한 신뢰가 더욱 상실되었다. 이제 주요 행위자인 노·사·정 각각의 시각들이 중앙 집중적 집단 협상 과정에서 어떻게 변해 갔는지를 구체적으로 살펴보자.

먼저 노조의 입장에서 보면 1970년대 전국적 협상안은 전반적으로 만족스럽지 못한 것으로 평가되었다. 노조들은 1970년대 전국적 협상 체제를 통해서 두 배가 넘는 명목임금 인상nominal wage growth을 성취할 수 있었지만 높은 인플레이션으로 인해서 실질소득의 증가는 그다지 크지 않았다. 특히 전국 협상안에 세금 감면이 포함되긴 했지만 '세금 원천 징수'PAYE, pay as you earn 체제하에서 '근로소득세'의 강화로 인해서 노동자들이 부담해야 하는 실제 세금은 급격히 증가했던 것이다(Murphy 1986, 15-21; Roche 1994, 166).

〈표 6-1〉에서 보듯이 1969/70년에서 1985/86년 사이 약 16년 동안 누적 증가분으로 비교했을 때 근로소득세는 명목임금이나 물가 그 어느 것보다도 빠르게 성장했다. 해당 기간 명목임금이 244.9% 상승하고 물가가 208% 증가하는 동안 근로소득세는 372.6%나 증가했다. 이 때문에 노

동자가 물가 상승분과 세금을 제하고 실제로 집에 가져가는 실질소득은 미미한 증가에 그쳤다. 또한 1969/70년에서 1985/86년 사이 16년 동안 명목임금은 연평균 15.3% 상승했지만 물가 상승분 13%를 고려하면 연평균 실질임금 증가분은 2.3%에 불과했다. 여기에 다시 근로소득세를 제하고 나면 연평균 실질임금 상승은 고작 0.8%였다. 근로소득세의 증가로 연평균 임금 상승분의 65%가 상쇄되었던 것이다. 노조들은 중앙 집중화된 조정과 공공 정책에 관여하는 것은 선호했지만 세금의 증가로 인해 실질 가처분소득disposable incomes의 증가는 미미했기 때문에 중앙 집중적 전국 임금 협상이 별로 이득이 없다고 평가했다. 게다가 많은 노조들은 중앙 집중적 집단 협상에 참여함으로써 자신들이 실질임금을 증가시킬 수 있는 좋은 기회들을 놓쳤다고 믿었다(Hardiman 1988, 105).

또한 노조들은 임금 인상 자제의 대가로 정부나 고용주가 제안한 경쟁력 향상과 고용 창출에 대해서 그다지 신뢰하지 않았다. 지난 전국 협상안을 경험하는 과정에서 고용주와 정부의 투자가 실질적으로 일자리 보장이나 창출로 연결되지 않았다고 평가했기 때문이었다(Hardiman 1988, 105). 그러나 노조들이 처음부터 전국 단위 조정에 부정적 인식을 가졌던 것은 아니었다. 노조 지도자들은 처음에는 전국적 집단 협상을 통해서 노동자의 목소리가 정부의 공공 정책을 수립하고 집행하는 데 일상적으로 영향을 미칠 수 있다고 생각했기 때문에 적극 환영했다. 그러나 전국 협상안의 실천 과정에서 '기대'는 '실망'으로 바뀌었다. 1970년대 여러 차례의 전국적 집단 협상 과정에서 노조들은 정부의 협상 준수 의지와 능력에 대해 회의를 가지게 되었기 때문이다.

노조는 전국 협상안을 통해서 사회경제적 공공 정책에 대해 자신들이 목소리를 낼 수 있을 것이라 기대하면서 고용 문제를 해결하기 위해서는 좀 더 팽창적 공공 지출과 복지 정책을 써야 한다고 제안했다. 그리고 팽창한 공공 지출을 보전하기 위해 조세 개혁을 강조하면서 조세 개혁 방안으로 ICTU는 근로소득세를 증대시키는 대신 부유세나 법인세 등을 강조하는 조세제도의 개혁을 요구했다. 그러나 정부의 입장은 달랐다. 정부는 점증하는 공공 부채 때문에 팽창적 재정정책 사용을 주저했을 뿐만 아니라, 외국인투자 유치와 경기 활성화를 저해할까봐 법인세를 올릴 수도 없었기 때문이다(*IRN* 1980/05/14, 6-7; 1980/05/28, 7; 1981/01/09, 12-13). 그러나 중요한 것은 이유야 어쨌든 노조의 입장에서는 '정부는 노조가 주장하는 세금 구조 개혁과 복지의 확충을 포함한 많은 중요한 부분에서 적극적으로 관여하고 약속을 이행할 의사도 능력도 없다'고 평가하게 되었다는 사실에 있다(*IRN* 1980/03/12, 4).

결국 아일랜드 노조들은 1980년대 들어서면서 정부에 대한 기대를 접고 전국 협상안에 대해 회의적인 생각으로 돌아서게 되었다. 예를 들면 1981년 초 새로운 전국 협상안의 수립을 앞둔 상황에서 당시 아일랜드 최대 노조였던 ITGWU(다른 노조와 합병으로 현재는 최대 노조인 SIPTU로 전환)의 집행부와 고위 지도자들은 지난 전국 협상안들의 경험에 대해 대단히 비판적으로 평가했다. 노조 지도자들은 특히 정부의 고용정책에 비판적이었는데 지도자들은 지난 전국 합의안의 실천 과정을 통해서 볼 때 "실질적인 고용 증대는 없었다. 이것은 노조의 입장에서 보면 전국 협상안의 목표가 달성되지 않았다는 표시이다"라고 평가했다. 그리고 노조 지도자들은 세금 개혁에 대해서도 "정부는 세금 체계를 개혁할 어떤 시도도 하지 않았기 때문에 정부의 사회 진보에 대한 약속은 전반적으로 점점 회의적이게 되었다"라고 평하면서 불만을 표출했다(*IRN* 1981/02/05, 9). 이런 시점에서 1981년 피너 게일이 이끄는 자유주의 정부가 들어서자 정부에 대한 노조 지도자들의 불신은 더욱 악화되었고 1981년 7월 재무부 장관이 공공 부문의 특별 임금 인상 금지를 발표하자 ICTU는 더 이상 전국 협상안을 준수하지 않겠다고 돌아섰던 것이다(*IRN* 1981/08/21, 10-11; 1981/09/11, 12).

상호작용의 과정에서 노조가 협상 상대자에 대해 불신을 가지게 된 것은 정부에 대해서만은 아니었다. 사적 부문 고용주들에 대해서도 유사했다. 1980년 새로운 '전국협의안'을 준비하는 과정에서 많은 노조들이 전국 임금 협상안이 잘 이행될 수 있을지에 대해 대단히 회의적이었던 또 다른 이유는 당시 노조들에게 '다른 고용주들도 전국 협상안을 따른다면 자신들의 임금 인상 자제가 별 문제가 없겠지만 만약 다른 고용주들이 전국 협상안을 따르지 않으면 자신들만 손해'라는 염려가 상당히 컸었기 때문이다. 당시 노조들이 무임승차 문제를 염려했던 이유는 이런 현상이 바로 직전 1979년 '전국협의안'의 시행 과정에도 일어났기 때문이다. 1980년 새로운 '전국협의안'을 받아들이기 전 '지방정부・공공서비스노조'LGPSU의 한 노조 지도자는 이런 불신과 염려를 다음과 같이 표출했다.

> [전국 임금 협상의] 임금 정책 제안들은 자기 노조원들의 임금 혹은 노동조건들의 더 많은 향상을 추구하는 노조들에게 노동쟁의 금지 같은 심각한 한계를 부여한다. 만약 이런 제한들이 거의 모든 분야를 가로질러 균등하고 공평하게 적용된다면 그리고 고용주들이 그들의 의무를 심각하게 받아들이고 항상 좋은 노사관계의 유지를 위해 노력한다면 그러면 그런 제한들은 일반적으로 [모든 노조들로부터] 승인을 받을 것이다. 그러나 만약 지난 전국 협상안에서 그랬던 것처럼 심각한 위반 사례가 발생한다면 노조는 자체 입장을 재고할 것이라는 것이 지배적인 상황이다(*IRN* 1980/10/15, 13).

이처럼 아일랜드 노조들은 전국 협상안의 실천 과정에서 정부와 고용주들의 약속 이행에 대한 신뢰를 점점 더 잃게 되었고 나아가 전국 협상안

자체에 대해서 회의적이게 되었던 것이다. 협상 상대자들에 대한 신뢰가 부족한 상황에서 노동자들도 고용주나 정부가 요구하는 임금 인상 자제에 협조할 수가 없었다. 임금 인상 자제의 대가로 정부가 제시한 불평등 해소 등 기타 사회정책이나 기업의 경쟁력 향상 조치, 고용 증대 등이 실현될 가능성이 거의 없다고 노조들은 생각했기 때문이다. 이에 따라 노조들은 전국 협상안에 기초한 사회적 조정보다는 자체의 독립적인 힘에 의존한 임금 인상을 점점 더 실현 가능한 해결책으로 여기게 되었다. 즉 인플레이션이 지속적으로 증가하는 상황에서 노조들은 2차 협상인 지역과 개별 기업 단위 협상에서 전국 협상안의 문제점을 보완하고자 '규정 이상의 임금 인상' 조항과 같은 변형을 추구했던 것이다. 그러나 이런 노조의 '합리적 행동'은 정부와 고용주의 관점에서는 노조들이 '2차 협상'을 통해 스스로 전국 단위의 협상과 조정 자체를 약화시키고 파괴하는 원인 제공자로 변질된 것으로 인식되었다(Roche 1994, 163-167).

한편 전국 협상안의 실천 과정에서 상대가 조정 의사와 능력을 가지고 있는지에 대해 불신이 쌓인 것은 노동 측만이 아니었다. 정부와 고용주 쪽도 마찬가지였다. 고용주나 정부의 측면에서 보아도 1970년대 전국 단위의 중앙 집중적 집단 협상과 조정은 결코 만족스럽지 못했다. 무엇보다 중앙 집중적 조정을 시도했음에도 노동쟁의는 줄어들지 않았기 때문이다. 오히려 〈그림 3-5〉에서 보았듯이 1970년대 노동쟁의 빈도수는 아일랜드 역사의 어느 시기보다도 많았다(Brannick and Doyle 1994, 260-273). 더구나 문제가 되었던 것은 '전국임금합의안'을 수립하면서 '노동쟁의 같은 행동을 하지 않기로' 약속을 했음에도 불구하고 노조들이 이를 어겼다는 것이다(*IRN* 1980/08/23, 6). 비공식적인 노동쟁의의 증가는 노조들이 전국적 집단 협상을 조정할 의사와 능력이 있는지에 대한 고용주들의 불신과 회의를 심화시켰다.

1980년대에 들어서면서 지난 10년간의 전국 합의안 실천 과정의 경험을 토대로 고용주들의 인식에는 노조들이 조직 간 경쟁과 상호 갈등을 해결할 능력이 없다는 믿음이 확고해졌다. 특히 고용주들은 ICTU가 회원 노조들을 통제해 파업을 하지 않도록 조직적으로 통제할 능력을 갖추길 기대하고 요구했다. 그러나 고용주들은 ICTU가 1979년 체계적 조정을 강화하기 위한 '노사분쟁 조정위원회'에서 탈퇴하고 내부 노조들 간의 갈등을 조정할 행동강령을 수립하는 데 실패한 것에 대해서 대단히 실망했던 것이다(IRN 1980/04/23, 6-7; 1980/05/07, 4-5; 1980/05/28, 3-4).

게다가 고용주들과 정부를 가장 실망시킨 것은 1970년대 전국임금 협상안들이 임금 상승을 제어하지 못했다는 것이다. 1970년대 전국 단위의 집단 협상을 시작할 초기만 해도 고용주들은 전국 집단 협상안이 임금을 안정시킬 것이라고 기대했다. 1970년대 초 전국 고용주 단체 FUE가 실시한 중앙 집중적 임금 협상에 대한 고용주 회원들의 선호 조사 결과는 이를 잘 보여 준다. 이 조사에서 고용주들의 절대다수가 중앙 집중화된 집단 협상에 대한 선호를 나타냈는데 이는 고용주들이 중앙 집중화된 전국 합의안이 임금을 안정시킬 수 있다고 믿었기 때문이었다(FitzGerald 1992, 37). 그러나 전국 협상안을 실행하는 과정에서 오히려 빠른 임금 상승을 경험하면서 그리고 협상 상대인 ICTU가 전국 합의안을 하부 노조에 관철시키지 못하는 것을 경험하면서 중앙 집중적 임금 협상안 자체에 대한 고용주들의 선호는 변화하고 있었다. 특히 고용주들은 전국 협상안이 있음에도 불구하고 노조들이 지역 및 기업 단위의 2차 협상을 통해서 '규정 이상의 임금 인상'을 경쟁적으로 추구하는 것을 경험하면서 전국 협상안이 임금을 안정시키기보다 오히려 노조들로 하여금 임금 상승을 추구하는 수단으로 전락했다고 믿게 되었다(IRN 1981/07/17, 2-5; Hardiman 1988, 82; 100; FitzGerald 1992, 37; Roche 1994, 167; 170).

결국 1981년경 고용주들은 전국 협상안에 대한 기대를 접고 오히려 탈집중적 시장 관계와 철저한 통화주의로 선회하게 되었다. 고용주들은 전국적 임금 협상안을 통한 안정적 임금 정책과 국가의 경기 활성화 정책을 선호했지만 노동자들의 임금 인상 자제가 보장되지 않는다면 1970년대와 같이 높은 인플레이션과 이에 따른 임금 인상 그리고 국가경쟁력 악화와 실업이라는 악순환을 다시 경험하게 될 것이라고 생각했다. 따라서 고용주의 입장에서는, 노조가 전국 협상안의 안정적인 이행을 보장할 것이라는 확신이 없는 상황에서, 경제가 위축되고 사회가 양분될 수 있다 하더라도 강력한 통화주의와 탈집중적 자유시장 체제로 돌아서지 않을 수 없었던 것이다(*IRN* 1981/05/08, 7-8). 대조적으로 1987년 고용주들이 사회협약으로 돌아설 수 있었던 이유들 중 하나는 바로 ICTU가 전국 협상안을 준수할 결의를 보여 주었고 정부가 이를 보장함으로써 고용주들도 이번에는 다를 것이라는 확신을 가질 수 있었다. 이에 대해서는 다음 절에서 보다 자세히 살펴보기로 하자.

한편 고용주들은 정부에 대해서도 불만이 쌓여 갔다. 여기서 주목할 점은 고용주들의 불만의 정도와 내용이 1970년대 전국 협상안의 실천 과정에서 질적으로 변화했으며 그에 따라 전국 협상 체제 자체에 대한 고용주들의 기대와 선호도 변화했다는 사실에 있다. 1970년대 전반 고용주들은 중앙 집중적 집단 협상을 통한 임금 안정에 큰 기대를 하고 이것이 잘 지켜지도록 정부가 적극적으로 개입하고 보장해 줄 것을 원했다. 그러나 1970년대 전국적 집단 협상을 경험하면서 고용주들은 1970년대 후반에는 오히려 정치화된 전국 협상에 정부가 지나치게 간섭하고 개입하는 것을 반대하게 되었다. 왜 이런 변화가 일어났는가?

먼저 1970년대 전반 전국적 집단 협상을 통해서 임금 협상의 안정화와 임금 인상 자제에 기대를 걸었던 고용주들은 정부의 근로소득세 인상으로 인해 전체 노동비용과 노동자들의 실질 가처분 소득의 차이가 벌어지는 것에 대해 깊은 우려를 표명했다. 고용주들은 명목임금의 상승에도 불구하고 세금 인상으로 인한 가처분소득의 감소로 노동자들의 임금 인상 요구가 심화되었다고 믿었기 때문이다. 그래서 1970년대 초 고용주 단체인 FUE는 "정부는 세금과 복지를 통해서 임금 인상 자제를 보완해 주어야 한다"고 주장했다(Hardiman 1988, 179). 그러나 고용주들의 기대와 요구가 수용되지 않자 정부에 대한 고용주들은 실망과 불신이 커졌던 것이다.

또한 1970년대 전국 임금 협상을 경험하면서 고용주들은 기대했던 임금 인상 자제나 임금 협상 안정은 이루어지지 않았던 반면, '비공식적 노동쟁의'의 급증이 보여 주듯이 집단 협상은 더욱 불안정해졌고, 노사관계는 점점 더 정치화되어서 법적 보호 규정이 지나치게 늘어났으며, 노동자들의 목소리가 강해졌다고 인식했다. 즉 문제가 단순히 임금 문제에서 권력 구조와 정치의 문제로 여겨지게 되었던 것이다.

먼저 고용주들은 노동자들의 영향력이 커짐에 따라 임금 비용의 증가뿐만 아니라 비임금 비용으로 사회보험 비용 및 다른 고용 규제에 따른 비용이 지나치게 증가하는 것에 불만이 쌓여 갔다. 예를 들면 고용주들은 1970년대 후반 사회복지비용의 증가가 대부분 고용주에게 전가되었다는 것에 불만이 컸다. 사회보험 기금의 재정적 기여에서 고용주의 기여는 1975년 38%에서 1980년 53%로 증가했다. 반면 같은 기간 노동자들의 부담 비율은 31%에서 27%로 축소되었고 정부의 부담도 31%에서 20%로 줄었던 것이다(*IRN* 1980/04/23, 6). 또한 고용주들은 '정치화된 집단 협상'politicized agreements으로 인해서 남녀 동일 임금과 산후 유급 휴가 같은 노동 보호 규제들이 빠르게 증가하는 것에 대해 불만이 많았다(Hardiman 1988, 178-179). 더구나 고용주들이 보기에 더욱 심각한 문제는 전국적 협상으로 인해 노사관계가 점점 더 정치화되면서 노조의 요구들이 자신들의 '고유 권한'인 경영권을 침해하는 경향이 강화되었다는 데 있었다. 고용주들은 자신들이 비즈니스를 어떻게 운영할지 가장 잘 알고 있다고 믿고 있었고 이에 대해 의문을 받거나 도전을 받는 것에 크게 반발했다(MacNeill 1980, 56; 58).

그래서 고용주 단체 FUE는 1980년 '전국협의안'의 조정을 위한 '고용주-노동협의체 산하 조정위원회'에 참여하는 것도 거부했다. 이유는 임금과 전국 협상이 지나치게 정치화되고 정치적 이슈로 변화한 것에 대한 우려와 불만 때문이었다(IRN 1980/11/26, 2). FUE는 또한 1982년 임금과 사회경제 문제를 논의하기 위해서 노동부 장관이 초대한 협의체에 참가하기를 거부했다. 당시 고용주들은 전국적 집단 협상을 통해 고용주들의 중요한 이해관계 걸린 이슈들에서 노조들의 정치적 영향력이 지나치게 증대되었다고 믿었기 때문이다(Hardiman 1988, 182-183).

한편 고용주뿐만 아니라 정부쪽에서도 또한 1970년대 중앙 집중적 집단 협상의 실천 과정에서 상대에 대한 불신과 전국적 임금 협상 자체에 대한 불만이 쌓여 갔다. 전국적 집단 협상을 통해서 정부가 추구한 목표는 인플레이션과 실업을 줄이고 산업 평화를 유지하는 것이었다(Roche 1994, 169). 그러나 앞에서 언급했듯이 전국 협상안을 통한 임금 안정은 대부분 실패로 돌아갔고 이에 대한 정부의 불만은 쌓여 갔다. 그런데 여기서 주목할 사실은 이런 코포라티즘적 조정이 실패한 원인으로 정부의 책임도 컸다는 데 있다. 정부가 여전히 자유주의적 국가관에 기초해 코포라티즘적 조정에 적극적으로 개입하지 못했기 때문이다. 게다가 조정 실패의 원인을 자유시장적 원리에서 재해석함으로써 전국 협상안에 대한 정부의 지지는 시간이 지남에 따라 더욱 줄어드는 경향을 보여 주었다.

1970년대 전국 임금 협상이 실패한 이유들 중 하나는 정부와 관료들이 여전히 자유주의적 전통하에서 '사적 행위자들이 사회경제의 공공 정책 결정에 참여할 수 없을 뿐만 아니라 국가도 사적 영역의 자유를 침해해서는 안 된다'는 생각을 가지고 있었기 때문이다(Roche 1994; Jacobsen 1994, 148-149; *The Irish Times* 1982/02/03, 1). 다음 장에서 구체적으로 보겠지만 1987년 이후 코포라티즘적 사회협약이 안정적으로 제도화되는 과정에서 이런 자유주의적 국가-사회 개념은 약화되었다. 그러나 1970년대까지는 자유주의적 국가 개념이 여전히 강했고 특히 전국 협상안을 실천하는 과정에서 국가 개입이 실패하게 되자 자유주의적 국가관은 더욱 강화되었다. 1970년대 후반 '전국협의안'이 이전 시기의 '전국임금합의안'과 달랐던 부분은 임금 협상과 사회경제적 이슈들을 연계하려 했다는 데 있다. 그러나 자유주의적 국가관에 기초해 정부는 적극적 개입에는 주저했다. 예를 들면 1981년 8월 집단 협상과 사회경제적 문제를 논의하기 위해서 ICTU 지도부와 정부 주요 지도자들이 모임을 가졌는데 여기에 참석했던 한 노조 지도자는 '정부는 노조가 생각하는 만큼 '전국협의안'의 가치를 충분히 인식하지 못하고 있다'고 전한 바 있다. 그에 따르면 '정부 지도자들은 사적 이익집단들이 경제사회의 공공 정책을 결정하는 데 주요한 역할을 해야 한다는 생각에서 후퇴하고 있다'는 것이었다(*IRN* 1981/09/25, 5).

1970년대 정부는 실제로 자유주의적 사고에 기초해 노조의 요구인 적극적인 재정지출과 고용 창출을 위한 정책을 펴는 데 주저함으로써 코포라티즘적 사회 조정을 안정화시키는 데 한계를 보였다. 예를 들면 1975년 예산 수립 과정에서 당시 재무부 장관이었던 리키 라이언은 경제성장을 위한 경제계획과 '국가개발공사'NDC의 수립에 적극 반대했다. 그는 경제발전을 위해 국가가 상업적 활동에 개입하는 것에 대단히 비판적이었다. 당시 피어너 폴 정부의 무임소 장관이던 마틴 오도노후에 의해 '경제

계획개발부'Department of Economic Planning and Development가 창설되었지만 그 부서는 정책을 실행할 재정 능력이 부재했다(Jacobsen 1994, 133-134; 137). 이처럼 자유시장 논리로 인해 정부가 실업과 경제문제 해결을 위한 적극적 개입을 주저함으로써 노조는 임금 안정에 협력할 수 없었다. '전국협의안'에서 노조의 임금 안정과 산업 평화 협력은 정부의 적극적인 반대급부를 요구했지만 이는 실현되지 못했던 것이다.

또한 정부는 조세정책과 공공 지출 문제에서 자유주의적 논리에 충실함으로써 노조로부터 반발을 샀다. 실제로 아일랜드 정부는 1970년대 내내 전국 합의안으로 인해 증가하는 공공 지출을 보완하기 위해 조세수입을 증가시켰다. 그 결과 GNP 대비 조세수입은 1960년 초 17%이던 것 1969/70년에는 24%, 1975년에는 33%, 그리고 1981년에는 41%까지 증가했다(Roche 1994, 167-168; Hardiman 1988, 98-100). 1970년대 공공 부채가 급증하는 상황에서 세금의 증대는 정부로서는 합당한 정책이었지만 이것은 노조의 정부에 대한 불신과 전국 합의안에 대한 회의를 불러일으켰고 이는 다시 노조의 추가적인 임금 인상 요구를 자극했다. 그리고 이런 상황은 다시 역으로 정부와 고용주들이 노조와 전국 합의안에 대한 불신과 회의를 쌓아 가게 하는 악순환을 만들어 냈다. 즉 노조들의 임금 인상 요구가 지속되자 정부 내의 자유주의적 통화주의자들은 코포라티즘적 사회 조정이 문제의 해결책이 아니라 오히려 문제의 원인이라고 해석하게 되었던 것이다.

전국 합의안에 대한 이런 정부의 선호와 기대의 변화는 1970년대 말 정부의 통화정책 전환으로 가시화되었다. 1979년 피어너 폴의 호히 정부는 공공 지출 축소를 위해 통화주의 정책으로 선회했다. 나아가 1980년대 초 집권한 피너 게일 정부는 외국인투자 위축을 고려하면서 재분배를 위한 조세정책이나 공공 정책에 공공연한 반대를 표명했다. 피너 게일 정부는 통화주의적 자유주의의 관점에서 무엇보다 재정지출의 확대와 공공 부채의 증가를 극복해야 할 가장 큰 문제로 여겼던 것이다. 그리고 전국 협상에 친화적이었던 피어너 폴의 지도자들조차도 당시 재정적자를 염려하면서 피너 게일의 공공 지출 삭감에 동의했다(Jacobsen 1994, 148-150). 공공 지출 증가와 조세 개혁에 소극적이었던 이런 정부의 태도는 전국 협상에 대한 노조의 불신을 악화시키는 데 중요한 역할을 했다.

이상에서 살펴 본 것처럼 아일랜드는 1987년 이전에도 특히 1970년 대에는 정부와 주요 행위자들이 참여하는 전국 수준의 중앙 집중적 협상과 조정을 시도했지만 실패했다. 그 이유는 하디만과 같은 제도주의자들이 주장하듯이 파편화된 조직 구조, 복수 노조들 간의 경쟁과 정상 조직의 위계적 권위 부족 등 국내 제도적 조건에 기인하는 바가 크다. 그러나 문제는 제도적 조건들만으로는 사회적 조정의 성공과 실패에 대한 충분한 설명을 제공하지 못한다는 데 있다. 왜냐하면 이전과 유사한 제도적 조건 하에서도 아일랜드는 1987년 이후 약 20여 년간 코포라티즘적 사회 조정을 성공적으로 수립했기 때문이다. 본 연구가 행위자들에 의한 합의의 창출이라는 기능적 대체물의 수립 여부에 초점을 두는 이유가 여기에 있다. 다음 절에서는 제도주의 관점의 정태적 설명을 넘어서서 보다 '행위자들'에 주목하는 접근을 통해 아일랜드 사회적 조정의 실패와 성공의 원인을 분석하고자 한다.

2. 코포라티즘적 사회 조정 체제로의 전환[1]

1987년 이후 아일랜드는 기존의 자유주의적 다원주의 체제를 벗어나 약

3년을 단위로 사회협약을 갱신하면서 안정적인 코포라티즘적 사회 협치 체제를 수립했다. 이런 '경로 혁신적' 전환은 기존의 지배적인 비교정치경제학자들에게 중요한 하나의 퍼즐이었다. 어떻게 이런 경로 혁신적 전환이 가능했는가? 아일랜드는 영국과 같이 자유주의적 다원주의 체제로서 스웨덴이나 오스트리아 같은 코포라티즘 국가들과는 다른 체제로 분류되어 왔다. 1980년대 코포라티즘 연구자들이나 1990년대 신제도주의자들 (Hall and Soskice 2001; Hardiman 1988)에 따르면 아일랜드는 파편화된 조직 구조, 복수 노조들 간의 경쟁, 그리고 정상 조직의 약한 권위와 강력한 사회민주주의 정당의 부재 등과 같은 제도적 조건들로 인해서 코포라티즘적 사회 조정이 불가능하다고 여겨졌다. 또한 신제도주의자들은 1990년대 이후·강화되는 세계화의 도전에 적응하기 위해 각국은 자국의 제도적 이점을 살리려 하기 때문에 경로 의존적으로 진화할 것이라고 주장해 왔다. 다시 말하면 신제도주의자들은 아일랜드가 자국의 제도적 이점을 살리기 위해 영국과 같이 자유시장 체제를 강화하는 방향으로 발전할 것이라고 예상했다. 그러나 1987년 이후 아일랜드는 개인주의적 자유시장 원리에 기초한 영국의 대처리즘과 달리 코포라티즘적 사회 조정을 성공적으로 수립했던 것이다. 유사한 다원주의적 제도에도 불구하고 아일랜드는 어떻게, 왜 영국과는 상이한 발전을 이룰 수 있었는가? 1987년 이후 아일랜드는 코포라티즘적·제도적 조건들이 미비함에도 불구하고 어떻게 기존의 경로와 다른 새로운 코포라티즘적 사회 조정 체제를 수립할 수 있었는가?

1_이 절은 저자의 아일랜드에 대한 기존 연구들(Kwon 2007; 2009; 2012b; 2012c; 2013)을 기초로 하되, 좀 더 많은 데이터와 좀 더 상세한 내용을 추가해 새로 쓴 것이다.

경로 혁신적 전환을 설명하기 위해서 혹자는 전쟁이나 심각한 경제 위기와 같은 외적 충격의 영향을 제시할지도 모르겠다. 제2장에서 이미 살펴보았듯이 사실 체제 변화에 대한 이런 외생적 설명은 기존 비교정치 이론에서 지배적인 설명이다. 새로운 체제의 수립을 설명하는 대부분의 제도주의자들이나 합리적 선택 이론가들은 변화를 외생적으로 설명하는 경향이 있다. 제도주의자들과 합리적 선택 이론가들이 공유하는 제도 변화 모델은 흔히 '단절적 균형 모델'이라 부르는 설명 방식이다. 이 모델에서는 장기간 안정적인 자기 강화적 재생산의 균형을 벗어난 새로운 체제의 수립을 설명하기 위해 짧은 위기 국면에서 발생하는 기존 재생산의 변수들과는 다른 외적 충격과 임의적 변수들에 의존한다(Katznelson 2003, 277; 283; Mahoney 2000, 507; Weingast 2002, 692). '단절적 균형이론'에서는 새로운 체제의 수립을 위해서 기존 체제 외부에서 변화의 요인을 끌어들이지 않을 수 없다. 예를 들면 제도의 경로 의존성을 주장하는 제도주의 설명은 변화를 설명하기 위해서 외적인 충격 같은 논리를 동원해야 한다(Pierson and Skocpol 2002; Pierson 2004). 또한 개인들의 합리적 선택을 가정하는 '자기 강화적인' 체제 균형이론도 새로운 균형으로의 이행을 외부 충격에 의존하지 않고는 설명하기 어렵다(Weingast 2002; Levi 2009; Hall and Soskice 2001).

사실 1987년 아일랜드에서 진행된 제도적 전환의 과정에도 1980년대에 아일랜드가 직면했던 심각한 경제 위기와 같은 외부 충격은 대단히 중요한 역할을 했다. 1980년대에 아일랜드는 IMF에 구제금융을 요청할 정도로 국가 부도에 가까운 경제 위기에 처했다. 국가 부채는 1970년 GNP의 65%에서 1986년 129%로 급증했고 인플레이션은 1982년에서 1987년 사이 연평균 20.5%에 달했으며 실업은 17%에 육박해 일자리를 찾아 떠나는 해외 이민이 급증하는 상황에 직면했다. 이런 국가 부도의 위기에 처하자 아일랜드 주요 행위자들은 자신들의 기존 선호와 정책에 대해 전면적으로 재검토를 할 수밖에 없었고 나아가 1970년대처럼 분파적 이익보다는 국가 전체의 이익을 고려하게 되었던 것이다. 1987년 당시 노조 위원장이자 2008년 필자와의 인터뷰 당시 '노사분쟁 조정위원회'의 집행 위원장이었던 키런 멀비는 1987년 사회협약의 수립 이유를 다음과 같이 회고했다.

당시에 발생한 가장 큰 일은 바로 [문제를 해결하기 위해서] 무슨 조치들이 취해져야 하고 무엇이 이루어질 필요가 있는지에 대해서 사회 파트너들 사이에 공동의 이해common understanding가 만들어졌다는 것이다. 공유된 이해는 이전에는 쉽게 이루어지지 않았다. 상황에 대한 이해를 공유하고 해결책을 함께 모색하기 위해서 4~6개월의 강도 높은 협의가 있었다. 이런 협의가 이루어진 것은 대체로 경제적 위기의 심각성 때문이다. 심각한 위기 때문에 노조들은 자신들의 기존 전략을 재고하게 되었고 어떤 의미에서 정부도 어려운 결정을 하지 않을 수 없었다. …… 우리는 우리 아일랜드 사람들이 합심해서 우리의 문제를 풀어야 한다는 것을 재확인하지 않을 수 없었다. 우리는 세계은행 혹은 IMF가 우리에게 어떻게 하라고 말하도록 해서는 안 된다고 생각했다. 심각한 위기에 봉착했을 때 우리는 여전히 우리 각자의 이익도 생각했지만 우리 민족 전체와 민족의 생존에 대해서 더 많이 생각했던 것 같다(2008년 7월 17일, LRC의 CEO 키런 멀비와 인터뷰).

이처럼 아일랜드에서 부도와 같은 심각한 위기는 주요 행위자들로 하여금 자신들의 기존 전략과 정책을 다시 생각하게끔 하는 계기를 부여했을 뿐만 아니라 분파적 이익보다는 국가 전체의 포괄적 이익을 우선시하도록 유도했다. 그러나 세계화와 국가 부도와 같은 심각한 경제 위기는 그 자체가 변화의 내용과 방향을 결정하는 것은 아니다. 다음 장에서 구체적으로 살펴보겠지만 2008년 말에 시작된 세계 금융 위기에서 아일랜드는 아이슬란드, 그리스 등과 함께 1980년대의 위기 못지않은 심각한 경제 위기에 직면했다. 2011년 아일랜드는 IMF와 EU에 구제금융을 요청해야 하는 상황에 처했던 것이다. 1980년대 위기와 2009~11년 사이의 위기는 심각한 경기후퇴, 14~17%에 이르는 높은 실업률, 국가 부도에 가까운 국가 부채, 정부의 공공 재정 통제 상실 그리고 국가적 위기감 등에서 대단히 유사한 측면들을 지니고 있었다. 하지만 2009~11년 아일랜드는 1980년대와 유사한 위기에 처했지만 대응 방식에서는 정반대의 모습을 보여 주었다. 1980년대 위기에서는 위기 극복을 위해 코포라티즘적 사회협약을 성사시켰지만 2009~11년에는 오히려 위기 극복을 위해서 사회협약을 희생했던 것이다.

2009년에 아일랜드 정부와 자본, 노동 등 주요 사회 파트너들은 1980년대와 같이 '국가 재건 계획'National Recovery Plan에 합의하고자 지속적인 논의를 가졌음에도 불구하고 실패했다. 위기의 원인과 해결책에 대한 정부·고용주와 노조의 입장이 서로 달랐기 때문이다. 노조의 입장에서는 위기의 원인은 지난 '켈틱 타이거' 시기의 혜택을 부당하게 취한 일부 자본과 개발업자들에게 있는데 위기 해결의 부담은 노동이 감수해야만 하는 것을 부당하다고 생각한 반면, 정부와 고용주들은 재정을 안정화시키는 것이 일차적 목표라고 생각했으며 보다 근본적으로는 사회협약의 비용이 지나치게 높아져 국가경쟁력이 떨어졌다고 믿었다. 그래서 위기 극복을 위해서는 임금 안정이 필요하다고 보고 이를 위해서는 기존의 사회협약을 포기해야 한다는 입장이었다. 1980년대 위기와 2000년대 말의 위기에 대한 아일랜드의 대응이 달랐던 이유는 이처럼 위기 자체의 성격 때문이 아니라 위기에 대한 주요 행위자들의 해석이 달랐기 때문이었다.

사회협약의 수립과 해체를 설명하기 위해서 본 연구는 단순히 제도적 조건이나 위기의 심각성보다는 상황과 상대 그리고 자신의 선호에 대한 지속적인 재해석 그리고 이런 담론 상호작용의 과정에서 이루어지는 문제의 진단과 해결책에 대한 주요 행위자들의 공유된 인식에 주목한다. 1980년대 위기를 배경으로 아일랜드 주요 행위자들은 문제의 원인과 해결을 위해서 자신들의 기존 선호를 바꾸고 새로운 해석을 하는 과정에서 사회적 합의를 도출할 수 있었다. 반면 2000년대 말에는 위기의 원인과 해결책에 대해서 사회적 합의를 도출하지 못했다. 이런 차이는 기존의 역사 제도주의나 합리적 선택 이론의 접근들처럼 단순히 제도적 맥락이나 경제적 위치에 기초한 행위자들의 고정된 이익interests과 이들 간의 힘 관계에 주목함으로써가 아니라 정치적 상호작용 과정에서 주요 행위자들이 제도와 상황뿐만 아니라 자신의 선호와 제도의 가치에 대한 판단을 지속적으로 변화시켜 간다는 것을 전제함으로써만이 설명될 수 있다.

1987년 아일랜드 주요 행위자들은 어떻게 코포라티즘 제도적 조건들이 미비함에도 불구하고 코포라티즘적 사회 조정에 성공할 수 있었는가? 1980년대 후반 아일랜드 주요 행위자들은 어떻게 사회적 합의를 도출할 수 있었는가? 1987년 아일랜드가 코포라티즘적 사회 조정을 수립할 수 있었던 가장 큰 이유는 위기 해결책에 대한 공동의 이해와 상대에 대한 최소한의 믿음이 생겼기 때문이었다. 먼저 1980년대 후반 고용주와 노조들은 기존의 자신들의 문제 해결 방식과 선호를 재해석하면서 아일랜드 경제의 장기적 발전을 위한 해결책에 동의하기 시작했다. 그것은 일종의 '소규모 개방경제들'이 보여 주는 발전 전략에 대한 사회적 합의와 같은 것이었다. 이 시기 아일랜드 노조와 고용주들은 다원주의적 조직 구조로 사회 조정을 위한 조직적 능력은 부족했지만 집단적 협의를 통해서 위기에 대한 인식과 해결책을 공유함으로써 조직 내부와 조직 간 조정에 성공할 수 있었던 것이다(Hardiman 2002, 6).

또한 사회적 합의에 기초한 포괄적 이익을 위해서 사회적 조정을 실천하기 위해서는 사회적 조정의 가치에 대한 합의와 더불어 상대에 대한 확신이 중요했다. 1970년대 아일랜드 정치경제의 주요 행위자들은 전국 협상의 과정에서 사회적 조정을 통한 임금 안정과 복지 확대의 필요는 느꼈지만 상대가 자신들의 분파적 이익을 접고 보다 포괄적 이익을 위해 협력할 것이라는 확신이 없었기 때문에 사회적 조정을 포기했다. 그러나 1987년에는 상대가 협력할 것이라는 최소한의 신뢰가 수립되었다. 아래에서 살펴보겠지만 노조들이 임금 안정에 적극 협조하겠다는 의사를 표명하자 고용주들을 설득하기 위해 정부가 적극 나섬으로써 노조와 고용주 사이에 상대방의 협력에 대한 확신이 수립될 수 있었던 것이다.

이제 1987년 사회적 합의가 어떻게 이루어졌는지 좀 더 구체적으로 살펴보자. 문제 해결을 위한 사회적 합의가 이루어진 이유는 첫째, 사회적 문제에 대한 주요 행위자들 간의 집단적 협의가 있었기 때문이었다. 위기에 대한 집단적 협의는 사회적 합의를 이루기 위한 최소한의 조건이었다. 특히 노·사·정 삼자 협의체인 NESC에서 제시한 1986년 리포트인 『발전 전략 1986~1990』은 경제 위기 해결을 위한 사회적 합의를 형성하는 데 주요한 역할을 했다. 1987년 첫 사회협약은 바로 NESC의 이 보고서에 기초한 것이다(Hardiman 2002, 8). 1986년 당시 NESC에서 국가 위기와 발전 전략의 논의에 참여한 한 신자유주의적 경제학자는 2008년 필자와의 인터뷰에서 당시 NESC가 주도했던 집단적 논의를 통한 사회적 합의의 과정을 다음과 같이 전했다.

NESC의 보고서는 1987년에서 1990년대 이루어진 재정 건전화를 위한 토대를 형성하는 데 결정적인 보고서였다고 간주된다. 나는 그게 정말 얼마나 재정 건전화에 기여했는지 잘 모르겠다. 그러나 그 보고서가 상이한 사회 행위자들 사이에 공통의 토대를 수립하는 데 기여했다는 것을 나는 부인할 수 없다. 당신이 혹시 알지도 모르겠지만 당시에 아일랜드 공공 재정은 매우 심각한 상태였다. 1980년대 중반 공적 부채는 GDP의 120%에 달했다. 그러나 그 문제를 풀려는 정치적 의지가 없었다. 왜냐하면 해결 과정에 필요한 고통을 아무도 감내하려 하지 않았기 때문이다. NESC는 노조들, 고용주 단체들 그리고 정부와 농민 공동체 대표들을 함께 토론의 장으로 불러 모았다. NESC는 만약 그렇지 않았다면 서로 다른 이해를 가졌을 다양한 그룹들 사이에서 공통의 토대를 발견한 것이다(2008년 7월 7일, 1986년 당시 NESC에 참여했던 경제학자와의 인터뷰).

NESC가 위기와 해결책에 대한 '공유된 이해'를 창출하는 데 특별히 기여한 이유는 NESC가 협상negotiation을 위한 조직이라기보다는 사회경제 문제를 보다 객관적으로 분석하기 위한 협의deliberation 조직이기 때문이라고 할 수 있다. 노·사·정 대표들은 정치적 협상 테이블에서처럼 실질적인 양보의 약속을 해야 하는 부담이 없었다. NESC는 이런 정치적 약속의 부담 없이 보다 공개적이고 허심탄회하게 모든 문제를 분석한다는 입장에서 국가의 위기를 분석했던 것이다. 당시 고용주 정상 조직인 FUE 회장인 존 듄은 한 인터뷰에서 당시 NESC의 장점을 다음과 같이 지적했다.

NESC는 그 자체의 전문성 때문에, 그리고 모든 관련자들이 필연적으로 공유되지 않는 많은 정책적 이슈들과 관련해서 NESC가 발전시킨 대안들 때문에, 중요한 역할을 했다. 그러나 NESC의 가장 큰 장점은 주요 관련 단체들에게 각 해당 조직을 대표한다는 부담을 지우지 않고 [자유로이] 관여할 수 있게 했다는 것이다. …… 공식적인 정치적 협상이라면 당신은 당신 조직의 총체적 중요성을 염두에 두고 약속할 것이다. [하지만] NESC에서 당신이 했던 말은 당신을 비판하기 위해서 전혀 인용되지 않았다. 당신이 한 말에 당신의 목줄이 메일 필요가 없이 당신은 뭔가를 [자유로이] 말할 수 있었다. 그래서 사람들은 문제를 인식하고 필요한 방향을 파악하는 데 보다 열린 자세를 가질 수 있었다(Hastings et al. 2007, 20-21).

NESC에서 위원들은 자신들이 대표하는 조직들이 져야 할 부담에서 다소 자유롭게 토론하고 상호 교류했다. 그래서 아일랜드 고용주 단체인 FUE 회장이 기억하듯이 NESC 회원들은 분파적 이익을 대표하는 정치적 협상보다도 훨씬 허심탄회하고 자유로운 토론을 할 수 있었다. 결국 이런 과정에서 고용주와 노동 쪽의 전문가들은 경제 위기에 대한 공통의 분석을 통해 국가 부채를 통제하는 것의 중요성과 국가경쟁력 향상을 위한 해결책들에 대해 보다 쉽게 합의할 수 있었다(Hastings et al. 2007, 14-15; 19-21; O'Connell 1999, 60).

실제로 영국처럼 '승자독식제'winner-take-all보다는 유럽 대륙처럼 여러 정당과 사회 세력들 간의 협의적 체제가 사회적 합의와 협력을 위한 정신을 보다 더 많이 창출하는 경향이 있다(Lijphart 1999; Gutmann and Thompson 2004, 1-63). 또한 협의를 위한 논의 기구들이 정파적인 이해를 벗어나 보다 '객관적인 분석'이 가능할수록, 혹은 사회 주요 행위자들이 분석을 '객관적'이라고 믿는 경향이 강할수록, 사회적 합의를 도출하기 쉽고 그 합의에 도덕적 권위가 더 많이 부여된다고 할 수 있다. 이런 도덕적 권위가 부여된 합의안은 파편화된 조직 구조라는 불리한 제도적 조건 아래에서도 분파적 이익을 가진 사회 주요 행위자들을 조정할 능력이 커진다.

집단적 협의를 조직화하는 방식의 차이에 따라 사회적 합의를 도출하는 성과에서 차이를 보일 수 있다는 것은 독일과 네덜란드의 대륙형 복지국가의 문제 해결 과정에서도 발견된다. 세계화와 더불어 대륙형 복지국가들이 직면한 일자리 창출과 고비용의 문제에 독일과 네덜란드 역시 공통적으로 직면했지만 네덜란드는 사회적 합의를 도출해 문제를 성공적으로 해결한 반면, 독일은 실패했다. 네덜란드는 사회적 합의를 기초로 임금 안정, 파트타임 도입과 복지 개혁 등을 통해서 일자리 창출과 안정적인 복지사회를 재창출할 수 있었지만 독일의 경우는 노조와 고용주 그리고 정부와의 사회적 합의를 구축하는 데 실패했다. 이런 차이를 유발한 이유들 중 하나는 사회적 논의를 조직화하는 방식의 차이에서 기인했다. 네덜란드는 문제 해결을 위해 '경제정책분석국'CPB Bureau for Economic Policy Analysis과 '정책자문과학위원회'WRR와 같이 사회 주요 세력들과 다소 독립된 자문 기구들을 통해서 합의안을 만들었지만 독일의 경우는 이와 달리 주요 연구소들이 정당과 정파에 연루되어 있는 구조를 가짐으로써 연구소의 분석들이 사회적 합의를 도출하기보다는 갈등을 유발하는 경향을 보여 주었던 것이다(Paridon 2003, 36-37; Delsen 2002, 8-10; 권형기 2007, 207).

아일랜드에서도 1986년 NESC가 전문 지식과 더불어 분파적·조직적 부담에서 다소 자유로운 집단적 토론을 조직함으로써 사회적 합의를 도출하는 데 크게 기여했다는 것은 부인할 수 없다. 그러나 집단적 협의 collective deliberation 자체가 항상 사회적 합의와 협력적 정신을 창출하는 것은 아니다. 1960년대 아일랜드에도 노·사·정 삼자 논의 기구인 NIEC가 있었다. 그러나 NIEC는 사회적 합의와 협력적 정신을 도출하는 데 실패했다. 이유는 주요 행위자들이 NIEC의 가치와 주요 해결책에 대해서 상이한 이해를 가지고 있었기 때문이다. 정부 관료들은 자유주의적 국가 개념에 기초해 NIEC의 정책 제안이 자신들의 공공 정책 결정 역할을 위협한다고 믿었다. 또한 사회 파트너들도 NIEC의 정책이 자신들의 이익에 부합한다고 믿지 않았다(2008년 7월 1일과 7일, 필자와의 인터뷰들; Jacobsen 1994, 92; 94; Roche 1994, 156-158; 170).

결국 집단적 협의 과정에서 사회적 합의가 이루어지기 위해 가장 중요한 것은 주요 행위자들의 관점에서 합의안이 당시 가능한 선택지들 중에서 가장 바람직하다고 받아들여져야 한다는 것이다. 더 중요한 사실은 사회적 합의가 이루어지는 집단적 협의의 과정에서 주요 행위자들이 직접적 경제 이익, 조직의 정당성, 직업 안정성 등 여러 사항들을 고려해 자신들의 기존 선호와 가능한 선택지들을 재고하고 변화시킨다는 것이다. 아일랜드가 제도적 조건들이 미비함에도 불구하고 1987년 코포라티즘적 사회 조정을 수립하는 데 성공한 이유는 이런 집단적 협의를 통해서 노조들과 고용주를 비롯한 주요 행위자들이 자신들의 기존 전략과 선호에 대한 재해석을 통해서 특정 위기 해결책의 바람직함에 대한 사회적 합의를 이룰 수 있었기 때문이었다.

1987년 당시 고용주·노동·정부가 받아들인 위기 해결책은 기본적으로 '소규모 개방경제' 국가의 발전 전략이라고 할 수 있다. 1986년 NESC 보고서에 나타난 '소규모 개방경제의 발전 전략'이라는 것을 요약하면 대체로 다음과 같다.

소규모 국가들의 경제발전은 국내시장의 수요에 기초하기보다는 세계시장에서의 국제경쟁력에 기초해야 한다. 국내 수요는 결코 지속적인 발전의 원천이 될 수 없다. 국제경쟁력을 높이기 위해서는 안정적인 공공 재정과 국가경쟁력 향상을 위한 임금 안정이 절대적으로 필요하다. 특히 유럽 소국들은 전체 유럽 경제에 깊이 연관되어 있어서 마스트리흐트조약 수렴 기준들과 같은 외부에서 부과된 제약들을 적극적으로 수용해야 한다(NESC 1986, 147-148; Culpepper 2008, 13-15; Hardiman 2002, 6; Kwon 2013, 494-495).

소규모 개방경제 전략은 케인스주의 전략인 국내 수요에 기초한 경제 성장 전략을 포기하고 재정 건전성과 임금 안정을 통해서 국제경쟁력을 향상시키는 데 초점을 두는 것이다. 주목할 사실은 이런 '소규모 개방경제 전략'을 관련 주요 행위자들이 바람직하다고 받아들였다는 것은 행위자들 각자가 기존에 가졌던 자신들의 전략적 사고와 선호를 변경했다는 것을 의미한다. 결국 아일랜드가 1987년 제도적 조건이 미비함에도 불구하고 코포라티즘적 사회 조정을 성공시킬 수 있었던 것은 주요 행위자들이 담론적·실천적 상호작용 과정에서 자신들의 선호를 재고함으로써 사회 협약의 내용과 방법이 바람직하다고 평가하고 이것이 자신들의 이익에 부합한다고 인식했기 때문이라고 할 수 있다.

이제 좀 더 구체적으로 1987년을 전후로 아일랜드의 주요 행위자들은 왜 어떻게 자신들의 가능한 전략적 선택들과 선호를 재평가하고 변경하게 되었는지를 살펴보자.

먼저 아일랜드 노조가 '소규모 개방경제발전 전략'을 받아들이면서 국가 재정의 건전화와 국제경쟁력 향상을 위해 임금 안정화를 정책의 우선적 목표로 인정했다는 것은 노조 자신들의 기존 선호를 근본적으로 바꾸었다는 것을 의미한다. 1980년대 중반 NESC에서와 같은 집단적 협의 과정에서 아일랜드 노조들은 공공 부채와 실업 문제의 심각성을 고려하면서 기존의 케인스주의적 입장을 포기하고 고용주와 정부의 기본 입장인 엄격한 통화주의와 재정 건전화의 필요성에 동의하기 시작했다. 재정 건전화와 통화주의의 필요에 동의하자 아일랜드 노조는 공공 부채를 줄이고 국가 재정을 안정화하기 위해서 공공 지출의 삭감과 임금 상승 억제와 같은 견디기 힘든 조치들을 받아들이게 되었다. 이런 노조들의 자기희생적 태도들은 임금 이슈에 초점을 둔 기존의 태도에서 보다 포괄적이고 통합적인 경제정책으로 사고의 초점이 바뀌었다는 것을 의미할 뿐만 아니라 상대인 고용주와 정부에 실질적인 협력의 확신을 주었다(MacSharry and White 2000, 123; 125; 141-142)

사실 노조의 자기희생, 특히 임금 안정은 코포라티즘적 사회 조정의 성공에 결정적인 변수들 가운데 하나였다. 1970년대 중앙 집중적 임금 협상에서 노조들은 임금 안정화에 대해서 비판적이었고 반대로 고용주들과 정부는 전국임금합의안이 잘 지켜지지 않자 전국적 집단 협상 자체에 대해서 회의를 품기 시작했다. 1970년대 아일랜드 노조들은 코포라티즘적 임금 조정을 추구하기보다는 단기적이고 직접적인 임금 상승을 추구하는 데 초점을 두었던 것이다. 당시 노조들은 자신들의 임금 억제가 장기적으로 국가경쟁력을 회복시키고 고용을 창출할 것이라는 확신이 없었기 때문이다. 아일랜드 노조들은 임금 억제로 증가한 이윤이 아일랜드에 재투자되기보다는 다국적기업들에 의해 주로 본국으로 송환되거나 설사 아일랜드로 재투자되더라도 자본집약적 형태로 재투자되어서 고용 창출로 연결되지는 않을 것이라고 믿었다(Hardiman 1988, 244). 1970년대 아일랜드 노조들은 임금 상승이 실업의 주요 원인이거나 임금 억제가 고용 창출을 위한 방법이라고 생각하지도 않았다. 그들은 케인스주의적 관점에서 복지에 대한 공공 지출 확대, 높은 임금으로 인한 국내 수요 창출, 그리고 공공서비스에서의 일자리 확대로 경제성장과 고용 창출이 가능하다고 믿었다. 그리고 당시 인플레이션이 심각한 상황에서 노조들의 주요한 목표는 인플레이션에 의해 실질소득이 축소되는 것을 막고 노조원들의 생활수준을 최소한 유지시키는 것이었다. 이런 관점에서 노조는 정부가 요구하는 긴축재정이나 고용주들이 제안하는 임금 안정을 수용할 수 없었던 것이다(Hardiman 1988, 72; 90; 147; 244-248; *IRN* 1980/01/16, 8-9).

그러나 1980년대 중반 이후 노조들은 자신들의 선호를 재평가하기 시작했다. 먼저 경제적 상황이 더욱 악화되는 상황에서 노동 조직의 존립 혹은 정치적 정당성의 문제가 주요한 의제로 떠오르게 되었는데 이로 인해 기존의 임금 인상을 통한 직접적 이익은 상대적으로 뒤로 밀려나는 형국이었다. 다시 말해서 1980년대 위기 상황에서 아일랜드 노조들은, '지속적으로 임금 인상을 요구해 경제적 이익을 챙기고 대신 영국의 노조들과 같이 정당성을 잃어버릴지' 아니면 '보다 협력적이고 건설적인 태도를 보여줌으로써 단기적으로는 경제적 손실이 있을 수 있지만 장기적으로는 정치적 정당성과 실질적인 이익을 얻을지' 둘 중 하나를 선택해야 한다고 생각했다. 당시 경제적 이익보다 조직의 존립과 정당성 문제가 주요하게 떠오른 이유는 바로 인접한 영국의 대처 정부하에서 영국 노조들이 정당성을 잃고 쇠퇴하는 양태를 보면서 아일랜드 노조들이 자신들의 존립 자체에 대해서 고민하기 시작했기 때문이었다. 아일랜드의 가장 큰 일반 노조인 SIPTU의 지도자는 필자와의 인터뷰에서 당시 노조의 선택 상황을 이렇게 말하고 있다.

당시 노동의 관점에서 우리는 영국에서 노조를 없애는 대처의 정책을 예의주시하고 있었다. 그 당시 아일랜드의 노사관계는 영국과 크게 다르지 않았다. [당시 아일랜드 정치에서 급부상한] 진보민주당은 자유시장 정책을 주장하면서 영국의 길을 따르길 원했다. 진보민주당은 피어너 폴에서 분리되어 나와서 자유시장경제를 강력히 주장했다(2008년 7월 14일, SIPTU 지도자와의 인터뷰).

당시 자유시장을 주장하며 피어너 폴에서 분리한 우파 진보민주당의 급격한 성장은 노조들 사이에서 곧 '노조의 목덜미를 쥐고 옥죄는 것'으로 인식되었다(Hastings et al. 2007, 11). 당시 '건설·연합노조'BATU의 위원장이었던 케빈 두피는 1980년대 아일랜드 노조 운동에 관여했던 사람들이 당시 이웃나라 영국 노조 운동에서 벌어지고 있던 일들, 특히 영국 노조가 주변화되는 것을 얼마나 민감하게 의식하고 있었는지를 강조한다.

1979년 [영국에서는] 보수당이 집권해서 노조운동을 주변화하고 약화시키기 위해 빠르게 움직였고 그래서 1980년대 중반까지 실제 그렇게 하는 데 대체로 성공했다. 아일랜드에서 노조 운동은 상당한 정도로 영국의 노조 운동을 항상 감탄과 존경으로 보아 왔다. 영국의 노조 운동은 [아일랜드 노조 운동에] 유력하고 영향력이 있었다. 그러나 1980년대 중반 영국의 노조 운동은 단지 하나의 비효율적인 로비 그룹에 불과할 정도로 축소되었다. 아일랜드에서도 또한 정치가 변화하고 있었다. 왜냐하면 당시 진보민주당이 상당한 사람들을 끌어들여서 전국적으로 세력을 확장하고 있었다. 그래서 영국 노조들이 문제의 부분으로 여겨지는 것과 똑같이 아일랜드에서도 또한 노조들이 문제의 부분으로 보일 수 있다는 관점이 널리 퍼져 있었다. 정치가 우경화된다면 그런 일이 발생할 수 있다(Hastings et al. 2007, 11에서 재인용).

1980년대 중반 아일랜드 노조 지도자들은 대처리즘에 의해 주변화되어 가는 영국 노조들을 바라보면서 만약 임금 이득을 위해 기존의 투쟁 노선을 계속 추구한다면 자신들도 영국 노조처럼 주변화될 수 있다고 생각하게 되었다. 특히 당시에 대처리즘과 같이 자유시장을 강조하는 진보민주당이 선거에서 두드러지게 약진하자 아일랜드 노조 지도자들은 '아일랜드도 영국과 같은 신자유주의로 돌아설지 모른다'고 우려했던 것이다.

또한 노조 지도자들은 경제 상황의 악화와 더불어 실업이 늘고 조직률이 줄어드는 것에 대해서도 우려했다(Roche 2009, 397). 당시 약 17%에 달했던 실업은 노조원의 감소로 나타나 곧 노동운동의 약화로 연결되었다. 1980년대 중반 아일랜드 노조들은 다소 차이는 있지만 거의 모든 부문에서 1920년대 이래 가장 큰 노조원 상실을 경험했다. 1980년에서

1987년 사이 아일랜드 노조들은 전체적으로는 약 5만 명의 노조원을 상실했다. 이런 급격한 회원 감소는 노조의 재정난과 더불어 조직의 존립 자체에 대한 위기의식을 불러왔다(Roche 1994, 178).

결국 1980년대 중반 아일랜드 노조들은 전략적 우선성을 기존의 '추가적 임금 인상'에서 조직의 생존과 정치적 정당성의 문제로 이전했다. 당시 아일랜드 노조 운동에서는 힘겨운 내부 논의를 통해서 노조 지도자들 사이에 '우리는 국가 전체를 위한 건설적인 뭔가를 하고 있다는 것을 빨리 보여 주어야 한다. 만약 그렇지 않으면 우리는 '문제 해결자의 편'이 아니라 '문제의 심각한 일부분'으로 간주될 것이다'라는 생각이 지배적이게 되었다. 아일랜드 노조가 일단 자신들의 조직적 존립 문제와 정치적 정당성 문제를 심각하게 받아들이자 임금 인상과 같은 기존의 선호는 뒤로 밀어 두고 전국적 협상과 협력에 보다 적극적이게 되었던 것이다(Hastings et al. 2007, 10; 19, Baccaro 2003, 693; Hardiman 1988, 234).

아일랜드 노조들이 1980년대에 자신들의 전략과 선호를 근본적으로 전환한 것은 영국의 대처리즘 등장이나 신자유주의의 득세라는 외부 환경의 변화에 대한 반성적 재해석 때문이기도 했지만, 노동운동 내적으로 문제를 새롭게 해석할 수 있는 새로운 지도자들이 등장했기 때문이기도 하다. 1980년대 중후반 아일랜드 노동운동 내부에는 피터 카셀스,[2] 빌 애틀리, 필립 플린, 댄 머피, 존 오다운드, 데이비드 벡 등과 같은 새로운 세

2_카셀스는 1980년대 후반 ICTU의 대표를 맡아서 사회협약을 이끈 대표적인 노조 지도자다. 그는 이후 아일랜드 노동운동을 이끌다가 2000년대 중반 이후 필자가 인터뷰를 할 2008년 여름 당시까지 사회협약을 모니터링하기 위한 정부 차원의 기구인 '파트너십 성과 센터'(NCPP)의 최고 의장을 맡고 있었다.

대의 노조 지도자들이 대거 등장해 새로운 노동운동의 비전과 전략을 제시하기 시작했다. 이들 새로운 노조 지도자들은 자신들의 선배 노조 지도자들보다 유럽 대륙 특히 유럽 소국들의 발전 모델에서 교훈을 얻고자 했다. 그들은 '높은 기술의 산업, 지속적인 임금 상승, 잘 규제된 노동시장, 광범위한 사회정책'을 전형으로 하는 유럽의 사회적 시장경제를 아일랜드 노동운동이 추구해야 할 발전 방향으로 제시했다. 이런 새로운 세대의 지도자들은 먼저 국가의 산업 경쟁력이 강화되어야 하고 이에 노동이 적극 기여해야 함을 인정했다. 그래서 새로운 세대의 노조 지도자들은 1986년 경제 위기를 배경으로 기존의 전투적 태도에서 협력을 통한 공동 발전 전략으로 노조 운동이 변화해야 한다는 점을 역설했다(Roche 1994, 198; Hastings et al. 2007, 13; 19; MacSharry 2000, 129). 아일랜드 정부의 주요 요직을 두루 지냈고, 특히 1982년과 1987~88년 재무부 장관을 지낸 맥셰리는 사회협약이 수립된 원인을 분석하면서 당시 새로운 노조 지도자들의 사고 변화의 내용과 효과를 다음과 같이 전하고 있다.

> 카셀스는 1980년대 중후반에 나타났던 노조 지도부의 새로운 스타일을 전형적으로 보여 준다. 그는 고용주들과 노조들 사이의 낡아빠진 분열들을 지속하기보다는 사회 파트너들 사이에 대화와 협력을 통해서 무엇이 성취될 수 있는지에 확신을 가지고 기대하길 선호했다. …… 그의 노조 지도부 입성은 임금 협상에 대한 노조의 태도 변화와 일치했을 뿐만 아니라 점점 더 [새로운] 태도 변화를 형성하는 데 기여했다(MacSharry 2000, 129).

또한 새로운 지도자들의 목표는 기존의 전투적 노선이 아니라 협력을 통해 실질적 이득을 향상시키고 더불어 정치적으로 보다 큰 목소리를 가지는 데 있었다. 이들은 1980년대 중반 전투적인 영국 노조들이 붕괴해

가는 과정을 보면서 자기 조직의 존립을 방어해야 한다고 생각했을 뿐만 아니라 적극적으로 자신들의 정치적 목소리를 높이는 데 일차적 목표를 두었던 것이다. 게다가 이들 새로운 노조 지도부는 1987년 당시 정부와 고용주들에게 사회적 협력과 조정이 가능하다는 확신을 주게 됨으로써 아일랜드가 코포라티즘적 사회 조정으로 선회하는 데 결정적인 계기를 부여하는 역할을 했다.

1980년대 새로운 노조 지도부는 자신들의 정치적 정당성과 영향력을 강화하기 위해서 기존의 탈집중적 임금 협상보다는 중앙 집중적 조정을 절대적으로 선호했다. 1981년에서 1986년 사이 탈집중적 임금 협상하에서 노조들은 1970년대 중앙 집중적 임금 협상 과정에서 구축되었던 정치적 연계와 영향력이 상실되었음을 가장 큰 문제라고 인식하기 시작했다 (Hardiman 1988, 226-227). 1970년대 후반 '전국협의안'을 경험하면서 노조 지도자들은 '전국적 협상에 참여하는 것은 공공 정책 결정 과정에 자신들의 목소리를 가지기 위해서 대단히 중요하다'는 것을 실감하게 되었던 것이다. 당시 아일랜드 최대 일반 노조인 ITGWU의 부의장인 존 캐럴은 1980년 전국대의원대회National Delegate Conference에서 "경제사회 발전을 위한 '전국협의안'에 참여하는 것은 노동자들에게 영향을 미치는 사회경제 전 영역을 망라하는 프로그램들을 수립하고 집행하는 데 정부 및 고용주들과 함께 노조의 목소리를 낸다는 점에서 올바른 방향의 첫 걸음이다"라고 역설한 바 있다(IRN 1980/03/12, 4).

그런데 아일랜드 노조 지도자들은 자신들의 열망과 달리 현실은 정반대로 진행되고 있는 것을 크게 우려했다. 즉 아일랜드 노조 지도자들은 1980년대 내내 대처리즘의 신자유주의하에서 영국의 노조들이 쇠퇴하는 것뿐만 아니라 1981년에서 1986년까지 탈집중적 임금 협상으로 인해 아일랜드 노조들 자체가 1970년대 경험한 정치적 연계를 상실하고 점점 정치에서 주변화되어 가는 것을 걱정스럽게 지켜보고 있었던 것이다(Hardiman 1988, 11, 225-227; Hastings et al. 2007, 8-10). 그래서 아일랜드 노조 지도자들은 약간의 임금 인상보다는 정치적 정당성과 영향력이 중요함을 강조하면서 기존의 정치적 연계를 재건하기 위해서 기존의 탈집중적 협상보다는 중앙 집중적 조정을 수립하고자 했던 것이다. 또한 노조 지도자들은 이런 전국 단위의 협력적 조정이 필요하다는 관점에서 노조 내부의 파편화와 노조 간 경쟁을 통한 조정의 실패에 대해서 대단히 비판적이게 되었다(Hardiman 1988, 11; 225-227).

새로운 노조 지도자들은 기존의 '투쟁적 노선'이 정치적 측면에서 조직에 결코 유리하지 않을 뿐만 아니라 노동자들의 실질적인 경제적 이익에도 결코 도움이 되지 않는다고 평가했다. 그들은 노조의 투쟁으로 임금 인상 목표는 성취했지만 세금의 상승과 인플레이션으로 인해 실질소득은 늘지 않았다고 평가했다. '아일랜드연합노조'FWUI의 전임 위원장이자 1980년대 신세대 노조 지도자인 빌 애틀리는 1980년대 탈집중적 협상 체제의 상황을 다음과 같이 평가했다.

'전국협의안'이 붕괴한 1979년 이후 줄곧 아일랜드의 상황은 극단적으로 암울했다. 우리는 믿을 수 없을 정도의 해들을 8~9년간 보냈다. 이 기간 동안 우리는 약 25만 개의 제조업 일자리를 잃었다. 임금 측면만을 본다면 우리는 임금을 계속 올려서 엄청나게 높은 인플레이션의 수준을 넘어설 정도로 임금을 상승시켰다. 그러나 이 기간의 마지막에는 처음 출발했던 시기보다 경제 상황이 약 7%나 더 나빠졌다(Hastings et al. 2007, 8-9에서 재인용).

탈집중적 임금 협상 체제에서 노동자들은 지속적인 임금 상승을 추구했지만 높은 인플레이션과 세금(소득세)의 증가로 인해서 실제 집으로 가져가는 실질소득은 증가하지 않았고 실질적인 생활수준은 낮아졌다(Hasting et al. 2007, 19). 실제로 삼자 협의체인 NESC의 한 연구에 따르면 1980년에서 1987년 사이 평균 노동자의 생활수준은 7~11% 정도 하락했다(NESC 1990, 36; Roche 1994, 191). 1980년대 인플레이션이 높은 상황에서 임금 상승은 인플레이션을 더욱 심화시켰고 여기에 정부가 재정 위기를 극복하기 위해서 세금을 올리자 이것은 다시 실질소득을 낮추게 되어 또다시 임금 상승을 부채질하게 됐던 것이다.

더구나 국가경쟁력의 악화로 인해서 실업은 지속적으로 증가해 1980년대 중반에는 실업률이 거의 17%까지 치솟았다. FWUI의 전 위원장인 빌 애틀리가 말하듯이 1980년대 "실업은 역병과 같이 [퍼져] 거의 모든 가정이 이 역병으로 몸살을 앓았다. 노동자들의 모든 모임에서 항상 다뤄지는 이야기는 임금보다는 실업이었다"(Hastings et al. 2007, 9). 실업의 증가는 노동자들의 실질적인 생활수준을 악화시켰을 뿐만 아니라 노조원의 축소로 귀결되기도 했다. 이런 상황에서 노동운동은 전략적 우선성을 기존의 추가적 임금 인상에서 실질적인 생활수준의 안정적 보장을 대전제로 일자리의 안정과 창출에 두기 시작했다(Hastings et al. 2007, 12). 그리고 일자리 창출은 국가 전체의 경제적 상황과 직결되기 때문에 노조 지도자들은 국가의 사회경제 정책에 직접 참여하고 노동의 목소리를 높이는 것이 무엇보다 중요한 조직적 해결책이라고 믿게 되었던 것이다.

1980년대 새로운 세대의 노조 지도자를 대표하던 카셀스는 2008년 필자와의 인터뷰에서 1980년대 중반 왜 노조 지도자들이 기존의 투쟁적 임금 인상 전략에서 임금 안정 전략으로 노선 변화를 하게 되었는지에 대해 다음과 같이 설명했다.

우리는 내부적으로 1981년에서 1987년까지의 임금 인상 투쟁을 분석했다.

이 기간 동안 우리는 임금 인상 투쟁으로 약 77%나 임금을 올렸다. 그 이유는 매년 약 16%에서 17% 오르는 인플레이션을 따라잡기 위해서였다. 그런데 정부는 재정 위기를 해결하기 위해서 세금을 계속 높이고 있었고 이것은 다시 인플레이션을 조장했다. 공공 지출의 문제를 해결하기 위해 정부는 또한 공공 서비스 부문의 임금을 줄이려 했다. …… 우리는 내부적으로 토론과 분석을 통해서 [지금까지의] 임금 협상이 결코 실질소득의 증가를 보장하지 않는다고 생각했다. 우리는 명목상의 임금 인상이 아니라 '노동자들이 지불해야 하는 세금의 수준이 얼마'이고 '인플레이션과 가격 변동이 얼마인지' 그리고 '받은 임금으로 실제 무엇을 살 수 있는지' 등이 정말 중요하다는 것을 깨닫게 되었다. 우리는 전통적인 방식으로 임금 인상을 추구하는 것은 일자리를 잃어버릴 위험마저 있다는 것을 인식하게 되었다. 이런 내부 토론과 분석을 통해서 우리는 실제로 정부가 하는 일들에 영향을 미쳐야 한다고 결론을 내렸던 것이다. 그리고 또한 우리는 현재의 [거시 경제] 문제들을 해결하지 않고서는 사적 부문에서 일자리가 안정되거나 새로이 창출되기 어렵다는 것을 인식하게 되었다(2008년 7월 17일, 노조 지도자 카셀스와 인터뷰).

1980년대 중반 아일랜드 노조들이 기존의 '임금 인상을 위한 투쟁' 전략에서 코포라티즘적 사회 조정을 위한 협력적 노선으로 선회한 것은 앞에서 살펴보았듯이 정치적 정당성의 문제뿐만 아니라 투쟁적 전략보다 사회적 협력이 더 큰 이익을 가져다줄 수 있다고 믿었기 때문이다. 1970년대와 1980년대 전반까지 노동자들은 인플레이션을 따라 잡기 위해서 임금 인상 투쟁을 지속적으로 벌여 왔다. 그러나 재정지출을 보전하기 위한 정부의 세금 인상과 인플레이션의 추가적 증가로 인해서 노동자들의 실질적인 생활수준은 향상되지 않았다(Roche and Cradden 2003, 79). 그래서 자신들의 경험에 대한 반성을 토대로 노조 지도자들은 점점 더 정부의 거시적인 사회경제적 정책이 노동자들의 실질적인 경제적 이익과 직결되어 있음을 느끼고 이에 적극적으로 개입해야 할 필요를 느끼게 되었던 것이다.

1987년 사회협약으로 노동자들은 임금 인상을 포기하고 임금 안정화 정책을 받아들였지만 세금 감면 등으로 인해서 실질소득은 증가했다. 1980년에서 1987년 사이 생활수준이 약 7~11% 정도 축소되었던 것과는 대조적으로 1987년 이후 사회협약과 함께 노동자들의 실질 가처분소득은 증가했던 것이다. 예를 들면, 1987년에서 1992년 사이 미혼 노동자들의 실질소득은 약 5% 정도 상승했고 기혼 노동자들의 실질소득은 약 3% 이상 증가했다. 이런 노동자들의 실질임금 상승은 이 기간 사회협약인 PNR과 PESP에서 합의한 소득세 감면이 반영된 것이었다(Roche 1994, 191; Hardiman 2002, 11). 더구나 노조는 1987년 사회협약을 통해서 거시 사회경제 정책에 참여함으로써 장기적으로는 최저임금제를 도입했을 뿐만 아니라 노동자들의 복지를 향상시키는 효과도 얻었다. 예를 들면 1987년에서 1999년 사이 건강, 교육, 사회복지 분야에서 각각 117%, 71%, 45%의 실질적인 가치의 공공 지출이 증가했던 것이다(*IRN* 1999/03/04, 18; 24; 42).

여기서 주목할 사실은 1980년대 중반 아일랜드 노조들이 자신들의 이익을 단순히 편협한 특정 계층이나 분파만을 위한 임금 인상 문제로 접근하지 않고 보다 포괄적인 전체 경제의 이익과 연계를 통해서 바라보게 되었다는 것이다. 이것은 노조들이 자신들의 이익이 단순히 사적 영역의 문제가 아니라 포괄적인 전국 단위의 정치적 문제라는 것을 자각하기 시작했다는 것을 의미한다. 1980년대 아일랜드 노조들은 거시적 사회경제 정책의 조절 없이는 미시적 차원의 투쟁도 별로 유효하지 않음을 인식하게 되었다. 그런데 노조들이 정부 정책에 영향력을 행사하는 것이 중요하다고 인식했다 하더라도, 정부가 자유주의적 공사public-private 구분에 기초해 사적 영역의 이익집단들이 공공 정책 결정 과정에 참여할 기회를 주지 않았다면 아일랜드 노조들도 흔히 프랑스나 한국에서 보듯이 정부에 대해 단지 전투적 투쟁을 통해서만 자신들의 요구를 관철하려 했을 것이다.

그러나 1987년 아일랜드에서 노조가 적극적인 협력적 태도로 코포라티즘적 사회 조정을 수립하는 데 동참할 수 있었던 이유는 당시 아일랜드 정부가 노조에게 공공 정책 참여의 기회를 보장해 주었기 때문이다. 아래에서 좀 더 자세히 살펴보겠지만 1980년대 중반 피어너 폴 정부는 경제 위기, 특히 재정 위기를 극복해야 할 절박한 필요성을 느끼면서 이를 위해 일방주의적 정책 집행을 한다면 공공 부문 노조를 비롯한 사회 각층의 반발을 불러올 것이라고 예상했다. 그래서 긴축재정을 통한 재정 건전화를 추구하면서도 정치적 안정과 사회적 통합을 위해서 주요 사회 행위자들의 협조와 협력을 끌어낼 필요가 있었던 것이다. 이런 필요에 따라 피어너 폴 정부는 노조에 대해서 임금 인상 자제를 요구함과 더불어 세금 감면 혜택을 제공하고 사회경제 정책에 대한 협의와 조정을 제안했던 것이다. 이에 대해서 노조는 기존의 투쟁적 전략이 별 소득이 없다는 것에 대한 반성뿐만 아니라 무엇보다 정치적 정당성과 향후 정치적 영향력 확대라는 비전을 가지고 코포라티즘적 사회 조정에 적극 협력했다(Hardiman 2002, 9).

결국 아일랜드 노조들은 사회협약을 통해서 임금 안정에 협조함으로써 정치적 정당성뿐만 아니라 정부의 거시적 사회경제 정책 결정에 영향력을 행사할 수 있게 되었다. 더구나 세금 감면으로 실질적인 소득 보전을 추구할 수도 있었던 것이다. 또한 노조는 전체 경제의 위기 극복을 위해서 거시 경제정책으로 재정의 안정과 공공 지출 축소를 받아들이게 되었다. 이로써 노동자들의 이익을 전체 경제와 연계해서 바라보는 새로운 관점이 강화되었던 것이다(Roche and Cradden 2003, 79).

한편 코포라티즘적 사회 조정에 가장 중요한 사회적 합의를 위해서는 고용주들의 전략과 사고도 바뀌어야 했다. 실제로 1987년 아일랜드에서 사회협약이 이루어질 때 고용주들은 중앙 집중적 집단 협상이나 코포라티즘적 사회 조정에 대한 자신들의 기존 선호를 바꾸었다. 전통적으로 아일랜드 고용주들은 중앙 집중적 집단 협상이나 코포라티즘에 대해서 반감을 가지고 있었다. 그러나 1980년대 중반 경제 사회적 위기를 배경으로 이를 극복하기 위한 협의 과정에서 아일랜드 고용주들은 기존 자신들의 선호와 생각들을 변화시켜 적극적으로 사회협약에 참여하게 되었다. 어떻게 아일랜드 고용주들은 자신들의 선호와 생각들을 바꾸게 되었는가? 주요 행위자들의 선호는 사회경제적 위치나 제도적 맥락에 의해 규정되기보다는 상대방과의 실천적·담론적 상호작용 과정에서 재평가되고 새롭게 구성된다. 1980년대 중반 아일랜드 고용주들의 선호 변화 역시 당시 상황과 상대에 대한 재평가와 자신들의 가능한 선택지에 대한 재해석을 통해서 이루어졌다.

1987년 사회협약 과정에서 아일랜드 고용주들이 자신들의 선호를 바꾼 이유를 살펴보기 이전에 먼저 주목할 것은 아일랜드 고용주들이 1980년대까지 중앙 집중적 집단 협상과 코포라티즘적 조정을 결코 선호하지 않았다는 사실이다. 1987년경 아일랜드 고용주들은 새로운 전국적 협상안national agreements에 합의하는 것을 별로 탐탁지 않게 여겼다. 대신에 아일랜드 고용주들은 당시 진행되던 탈집중적 자유 협상을 더 선호했다(Hastings et al. 2007, 7). 그 이유는 먼저 전통적으로 아일랜드 고용주들은 자유주의적 관점에서 노사 문제가 정치화되는 것을 반대했기 때문이다. 예를 들면, 1980년 아일랜드 고용주들이 '전국협의안'과 같은 전국적 노·사·정 협의에서 탈퇴한 이유는 1970년대의 경험을 통해 노·사·정 협의가 자발적인 노사관계를 점점 더 정치화시킨다고 믿었기 때문이다(*IRN*

1980/11/26, 2). 아일랜드 고용주들은, "만약 사적 영역의 자발적 계약 관계인 노사관계가 정치화된다면 노조들은 사회경제적 이슈들에서 더욱 많은 영향력을 원하고 또한 가지게 될 것이고 사적 영역에서 경영자의 고유한 권한을 침해하게 될 것"이라고 믿었다(MacNeil 1980, 56-58). 1987년경에도 아일랜드 고용주들은 탈집중적 자유 협상이 계속 잘 작동하기 위해서는 전국적 차원에서 노조의 정치적 영향력이 약화되어야 한다고 믿었다(Hastings et al. 2007, 7).

1970년대 전국 단위의 중앙 집중적 집단 협상은 사회경제적 공공 정책을 함께 논의하는 코포라티즘적 사회 조정은 아니었다. 그럼에도 불구하고 1980년대 초 아일랜드 고용주들이 중앙 집중적 집단 협상보다 탈집중적 자유 협상을 선호한 이유는 그들의 경험과 당시 그들이 가지고 있었던 '가능한 선택지들'을 통해서 이해될 수 있다. 1980년대 초 아일랜드 고용주들이 경제적 위기에 직면했을 때 스스로 '가능하다고 믿었던' 선택지는 크게 세 가지였다. 첫째, 기존의 '높은 인플레이션에 연동된 고임금 정책', 둘째, 엄격한 통화주의와 자유시장 체제, 셋째, 사회적 조정에 의한 임금 안정이 그것이다. 이상의 세 가지 선택지들 중에서 당시 아일랜드 고용주들은 세 번째를 가장 선호하긴 했지만 실제 가능하면서 동시에 유효한 선택지는 두 번째라고 믿었다.

첫 번째 선택지는 1970년대 이래 지속되어 오던 관행이었다. 노조들은 높은 인플레이션을 배경으로 지속적으로 임금 인상을 요구했다. 그러나 고용주들은 이런 높은 인플레이션과 높은 임금의 상호 강화적인 상승을 더 이상 두고 볼 수 없었다. 고용주들은 아일랜드가 유럽공동체, 특히 유럽통화제도EMS에 남아 있기를 원한다면 '높은 인플레이션에 연동된 높은 임금 인상'은 더 이상 현실적인 선택이 될 수 없다고 믿었다.

문제는 세 번째 선택이었다. 고용주들은 실제로 가능하기만 하다면 국가의 소득정책이나 사회적 조정에 의한 임금 안정이 가장 바람직한 것이라고 믿었다. 그러나 아일랜드 고용주들은 1970년대 전국 단위 집단 협상의 경험을 고려하면서 자신들의 상대인 노조들이 임금 안정과 산업 평화를 실현할 수 있을지에 대해 심히 의문을 가지고 있었다(Chubb 1980, 9-10; MacNeill 1980, 55). 그리고 협상 상대자에 대한 불신 때문에 중앙 집중적 사회 조정 자체에 대한 불신을 가지고 있었던 것이다. 1980년 5월 '아일랜드고용주연맹' 모임에서 채택된 성명은 당시 고용주들의 '전국협의안'에 대한 불만과 불신을 잘 보여 준다. 그 성명서는, "['전국협의안'이 타결되었지만] '전국협의안'이 제공하지 않는 추가 임금 상승을 획득하기 위해서 노조의 일부 분파들이 임금 협상안의 산업 평화 조항을 어기고 부당한 압력을 행사하는 심각한 [비공식적] 노동쟁의가 부지기수였다"라고 언급했다(*IRN* 1980/05/28, 3-4). 1980년대 아일랜드 고용주들은 1970년대 중앙 집중적 임금 협상 체제하에서 지속적으로 인상되어 온 높은 임금에 대한 불만뿐만 아니라 전국 단위의 조정이 가능할지에 대한 불신이 더 컸기 때문에 세 번째 선택지인 '소득정책이나 사회 조정을 통한 임금 안정'을 선택하지 않았던 것이다.

이에 따라 1986년경까지 아일랜드 고용주들은 사회적 조정이 아니라 '엄혹한 통화주의'와 자유시장에 기초한 탈집중적 자유 협상 체제를 더 선호했다. 고용주들의 입장에서 보면 '엄혹한 통화주의'는 사회 전체적으로 바람직하지는 않지만 앞의 다른 두 선택지들이 바람직하지 않거나 가능하지 않다면 차선책으로 가장 선호되는 것이었다. 당시 FUE의 의장인 제프리 톰슨은 1981년 한 인터뷰에서 당시 고용주들의 선호 평가를 다음과 같이 요약하고 있다.

나는 개인적으로 통화주의자들의 접근이 설사 성공한다 하더라도, 그래서 우리 경제가 상승세를 탈 때조차도 우리는 '적의를 품은 노동자들', '사분오열된 사회', '우리 사회 각계각층의 무관심과 냉담'이라는 심각한 문제에 봉착할 것이라고 생각한다. 그것은 그렇게 매력적인 전망은 아니다. 그러나 그럼에도 불구하고 통화주의적 접근은 대안적 정책들이 실패한다면 경제적 요인들이 우리에게 강제할 수 있는 대안이다. …… 만약 우리가 소득정책과 목표에 합의를 하고 노조와 다른 이익집단들로부터 지지를 받는다면, …… 우리는 심각한 사회적 고난을 야기하지 않고 보다 강한 경제와 재정적 기초를 마련할 수 있을 것이다. …… [그러나] FUE의 지배적인 믿음은 '정부의 소득정책이 단호하거나 혹은 노사관계와 제도들에서 변화가 수반되지 않는다면, [사회협약에 의한] 공정한 소득정책은 거의 가능하지 않다'는 것이다(*IRN* 1981/05/08, 7).

1987년 이전까지 고용주들은 엄격한 통화주의가 많은 기업들의 도산 및 높은 실업과 같은 사회적 문제를 야기할 가능성이 높지만 그럼에도 불구하고 이 안이 경제 안정을 위한 최선책이라고 믿었다. 당시 고용주들은 '엄혹한 통화주의'는 재정을 건전화하고 인플레이션을 억제해 임금을 안정시킬 것이라고 믿었다. 또한 고용주들은 이런 통화주의가 작동하기 위해서는 사회적 조정보다는 자유시장에 기초해 있어야 한다고 믿었다. 그들은 탈집중적 자유계약 관계가 경제적 불황과 실업을 배경으로 임금을 안정시키는 데 보다 유효할 뿐만 아니라 지역과 회사 수준의 구체적 상황에 더 유연하게 대처할 것이라고 믿었기 때문이다. 실제 1980년대 회사차원의 탈집중적 자유 협상 체제에서 평균 임금 인상률은 여전히 인플레이션율보다 높기는 했지만 1970년대 비해서는 상당히 잦아들었다(Hardiman 1988, 64; Roche 1994, 178; Roche and Cradden 2003, 78; Hastings et al. 2007, 4-7; *IRN* 1981/10/02, 11). 1970년대 전국 단위의 임금 조정이 실패한 것과 대조적으로 1980년대 탈집중적 자유 협상이 임금을 안정시키는 데 성공했다는 경험은 고용주들이 사회 조정보다는 탈집중적 자유시장을 더 선호하는 데 핵심적인 역할을 했다.

그러나 아일랜드 고용주들의 사회 조정에 대한 반감과 탈집중적 자유시장에 대한 선호는 1987년을 거치면서 크게 바뀌었다. 1986년 12월과 1987년 6월만 하더라도 FUE[3]는 임금과 관련한 주요 문제는 전국 차원이 아니라 지역 차원에서 자유로이 협상되어야 한다고 천명했다. 그러나 1987년 중반 아일랜드 FUE는 사회협약을 위한 전국적 협상으로 방향을 선회했다. 1987년 여름 FUE는, "만약 경제사회 정책들에 대한 기본적인 방향을 만들어 낸다면 정부·고용주·노조가 함께 참여하는 전국 차원의 협의는 가치가 있다"는 입장을 표명했다(Hardiman 1988, 236-237).

왜 아일랜드 FUE는 정책의 방향을 전환했는가? 왜 아일랜드 고용주들은 코포라티즘적 사회협약에 참여하게 되었는가? 아일랜드 고용주들이 1987년 전국적 사회 조정으로 입장을 선회한 이유 가운데 하나는 먼저 정부의 설득과 위협 때문이었다. 당시 FUE의 회장이었던 댄 맥콜리의 회고에 따르면 당시 수상인 호히는 "만약 고용주들이 집단 협상에 동참하지 않는다면, 고용주들을 빼고 정부가 독자적으로 공공 부문 노조들과 임금 협상을 할 것"이라는 것을 분명히 했다고 한다. 게다가 만약 당시의 경제적 위기 국면에서 국난 극복을 위한 전체 협상에 고용주 단체만 빠진다면 고용주들이 엄청난 도덕적·정치적 부담을 안게 되는 상황이었다. '위기에도 불구하고 자신들의 이익만 챙기려 한다'는 비난과 더불어 '위기의 해결

3_아일랜드 고용주들의 가장 큰 정상 조직인 FUE는 1941년 수립되었는데 이후 '아일랜드 고용주연합'(Federation of Irish Employers, FIE)으로 개칭했다가 1993년 또 다른 고용주 정상 조직인 '아일랜드산업연맹'(CII)과 통합해 IBEC을 창설했다.

자라기보다는 위기의 원인'이란 오명을 쓰기 쉬웠던 것이다(Hastings et al. 2007, 7; 38; 53).

더구나 당시 고용주 단체들에도 노조들에서처럼 새로운 지도부들이 등장했는데 이들은 국가 위기의 심각성을 깨닫고 있었고 동시에 정치적 정당성이 중요하다는 인식을 가지고 있었다. 고용주 단체의 새 지도부를 형성한 존 듄, 톰 토너, 콘 파워 같은 새로운 지도자들은 국가적 위기 상황에서 애국심을 강조함으로써 분파적 행동을 자제시키는 지도력을 발휘했다. 이들은 토론의 과정에서 일반 고용주들이 대처리즘보다는 NESC의 1986년 보고서의 해결책을 받아들이도록 유도했다(Hastings et al. 2007, 20-21; 53; 175-176). 현 고용주 정상 조직인 IBEC의 사회교육 책임자인 토니 도노후는 2008년 필자와의 인터뷰에서 당시 상황을 이렇게 전했다.

NESC의 1986년 보고서를 따르면서 당시 기업 지도자들은 함께 모여 문제를 분석하고 아이디어를 서로 나누었다. 당시 고용주 단체들의 지도자들은 문제를 해결하기 위해서 자기 회원들을 단결시키는 지도력을 발휘했다. 당시 이루어진 결정들은 영국에서 채택된 방향으로 가기를 원치 않는다는 것이었다(2008년 6월 27일, IBEC 사회교육 책임자 도노후와 인터뷰).

1987년 당시 아일랜드 고용주들은 국가적 위기 극복을 위해 대처리즘을 하나의 가능한 방법으로 선택할 수도 있었지만 고용주 단체들의 새로운 지도부들은 대처리즘 같은 대결적 정책보다는 통합적 방법을 강구했던 것이다.

그러나 무엇보다 고용주들이 중앙 집중적 집단 협상으로 돌아선 가장 중요한 이유들 중 하나는 바로 협상 상대인 정부와 노조들이 이번에는 예전과 달리 합의안을 준수하고 임금 안정에 협력할 것이라는 확신이 섰기 때문이었다. 과거와 달리 상대의 '확고한 이행 의지의 표시'에 따라 고용 주들에게도 확신이 생겼던 것이다. 1981년 FUE의 의장인 제프리 톰슨의 앞의 인용구에서 보듯이, 1980년대 초반 고용주들의 최선의 선호는 '엄혹한 통화주의'와 시장 체제라기보다는 사회적 협력과 조정에 의한 임금 안 정과 인플레이션의 억제였다. 그러나 이런 선호에도 불구하고 1980년대 초 아일랜드 고용주들이 통화주의와 시장 체제를 선택한 이유는 1970년 대 전국 단위 임금 협상의 실패 경험 때문이었다.

그러나 1980년대 중반부터 아일랜드 고용주들은 정부와 노조의 단호한 결의 그리고 '확고한 신호'로 말미암아 집단 조정이 가능할 수 있다고 믿기 시작했다. 예를 들면, 국가 재정 문제를 해결하기 위한 피어너 폴 정부의 단호한 행동은 아일랜드 고용주 조직에 커다란 충격을 주었다. 애초에 고용주들은 재정을 안정시키려는 정부의 노력이 이전에 그랬던 것처럼 공공 부문 노조의 예산 삭감 반대에 부딪혀 실패할 것이라고 예상했다. 그러나 고용주들의 예상과 반대로 1987년 아일랜드 정부는 고용주들이 수년 동안 요구해 왔지만 지지부진하던 재정 건전화와 방만한 공무원 조직의 문제를 해결하기 위해 '과감한 예산 삭감'과 공공 부문 인원 감축을 위한 '명예 퇴직안'voluntary severance deal을 단번에 성사시켰던 것이다. 위기 극복을 위한 정부의 이런 단호한 행동으로 인해서 고용주들은 '새 정부는 국난 극복을 위해 이번에는 정말 진지하게 대처하고 있다'는 확신을 갖게 되었다(IRN 2001/07/19, 24; Roche 2007, 398; Hastings et al 2007, 38).

사실 고용주들에게 가장 중요한 사안 중 하나는 임금 협상이었다는 점에서 고용주들이 1987년 사회협약에 참여하게 된 결정적인 이유는 무 엇보다 첫 사회협약안이 제시한 3년간 3% 임금 인상안 때문이었다. 1980 년대 초반 아일랜드 고용주들은 1970년대 전국임금합의안하에서의 높은 임금 인상에 대한 불만 때문에 탈집중적 자유 협상으로 선회했지만 1980

년대 전반부 탈집중적 자유시장 체제하에서도 1970년대보다는 임금 상승률이 낮았지만 임금 협상 성과가 예상보다 그렇게 좋지는 않았다. 잦아드는 인플레이션, 높은 실업 그리고 증가한 고용주 측의 힘이라는 유리한 상황에도 불구하고 임금은 예상보다 높았던 것이다(Roche 1994, 192). 그런 상황에서 첫 사회협약에서 제시된 임금 인상안은 놀랄 정도로 유리한 조건이었다. 아일랜드 고용주들이 사회협약을 위한 집단 협상에 참여한 가장 큰 결정적인 이유는 바로 집단 협상을 통해서 향후 3년간 임금이 안정될 가능성이 있다고 보았고 동시에 만약 중앙 집중적 집단 협상 테이블에서 빠진다면 오히려 잃어버리는 것이 많을 것이라고 생각했기 때문이었다. 임금 안정의 기회를 놓치고 정부보다 훨씬 높은 임금을 지불하게 될지도 모른다고 생각했던 것이다(Hastings et al. 2007, 53; 113-114).

그러나 고용주들의 입장에서 가장 문제가 되었던 것은 결국 상대자인 노조들이 1970년대와 달리 '합의안의 약속을 지킬 수 있을까'하는 합의안 준수 가능성이었다. 1970년대 경험에 비추어 보면 전국임금합의안은 노조들 내부의 조정 실패와 노조들 간의 경쟁적 임금 인상으로 인해서 유명무실 했다. 고용주들이 전국적 임금 조정 협상에 참여하는 데 필요한 가장 중요한 조건은 바로 전국적 임금 조정이 가능할 것이라는 확신이었다. 그런데 1987년을 전후로 아일랜드 고용주들은 정부와 노조들의 진심 어린 협력 노력들과 확고한 의지 표명으로 인해서 그런 확신을 가지기 시작했던 것이다(IRN 2001/07/19, 24).

1987년 아일랜드 고용주들은 정부와 같이 노조들도 '이번에는 다르다'는 확신을 가지게 되었다(Roche and Cradden 2003, 80; IRN 2001/07/19, 24). 고용주들이 노조들의 임금 조정 의지에 대해 확신을 가진 이유는 노조 자체의 결의뿐만 아니라 정부의 강력한 보증 때문이었다. 1987년 정부는 '이번에는 노조가 합의안을 준수할 것'이라고 고용주들에게 확신을 주려 부단히 노력했다. 특히 정부는 노조의 임금 인상 자제를 이끌어 내기 위해서 '소득세 감면'이라는 대가를 제시했는데 이것이 고용주들의 확신을 더욱 강화시켰다. 노조의 협력 신호에다가 정부가 한층 더 확신을 주었던 것이다(Hastings et al. 2007, 38; 113; Roche and Cradden 2003, 80).

일단 고용주들이 첫 사회협약인 PNR의 협상에 들어가고 노조들이 사회협약을 엄격히 준수하자 고용주들은 더욱더 사회협약을 통한 조정에 확신을 가지게 되었다. 1987년 FUE는 사실 주저하면서 전국적 임금 협상에 참여했다. 그러나 1993년 두 번째 사회협약인 PESP가 끝나 갈 때쯤 아일랜드 고용주들은 중앙 집중화된 사회 조정의 강력한 지지자들이 되어 있었다. 1994년 고용주들의 8개의 위원회 모임에서 지역의 고용주 대표들은 만장일치로 새로운 사회협약을 받아들였다. 그리고 고용주 단체 중앙 총회general council에 참석한 고용주 대표들 60명 중에서 단지 4명만이 새로운 사회협약인 PCW를 반대했다. 아일랜드 고용주들이 점점 더 사회협약을 지지하게 되었던 가장 큰 이유는 노조들의 협약 준수로 인해서 전반적으로 임금이 안정되었을 뿐만 아니라 사회 파트너십을 통해서 재정과 경제 위기가 해결될 수 있었다고 믿게 되었기 때문이다(2008년 7월 17일, 피터 카셀스와 인터뷰; *IRN* 2001/07/19, 24; Baccaro 2003, 701; Baccaro and Simoni 2004, 13; Hasting et al. 2007, 50-54; 115). 결국 상대와의 합의와 상대의 믿을 만한 협력의 신호로 인해 아일랜드 고용주들은 사회협약을 통해서 장기적이고 포괄적인 이익을 위한 상호 협력을 꾀하게 되었던 것이다.

마지막으로 1987년 이후 아일랜드에서 수립된 성공적인 코포라티즘적 사회 조정은 정부의 적극적인 의지가 없이는 불가능했을 것이다. 특히 1987년 피어너 폴 정부와 찰스 호히와 버티 아른 같은 주요 정치 지도자들은 사회협약의 수립과 지속에 결정적인 역할을 했다. 스칸디나비아 국가들에서 흔히 보이는 코포라티즘적 제도가 부재한 상태에서 정부는 주요 사회 행위자들에게 소득세 감면과 같은 정치적 대가를 제공하면서 사회 조정의 바람직함을 설득했을 뿐만 아니라 사회 조정이 가능하다는 확신을 심어 주기 위해 노력했다. 특히 초반 사회협약에 소극적이었던 고용주들을 설득하는 과정에서 보이듯이 피어너 폴 정부는 때론 배제의 위협과 때론 적극적인 이익의 보장과 도덕적 설득으로 주요 사회 행위자들을 사회 조정의 틀 내로 끌어들였다.

1987년 이후 사회협약의 수립을 위해 적극적으로 개입하는 아일랜드 정부의 태도는 기존의 자유주의적 비간섭주의non-interventionism와는 대조적이라고 할 수 있다. 앞에서 살펴보았듯이, 1970년대에 중앙 집중적 임금 협상이 이루어지긴 했지만 정부는 정부 정책과 임금 협상을 연계하면서 실질적인 사회적 조정을 이루어 내는 데에는 대단히 소극적이었다. 1970년대 정부는 중앙 집중적 임금 협상에 참여는 했지만 그것은 공공 부문의 '고용주'로 참가한 것이었지 코포라티즘적 사회 조정을 위한 것은 아니었다. 당시 정부는 사회 협치 체제의 수립자라기보다는 중립적인 법 집행자rule-keeper라고 할 수 있었다(*IRN* 1981/07/24, 13). 그러나 1987년 재집권에 성공한 피어너 폴 정부는 임금 협상과 재정·물가·조세 정책 등 주요 사회경제 정책들을 연계하면서 코포라티즘적 사회 조정을 적극적으로 시도했다. 왜 아일랜드 정부는 '공사의 엄격한 구별'이라는 기존의 자유주의적 개념에서 적극적인 사회 조정 수립자로 전환했는가?

피어너 폴이 사회 조정 체제의 적극적 수립 전략으로 전환한 이유는 최근의 주요 학자들이 주장하듯이 아일랜드 정당 체제와 집권당의 허약성에서 찾을 수도 있겠다(Hamann and Kelly 2011; Baccaro and Simoni 2008; Baccaro and Lim 2007; Vis 2009). 커스틴 해먼과 존 켈리, 루치오 바카로, 마리오 시모니, 바버라 비스 같은 학자들은 1990년대 아일랜드, 이탈리아와 같이 제도적 조건이 미비한 국가들에서 사회협약이 수립된 이유로 '소수파 정부'minority government 혹은 '정부의 허약성'을 들고 있다. 해먼과 켈리는 유럽의 주요 국가들에서 이루어진 1990년대와 2000년대 사회협약의 원인을 분석했다(Hamann and Kelley 2011). 그들에 따르면 유럽 국가들에서 집권당은 입법을 통한 법적 지배를 하든지 아니면 사회협약을 통한 협치를 택할 수 있다. 그런데 집권당이 자신의 정치적 권력을 안정적으로 행사할 수 있는 것이 불확실해졌을 때, 예를 들면 선거 유동성 electoral mobility이 높고, 안정적 연정의 수립이 불확실하고, 소수파로 집권하는 등 권력이 불안정할 때 집권당은 일방적 입법보다는 사회협약을 추구한다는 것이다. 반면 소수파라고 하더라도 자신의 지지 세력이 강할 때 혹은 상대 야당이 암묵적으로 자신들을 지지해 준다고 생각할 때 집권당은 사회협약을 제시하기보다는 입법화를 추구한다고 주장한다. 요컨대 집권당의 정치적 동기를 강조하는 이런 최근의 연구에 따르면 허약한 정부의 경우 국가의 경제적 위기를 극복하기 위해 사회협약을 추구하면서 사회 파트너들을 적극적으로 끌어들이는 반면, 영국과 같이 강한 정부는 일방적인 입법화를 통해서 사회경제 정책을 수립한다는 것이다.

사실 아일랜드에서 1987년 집권한 피어너 폴 정부는 소수파 정부였다. 피어너 폴 정부는 반발이 예상되는 사회경제 정책을 추진하기 위해서 사회 파트너들을 적극적으로 끌어들이고자 했다. 당시 소수파 정부의 수상인 찰스 호히는 재정을 건전화하고 경제 위기를 극복하기 위해서는 노조의 적극적인 지지가 필요하다고 생각했다(Hastings et al. 2007, 32). 그러나 소수파 집권당이나 친화성이 약한 정당간 연합에 기초한 불안정한 집권당의 정치적 위치만으로는 사회협약으로 전환하는 정부 여당의 선호 변화를 설명하는 데 충분하지 않다(Hamann and Kelly 2011, 42-43). 실제로 중요한 것은 자신의 위치를 어떻게 인식할 것인지 하는 것뿐만 아니라,

정치적 상호작용의 과정에서 주어진 선택들과 상대의 협조 가능성 등에 대한 새로운 해석을 통해서 재형성되어 가는 선호다.

좀 더 구체적으로 살펴보면, 먼저 본 연구는 소수파 정부라고 해서 반드시 사회협약을 선호하는 것은 아니라는 점을 강조하고자 한다. 예를 들면 1988년에서 2006년 사이 스웨덴 정부는 보수당이든 사회민주당이든 일반적으로 소수파 정부를 구성했다. 그러나 1990년대 이래 스웨덴 정부는 노동 관련 주요 이슈들에서 사회협약보다는 노조와의 협약을 피하고 일방적인 입법화를 통해서 개혁을 추진했다. 그 이유는 노조와의 사회협약을 통한 좌경화가 오히려 자신들의 정치적 영향력을 약화시킨다고 생각했기 때문이다(Hamann and Kelley 2011, 85-86).

소수파의 위치라는 것과 정부의 선호를 직접 연결시키는 것은 충분한 설명이 될 수 없다. 무엇보다 사회협약이 반드시 정치적 영향력을 증대시킨다는 전제도 다소 무리가 있다. 예를 들면, 영국 대처 정부의 경우 권력이 안정화되어 사회협약이 필요 없다고 생각해서 입법화로 갔다기보다는 오히려 사회협약을 택할 경우 여론의 비판으로 결코 득표나 안정적 집권에 유리하다고 판단하지 않았기 때문이다.

무엇보다 1987년 피어너 폴은 소수파 정부였지만 결코 허약한 정부는 아니었다. 왜냐하면 1987년에서 1989년 피너 게일과 같은 주요 야당은 공식적으로 피어너 폴 정부의 경제정책을 적극 지지하고 불신임 투표를 하지 않겠다고 선언했다(Hamann and Kelley 2011, 22). 1987년 피어너 폴 정부는 소수파였지만 야당의 지지 속에서 정권이 결코 불안정한 것은 아니었던 것이다. 해먼과 켈리의 주장대로라면 1987년 피어너 폴 정부는 사회협약보다는 입법화 전략을 구사했을지 모르겠다. 그러나 주지하듯이 피어너 폴 정부는 사회협약을 적극 추진했다.

1987년 피어너 폴 정부가 사회협약을 적극 추진한 이유는 정치경제적 상황에 대한 평가와 해석을 통해서 주어진 가능한 선택이 무엇인지 그리고 실행을 위한 상대인 사회 파트너들의 협력 가능성이 어느 정도인지를 고려하면서 자신의 선호를 바꾸었기 때문이다. 이런 선호 전환은 정치적 상대에 대한 평가뿐만 아니라 내부적 토론을 통한 심각한 이견의 조율을 통해서 이루어진 것이지 정치 구조적 위치에 의해 주어진 것은 아니었다.

피어너 폴 정부가 1987년 사회협약을 선호한 이유를 이해하기 위해서는 먼저 당시의 가능한 선택들을 분석할 필요가 있다. 모든 정당들은 자신들에 대한 지지율을 높이려 하지만 항상 사회협약을 통해서 그것을 성취하려는 것은 아니다. 1970년대까지 피어너 폴 정당이 대중들의 지지를 획득할 수 있었던 주요한 경제정책 노선은 케인스주의적 재정팽창 정책이었다. 그러나 1980년대에는 실업이 17%에 달할 정도로 증가했지만 케인스주의적 재정팽창 정책을 쓸 수가 없었다. GNP의 131%에 달할 정도로 공공 부채가 증가했기 때문이다. 또한 제1야당인 피너 게일은 이런 재정위기 문제를 최우선적으로 해결해야 할 과제로 여기면서 1986년 '만약 피어너 폴 정당이 긴축재정을 추구한다면 적극 지지하겠다'는 '탈라아트 전략'The Tallaght Strategy을 선언했다.[4] 이런 상황에서 피어너 폴 정당으로서는 공공재정을 안정화시키는 데 동의하지 않을 수 없었다. 피어너 폴, 특히 당시 수상이었던 호히는 원래 통화주의자라기보다는 실용적 관점에서 긴축재정과 통화주의 정책을 유효한 방법으로 선택했다. 그리고 일단 국가 재정 건전화와 긴축재정 정책을 받아들인 이상 문제는 '저항을 최소화'

4_'탈라아트 전략' 선언은 1986년 아일랜드 수도인 더블린의 교외지역인 탈라아트에서 피너 게일 지도자인 앨런 듀크스가 한 선언이다. 이 선언은 피어너 폴 소수파 정부가 공공재정 지출을 삭감하는 한 피너 게일 정당은 신정부를 적극 지지하겠다는 것이었다.

하는 것이었다. 긴축재정에 직접적으로 영향을 받을 공공 부문 노조들의 저항을 최대한 피하는 것이 필요했던 것이다. 사회협약은 이런 노조들의 저항을 피하기 위한 하나의 주요한 방법이었다(Roche 2007, 397; Roche 2009; 1994). 피어너 폴 정부는 인플레이션의 통제, 재정의 급격한 축소, 임금 상승의 억제 같은 '고통스러운 조치들'을 추구하지 않을 수 없었고 동시에 저항을 최소화하기 위해서 노조들의 적극적 참여를 유도했다. 당시 아일랜드 정부는 사회협약으로 노동을 통합하기 위해 사회복지 유지, 공공 지출 축소를 소득 이전transfer payments에는 적용하지 않기 그리고 소득세 감면 등 다른 유인책들을 정치적 교환물로 제시했다(O'Connell 1999, 53).

덧붙여 아일랜드 정부가 야당의 지지를 업고서 대처리즘을 추진하지 않고 사회협약을 통해서 노동을 적극적으로 통합하려고 한 이유는 노조 자체의 변화에서 정치적 기회를 보았기 때문이다. 피어너 폴 정당은 1987년 이전에는 약 35년간 노조들과 직접적인 만남을 가진 적이 없었다. 그럼에도 불구하고 1987년 노조의 지지를 끌어들이려 시도한 것은 '노조와 노동당과의 관계'가 긴장으로 돌아섬으로써 노조의 지지를 획득하는 것이 가능할 수 있는 정치적 기회의 창이 열려 있다고 보았기 때문이다. 피어너 폴이 노조에 한 첫 번째 요구는 노동당으로부터 이탈해 자신들과 연합하라는 것이었다. 1980년대 전반 피어너 폴은 노조들이 1982년에서 1986년 피너 게일과 함께 집권 연합에 참여한 노동당에 대해 '환멸을 느끼고 있다'는 것을 인지한 이후 노조의 지지를 획득할 기회를 엿보게 되었다. 그래서 1987년 총선에서 이미 피어너 폴은 노조들이 선호하는 중앙 집중화된 임금 협상으로 돌아갈 것을 공약으로 제시했던 것이다(Hastings et al. 2007, 32; Roche 1994, 80; 179-180).

또한 피어너 폴 지도부는 1980년대 노조 지도부들의 변화를 민감하게 인식하고 적극적으로 받아들이기 시작했다. 피어너 폴 지도부가 보기에 카셀스를 비롯한 새로운 세대의 노조지도자들은 과거의 투쟁적 노선과 달리 대화와 협력을 통한 사회문제 해결을 추구했다. 이런 노조 지도부의 변화는 피어너 폴 지도자들에게는 사회적 조정을 위한 새로운 가능성을 연 것처럼 보였다. 당시 재무부 장관이었던 맥셰리는 노조 지도부의 변화와 이에 대응하는 피어너 폴 집권당의 태도 변화를 다음과 같이 말한다.

> 그[카셀스]의 노조 지도부 입성은 임금 협상에 대한 노조의 태도 변화와 일치했을 뿐만 아니라 점점 더 [새로운] 태도 변화를 형성하는 데 기여했다. ……
> 노조들은 사회 파트너로서 임금보다는 더 광범위한 문제들에 관심을 가졌다.
> 그들은 비임금 부문들에서 경제정책의 방향에 더 큰 영향력을 행사하기를 추구했다. 마찬가지로 정부쪽에서는 젊은 노동부 장관인 버티 아른이 노조의 사고 전환의 중요성을 인식하고 경제 회복을 위한 토대를 마련하는 데 그것이 중요하다는 것을 발 빠르게 알아차렸다. 그래서 그는 다음 10여 년간 사회 파트너십의 진화에 중요한 역할을 담당했다(MacSharry 2000, 129).

1987년 당시 수상인 호히와 당시 노동부 장관이자 이후 피어너 폴의 수상이 된 버티 아른과 같은 피어너 폴의 지도자들은 1980년대 노조 지도부의 교체와 노조의 사고 전환을 민감하게 받아들였다. 버티 아른은 한 인터뷰에서 1980년대 중반 노조 지도부의 변화에 대한 피어너 폴 내부의 발빠른 대응을 회상한 바 있다. 아른의 회상에 따르면 1985년경 그와 피어너 폴 내부의 친노조주의자들에 의해 당의 싱크 탱크가 구성되었다. 그리고 그 싱크 탱크는 북유럽 사회민주주의 모델에 관심이 있었다고 한다 (Hastings et al. 2007, 33).

더구나 새로운 노조 지도자들의 협력을 향한 확고한 신호는 정부 지도자들로 하여금 사회협약에 대한 확신을 가지게 했던 것이다. 예를 들면 1987년 4월 피어너 폴의 신정부는 노조들을 경악시킬 정도의 재정지출 삭감안을 포함하는 예산안을 통과시켰다. 그러나 예전 같으면 대대적인 저항과 시위가 예상되었지만 1987년 노조의 행동은 달랐다. 4월의 예산 안 통과 직후인 1987년 5월에 '지방정부·공공서비스노조'LGPSU의 위원장 인 필립 플린은 노조의 연례 만찬에 새로운 수상을 초대했던 것이다. 노조 지도자 플린은 피너 게일과 노동당 연합 정부에서는 냉대를 받았지만 피 어너 폴 수상인 호히는 전혀 다른 태도를 보여 주었다. 호히 수상은 LGPSU 만찬 모임에 참석해 NESC가 제시한 협상안을 적극 따를 것을 강조하면 서 노조의 협조를 당부했다. 1987년 4월 예산안에서는 엄격했지만 피어 너 폴의 신정부는 노조들을 소외시키지 않기 위해서 대단히 조심했다. 신 정부는 국가 재정을 고려해 새로운 특별 수당special pay은 철저히 제한했지 만 '노조의 자문을 구한다는 원칙'principle of consultation은 철저히 고수했다. 그리고 이런 정부의 행동은 노조들이 정부의 진정성을 인식하게 했다 (Hastings et al. 2007, 36-37). 노조의 바뀐 태도와 확고한 협력의 신호는 정 부에게 새로운 협력의 가능성에 대한 확신을 가지게 했고 이에 대한 정부 의 협조적 태도는 다시 노조에게 더 확고한 협력과 지지를 불러오게 했던 것이다.

요약하자면, 아일랜드가 코포라티즘적 사회 조정을 위한 제도적 조건 들이 미비함에도 불구하고 1987년 사회적 조정에 성공한 이유는 노조, 고 용주들 그리고 정부와 같은 주요 행위자들이 경제적 위기와 상대와의 상 호작용 과정에서 자신들의 기존 선호와 전략을 재고하고 새로운 비전과 전략을 수립할 수 있었기 때문이다. 특히 이 과정에서 주요 행위자들은 문 제 진단과 해결책에서 광범위한 합의를 도출할 수 있었고 이를 뒷받침하 는 구체적인 실행의 가능성을 서로 간의 확고한 신호와 행동 속에서 확인할 수 있었기 때문이다.

그런데 여기서 주목해야 할 사실은 아일랜드의 사회 파트너십 수립은 단지 위기의 산물만은 아니었다는 것이다. 아일랜드 주요 행위자들은 경제적 위기가 극복되고 1990년대 '켈틱 타이거'의 고도성장에도 불구하고 20여 년간 코포라티즘적 사회 조정을 유지, 발전시켰다. 어떻게 이것이 가능했던가? 안정적인 제도화는 위기의 시기와 또 다른 정치를 요구한다. 다음 장에서는 아일랜드의 코포라티즘적 사회 조정이 어떻게 안정적인 제도화에 성공할 수 있었는지, 그리고 안정적인 제도화 과정이 어떤 문제를 배태하게 되었는지에 대해 구체적으로 살펴볼 것이다.

제7장

사회협약의 제도화, 진화, 그리고 해체

2008년 세계 금융 위기를 계기로 아일랜드는 막대한 국가 부채와 15%에 달하는 실업률 그리고 경기침체를 동반한 심각한 경제 위기에 직면했다. 1987년에도 아일랜드는 17%에 이르는 실업률과 막대한 국가 부채, 재정 위기로 나타나는 국가 부도의 위기에 직면했다. 그러나 두 위기에 대한 대응은 달랐다. 1987년 위기에서는 노·사·정 삼자를 축으로 한 코포라티즘적 사회 파트너십을 통해서 위기를 극복하고 이후 급격한 경제성장을 이루었다. 그러나 2008년에서 2013년 사이의 위기에서는 오히려 반대로 사회협약은 해체되었다. 2008년 말 위기를 맞았을 때 사회 파트너들은 1987년에 그랬던 것처럼 국가 위기 극복을 위한 사회 파트너십을 시도했지만 실패했다.

왜 이런 위기 대응의 차이가 발생했을까? 왜 2000년대 말 위기에서는 사회협약이 실패했을까? 이것은 단순히 위기의 본질이나 정도로는 설명하기 어렵다. 글로벌 위기라는 외적 충격만으로는 위기 대응의 방향과 성격을 규정하기 어렵다. 그렇다고 신제도주의자들처럼 단순히 제도적 조건의 유무로는 더욱 설명이 어렵다. 왜냐하면 코포라티즘적 사회협약을 위한 제도적 조건은 1987년보다 2000년대 말이 더욱 유리했기 때문이다. 1987년만 하더라도 자유주의적·다원주의적 체제가 우세했지만 2000년대 말에는 지난 20년간 사회협약을 하면서 발전된 사회 행위자들 간의 긴밀한 네트워크와 조정 제도가 발전되어 있었다.

본 연구는 위기의 성격이나 제도적 조건보다는 안정적인 재생산 과정에서 사회협약의 의미가 이미 변화했다는 것에 주목한다. 본 연구는 사회적 합의, 특히 사회경제 문제에 대한 진단과 해결책 그리고 사회협약이 바람직한 해결책인지에 대한 사회적 합의가 사회협약의 수립뿐만 아니라 안정적 재생산에 결정적이라고 강조한다. 문제는 이런 사회적 합의의 내용과 의미가 정상 시기 혹은 안정적 재생산의 과정에서 끊임없이 변화한다는 것이다. 보다 정확히 말하면 사회협약의 제도를 안정적으로 재생산하기 위해서는 앞선 실천에 의해 새롭게 발생하는 문제와 새롭게 전개되는 상황에 직면해 사회협약 제도의 완전히 새로운 정당화가 지속적으로 요구된다는 것이다. 이런 점에서 본 연구는 기존의 단절적 균형이론과는 근본적으로 다르다. 단절적 균형이론은 짧은 '중대 국면'에서 행위자들의 정치에 의해 제도가 일단 수립되면 이후에는 제2의 중대 국면이 오기 전까지는 동일한 제도의 균형이 지속된다는 것이다. 이런 균형이론은 행위자들의 합리적 선택이나 제도적 조건에 맞춰진 선호가 외부의 충격에 의해 변화하지 않는 한 지속된다는 것이다.

그러나 제도주의자들이나 합리적 선택 이론가들이 가정하는 '단절적 균형이론'과 달리 본 연구가 강조하고자 하는 바는 다음과 같다. 첫째, 최적의 균형으로 수립된 제도가 안정적인 재생산의 시기에 동일하게 반복되는 것이 아니다. 제도가 안정적으로 유지되기 위해서라도 제도의 실제 의미는 지속적으로 변화한다. 둘째, 안정적 제도화 시기 동안 변화한 제도의 의미와 실천적 경험들은 위기의 국면에서 제도 변화의 방향을 결정하는 데 중요한 영향을 미친다.

아래에서 좀 더 자세히 살펴보겠지만 아일랜드에서 2008년 위기 이후에 기존의 코포라티즘적 사회협약을 재생산하지 못한 것은 바로 20여 년간 지속되어 온 사회협약의 의미가 실제에서는 대단히 많이 변화했고, 특히 2000년대에 들어와서 사회협약의 방법과 바람직함에 대한 사회적 합의가 해체되었기 때문이다. 2008년경 사회협약은 제도적 구조 측면에서 보면 1987년과 유사하게 유지되고 있었지만 제도적 가치의 측면에서는 크게 변화해 있었다. 많은 주요 행위자들은 사회협약을 문제 해결에 바람직한 제도로 보기보다는 위기의 한 원인 혹은 고쳐야 할 대상으로 여겼기 때문이다. 왜 이런 변화가 발생했는가? 이것은 외적 위기나 충격으로 설명하기 어렵다. 2009년 사회협약이 붕괴한 것은 외적 충격보다는 무엇보다 1987년 이래 2008년까지 진행되어 온 제도화의 과정, 즉 겉으로는 변화가 없고 안정적인 듯이 보이는 제도화 과정에서 사회협약의 실제 의미가 진화했다는 데서 그 원인을 찾을 수 있다. 제도화의 과정은 제도를 실천하는 주요 행위자들의 지속적인 재해석을 통해 제도의 안정과 해체의 요소들이 동시에 작용하는 과정이다. 이처럼 제도 변화를 내생적으로 설명하고자 하는 것이 본 연구가 제도 변화를 설명하는 기존 연구와 구별되는 지점이다.

아래에서는 먼저 2008년 위기의 과정에서 주요 행위자들이 왜, 어떻게 기존의 사회협약을 해체하고 새로운 형태의 사회적 조정 체제를 재구성했는지를 살펴볼 것이다. 그 다음으로는 이런 해체와 변형의 원인으로 지난 20여 년간 지속되어 온 제도화의 과정에서 사회협약은 어떻게 진화하고 변화되었는지를 살펴볼 것이다.

1. 유사한 위기와 상이한 대응

2008년 세계 금융 위기와 더불어 아일랜드는 심각한 금융권의 부도에 직면했고 이로 인해 결국 2011년 EU-IMF의 구제금융에 기댈 수밖에 없는 심각한 위기에 봉착했다. 2000년대 후반 아일랜드의 위기는 현상적으로는 통제가 어려울 정도의 국가 부채, 공공 재정의 파탄, 심각한 경기후퇴와 14%를 훨씬 넘는 높은 실업률 등 1980년대 중반의 위기와 유사한 양상이었다(MacSharry and White 2000, chap. 1-5; Ó Dálaigh 2009; Bergin et al. 2009; Power 2009; O'Brien 2009). 1980년대 중반과 2000년대 말 두 시기에 아일랜드가 직면한 위기는 그 강도와 심도에서 그리고 국가가 사용할 수 있는 위기의 대처 방안[1]에서 약간의 차이가 있을 수 있지만, 모두 국가 부도에 준하는 심각한 민족적 위기였다는 점에서는 대체로 유사하다.

그러나 주목할 점은 유사한 위기에도 불구하고 두 위기에 대한 대응이 서로 분명하게 달랐다는 것이다. 1980년대 중반의 위기에서 아일랜드 주요 사회 파트너들은 민족의 위기를 염두에 두면서 분파적 이익의 추구보다는 사회적 합의를 통해 1987년 사회협약을 수립하는 데 성공했다. 반면 2008년 이후 가시화된 최근의 위기에서 사회 파트너들은 국난 극복을

1_2008년 시점에서는 아일랜드가 EMU에 가입되어 있는 상태였기 때문에 통화정책과 재정정책을 사용하는 데 이전보다는 한계가 있었다.

위해 오히려 기존의 사회협약을 포기했다.[2] 위기가 가시화되기 바로 직전 2008년 10월 노·사·정 삼자가 합의한 '이행기 합의'는 고용주들과 정부가 임금 인상의 재조정을 요구하면서 무효화되었다. 게다가 위기가 심해지자 1987년과 같이 정부는 '사회 파트너십을 통한 국가 재건 조치들'을 제시했지만 노·사·정 대표들의 위기의 원인과 해결책에 대한 상이한 시각으로 인해 합의에 실패했다. 결국 2008년 가시화된 미국발 금융 위기에서 아일랜드는 완전히 자유로운 시장 관계로 돌아간 것은 아니지만, 지난 20여 년간 지속되어 온 코포라티즘적 사회 조정을 포기했다.

왜 유사한 위기에도 불구하고 최근의 위기에서는 1980년대와 달리 코포라티즘적 사회 조정을 포기했는가? 위기의 성격 자체나 외부의 충격 같은 외적 요인들로는 대응의 방향을 규정하지 못한다. 외부의 충격이나 도전은 국내 행위자들에게 기존의 행동을 재고할 수 있는 계기를 마련한다는 점에서 중요하다. 하지만 외부의 충격이나 위기 자체가 구체적인 대응 방안을 결정하는 것은 아니다. 위기 자체보다는 주요 행위자들에 의해 해석되는 위기의 원인과 해결책, 즉 스토리텔링이 중요하다. 외부의 충격은 국내 행위자들이 그런 충격을 어떻게 이해하고 평가하는지에 따라 다양한 처방이 나올 수 있기 때문이다. 더구나 국내 행위자들 간의 상호작용 과정에서 '가능한 선택지들'과 해결책들의 의미가 나라마다 다르게 나타

2_2008~11년 위기 시 아일랜드 정부와 고용주 그리고 노조들의 대응과 사회협약의 포기 과정에 대해서는 주로 『노사관계 뉴스』(*IRN*)와 아일랜드 대표 일간지인 『아이리시 타임스』(*The Irish Times*), 그리고 정부 문서를 참조했다. 예를 들면 *IRN*(2009/02/04; 2009/03/02; 2009/07/21; 2009/09/25); *The Irish Times*(2009/12/10; 2009/10/19; 2009/11/07; 2009/12/04; 2010/01/26) 참조.

나기 때문이다.

그러나 국내적인 측면을 주목하는 경우에도 주요 행위자들의 해석과 상호작용을 무시하고 제도나 구조 자체만을 일방적으로 강조하는 제도주의나 마르크스주의의 설명은 한계가 있다. 커비와 앨런 같은 마르크스주의자들에 따르면 최근의 위기에서 아일랜드 사회협약 체제가 붕괴한 것은 아일랜드 자본주의의 구조적 허약성 때문이라고 한다. 커비는 아일랜드 사회협약의 붕괴는 외국자본에 의존한 아일랜드 발전 모델의 신자유주의적인 구조적 성격에서 연유한다고 주장한다.

아일랜드 경제의 주요 성장 부문들이 다국적기업들의 지배를 받고 아일랜드 성장 모델이 이들 기업들에 의존한다는 것은 사회 파트너들과 국가 사이에 공유된 합의다. 그래서 사회 파트너십에서의 심의는 외국인의 높은 투자를 끌어들일 수 있는 조건들을 해치는 어떤 것도 하지 않도록 제한되어 있다. 이런 지배적인 거시 경제정책에 부과된 한계는 사회정책을 위한 선택에도 심각한 제한을 부과했다(Kirby 2010b, 54).

그러나 이런 마르크스주의의 구조적 접근은 1987년 이래 약 20여 년간 코포라티즘적 사회협약이 어떻게 안정적으로 재생산될 수 있었는지를 설명하지 못한다. 또한 아래에서 좀 더 구체적으로 살펴보겠지만 사회협약의 붕괴는 마르크스주의자들이 주장하듯이 경쟁력만을 강조하는 신자유주의적 '경쟁 국가'[3]의 성격 때문이라기보다는 오히려 사회정의와 사회

3_경쟁 국가(competition state)는 세계화와 신자유주의의 득세를 배경으로 서유럽 케인스주의적 복지국가가 해체되면서 등장한 새로운 자본주의국가 체제를 지칭하기 위해

복지를 강조하는 사회협약의 '사회적 전환'에서 기인하는 바가 컸다 (Coleman 2009, 103-178; O'Brien 2009, 23-33). 2004년 사회복지를 강조하는 사회협약의 '사회적 전환'은 사회협약에 따른 비용을 확대하고 재정 악화를 초래하는 간접적인 원인이 됨으로써 2008년 위기에 대한 해결책으로서 가치를 떨어뜨렸던 것이다.

1987년 이래 사회협약의 주요 의제는 국난 극복을 위한 임금 인상 자제와 경제성장 그리고 소득 증대와 일자리 창출이었던 반면, 2000년대 이후의 사회협약의 주요 논의는 성장 결실의 재분배와 사회정의에 맞추어지면서 고용주들과 정부의 입장에서는 사회협약의 비용과 부담이 증가했다. 그래서 최근의 위기에서 정부와 고용주들 그리고 많은 경제학자들은 아일랜드 사회협약은 '안이한 유착 관계'cozy relations로 인해서 비용이 많이 들고 정부의 비효율성을 자아내게 되었다고 주장하면서 사회협약을 통한 국난 극복이 아니라 오히려 국난 극복을 위해 사회협약을 개혁해야 한다고 강조했다. 마르크스주의의 구조론적 접근은 사회협약의 의미가 이런 변화를 거친 것을 파악하지 못한다.

한편 제도주의자들의 경우 최근 위기에서 사회협약이 붕괴한 이유를 '제도적 조건들이 취약해서'라고 주장한다. 테렌스 맥도노우와 토니 던돈은 "아일랜드 사회 파트너십이 붕괴한 것은 글로벌 경제 위기 때문만이

필립 써니가 처음 사용한 개념이다(Cerny 1990, 53; 228-229). 써니에 따르면 세계화로 인해 자본주의국가의 조직 원리는 기존의 '탈상품화'(decommodification)에서 '상품화' 혹은 '시장화'(marketization)로 변화했다. 다시 말하면 써니는 세계화와 더불어 자본주의국가가 '복지국가'에서 '경쟁 국가'로 변화되었다고 주장한다. 이런 '경쟁 국가' 개념은 마르크스주의자들에 의해 켈틱 타이거 이후 발전된 아일랜드 국가를 규정하기 위해서 채택되곤 했다(Kirby and Murphy 2008).

아니라 ICTU의 위원장인 데이비드 벡이 주장하듯이, 그 [제도적] 토대가 모래 위에 서 있었기 때문이다"라고 주장한다(McDonough and Dundon 2010). 제도주의자들은 아일랜드 사회협약이 독일이나 북유럽 국가들처럼 코포라티즘의 법적 강제나 '확고한 제도들'을 발전시키지 못하고 전통적인 시민사회 내부의 자발적 관계에 기초해 있었기 때문에 경제가 어려워지자 쉽게 포기되었다고 주장한다(McDonough and Dundon 2010, 556-558; Doherty 2011, 374; 376-377).

독일이나 북유럽 국가들처럼 협약을 강제하는 여러 가지 법적 장치들이 있었다면 사회협약은 더욱 강고하게 지속되었을지도 모른다. 그러나 제도주의자들은 최근 위기에서 제도의 허약성 때문에 아일랜드 사회협약이 붕괴했다는 것을 주장하기 이전에 어떻게 코포라티즘적 제도가 미비함에도 불구하고 사회협약이 수립되었고 게다가 20여 년간이라는 오랜 기간 동안 안정적으로 제도화되고 지속되었는지를 설명해야 할 것이다. 아일랜드의 대표적인 노사관계 연구가들인 폴 티그와 지미 도나기는 "왜 아일랜드 사회 파트너십은 [제도적 조건이 미비함에도 불구하고 장기간] 유지되었는가?"라는 문제를 제기한다. 그리고 그에 대한 대답으로 아일랜드는 북유럽과 달리 독특한 정치적 교환을 통해서 안정적인 사회적 합의를 이룰 수 있었기 때문이라고 주장한다(Teague and Donaghey 2009).

또한 바카로와 시모니의 주장처럼 아일랜드 사회협약은 제도적 장치가 전혀 부재한 것이 아니라 오히려 지난 20여 년간 지속되는 과정에서 제도적 여건들이 강화되어 왔다(Baccaro and Simoni 2007; Baccaro and Simoni 2010). 바카로와 시모니에 따르면 아일랜드에는 전통적인 형태의 코포라티즘적 이익대표 체계는 부족하지만 이를 대체해서 사회적 조정을 용이하게 하는 또 다른 제도로서 노조들 내부의 민주적 의사 결정 방식이 발전해왔다고 한다. 또한 아일랜드 노사관계 연구의 대표 학자라고 할 수 있는 로체도 아일랜드는 지난 20여 년간 사회협약을 실행하는 과정에서 다양한 사회 네트워크들이 발전하고 축적되어 왔다고 주장한다. 로체는 아일랜드 사회협약이 제도적 조건이 미비함에도 불구하고 왜 그렇게 내구성 있게 지속될 수 있었는가라는 문제를 제기하고 그 대답을 정치적 교환을 통한 합의와 모든 정당들의 광범위한 지지 그리고 사회 파트너십의 네트워크 발전에서 찾고 있다. 지난 20여 년간 사회협약이 지속되면서 광범위한 사회 그룹들을 포함하는 네트워크가 발전했는데 이런 네트워크는 사회적 조정을 위한 '상호 의존과 신뢰'를 육성했다고 로체는 지적한다 (Roche 2007, 404; 419; *IRN* 2007/05/10, 15; 2008년 7월 1일, ESRI의 필립 오코넬과 인터뷰). 이런 제도적 조건들의 발전을 고려한다면 1980년대 중반의 아일랜드보다 2008년의 아일랜드가 코포라티즘적 사회 조정을 하기에 더욱 유리했다고 할 수 있다. 그러나 결과는 정반대였다.

1980년대 중반과 2000년대 말의 두 위기 시기에 나타난 대응의 차이는 사회협약의 가치와 의미에 대한 주요 행위자들의 평가와 생각이 달랐기 때문이다. 먼저 1980년대 중반에는 사회협약을 통한 문제 해결로 사회적 합의가 이루어졌지만 최근의 위기에서는 문제 해결책에 대한 사회적 합의가 부재했다. 또 1980년대 중반의 위기에서는 사회협약이 위기 해결책의 유의미한 수단으로 부상했던 반면, 최근의 위기에서는 사회협약이 위기의 원인으로 그래서 개혁의 대상으로 해석되었기 때문이다. 따라서 본 연구는 아일랜드 사회협약의 수립과 마찬가지로 붕괴의 원인도 사회협약의 가치에 대한 사회적 합의와 공유된 이해에서 찾고자 한다.

1) 사회협약의 해체와 그 원인

본 절에서는 먼저 최근의 금융 위기와 더불어 어떻게 사회협약이 붕괴하게 되었는지 그 과정을 먼저 살펴본 다음 주요 행위자들의 아이디어 변화와 사회적 합의의 실패에 초점을 두고 붕괴의 원인을 구체적으로 분석할 것이다.

2008년 말 미국발 금융 위기가 가시화되면서 아일랜드는 심각한 경제 위기에 봉착했고 이를 배경으로 기존의 코포라티즘적 사회협약 체제가 붕괴했다. 2008년 10월 위기가 가시화되기 직전에 합의한 사회협약인 '이행기 합의'는 11월에 인준을 받았지만 2009년 위기의 심화와 더불어 임금 합의안이 지켜지지 않았고 무효화되었다. 2008년 11월 17일 노·사·정 삼자에 의해 인준된 '이행기 합의'는 21개월간 6%의 임금 인상을 약속했지만 지켜지지 않았다. 정부는 위기의 심각성을 고려해 임금 합의안과는 다른 '공공 부문 임금 동결'을 주장했고 사적 부문 고용주들도 임금 인상을 최소 1년 이상 연기할 것을 요구했던 것이다(IRN 2008/10/20; 2009/02/04). 또한 2009년 정부가 제시한 '연금 추가 부담안'pension levy은 노조들의 강력한 반발을 불러일으켰다. 그래서 2009년 6월 정부는 '사회 파트너십을 통한 국가 재건 조치들'을 제안했지만 받아들여지지 않았다. 2009년에는 2010년 예산안을 두고 정부가 이전과 같이 노·사·정 협의를 통해서 조정을 하기보다는 일방적으로 예산 삭감을 단행함으로써 기존의 코포라티즘적 사회 파트너십은 파탄에 이르게 되었다.[4]

이처럼 2009년 아일랜드에서 사회협약이 붕괴한 가장 큰 원인 중 하나는 바로 주요 행위자들이 위기의 원인과 진단에서 공유된 이해를 가지지 못했기 때문이다. 정부는 막대한 공공 부채를 해결하는 것이 가장 급선

4_"Taoiseach reiterates warning over public sector pay strikes," *The Irish Times* 2009/12/10; "Welfare Cuts Impact no Severe," *The Irish Times* 2009/12/10.

무라고 생각하고 이를 위해 사회복지비용이나 자본 투자 같은 공공 지출의 절대적 삭감과 공공 부문 임금 삭감을 강조했다. 또한 정부와 많은 경제 전문가들은 이런 긴박한 문제를 해결하기 위해서 굳이 사회협약에 의존하는 것을 바람직한 해결 방안이라고 생각하지 않았다. 오히려 사회협약을 통한 '유약한' 모습보다는 정부의 단호하고 일방적인 태도가 바람직하다고 판단하고 있었다(*Irish Tiems* 2010/01/23, 16; Bergin et al. 2009; Power 2009; Ó Dálaigh 2009).

고용주들의 경우도 재정 건전화가 중요하다는 데는 이견이 별로 없었다. 다만 경제 회복을 위해서 정부가 적극적으로 나서 주길 기대하면서 기업 안정화, 경기 부양, 수출 진흥을 위한 정부의 지원을 강조했다.[5] 특히 아일랜드중소기업협회ISME는 2010년 정부 예산안이 중소 상공인의 경쟁력과 일자리 보전을 위한 부양책을 포함하지 않았다고 비판했다. 그러나 고용주들의 보다 큰 강조점은 근본적인 해결책으로 아일랜드 국가경쟁력을 회복해야 한다는 것, 그리고 이를 위해서 임금 인상을 자제 혹은 동결해야 한다는 것이었다. 고용주들은 켈틱 타이거의 고도성장기를 거치면서 지속되어 온 지나친 임금 인상과 이를 가능하게 한 사회협약 체제의 개혁이 필요하다고 주장했다. 특히 고용주들은 사회협약을 통해서 공공 부

5_아일랜드 고용주 대표 단체인 IBEC의 최고 지도자인 대니 맥코이는 2009년 10월 20일 수상에게 보내는 서한에서 아일랜드도 유럽의 다른 정부들처럼 일자리 보호를 위해서 경기 부양책을 쓸 것을 요구하고 있다. 맥코이는 최근 정부의 '기업 안정화 기금'과 '고용 보조금 정책'은 적극 환영하지만 기금을 좀 더 상향 조정해야 한다고 주장했다. 또한 그는 '정부 지원 수출 신용 보험'(Government-backed export credit insurance)을 신속하게 도입할 것을 요구했다. "IBEC Issues Jobs Crisis Warning," *The Irish Times* 2009/10/20.

문의 임금이 지나치게 상승했음을 지적하고 공공 부문이 전체 임금 상승을 선도하는 불합리함을 시정해야 한다고 강조했다. 이런 관점에서 고용주들은 2008년 인준된 '이행기 합의'의 임금 인상안은 비현실적이며 공식적으로 폐지되어야 한다는 입장이었다. 그래서 2009년 말 사회협약의 고용주 대표 단체인 IBEC는 2008년 11월에 비준한 '이행기 합의'의 임금 협상안을 거부하고 사회협약에서 공식적으로 탈퇴했던 것이다.[6]

반면 노조의 경우 '보다 나은 공정한 방법이 있다'There is a better, fairer way는 제목의 국난 극복 계획서를 제안하면서 공공 재정의 안정화가 다소 지연되더라도 경제 위기 극복의 부담이 보다 공평하게 분배되어야 한다는 점을 강조했다(*IRN* 2009/03/02; ICTU 2009). 노조는 위기의 원인이 2000년부터 지속되어 온 정부의 방만한 탈규제와 건설 산업을 위한 세금 혜택이 결국은 해외에서 유입된 저렴한 자금과 더불어 국내 건설과 부동산 버블로 귀결된 것에 있다고 지적했다. 노조가 보기에 위기의 책임은 정부와 투기자본에 있지 노동자들에게 있지 않았다. 그런데도 정부가 위기 해결을 위해 은행가들과 건설업자들에게는 구제금융으로 막대한 자금을 쏟아붙는 반면, 잘못이 없는 노동자들에게는 막대한 위기 극복의 부담을 지우는 것은 불공평하다는 것이었다.[7] 그래서 노조는 위기에 대한 책임으로

6_"IBEC withdraws from Pay Agreement," *The Irish Times* 2009/11/26; "IBEC warning on mandatory recognition of trade unions," *The Irish Times* 2009/10/27; "Opportunities for Stimulus Lost but Fiscal Order Backed," *The Irish Times* 2009/12/10.

7_『아이리시 타임스』에서 실시한 설문 조사인 "당신은 사회협약 '2016년을 향하여'(Towards 2016)가 실패했다고 생각하십니까?"라는 질문에 대한 인터넷 여론들의 평가를 참조. www.irishtimes.com

부자들에 대한 더 많은 세금을 징수해 재원을 마련하고 국가의 적극적인 개입으로 국내 수요를 진작해 일자리를 보호해야 한다고 주장했다. 이런 관점에서 노조들은 2008년 11월 17일 노·사·정 삼자가 인준한 '이행기 합의'의 임금 인상안을 준수해야 한다는 입장이었다. 그리고 노조는 정부가 추진하고 있는 '연금 추가 부담금 징수'에 대해서 강력히 반대했다. 특히 공공 부문 노조들은 정부가 고용 안전을 보장할 뿐만 아니라 새로운 보편적 연금제도를 도입할 것을 제안했다(*The Irish Times* 2009/10/23, 17; *IRN* 2009/07/21).

2000년대 말 위기에서 사회협약이 해체된 또 다른 결정적 이유는 바로 사회협약 자체의 가치가 저하되었기 때문이다. 1987년과 달리 2000년대 말에 사회협약에 대한 가치 부여가 약화된 것은 1987년 사회협약 이후 약 20여 년간 사회협약을 실천하는 과정에서 그 가치에 대한 인식이 상당히 변화했음을 의미한다. 그런데 지난 20여 년간은 사회협약이 안정적으로 제도화되었던 시기라고 흔히 평가된다(Teague and Donaghey 2009). 사회협약을 강화하는 과정에서 어떻게, 왜 사회협약의 의미가 변화했는가? 이에 대해서는 다음 절의 제도화 과정에서 좀 더 구체적으로 살펴보겠지만 여기서는 먼저 1987년과 비교해 제도화 과정 속에서 사회협약에 대한 주요 행위자들의 생각과 선호가 얼마나 변화했는지 살펴볼 것이다.

먼저 노조의 경우 1987년 사회협약 당시에는 '소규모 개방경제'의 관점을 받아들여 기존의 케인스주의적 국내 소비 진작과 임금 인상에 초점을 두었던 것에서 선회해 해외 수출을 통한 경제성장과 이를 위한 국가경쟁력을 강조했다. 그리고 이런 관점에서 임금 인상 자제에 합의함으로써 1987년 사회협약을 성사시키는 데 큰 기여를 했다. 그러나 2000년대 아일랜드 노조들은 '켈틱 타이거'의 고도성장을 배경으로 사회협약의 일차적 목표를 국난 극복이나 국가경쟁력보다는 고도성장의 과실을 공평하게 나누어야 한다는 사회정의에 두게 되었다. 이렇듯 아일랜드 노조들이 전통적인 사회민주주의 방향으로 복귀하자 사회협약을 성사시키기 위한 비용은 더욱 증가했다. 그리고 사회협약의 비용 증가는 고용주들과 정부쪽에서 사회협약을 바라보는 관점에 변화를 불러일으켰다.

고용주 측면에서 보면 1987년 당시 고용주들은 사회협약에 참여하는 데 가장 주저한 세력이었다. 그러나 1987년 첫 사회협약 이후 임금 인상이 자제되고 3년간의 협약을 통해서 임금 인상 추이 등 제반 주요 경제지표들이 예측 가능하게 되자 아일랜드 고용주들은 사회협약의 적극적인 지지자가 되었다. 그러나 2000년대 경제적 붐을 맞이하면서 사회협약을 통해서 노조들의 임금 인상 요구가 높아지고 정치적 협상 과정에서 노조들의 목소리가 높아지자 고용주들 사이에 사회협약에 대한 비판자들이 늘어나기 시작했다. 결국 2008년 미국 발 금융 위기가 터지자 아일랜드 고용주들은 사회협약을 통한 전국 단위의 임금 협상에 반대했던 것이다.

사회협약의 붕괴에서 가장 주요한 측면은 정부 내부의 변화다. 1987년에는 고용주들이 사회협약에 다소 주저했지만 정부의 강한 의지와 설득으로 사회협약을 성사시킬 수 있었다. 그러나 2000년대 말의 위기에서는 정부가 사회협약을 추진하겠다는 의지가 강하지 않았다. 왜 이런 현상이 발생했는가? 최근의 위기에서 아일랜드 정부가 1987년 사회협약 노선과 달리 일방주의적 재정 안정화 정책으로 선회한 것은 재정 위기 자체나 긴축의 필요성만으로는 충분한 설명이 되지 못한다. 왜냐하면 1987년에도 긴축의 필요를 강하게 느끼고 이를 실행했지만 당시에는 긴축정책을 사회협약을 통해서 수행했기 때문이다.

정부의 입장 변화에 대한 또 다른 가능한 설명은 최근 위기에서는 아일랜드가 EMU에 가입되어 있기 때문에 1987년에 비해 정부가 노조에게 제공할 재원이 상대적으로 적었다는 것이다. 그러나 2008년 위기 이후에

전개되는 정치적 과정은 정부가 최근 위기에서는 사회협약을 수립하고자하는 의지 자체가 별로 없었음을 잘 보여 준다. 아일랜드 정부는 2008년 위기에서 공공 재정 문제를 다루기 위해 사회협약을 시도하기보다는 오히려 즉각적인 일방주의적 조치를 취하는 데 초점을 두었다. 왜 정부는 사회협약보다는 일방주의를 채택하게 되었는가?

사회협약에 대한 정부 선호 변화의 일례로는 먼저 정부 내에서 재정 위기를 배경으로 재무부의 목소리가 강해지면서 사회협약에 대한 불신이 팽배해졌다는 것을 들 수 있다. 이것은 2000년대까지 사회협약을 지지하던 수상부Department of the Taoiseach보다 위기를 배경으로 재무부가 더 큰 영향력을 가지게 되었다는 것을 의미한다. 예를 들면, 2009년 12월 사회협약 논의가 지지부진하자 아일랜드 노조는 사회협약을 성사시키기 위한 양보의 의미로 '무급 휴가'와 공공서비스 개혁을 제안했다. 그리고 이런 노조의 양보 제안에 대해 정부쪽에서는 이를 수용해 사회협약을 위한 노·사·정 삼자 논의를 계속해 갈지 어떨지를 결정해야 하는 상황이었다. 그런데 이 안건에 대해서 정부 내의 결정은 재무부의 영향력 우위와 더불어 우경화 경향을 보여 주었다. 노조의 양보를 받아서 사회협약 논의를 할지 말지를 결정하는 자리에서 당시 수상인 브라이언 코원과 4명의 장관들은 사회 파트너십을 위한 협상을 지지했지만, 재무부 장관인 브라이언 레니한을 비롯한 7명의 장관들은 협상을 지속하는 것에 반대했다. 또한 일반 여론과 집권당 내의 평의원들backbenchers도 노조의 제안을 받기보다는 공공 재정을 건전화하기 위해서 엄격한 예산 삭감을 밀어붙이길 지지했다. 반면 사회협약을 지지하는 수상 코원의 진영은 충분한 지지를 모으는 데 실패했다. 이 때문에 결국 정부는 노조의 제안을 거부하고 일방주의로 나아갔던 것이다(Roche 2010, 13; Cooper 2009, 371; The Irish Times 2009/12/12).

이런 정부 내부의 선호와 입장의 변화는 사회협약이 안정적이었던 시기 버티 아른 정부의 정치적 입장과는 대조적이라고 할 수 있다. 1997년에서 2004년 사이 피어너 폴과 '진보민주당' 간의 연합에 기초한 버티 아른 정부에서는 사회협약을 적극 지지하는 수상부가 재무부를 압도했다. 예를 들면, 버티 아른 정부에서도 찰리 맥크리비와 매리 하니의 자유주의 진영과 아른의 친사회협약 진영 간에 긴장이 있었다. 그러나 공공 지출의 급격한 증가를 제어하려는 재무부 장관 맥크리비의 시도는 친협약파인 수상과 내각의 다른 장관들의 반대에 의해 거부되었다. 좀 더 구체적으로 보면 2002년 당시 재무부 장관 맥크리비는 조만간 막대한 재정 문제에 봉착할 것이라는 경고와 함께 동료 각료들을 설득해 공공 지출을 삭감하고자 했다. 그러나 대부분의 각료들은 그를 무시하고 연평균 증가율이 두 자리 수에 이를 정도로 공공 지출을 증가시켰다(Cooper 2009, 13-14; 94-95).

그런데 어떻게 최근의 위기에서는 친사회협약파보다 재무부 장관의 일방주의가 내각에서 더 많은 영향력을 행사하고 정부 밖에서도 더 많은 지지를 받을 수 있게 되었는가? 다음 절에서 사회협약의 제도화 과정을 분석할 때 구체적으로 살펴보겠지만, 먼저 주목할 사실은 버티 아른의 노력과 같이 지난 20여 년간 사회협약을 지속하려는 노력들이 오히려 역설적이게도 사회협약의 가치를 떨어뜨리는 결과를 가져왔다는 것이다. 2000년대 말 아일랜드 정부도 고용주들처럼 지난 20여 년간의 사회협약 경험을 통해서 사회협약을 무난히 성사시키기 위해 지불해야 하는 비용이 지나치게 높아졌다고 보았다. 많은 고용주들과 마찬가지로 아일랜드 정부도 사회협약을 통한 임금 협상을 위기의 해결책이 아니라 위기의 원인으로 파악했던 것이다(The Irish Times 2009/10/19, 12).

실제로 공공 부문 노조들은 사회협약을 통해서 2000년대 지속적으로 물가상승률이나 사적 부문 임금 상승률보다 더 높은 임금 인상률을 성취했다. 처음에는 공공 부문 노조들이 사적 부문 노조들의 임금 인상 속도에 맞추고자 시도했던 벤치마킹 방식이 오히려 공공 부문 노조들의 불균형한 임금 상승으로 귀결되었던 것이다. 실제로 2001년에서 2006년 사이 6년간 산업 노동자 평균 임금은 단지 19% 정도만 상승했던 데 반해서 같은 기간 공공 부문 노동자들의 임금은 약 59% 상승했다. 또한 같은 기간 공공 부문 노조들의 연금은 약 8억7천6백만 유로에서 15억 유로로 약 81.3% 상승했고 공공 부문 노동자들의 수도 같은 기간 약 3천8백 명 정도가 증가했다. 그러나 이런 공공 부문의 임금 인상과 고용 조건 개선에 비해 공공 부문 서비스는 크게 개선되지 못했다는 평가를 받았다(Ó Dálaigh 2009, 16-18).

최근의 위기에서 정부 내 친사회협약파보다 재무부 장관의 일방주의의 입지가 더 강화되었던 두 번째 이유는, 사회협약의 의미 변화와 방만한 재정의 책임자가 바로 2008년 위기 당시 친협약파인 코윈 수상 쪽이었기 때문에 정부 내 협약파의 입지가 좁아져 있었다는 데 있다. 실제로 2008년 당시 일방주의를 주장하는 재무부 장관 레니한의 인기는 수상 코윈의 인기보다 훨씬 높았다. 코윈 수상은 긴박한 위기시기에 단호하게 공공 지출 삭감을 이끌면서 지도력을 보여 주었지만 여전히 많은 비판을 받았다. 그 이유는 그가 당시 재정 위기의 원인 제공자라는 인식이 팽배해 있었기 때문이다. 2000년대 중반 사회협약에 기초해 아일랜드 경제가 급격한 성장과 경제적 붐을 누리게 되자 이제는 경쟁력 향상보다 부의 공정한 분배를 강조하는, 소위 말하는 사회협약의 '사회적 전환'으로 복지를 강조하게 되었다. 이런 과정에서 과다한 재정지출을 반대하던 맥크리비는 경질되었고 이를 대신한 사람이 바로 코윈이었다(The Irish Times 2010/05/08, 13). 그리고 사회협약을 지속시키기 위한 코윈의 방만한 재정 운용이 바로 2008년 위기의 원인으로 평가받았던 것이다.

정부가 일방주의로 선회한 또 다른 이유는 사회 여론과 주요 경제학자들의 분석이 사회협약에 대단히 비판적이었다는 데 있다. 사회협약 체제와 공공 노조의 이익이 일치되는 것으로 그리고 이들이 재정 위기의 원인으로 인식되는 것이 지배적인 여론인 상태에서 정부의 일방주의는 오히려 사회 여론의 지지를 불러왔고 그래서 정부는 자신들의 정책에 대해 확신을 갖게 되었던 것이다. 1987년 사회협약을 통한 위기 극복 그리고 1990년대 사회협약을 통한 고도성장으로 인해 아일랜드 여론은 사회협약에 대한 높은 지지를 보여 왔다. 그러나 2002년 공공 부문에서 노조들이 부의 재분배와 공정한 임금을 강조하는 1차 벤치마킹을 하면서부터 사회협약이 임금 비용을 높인다는 비판이 일기 시작했다.[8] 더구나 2004년 사회협약의 주요 방향이 부의 공정한 분배와 복지를 강조하는 '사회적 전환'으로 바뀌면서 여론에서 사회협약에 대한 비판의 목소리는 더욱 높아지기 시작했다(*IRN* 2010/01/20).

최근 위기에서 아일랜드 여론은 주로 경제학자들에 의해 지배되는 편이었다.[9] 일반 대중들은 위기에 대한 경제학자들의 분석에 동의하면서 노

8_2002년 사적 부문의 임금 상승과 공공 부문의 임금 상승을 비교 연계하는 1차 벤치마킹 이후 공공 부문의 임금과 복지 혜택은 급격히 증가해 사적 부문을 훨씬 앞질렀고 이는 사회적 비판의 대상이 되었다. 여론에서는 공공 부문 노조들이 실질적인 서비스 개선과 효율은 높이지 않는 반면, 사회협약을 통해서 부당하게 높은 임금과 이익을 챙겼다는 견해가 지배적이게 되었다. 그러나 사회협약에 대한 비판자들은 2008년 2차 벤치마킹에는 주목하지 않았다. 2차 벤치마킹에서 공공 부문 노조는 여론으로부터 신뢰를 회복하기 위해서 임금 인상을 자제했다. 그러나 이런 신뢰 회복의 노력은 너무 늦었던 것이다(*IRN* 2009/02/10).

9_2009년 12월 22일, 노사관계 전문가 패트릭 거니글과 인터뷰. 거니글에 따르면 최근의 위기에서 자유주의적 경제학자들의 목소리가 높아진 이유는 이들이 2000년대 방만한

조들 특히 사회협약을 지배하는 공공 부문 노조들이 사회협약을 통해서 자신들의 특권과 높은 임금을 유지한다고 비판하기 시작했다. 공공 부문 노조들이 국난 극복을 위해서 재정 건전화 방안이나 예산 삭감과 같은 어떤 개혁이나 자기희생도 거부한다는 여론이 팽배했다. 최근 위기에서 지배적인 여론은 사회협약 체제와 공공 부문 노조의 이익을 일치시키고 이를 비판하는 것이 주를 이루었는데 아일랜드 최대 일간지인 『아이리시 타임스』가 실시한 인터넷 설문에 대한 지배적인 답변들을 보면 다음과 같다.

> "사회협약은 전체 국민에게 이익이 되기보다는 가장 힘 있는 '기득권 세력' vested interests인 공공 부문 노조들에게만 유리하다", "노조들은 은행과 마찬가지로 현재 아일랜드 재정 위기의 주범이다", "사회협약을 통해, 특히 공공 부문 노조들은 지나치게 높은 임금을 받지만 실제로는 비효율적이며 아일랜드 경제 위기의 원인이다."[10]

이처럼 최근 위기에서 사회협약과 노조는 문제 해결책이 아니라 문제의 원인이자 개혁의 대상으로 인식되었다. 그래서 정부가 2009년 '연금 추가 부담안'을 제시하고 2010년 예산안에 엄격한 공공 지출 삭감 계획을 포함시켰을 때 노조들 특히 공공 부문 노조들은 강력히 반대했지만 여론

정부 운영의 문제와 위기의 원인이 된 건설·부동산 과열의 문제를 가장 먼저 지적했기 때문이라고 한다.

10_여론에 대해서는 『아이리시 타임스』의 인터넷 설문인 "당신은 사회협약 '2016년을 향하여'(Towards 2016)이 실패했다고 생각하십니까?"에 대한 여론들의 코멘트들을 참조.

은 오히려 노조에 대해서 비판적이었다. 예를 들면, 2009년 10월 시장 및 여론조사 회사인 '행동과 태도'The Behaviour & Attitudes 에서 정부의 2010년 예산안에 대한 여론 조사를 했는데, 절대다수는 위기 극복을 위해 가장 주요한 수단은 국가의 재정을 건전화하는 것이고 이를 위해서는 공공 부문 임금 삭감이 필요하다는 견해를 보였다.[11]

최근의 위기에서 사회협약이 실패한 이유는 이상에서 살펴보았듯이 지난 20여 년간 사회협약을 실천하는 과정에서 진행된 주요 행위자들의 인식 변화, 그리고 그로 인한 사회협약의 가치 저하와 위기 해결책에 대한 공유된 이해의 부재에 있었다. 그런데 이와 더불어 끝으로 지적해야 할 것은 1987년과 달리 최근의 위기에서는 주요 행위자들의 정치적 상호작용의 과정에서 신뢰와 확신보다는 배신감과 불신이 축적되었다는 것도 사회협약 실패의 주요 원인이라는 점이다.

예를 들면, 2008년 11월 합의한 사회협약의 임금안에 대해 정부와 고용주들이 일방적 결정으로 합의안을 폐기하자 노동운동 내부에서는 배신감과 더불어 사회협약 자체에 대한 비판이 증가했다. 노조의 입장에서는 사회협약을 통해서 정부의 정책에 영향력을 행사할 수 있는 공식적 통로를 가지기를 원했다. 많은 주요 노조 지도자들은 사회협약의 열렬한 지지자들이었다. 그러나 2008년 노·사·정 삼자가 인준한 사회협약안을 정부와 고용주들이 일방적으로 파기하는 상황에서 많은 노조 활동가들은 사회협약을 통한 정부와의 협력에 대해 비판적이게 되었던 것이다.[12] 특히

11_"Public's reaction to economic gloom no as negative as expected," *The Irish Times* 2009/11/21

12_"Pay restoration & return to partnership top new IMPACT leader's list," *IRN*

2009년 위기 극복을 위한 협상national talks의 실패와 정부의 일방적인 연금 추가 부담금 제정이 이루어지자 많은 노조 활동가들은 사회협약을 위한 협상을 정부에 '굴복하는 것'으로 인식하기 시작했다. 이런 상황에서 많은 노조 지도자들은 일반 노조원들이 노조 자체를 불신하고 조합비 납부를 거부할지도 모른다고 생각했다(IRN 2010/01/06; 2010/01/27).

2010년 6월 아일랜드 노조는 정부와 양자 간에 임금과 공공서비스 개혁을 연계하는 '크로크파크 합의'에 동의했지만 노조들은 이 합의안이 사회 파트너십이라고 생각하지 않았다. 노조에서 볼 때 사회협약은 정부에 협력하는 것이기 때문에 지금은 정부와 고용주들에게 징벌적인 대응이 필요하다고 생각했던 것이다(IRN 2010/05/19; 2010/06/09). 이런 과정을 통해 결국 2008년 말 시작된 경제 위기에서 아일랜드는 1987년 위기와 달리 기존에 '켈틱 타이거'를 이루어 왔던 사회협약 체제를 포기했다.

2) 새로운 사회 조정의 수립

본 연구에서 주목할 사실은 아일랜드에서 최근 위기를 배경으로 사회협약이 포기되었지만 이것이 곧 사회적 조정의 완전한 포기 혹은 영미식 자유시장경제로의 수렴을 의미하지는 않는다는 것이다.[13] 최근 합리적 선택 접근과 제도주의자들의 제도 변화 이론들에서는 내생적 변화를 설명하면서 단지 기존 제도의 해체만을 강조할 뿐 새로운 제3의 형태가 왜 생

2010/05/19.

13_이하 부분은 Kwon(2013, 492-493, 498-499)에 기초해 이를 보다 확대 보완했음.

성되는지를 설명하지는 못한다(Greif and Laitin 2004; Streeck 2009). 그러나 아일랜드의 경우는 코포라티즘적 사회 조정을 포기했지만 기존 체제의 해체가 곧 비조정적 자유시장 체제로 귀결된 것은 아니었다. 제3의 새로운 조정 체제가 수립되었기 때문이다. 최근의 위기에서 아일랜드는 기존의 코포라티즘적 삼자 협상 체제를 포기했지만 소위 말하는 '구조화된 양자 회담'이라는 새로운 그리고 보다 느슨한 형태의 조정 방식을 만들었다. '구조화된 양자 회담'에서는 기존의 사회협약처럼 코포라티즘적 사회 조정을 통해 노조와 고용주 등 사회 파트너들이 사회경제 공공 정책의 결정 과정에 광범위하게 참여하던 통로는 없어졌다. 새로운 양자 회담에서는 먼저 공적 부문과 사적 부문이 구별되었고 협상도 보다 비공식적 형태를 취했다. 논의 주제도 광범위한 사회경제적 이슈보다는 임금 및 서비스 등과 같이 보다 협소한 부분으로 축소되었다.

좀 더 구체적으로 보면 공적 부문에서는 2010년 6월 '크로크파크 합의'에 기초해 노조와 정부가 공공 부문 임금과 서비스 개혁을 서로 연계하기로 합의했다. 그런데 이 합의는 기존의 사회경제 주요 이슈들에 대한 합의가 아니라, 보다 협소한 공공 부문 고용주로서의 정부와 임노동자로서 노조 간의 합의라고 할 수 있다.[14] 한편 사적 부문에서는 2009년 12월로 마지막 사회협약의 공식적 유효기간이 끝이 났다. 그러나 이후 완전한 자유시장 체제로 돌아선 것은 아니었다. IBEC와 ICTU는 공적 부문 논의와

14_"Pay restoration & return to partnership top new IMPACT leader's list," *IRN* 2010/05/19; "Debate on future of private sector wage bargaining kicks off," *IRN* 2010/09/15; "Croke Park backers anxious to get moving, as criticism starts," *IRN* 2010/09/15.

분리해서 독자적으로 협의를 진행해 과거 사회협약의 임금 합의안보다는 느슨한 형태인 '임금 협상 가이드라인 프로토콜'을 만들었다. 이 임금 협상 프로토콜을 통해 사적 부문 고용주들과 노조들은 산업 경쟁력과 같은 임금 협상의 주요 기준들을 지역 협상자들에게 제공하고 각자의 소속 사업장들과 단위노조들을 중앙 집중적으로 조정하기로 했다. 또 조정의 효율성을 위해서 과거 사회협약 시기의 '국가실행위원회'National Implementation Body, NIB와 유사한 조직을 만들기로 합의했다.[15]

왜 아일랜드의 주요 행위자들은 그라이프나 슈트렉과 같은 합리주의자들과 제도주의자들의 내생적 변화 설명과 달리 사회적 조정을 완전히 포기하고 영국식의 자유시장 체제로 돌아서지 않았는가? 왜 아일랜드는 느슨하지만 새로운 형태의 사회 조정을 택했는가? 아일랜드가 최근의 위기에서 느슨하지만 새로운 형태의 사회 조정을 택한 이유는 아일랜드 주요 행위자들의 사회협약에 대한 경험과 이에 대한 해석에 기초한다. 아일랜드 정부 주요 인사들과 고용주들은 고비용과 비효율성으로 인해 현재의 사회협약을 개선해야 한다고 생각하지만, 1980년대와 1990년대 '건전한' 형태의 사회협약이 가져온 긍정적 이점들을 충분히 인식하고 있기 때문에 단순히 사회 조정을 포기하기보다는 새로운 사회 조정을 선택했던 것이다.

최근의 위기에서 아일랜드 고용주들은 기존의 사회협약이 고비용 구

15_"IBEC seeks role in Croke Park deal, as final union ballots roll in," *IRN* 2010/ 06/09; "IBEC withdrawal from deal heralds 'enterprise level bargaining'," *IRN* 2010/01/06; "Private sector pay protocol seeks to maintain central control," *IRN* 2010/03/24.

조를 노정시켰으며 그래서 새로운 조정과 개혁이 필요하다고 생각했다. 그러나 대부분의 고용주들은 탈집중화된 자유시장 체제로 돌아가는 것이 최선은 아니라고 생각했다. 왜냐하면 많은 고용주들은 1980년대와 1990년대 경험한 사회협약이 주는 이점을 충분히 인식하고 있었기 때문이다. 그 이점이란 첫째, 2000년대 이후 사회협약을 통한 임금 인상이 있기 전까지 기존의 임금 합의는 대단히 안정적이었다는 것이고, 둘째는 협약 준수율이 높았기 때문에 협약 기간인 3년간은 예측 가능한 임금 인상률에 기초해 사업 전망을 보다 안정적으로 예측할 수 있었다는 것이다.[16] 더구나 지난 20여 년간 중앙 집중화된 임금 협상으로 인해서 회사 단위에서는 실질적으로 임금 협상이 부재했는데, 만약 전면적으로 탈집중화를 하여 회사 단위의 자율적인 협상을 해야 한다면 각 회사들이 담당해야 할 협상 비용도 문제이지만 이를 담당할 전문가들의 부족도 문제였던 것이다. 아일랜드 한 건설 회사의 인사 담당 이사는 위기가 있기 바로 직전 필자와의 인터뷰에서 자유시장 체제로 돌아설 때의 문제를 다음과 같이 밝힌 바 있다.

만약 우리가 갑자기 자유 협상 체제로 돌아간다면, [많은] 협상가들을 훈련시킬 심각한 필요에 직면한다고 나는 생각한다. 핵심 협상가들을 선택하고 협상팀을 꾸리는 것은 정말 심각한 문제다. 1980년대로 돌아가서 그때 상황을 생각해 보라. 더구나 우리는 최근에 협상가들을 훈련시키지 않아 왔다. 그런데

16_2008년 6월 30일, CRH 회사의 인사 담당 이사와 인터뷰; 2008년 7월 11일, '아일랜드 은행'의 주요 책임자와 인터뷰; "IBEC withdrawal from deal heralds 'enterprise level bargaining'," *IRN* 2010/01/06; "IBEC Director reviews difficult IR landscape," *IRN* 2010/03/16.

협상이란 기교나 기술일 뿐만 아니라 과학이다. 우리는 그런 일을 할 수 있는 팀을 필요로 한다. 우리가 그런 일을 할 수 있을 충분한 기술과 인력을 갖추고 있는지 나는 확신할 수 없다(2008년 6월 30일, CRH의 인사 담당 이사와 인터뷰).

새로운 협상 팀을 훈련하고 준비해야 하는 부담을 염려하는 것은 비단 고용주들만은 아니었다. 사회협약을 포기하는 과정에서 고용주들과 노조는 모두 비조정적 자유시장 체제가 가져올 위험을 고려했다. 그래서 아일랜드 노사관계 관련 주간지 『노사관계 뉴스』*IRN*는 2010년 새로운 협상 체제에 대한 논의가 진행되는 과정을 평가하면서, "IBEC와 ICTU는 사회 파트너십의 틀에서 벗어난 경험이 거의 없기 때문에 자신들의 협상가들이 어떻게 새로운 탈집중적 자유 협상 체제의 어려움을 극복할 수 있을지 우려하고 있다는 것이 공공연한 사실이다"라고 전하고 있다.[17]

한편 정부쪽에서도 현행 사회협약이 더 이상 유효하지 않다는 데는 동의하지만 그렇다고 노조를 완전히 무시하면서 일방주의적 태도로 일관하는 것도 지나치게 비용이 많이 들고 비효율적이라는 생각을 가지고 있었다. 아일랜드 정부의 주요 지도자들도 사회협약의 지난 경험을 토대로 사회 파트너들의 협력을 통한 안정적인 사회경제 개혁의 이점을 잘 알고 있었다. 현재 수상인 엔다 케니는 기존의 코포라티즘적 사회협약은 아니라 하더라도 보다 느슨한 형태이긴 하지만 사회 파트너들과의 조정을 위한 '사회적 대화'의 가치와 필요성을 다음과 같이 강조했다.

17_"IBEC withdrawal from deal heralds 'enterprise level bargaining'," *IRN* 2010/01/06.

우리는 지금 이 나라가 직면한 많은 도전들에 대응해야 하는 시기에 있기 때문에 '사회적 대화'가 사회 모든 분야를 가로 질러 공통된 이해를 극대화하는 데 크게 기여하리라는 것을 현 정부는 잘 인식하고 있다. …… '사회적 대화'는 지금과는 다른 방식으로 그리고 지금과는 다른 토론 포럼들을 통해서 계속될 것이다. …… 사회 파트너 대표들은 정부의 다른 많은 자문 포럼들과 자문기구들에 계속 참여할 것이다.[18]

아일랜드 정부는 최근의 위기 극복을 위해서 노조를 비롯한 사회 세력들의 적극적인 협력이 필요했다. 특히 공공 재정의 건전화를 위해서는 일방적인 공공 부문 임금 삭감만으로는 한계에 봉착했다고 판단하기 시작했다. 예를 들면, 재무부 장관 레니한은 정부 각 부처가 15억 유로를 줄여야 하는데 그중에서 5억 유로는 공공 부문 서비스 개혁에서 나온다고 보고했다. 그리고 재무부의 경우도 공공 부문 노조의 적극적 협조가 없이는 서비스 개혁이 어렵다는 사실을 잘 알고 있었다.[19] 이런 상황에서 정부는 노조가 제시한 공공서비스 개혁이 오히려 더 큰 이익과 정치적 통합을 가져올 것이라고 예상했다.

한편 노조 쪽에서는 정부와 고용주들이 사회협약을 준수하지 않고 일방적으로 파기하는 상황에서 적극적인 대응과 응분의 반격을 가하고 싶었지만 할 수 있는 선택이 그렇게 많지는 않았다. 위기에 따른 정부와 고

18_"Government's policy continues shift towards 'social dialogue,' away from partnership," *IRN* 2011/04/06.

19_"Public service dispute set to escalate, but search continues for a viable talks agenda," *IRN* 2010/03/03.

용주들의 일방적인 사회협약 파기로 인해 노조 내부에서는 사회협약에 반대하는 목소리가 힘을 얻고 있었다. 반대로 노조 내부의 사회협약 지지자들의 경우 노조원들에게 양보의 대가로 줄 것은 별로 없으면서 임금 동결과 정부 서비스 개선 등 요구 사항만 강조해야 하는 상황 때문에 상대적으로 목소리가 약화된 것이 사실이었다.[20] 하지만 그렇다고 아일랜드 노조 지도자들은 영국처럼 탈집중적 자유 협상 체제로 돌아서는 것을 선호하지도 않았다. 앞에서 언급했듯이 노조는 회사 단위의 탈집중적 협상 체제에 대응할 준비가 되어 있지 않았을 뿐만 아니라 무엇보다도 공공 정책 결정 과정에 더 이상 영향력을 행사할 수 없다는 것을 가장 염려하고 있었다.

다른 한편 정부와 고용주들의 일방적인 사회협약 파기와 임금 동결에 대해서 강력한 파업과 사회적 저항으로 지금과는 다른 새로운 양보를 받아 내는 것은 노조의 현 상황으로는 역부족이었다. 먼저 재무부를 비롯한 정부의 노선에는 변화가 없을 것이라는 단호함이 있었다. 노조 지도자들이 보기에 현 정부에서 새로운 양보를 받아 내는 것은 어려워 보였다.[21] 그러나 보다 중요한 것은 노조뿐만 아니라 사회협약에 대한 대중적 지지가 부족한 상황에서 노조는 강력한 노동쟁의와 저항을 추진할 수가 없었다. 오히려 노조는 더 많은 임금 삭감과 양보가 의제로 떠오를까 두려워하고 있었다. ICTU가 위기의 해결책으로 제시한 '더 나은 그리고 더 공정한'

20_"'Over to you' Cowen tells unions in search for €1 billion payroll savings," *IRN* 2009/10/28; "Public sector unions have some distance to travel to get deal," *IRN* 2009/11/04.

21_"'Over to you' Cowen tells unions in search for €1 billion payroll savings," *IRN* 2009/10/28.

해결책은 대중들의 지지를 얻지 못했다. 오히려 '정당성'의 관점에서 보면 노동 쪽도 정부 못지않게 정당성을 가지지 못했다. 일반 대중에게 노조는 '국난 극복 협의'를 하는 데 실패한 책임을 정부에 있다고 비판하면서 정작 노조 자신은 위기 극복을 위해 무엇을 기여할지 명확히 제시하지 못했다는 평가를 받았다.[22] 이런 상황에서 아일랜드 노조는 단순히 사회협약의 파기와 강력한 저항 혹은 자유시장 체제로의 복귀보다는 구조화된 이중적 조정 체제라는 새로운 조정을 시도했던 것이다. 즉 공공 부문에서는 크로크파크 합의를 통해서 공공서비스 개혁에 적극 협조하는 대신, 일자리 보장과 임금 안정을 정치적 교환으로 보상받았다. 그리고 사적 부문에서는 보다 느슨한 형태의 임금 협상 프로토콜을 통해서 조정을 시도했다.[23]

결국 2008년 말 시작된 위기의 상황에서 아일랜드는 1987년 위기 대처 방식과는 반대로 사회협약을 포기했다. 2008년 위기의 대응 과정에서 영국식 자유시장 체제로 수렴한 것은 아니지만 기존의 코포라티즘적 사회협약은 폐기되었다. 이처럼 유사한 위기에서 상이한 대응이 나타난 이유는 1987년과 달리 2000년대 말에 아일랜드의 주요 행위자들은 위기 진단과 해결책에서 사회적 합의를 도출하지 못했기 때문이다. 무엇보다 사회협약에 대한 가치 평가에서 1987년 시기와 구별되는 모습을 보여 주었다. 그리고 이런 사회협약에 대한 주요 행위자들의 평가와 생각의 변화는 지난 20여 년간 안정적인 제도화의 과정에서 이루어진 것이었다. 제도화

22_"Congress can't avoid the 'elephant in the room' in search for deal," *IRN* 2009/11/04.

23_"Public service contacts continue, as escalation plans proceed," *IRN* 2010/03/10.

의 실천적 과정에서 주요 행위자들의 선호와 아이디어가 변화한 것을 이해하지 못하고서는 현재의 위기 상황에 대한 아일랜드의 대응을 이해할 수 없을 것이다.

2. 제도화의 정치: 안정과 변화의 동학[24]

1987년과 2008년 말의 유사한 위기에서 아일랜드 주요 행위자들이 모색한 해결책은 달랐다. 1987년과 달리 2008년 말 시작된 최근 위기에서 아일랜드 주요 행위자들이 사회협약을 포기한 이유는 무엇보다 '사회협약'에 대한 행위자들의 인식과 가치 부여가 달라졌기 때문이었다. 이런 변화는 2008년 세계 금융 위기라는 외적 충격 때문이 아니라 1987년 이후 20여 년간 사회협약을 안정적으로 재생산하려는 노력의 과정에서 발생한 내생적 진화의 결과다. 이 절에서는 아일랜드 사회협약을 유지하고 재생산하고자 하는 노력들, 즉 새로운 정당화, 사회협약에 새로운 역할 부여, 그리고 주요 행위자들 간 새로운 정치적 교환과 합의의 과정 속에서 어떻게 사회협약의 의미가 변화해 갔는지를 살펴볼 것이다. 이를 위해 사회협약의 실천 과정에서 새롭게 제기되었던 문제들인 ① 사회협약을 통한 이익의 공정한 분배 문제, ② 공적 부문의 공정한 임금 책정을 위한 벤치마킹, ③ 코포라티즘적 사회협약에 내재된 민주적 책임성 문제를 해결하고

24_이 절의 기본적 논리는 Kwon(2013, 499-504)에 기초했지만 새로운 내용의 보완을 통해 재구성했다.

자 하는 노력들에 초점을 두어 분석하고자 한다. 본 연구는 20여 년간의 아일랜드 사회협약 제도화 과정에 대한 분석을 통해 제도의 안정적 재생산 과정이 결코 제도의 정체나 동일한 제도의 반복이 이루어진 과정이 아니라 제도의 내용과 형태가 지속적으로 변화해 온 과정임을 보여 줄 것이다.

아일랜드 사회협약의 변화와 해체 과정을 살펴보기 이전에 아래에서는 먼저 아일랜드 사회협약이 제도적 측면에서 어떻게 안정적으로 공고화되어 갔는지 살펴보자. 제도적 측면에서의 공고화는 크게 ① 자본과 노동 조직의 합리화와 ② 민주적 결정 과정에 기초한 협약안의 도덕적 권위 확립, ③ 사회 네트워크의 발전이라는 세 측면에서 분석할 것이다. 이런 제도적 측면의 합리화는 충분조건은 아니지만 확실히 코포라티즘적 사회 조정을 용이하게 하는 측면이 있었다. 이제 제도적 합리화의 각 요소들을 하나씩 분석해 보자.

1) 사회협약의 공고화를 위한 제도적 조치들

(1) 조직 합리화

앞의 제5장과 제6장에서 살펴보았듯이 아일랜드는 영국식 자유주의적 전통과 다원주의적 이익대표 체계라는 제도적 조건에도 불구하고 1987년 이후 2008년 말 위기로 인해 붕괴하기까지 약 20여 년간 안정적인 코포라티즘적 사회협약을 발전시켰다. 아일랜드는 1987년까지 전통적으로 영미식 자유주의 국가들에서처럼 공적 영역과 사적 영역을 엄격히 분리한다는 원칙하에서 공적인 국가는 사적인 임금 협상에 개입하지 않았고 동시에 사적 영역의 노조와 고용주 단체들은 공공 정책의 결정 과정에 참여할 수 없었다. 그러나 1987년 이래 아일랜드는 대륙의 독일과 북유럽의 스웨덴, 노르웨이 등 코포라티즘 국가들과 같이 사회경제 공공 정책에 사적 행위자들인 노조와 고용주 단체들이 일상적으로 참여하는 제도를 발전시켰다. 그리고 1990년대 후반 아일랜드에서 사회협약은 하나의 일상적인 일이 되어 있었다. 아일랜드 사회협약의 주요한 연구자인 오도넬과 대미안 토마스를 비롯한 많은 학자들은 1990년대 말 아일랜드에서 사회협약은 "참여가 보다 제도화되고 구조화되어 일상화된 형태가 되었다"고 평가했다(O'Donnell and Thomas 1998, 125; 126; Kirby 2010a, 43).

아일랜드 사회협약의 안정적 제도화 과정은 높은 임금 합의안 준수율에서 볼 수 있다. 아일랜드는 1987년 이래 거의 3년 단위로 새로운 사회협약을 발전시켜 왔는데 이 시기에는 이전 1970년대 전국적 협상안에서 보여 주는 낮은 준수율과 달리 약 90% 이상의 높은 협약 준수율을 보여 주었다. 2000년대 초에는 '켈틱 타이거' 시기의 고도성장과 낮은 실업률을 배경으로 임금 인상 압력이 높아졌지만 여전히 75% 이상의 높은 임금 합의안 준수율을 보여 주었다.

어떻게 이런 안정적인 제도화가 가능했는가? 영국의 1970년대 그리고 1990년대 초의 이탈리아와 1998년 한국에서 보듯이 이들 국가들은 국가 부도의 위기로 인해 일시적으로 사회협약을 성사시킬 수는 있었지만 안정적으로 제도화하는 데는 실패했다. 그러나 아일랜드는 이 국가들과 유사하게 코포라티즘을 위한 제도적 여건들이 부재함에도 불구하고 안정적인 제도화를 이루는 데 성공했다. 아일랜드의 사회협약이 안정적으로 제도화된 것은 국가 부도의 위기 때문이라고 할 수 없다. 아일랜드에서 사회협약이 한창인 1996년경 경제 위기는 이미 '과거의 일'이 되어 있었다(Hardiman 2002, 10). 아일랜드의 협력적 사회 조정 체제는 어떻게 안정적으로 제도화될 수 있었는가?

먼저 아일랜드는 북유럽 국가들에서 보이는 포괄적이고 위계적인 이익대표 체계와 같은 전통적인 코포라티즘적 제도들이 부재한 것을 보완할 여러 가지 '조직 합리화' 조치들을 시행해 왔다. 전통적으로 아일랜드는 영국식 다원주의 조직 체계에 기초해 있어서 독일과 북유럽에서 보이는 포괄적 조직 구조가 부재했다. 그래서 1970년대에는 노조들이 합의보다는 중첩되는 조합원의 범위를 두고 상호 경쟁하면서 노조들 간의 조정이 대단히 어려웠다. 또한 ICTU와 같은 정상 조직의 위계적 권위가 약했기 때문에, 1970년대 아일랜드에서는 전국 단위에서 합의가 이루어지더라도 하부 단위에서는 이를 준수하기보다 오히려 이를 발판으로 새로운 임금 협상을 시작했다. 그래서 1980년대까지 전국 단위의 코포라티즘적 사회 조정이 어려웠던 것이다. 그런데 1987년 이후 아일랜드에서는 이런 각 조직들 내부뿐만 아니라 외부와의 관계에서도 새로운 조직 구조 개편이 이루어짐으로써 사회협약이 안정적으로 재생산되는 데 크게 기여했다는 것은 사실이다.

첫 번째 주목할 사실은 노조와 고용주 단체들의 조직 구조가 개편되어 노동과 자본 내부에서 상호 경쟁 구조가 줄었다는 것이다. 노동 쪽에서 보면 동일한 분야에서 다양한 복수 노조들이 난립함으로써 의견 조정이 어려웠던 측면이 있었는데 이것이 상호 합병을 통해서 1980년대 이래 줄곧 간소화되었다. 구체적으로 보면 노조 조직 구조의 합리화 과정에서 아일랜드 노조의 수는 1981년에는 86개였지만 상호 합병을 통해서 1989년에는 60개로 줄었고 1999년에는 다시 46개로 줄었다. 그리고 이들의 대부분은 ICTU에 가입되어 있었다(von Prondzynski 1998, 60; Teague and Donaghey 2004, 25).

또한 주목할 사실은 조직 구조의 합리화 과정에서 '서비스업·산업·전문직·기술직노조'SIPTU, '아일랜드시공무원노조'IMPACT, '소매업·서비스업·

행정직노조'MANDATE 같은 거대 노조들이 등장했다는 점이다. 아일랜드에서 가장 큰 단위 노조인 SIPTU는 1989년 당시까지 가장 큰 두 노조였던 ITGWU와 FWUI가 통합해 수립되었다. 그리고 당시 SIPTU의 수립에는 두 거대 노조뿐만 아니라 많은 작은 노조들도 참여했다. 이로써 SIPTU는 아일랜드 전체 노조원의 45% 이상을 포괄하는 거대 노동조합이 되었다. SIPTU 이외에도 합병을 통해 등장한 거대 노조로는 1991년 LGPSU, '전문기술공무원노조'UPTCUS, 그리고 '아일랜드시직원노조'The Irish Municipal Employees Trade Union가 합병해 탄생한 IMPACT와 1994년 기존의 행정 노조인 '아일랜드유통·행정노조'IDATU와 소매 서비스 노조인 '전국포도주상·식료품상·상업사용인연합'INUVGATA의 합병을 통해서 수립된 MANDATE 가 있었다. SIPTU와 다른 두 거대 노조인 IMPACT와 MANDATE를 합치면 이들 3대 노조들은 아일랜드 전체 노조원의 59%를 차지했다.[25] 아일랜드에서는 여전히 3천 명 이하의 조합원을 가진 작은 노조들이 전체 노

25_1990년 중반을 기준으로 볼 때 최대 노조인 SIPTU는 조합원이 약 19만 명 정도로 월등히 많았다. 그 다음으로 큰 두 노조인 IMPACT와 MADDATE는 조합원이 합계 약 2만7천 명으로 SIPTU와는 다소 차이가 있다. 그 외에도 상대적으로 크고 발언권이 강한 노조로는 교원 노조인 INTO와 영국에 기원을 둔 제조업·과학·금융노조(The Manufacturing, Science and Finance union), 통신노조(Communications Workers' Union), 연합수송일반노조(Amalgamated Transport & General Workers Union, ATGWU) 등이 있었다. ATGWU는 미국의 철강연합노조(United Steel Workers)와 연계를 가진 글로벌 노조로서 기존의 아미쿠스(Amicus)노조와 수송·일반노조(The Transport and General Workers' Union)의 합병으로 탄생한 것이다. 그 외에도 많은 소규모의 기능직 노조들(craft-based unions)들이 합병해 BATU와 기술·엔지니어링·전기노조(Technical, Engineering and Electrical Union) 같은 노조들이 탄생했다. ATGWU 같은 글로벌 노조와 기능직 노조들은 대체로 사회협약에 반대했다(von Prondzynski 1998, 60-61; Hastings et al. 2007, 47).

조 수의 4분의 3을 차지하면서 난립하고 있지만 1980년대 후반 이후 진행된 조직 구조 합리화와 합병 움직임으로 인해 많은 작은 노조들이 정리됨과 동시에 발언권이 큰 거대 조직들이 등장했다(Teague and Donaghey 2004, 25; Teague and Donaghey 2009, 72; von Prondzynski 1998, 60-61).

합병을 통한 조직의 간소화와 조직 합리화는 기존 복수 노조들 간의 경쟁으로 인한 조정의 어려움을 극복하고 노동 내부의 조정을 용이하게 하는 측면이 있었다. 예를 들면, 1970년대에는 ASTI, INTO, TUI 등 교직원 노조들 간 노조원 충원을 둘러싼 경쟁이 극심해 조정에 어려움을 겪었지만 1987년 이후 사회협약이 발전하는 과정에서 노조 간의 경쟁은 줄어들었다. ASTI의 위원장에 따르면 그 이유는 다음과 같다.[26] 첫째, ICTU와 하부 노조들 간에 공식적 합의에 의해 충원 대상의 범위를 서로 분명히 했기 때문이었다. 둘째, 사회협약으로 공동의 임금 인상안을 가지게 됨으로써 노조들 간의 경쟁이 약화되었기 때문이었다. 셋째, 교원들의 자격 기준이 체계화되고 표준화됨으로써 서로 간의 차이를 기초로 경쟁하는 것이 약화되었기 때문이었다. 또한 ASTI의 위원장은 필자와의 인터뷰에서 무엇보다 TUI, INTO, ASTI와 같은 노조들이 사회협약을 논의하기 이전에 상시적으로 만나 서로 의견을 교환하고 조율하는 과정에서 조정 능력이 향상되었다고 강조했다.

한편 노동운동 내부의 조직 합리화와 유사하게 고용주 단체들의 조직도 구조와 역할에서 크게 변화했다. 전통적으로 아일랜드 고용주들의 이해는 여러 조직들에 의해 대표되었다. 그러나 여러 조직들의 합병과 재조

26_2008년 7월 15일, ASTI의 위원장과 인터뷰.

직화로 강력한 고용주 단체가 생겨났다. 대표적인 것이 1993년 CII와 FUE 간의 합병으로 탄생한 아일랜드 최대 고용주 조직인 IBEC이었다.[27] IBEC는 아일랜드 60여 개 사업 분야를 대표하는 7천5백여 개의 조직을 회원으로 두고 있는 명실상부한 최고 정상 조직이다. IBEC는 이전의 정상 조직에 비해서 대단히 포괄적이고 내부적으로는 높은 규율을 가진 조직으로서 내부의 견해가 이견 조율 없이 외부로 공개되는 경우는 대단히 드물었다. 그래서 IBEC는 ICTU와 함께 코포라티즘적 사회 조정 체제에서 포괄적 기능을 담당하면서 높은 조정 능력을 보여 줄 수 있었다(Teague and Donaghey 2004, 26).

(2) 민주적 의사 결정과 도덕적 권위

한편 조직들 간의 합병에 기초한 수평적 조율의 간소화에 덧붙여 보다 주목할 사실은 상위 결정에 대한 하부 조직들의 복종이다. 즉 코포라티즘적 사회 조정에서는 상위 조직이 인준한 최종 합의안을 하부 조직들이 얼마나 준수하느냐가 중요하다. 북유럽 코포라티즘 국가들과 비교할 때 아일랜드, 영국과 같은 '계약 당사자들 간의 자발적 관계'에 기초한 자유주의적 다원주의 노사관계에서는 협상을 주도한 정상 조직들의 결정 사항을 하부 회원 조직들이 따르도록 할 위계적 권위가 부재하기 때문에 전통적으로 사회적 조정에 실패하는 경향이 있었다. 전후부터 1970년대까지 여러 차례 시도되었던 영국의 코포라티즘적 조정의 실패[28]와 1970년대 아

27_아일랜드의 코포라티즘적 사회 조정에 참여하는 고용주 단체가 IBEC만 있는 것은 아니다. IBEC 이외에도 '건설산업고용주연합'(Construction Industry Federation, CIF)과 같은 고용주 단체들이 전국 협상에 참여한 바 있다(von Prondzynski 1998, 61-62).

일랜드의 전국적 협상의 실패가 이를 잘 보여 준다.

그렇다면 1987년 이후 아일랜드는 어떻게 이런 위계적 권위의 부재를 보완하고 안정적인 제도화에 성공할 수 있었는가? 바카로와 시모니는 조직적 위계를 대신할 '기능적 대체물'로서 민주적 결정 과정에서 나온 도덕적 권위를 강조한다(Baccaro and Simoni 2004; 2007; 2010). 하부 단위의 민주적 토의와 승인 과정을 거침으로써 전국 단위의 사회협약안이 '쉽게 무시할 수 없는' 정당성을 얻었다는 것이다. 바카로와 시모니에 따르면 이런 민주적 절차에서 나오는 정당성은 노동과 자본 간의 조정뿐만 아니라 각각 내부의 조정 능력도 강화시켰다.

합의안의 협의와 비준 과정에서 민주적 절차를 강화함으로써 결정된 합의안이 정당성과 권위를 확보하게 되었다는 것은 사실 많은 아일랜드 노사관계 전문가들이 인정하는 바다(Hastings et al. 2007, 48). 북유럽 국가들의 코포라티즘적 사회 조정에서는 ICTU와 같은 정상 조직들이 조직적 위계에 기초해 '상명하달' 방식으로 하부 조직들의 행동을 조정 했다면, 아일랜드에서 정상 조직들은 북유럽 국가들에서 보이는 조직적·위계적 권위는 부재하지만 '하부에서 올라오는 의사 결정'을 취합하는 '하의상달' 방식을 통해서 도덕적 권위를 행사한다. 여기서 조직적·위계적 권위

28_영국의 경우는 1979년 대처리즘의 등장과 더불어 사회 조정 시도 자체를 포기하기까지 코포라티즘적 사회 조정 시도는 여러 번 있었지만 번번이 실패했다. 이에 대해서는 1980년대와 1990년대 수많은 코포라티즘 문헌들에서 확인할 수 있다. 대표적인 문헌들로 Berger ed.(1981), Goldthorpe ed.(1984), Schmitter and Lehmbruch eds(1979) 등을 참조할 수 있다. 그리고 1950년부터 최근 1990년대까지 서유럽 선진 자본주의국가들의 거시 경제 조정에서 공통의 문제에 대한 대응의 차이를 제도에 기초해 설명한 시도로는 Scharpf(2000)를 참조할 수 있다.

라고 하면 흔히 북유럽 국가들에서 보이듯이 정상 조직이 하부의 회원 노조들에 대해서 상부 조직으로서 관여할 법적 권위를 가지는 것과 동시에 실제로 구체적 명령을 내릴 수 있는 재정적·인적 자원을 가지고 있는 것을 의미한다. 그러나 스칸디나비아 국가들과 달리 아일랜드에서 ICTU는 하부 회원 노조들이 협상을 하는 데 개입할 권한과 힘이 없다. 예를 들면, ICTU는 하부 노조들의 집단 협상이나 노동쟁의를 통제할 힘이 없다. ICTU는 자발적 협의체에 가깝지 위계적 권위를 가진 상부 조직이 아니기 때문이다(Hardiman 1988, 139; McCarthy 1980). 즉 ICTU는 법적·실질적 권위를 가진 정상 조직이 아니라 단지 하부 노조들의 합의에 기초한 우산 조직일 뿐이다. 게다가 재정적·인적 자원 면에서도 하부 노조들보다 우월하지 못하다. 예를 들면, 1980년대 ICTU 본부에는 단지 4명의 정규직과 8명의 스태프들이 있었던 반면, 하부 노조 중 최고 큰 조직이었던 ITGWU에는 7명의 전문 인력과 하위 분과로 서비스 분과에만 5명의 인력을 고용하고 있었다. 그래서 ICTU가 가지는 최종적 권위는 ICTU의 집행부에 있지 않고 바로 회원 노조들의 대의원대회에 있었다(Hardiman 1988, 138-142; McCarthy 1980).

그럼에도 1987년 이후 ICTU가 결정한 합의안에 권위가 실릴 수 있었던 것은 합의안이 아래에서부터의 민주적 토의 과정을 통해 승인을 얻었다는 데서 나오는 도덕적 권위 때문이었다. 아일랜드 사회협약의 민주적 의사 결정 과정을 보기 위해 먼저 코포라티즘적 사회 조정이 이루어지는 전체 협의 과정을 살펴보자. 아일랜드의 코포라티즘적 사회 조정 과정은 크게 네 가지 협의 과정들 혹은 '네 개의 방들'four rooms로 구성되어 있다. 첫 번째 방은 고용주 측과 노동 측을 대표하는 정상 조직들, 즉 IBEC와 ICTU의 대표들이 모여 임금과 여타 이슈들을 협의하는 과정이다. 두 번째 방에는 직접 임금 협상에 참여하지 않는 고용주 조직들로 예를 들면

'소기업협회'Small Firms Association, '아일랜드상공회의소'The Chambers of Commerce of Ireland 등이 참여한다. 세 번째 협의의 방은 농업을 대표하는 조직들 간 협의가 이루어지는 과정이다. 네 번째는 자발적 시민 공동체 그룹들로 구성된 방이다. 사회협약의 합의에 이르는 과정은 먼저 모든 참여자들이 자신들이 다루고자 하는 이슈들을 제기하는 것에서부터 시작한다. 그 다음으로는 다양한 주제들에 대해서 다른 방들을 포함하는 다양한 양자 협의 과정을 거친다. 수상부가 이 복잡한 과정을 조율하고 다양한 양자 회담의 내용들을 하나의 일관된 문서로 통합하는 책임을 진다(O'Donnell and Thomas 1998; Teague 2006, 423).

그런데 이런 사회협약의 과정은 또다시 각 분야의 하부 조직들에 기초한 민주적 합의 과정을 포함한다. 아일랜드에서 각 분야 상부 조직들이 조직적·위계적 권위는 부재하지만 하부 조직들이 합의안을 준수하는 이유는 바로 이 과정에서 나오는 도덕적 권위 때문이다. 이를 좀 더 상세히 살펴보자.

아일랜드 사회협약에서 노동 조직들 내부의 의사 결정 과정을 보면 다음과 같다. 먼저 자본과 전국 협상에 들어가기 전에 ICTU는 모든 회원 노조들의 회합convention을 소집한다. 이 과정에서 각 하부 노조들은 자신들의 평회원들에게 의견을 묻는 민주적 투표를 실시하지는 않는다. 대신 각 노조 집행부들은 하나의 안건을 가지고 이른바 '특별대의원대회'Special Delegate Conference에서 의견을 모은다. 보다 중요한 것은 사회협약 합의안이 타결된 후의 비준 과정이다. ICTU는 합의안의 비준을 위해서 다시 전체 대의원대회를 소집한다. 그리고 이 전체 대의원대회에서 사회협약 합의안의 승인 여부가 결정된다.

전국 대의원대회에서 민주적 투표로 결정하는 과정은 미국의 대통령 선거 과정과 유사하다. 미국 대통령 선거에서 보면 각 주에서 뽑힌 선거인단 수는 항상 그렇지는 않지만 대략적으로 각 주의 인구에 비례해서 배정되고 각 주 투표에서 50% 이상의 득표를 후보가 그 주를 대표하는 모든 선거인단들의 표를 다 가져간다. 이와 유사하게 아일랜드 노조 대의원대회 투표에서도 한 하부 노조 내부의 사회협약 합의안에 대한 찬반 투표에서 50% 이상을 획득하는 의견이 결정되면 그 노조의 모든 대의원들은 전국 대의원대회national convention에서 자기 노조 내부의 다수결 결정을 일률적으로 따르게 된다(Baccaro 2003, 694). 예를 들면, 1987년 특별대표자대회에서 첫 사회협약인 PNR에 대해서 찬성할지 반대할지를 두고 투표를 할 때 노조 수에서는 다수 노조들이 사회협약에 반대했지만 가장 큰 노조인 ITGWU가 찬성을 함으로써 다수의 대의원이 확보되어 대의원 수 181대 114로 사회협약을 승인하게 되었던 것이다(Baccaro 2003, 694). 앞에서 언급했듯이 이후 노조들 간의 합병으로 인해 최대 노조인 SIPTU가 탄생함에 따라 사회협약은 더욱 안정화되었던 것이다. 왜냐하면 SIPTU의 다수는 대체로 사회협약을 찬성하는 쪽이었기 때문이다.

아일랜드 사회협약의 제도적 공고화 과정은 이런 민주적 의사 결정 과정을 더욱 발전시켰다. 사회협약을 발전시키는 과정에서 아일랜드 노조들은 자신들의 평조합원들에게 승인 여부를 묻는 민주적 절차를 더욱 확대했다. 아일랜드에서 모든 노조들이 원래부터 평조합원 투표 과정을 두었던 것은 아니었다. 몇몇 노조들은 평조합원의 민주적 의사 집결 과정을 생략하고 대신에 집행부만의 내부 결정으로 자기 노조의 의사를 결정하곤 했다. 그리고 이들 노조들은 대부분 사회협약을 반대하는 노조들이었다. 예를 들면 아일랜드교원노조TUI, 아일랜드의료인조직The Irish Medical Organisation, IMO, BATU, 저널리스트노조National Union of Journalists, NUJ 등은 자체 회원들의 전국 합의안 승인에 대한 민주적 투표 과정을 가지고 있지 않았다. NUJ의 경우는 1990년대 내내 회원들의 민주적 결정 과정을 거치지 않고 집행부의 결정만으로 모든 전국적 합의를 반대했다. 또한 TUI 집행부는 다수의 회원들이 전국 합의안에 우호적이었지만 이를 무시하고 집행부만의 결정으로 합의안을 거부하기도 했다(IRN 2004/09/09, 12).

그러나 사회협약의 발전과 함께 일반 평조합원들에게 합의안에 대한 의사를 묻는 민주적 투표 과정을 두는 노조들의 수가 증가했다(Baccaro 2003, 694). 예를 들면 1987년 사회협약인 PNR을 비준하는 과정에서 찬성표를 던진 13개 노조 모두는 어떤 형태로든 자신들의 평조합원들에게 투표할 기회를 주었다. 반면 PNR 협약안에 반대한 노조들 15개 중에서는 단지 6개 노조들만 민주적 투표 형식을 취했고 나머지 노조들은 집행부만의 결정에 따르거나 지부 모임에서 약식으로 결정을 내렸다. 그러나 2007년 말 현재 아일랜드의 거의 모든 노조들이 평회원들의 비밀투표에 기초한 민주적 의사결정 과정을 거친다(Hastings et al. 2007, 84).

결국 각 조직들의 내부에서 민주적 결정 과정을 발전·심화시킴으로써 전국합의안에 대한 도덕적 권위는 더욱 강화되었던 것이다. 각 노조 내부에서 본다면 민주적 절차는 작업장 수준에서의 의사 집결과 투표 과정 workplace ballots이 발전함을 의미한다. 그런데 ICTU 회원 노조들이 작업장 수준의 투표들에 기초한 전국적 합의안을 따르지 않을 수 없는 이유는, 만약 하부 단위 노조의 집행부가 민주적 결정에 기초한 전국 합의안과 ICTU의 결정에 따르지 않는다면 자신들 역시 일반 평조합원에 의한 유사한 반대에 부딪힐 수 있기 때문이다. 예를 들면, 평조합원들의 견해를 묻지 않고 집행부만의 결의로 사회협약안에 반대하던 NUJ의 경우 실제로 평조합원 다수가 합의안에 찬성하는 상황에서 집행부 결정의 민주적 정당성에 결함이 생김으로써 집행부가 곤란에 처했던 적이 있었다(Baccaro 2003, 691; Baccaro and Simoni 2004, 15-16; IRN 2004/09/09, 12).

(3) 사회 네트워크의 발전

아일랜드의 코포라티즘적 사회 조정이 제도적으로 공고화되는 과정에서 주목할 점은 바로 시민사회단체의 참여와 더불어 광범위한 사회 네트워크의 발전이다. 여기서 사회 네트워크란 단순히 시민사회단체들의 참여 뿐만 아니라 정당들, 각종 위원회들, 워킹 그룹working groups, 분쟁 조정 포럼들forums 간에 구성되고 발전된 긴밀한 네트워크를 의미한다. 이런 긴밀한 사회 네트워크는 사회협약 참여자들 간의 상호 의존과 상호 신뢰를 높임으로써 사회협약을 성사시키는 데 기여했을 뿐만 아니라 사회협약의 합의에 이르지 못할 경우 실패의 잠재적 비용을 높임으로써 제도적으로 사회협약을 공고화하는 측면이 있었다(Roche 2007; *IRN* 2007/05/10, 15).

먼저 아일랜드 사회협약의 공고화 과정에서 많은 시민 단체들의 참여를 주목하지 않을 수 없다. 앞에서 언급한 아일랜드 사회협약 과정을 구성하는 네 번째 방에서 보듯이 스칸디나비아 국가들의 전통적 코포라티즘이 노·사·정으로 구성되어 있는 것과는 대조적으로 아일랜드 사회협약은 많은 시민 단체들이 참여하는 것을 특징으로 한다. 노동조합과 고용주 단체는 물론이고 많은 시민 단체들이 사회경제 정책들의 형성과 집행 그리고 평가의 전 과정에 참여해 지대한 영향력을 행사했다. 다양한 시민 단체들로 구성된 협의의 방은 아래에서 자세히 살펴보겠지만 아일랜드에서 1996년 이후 코포라티즘적 사회협약의 민주적 책임성이 약하다는 비판에 대한 대응으로 확장된 것이다. 예를 들면, 2000년 사회협약인 '번영·공정성 프로그램'PPF에서는 약 56개 워킹 그룹들이 만들어졌다. 사회경제 정책의 집행 과정에서 각각의 담당 정부 부서들은 지방 수준에서 정책 집행에 시민 단체들이 중요한 역할을 하도록 적극 끌어들였다. 그래서 아일랜드 사회협약 과정을 오도넬과 같은 학자들은 스칸디나비아의 전통적 형태의 '코포라티즘'이라고 하기보다는 '심의 민주주의'deliberative democracy로 개념화하기도 한다(O'Donnell 2001; 2010; O'Donnell and O'Reardon 2000).
노·사·정 협의가 아일랜드 사회협약에 주요한 중심축임은 부인할 수 없
지만 공식적·비공식적 사회 네트워크의 발전은 아일랜드 사회협약이 제
도화되고 공고화되는 과정에 크게 기여했다.

　아일랜드 사회협약의 발전 과정을 가장 밀착 취재한 주간지인『노사
관계 뉴스』*IRN*는 2007년 5월호에서 아일랜드의 사회협약이 어떻게 안정
화되었는지를 분석하면서 점진적으로 발전한 촘촘한 사회네트워크를 다
음과 같이 강조했다.

> 아일랜드에서는 [스칸디나비아의 전통적 코포라티즘과 달리] 노동과 고용주
> 측 조직들에서 중앙 집중적 조직이 부재하고 노사관계나 집단 협상에 대해 국
> 가가 법적으로 강제하는 전통도 부재하다는 것이 주목할 만하다. 그러나 아일
> 랜드는 사회 파트너십에 의해 경제를 회복하는 데 성공했다. 성공적인 아일랜
> 드 사회 파트너십을 위한 접착제는 협약을 성사시킨 노동·자본·국가의 능력
> 에 [처음부터 고정적으로] 존재했다기보다는 아일랜드 사회협약이 서서히 진
> 행되는 과정에서 생성되었다. 사회 파트너십을 제도화시킨 가장 주요한 힘은
> 협의회councils, 위원회committees, 워킹 그룹, 그리고 협상과 분쟁 해결을 위한
> 포럼들 간의 '촘촘한 연결망'이다. 사회 파트너십의 주요 재료ingredients는 사
> 회 파트너십 자체에 주어진 가치와 사회협약의 해체를 꺼려 하는 경향이다
> (*IRN* 2007/05/10, 15).

　아일랜드의 노동부 산하 기업·노조·과학기술을 위한 정부 정책 자문
기구인 포르파스 '경쟁력 부서'Competitiveness Division의 담당자는 필자와의
인터뷰에서 사회협약을 위한 '국가경쟁력위원회'National Centre for Partnership
and Performance, NCC에서의 경험을 언급하면서 사회 네트워크의 긴밀한 발전

이 어떻게 사회적 조정을 용이하게 했는지를 지적했다.

> 아일랜드는 작은 나라다. 당신도 잘 알지만 한번 만난 사람은 자주 만나는 편이다. 나는 사회 파트너십의 한 조직체인 국가경쟁력위원회를 맡고 있다. 나는 다양한 사회조직들에서 온 사람들을 매우 자주 만난다. 내가 생각하기로 사회 파트너십에 참여하는 거의 모든 사람들은 자신들의 조직을 대표할 뿐만 아니라 협상 테이블의 반대편에 있는 조직들이 직면하고 있는 문제들을 잘 알고 있다. 우리 모두는 잦은 만남의 과정에서 공유된 이해를 가진다. …… 심지어 제조업 회사들의 노조 대표들도 [고용주들과] 자주 만난다. 그들은 자기 회사들이 현재 직면한 경쟁력 문제들을 잘 알고 있다. 내가 생각하기로 경제 모든 영역에서 사람들은 아일랜드를 위해서 뭔가를 해야 한다는 강한 의식을 가지고 있다(2008년 7월 7일, 필자와의 인터뷰).

결국 아일랜드 사회협약은 국가·자본·노동이 주축이기는 하지만 긴밀한 사회 네트워크가 서서히 발전함으로써 더욱 안정적으로 공고화되었다고 할 수 있다. 아일랜드와 같이 작은 나라에서 촘촘히 발전한 사회 네트워크는 서로 간에 이해를 증진시키고 공유된 의식과 상호 의존에 기초한 '소속감'attachments을 발전시킴으로써 사회협약을 파기했을 때 가지는 비용이 커지기 때문에 사회협약을 더욱 공고화하는 데 기여했던 것이다(Roche 2007, 419).

2) 사회적 합의와 공고화

아일랜드 사회협약이 안정적으로 제도화되는 데는 앞서 제기된 제도적 측면의 개선들 — 조직 합리화, 민주적 의사 결정 제도, 사회 네트워크의 발전 — 이 크게 기여한 것은 사실이다. 그러나 이런 제도적 조건들이 사회적 조정의 제도화에 충분한 조건은 아니다. 스칸디나비아 국가들과 유럽 대륙의 코포라티즘 국가들에서 보듯이 제도적 조건들이 가장 발달된 나라들조차도 사회적 조정에 실패한 경우가 허다하기 때문이다. 예를 들면, 1970년대와 1980년대 초반의 네덜란드에서 코포라티즘적 사회 조정이 교착상태에 빠져 오히려 수많은 실업과 경제 위기에 봉착한 사례, 1990년대 노사 갈등과 사회적 합의의 부재로 인해 코포라티즘적 사회 조정에 실패한 스웨덴, 그리고 심지어 '자본주의 다양성' 논의에서 사회적 조정이 주는 이점을 살려서 기존의 조정을 공고화할 것이라고 예상했지만 정반대로 기존의 조정 제도를 해체하는 방향으로 변화한 독일의 사례 등은 제반의 제도적 조건 자체만으로는 사회적 조정의 안정적 성공을 보장할 수 없다는 것을 잘 보여 준다.[29] 이들의 사례들과 반대로 코포라티즘적 사회 조정의 제도적 기반은 약하지만 오히려 안정적으로 장기간 사회 파트너십을 이룬 아일랜드 사례에서 보여 주듯이 제도적 조건보다는 주요 행위자들 간의 사회적 합의, 특히 코포라티즘적 사회협약에 대한 가치 부여와 지지가 무엇보다 중요하다. 결국 공식적·비공식적 제도보다는 제도를 움직이는 주요 행위자들에 의한 사회협약에 대한 선호와 공유된 의식이 사회적 조정을 안정적으로 재생산하고 제도화하는 데 무엇보다 중요하다고 할 수 있다.

29_사회민주주의적 코포라티즘의 대표적 국가인 스웨덴의 사회적 조정의 실패에 대해서는 Blyth(2002, 202-247), Scharpf(2000, 94-95), Tsarouhas(2008, 62-117) 참조. 네덜란드의 실패에 대해서는 Therborn(1986), Visser and Hemerijck(1997, 117-178) 참조. 독일의 최근 변화에 대해서는 Streeck(2009), Herrigel(2010, 206-226) 참조.

1987년 첫 사회협약이 수립된 이래 약 20여 년간 아일랜드에서 사회협약이 안정적으로 재생산되고 제도화된 가장 큰 이유 중 하나는 바로 노·사·정의 주요 행위자들뿐만 아니라 주요 정당들과 일반 여론에서 코포라티즘적 사회협약 혹은 사회 파트너십에 대해 매우 높은 가치를 부여했기 때문이다. 이런 전반적인 높은 지지와 더불어 사회협약의 실패나 해체에서 오는 비난과 부담이 높다는 것이 사회협약의 제도적 공고화에 가장 큰 뒷받침이 되었다(Teague 2006; Roche 2007; *IRN* 2007/05/10, 15).

사회적 합의와 사회적 조정에 대한 높은 선호에 의한 제도의 공고화에서 먼저 주목할 것은 정치적·담론적 상호작용의 과정에서 주요 행위자들의 아이디어 변화다. 아일랜드에서 사회적 합의가 이루어져 사회협약이 성공적으로 제도화된 이유는 초기에 사회협약에 주저하던 많은 사회 집단과 정치 세력들이 정치적 과정에서 위기 극복과 경제성장을 배경으로 사회협약에 대한 적극적인 지지로 돌아섰기 때문이었다. 구체적으로 살펴보면 20여 년간의 사회협약 준수율이 보여 주듯이 노조는 물론이고 고용주들과 매니저들도 지속적으로 사회협약을 지지했다. 1999년 매니저들과 노조 대표들을 대상으로 한 아일랜드의 기업 컨설팅 회사인 IPC와 『노사관계 뉴스』*IRN*에 의한 설문 조사에 따르면 응답자 71%가 전국적 차원의 중앙 집중화된 임금 협상과 사회 파트너십이 자신들이 관여하는 조직들의 경쟁력 향상과 성공에 기여했다고 응답했다. 그리고 절대다수인 91%는 네 번째 사회협약인 '파트너십 2000'P2000 이후에도 새로운 사회협약이 체결되어 사회 파트너십이 지속되어야 한다고 응답했다. 이 조사에 따르면 매니저들과 노조 대표들은 당시의 사회협약(P2000)에 대해 임금 안정이 가장 주요한 성과라고 공통된 평가를 하고 있다(*IRN* 1999/12/16, 19-20).

보다 중요한 것은 고용주들의 변화였다. 1987년 첫 사회협약(PNR)이 체결되기 바로 직전까지 코포라티즘적 사회협약에 주저하던 고용주들은 사회협약의 합의안이 잘 지켜지고 성공적으로 작동하자 점점 더 사회협약의 지지자로 돌아섰고 2008년 위기가 발생하기 직전까지도 높은 지지를 보여 주었다. 예를 들면 아일랜드 CEO들을 대상으로 한 '프라이스워터하우스쿠퍼스'PwC(세계적인 회계법인)의 설문 조사에 따르면 2006년에는 아일랜드 CEO들의 약 82%가 그리고 2007년에는 다소 지지도가 떨어졌지만 여전히 72%가 사회협약에 대한 지지를 보여 주었다(*IRN* 2007/03/29, 24-25).

고용주들이 사회협약을 지지하는 이유는 무엇보다 사회협약을 통한 안정적인 임금 협상에 기초해서 1980년대 위기를 극복했을 뿐만 아니라 지속적인 성장을 이룰 수 있었다고 생각했기 때문이다. 아일랜드 고용주들은 사회 파트너십이 '안정적인 임금, 세금 감면과 가격경쟁력 그리고 낮은 인플레이션, 공적 재정 안정화와 고용의 증대'라는 선순환 구조를 창출했다고 보았다(*IRN* 2001/07/19, 24). 2003년 아일랜드 전국 고용주 단체인 IBEC의 노사관계 이사인 브렌던 맥긴티는 "사회협약은 다양한 행위자들이 공통의 광범위한 이익을 위해서 함께 일할 수 있는 기본 틀을 제공함으로써 선순환 효과의 핵심을 이루고 있다"라고 주장했다(*IRN* 2003/05/29, 18).

심지어 다국적기업들도 아일랜드의 사회협약을 적극 지지했다. 이것은 흔히 다국적기업에 의한 세계화는 코포라티즘적 사회 조정과 대립된다는 신자유주의자들의 주장과는 구별되는 현상이라고 할 수 있다. 아일랜드의 고용주 단체들에서 다국적기업 고용주들, 특히 미국 회사들의 고용주들은 대단히 큰 영향력을 행사했다. 다국적기업들의 고용주들은 대부분 아일랜드 전국 고용주 단체인 IBEC에 가입해 있었다. 2006년에서 2007년 사이 아일랜드 소재 외국계 다국적기업들에 대한 가장 포괄적인 설문 조사에 따르면 다국적기업들의 약 92%가 적어도 하나의 고용주 단체에 가입되어 있었고 이 중에서 IBEC는 다국적기업들에게 가장 선호되는 단체로 약 86%가 IBEC에 가입되어 있었다. 노조 가입 여부에 따라서는 아일랜드에서 노조를 가지고 있는 다국적기업들의 경우 절대 대다수인 96%가 적어도 하나의 고용주 단체에 가입되어 있었고 무노조 다국적기업들의 아일랜드 고용주 단체 가입률도 85%에 달했다. 이런 다국적기업들의 높은 고용주 단체 가입률은 그들이 사회협약에 직접적으로 영향을 줌과 동시에 사회협약으로부터 영향을 받고 있음을 시사한다. 실제로 노조가 있는 다국적기업의 69%는 회사 내 직업군 분류의 약 4분의 3이 집단 협상 합의안의 적용을 받는다고 대답했다. 특히 제조업 분야 유노조 다국적기업의 경우는 약 79%가 집단 협상의 적용 대상에 포함되는 것으로 조사되었다(Gunnigle et al. 2007, 49-51).

게다가 아일랜드 소재 다국적기업의 고용주와 경영인들 다수는 사회협약을 적극 지지했다. 예를 들어 2000년의 한 다국적기업 대상 설문 조사에 따르면 대부분의 다국적기업들은 당시 사회협약인 PPF를 지지했다. 그 이유는 사회협약에 의해 임금이 안정화되는 것을 선호했기 때문이었다(*IRN* 2000/02/10, 3-4; 10). 다국적기업들 특히 아일랜드에서 다수를 차지하고 가장 영향력이 큰 미국계 다국적기업들의 고용주들은 "사회 파트너십은 안정을 위한 하나의 강력한 힘이다"라는 관점을 가지고 있었다(*IRN* 2001/07/19, 26). 다국적기업들은 노조 설립을 선호하지 않고 노조를 인정하지 않으려는 경향을 갖고 있었지만 사회 파트너십이 임금 비용과 세금 정책과 같은 거시적 경제지표에 안정성과 지속성을 제공한다고 보았던 것이다. 2007년 아일랜드 소재 다국적기업들을 대상으로 한 경험 연구에 따르면 유노조 다국적기업들의 절대다수인 81%에서 종업원들이 전국적 임금 합의안을 준수하는 경향을 보여 주었다고 한다. 특히 제조업 다국적기업들의 경우에는 92%가 전국적 임금 합의안을 따른 것으로 조사되었다(Gunnigle et al. 2007, 49-50).

그런데 심지어 무노조 다국적기업의 경우도 사회협약의 임금 합의안에 공식적인 영향을 받지는 않지만 사회협약의 안정적인 임금 협상을 선호하는 경향을 보여 주었다. 아일랜드 소재 다국적기업들에 대한 앞의 포괄적 경험 연구에 따르면 무노조 다국적기업 가운데 60%가 일반 노동자를 대상으로 한 임금 협상에서 전국적 임금 합의안을 따른다고 한다. 이 조사에 의하면 대부분의 무노조 다국적기업들은 전국적 임금 합의안을 준수하거나 그 보다 높은 임금을 주는 경향을 보여 주었다(Gunnigle et al. 2007, 50-51; *IRN* 2007/11/29, 16). 무노조 다국적기업들이 사회협약의 전국적 임금 합의안을 따르는 이유는 고용주 단체인 IBEC이 내부 자문 과정을 통해서 규칙적인 모임을 가짐으로써 이들의 행동을 조정할 수 있었기 때문이기도 하다. 그러나 무엇보다도 사회협약이 1980년대 나타난 급격한 임금 상승 경향을 막고 임금 상승을 억제할 수 있었다는 데 다국적기업들이 사회협약을 지지하는 이유가 있었다(Hardiman 2002, 13). 다국적기업에서 많은 경험을 한 어떤 고용주는 『노사관계 뉴스』*IRN*와의 인터뷰에서 다음과 같이 말했다.

> 그들[비노조 다국적기업들]은 사회협약을 좋아하지 않을지도 모른다. 그러나 그들은 사회협약의 임금 합의안을 따라가고 최소한 벤치마킹을 한다. 그들은 노조가 있는 자신의 비교 대상들[유노조 기업들]보다 임금을 적게 지불하는 것으로 자신을 위치 짓기를 원치 않는다(*IRN* 2006/06/08, 15).

그리고 IBEC의 노사관계 전문가도 필자와의 인터뷰에서 다국적기업들이 사회협약을 지지하는 이유에 대해 다음과 같이 설명했다.

그들[다국적기업들 특히 미국계 무노조 다국적기업들]은 사회협약을 위해 시간과 비용을 쓰기를 원치 않는다. 그러나 그들은 안정을 원한다. 그게 핵심이다. 사회 파트너십을 통해서 임금 기준이 수립되면 그것이 이들 다국적회사들을 포함해서 전체 시장에 영향을 미친다. 이런 사회 전반의 안정은 예전 1980년대 나타난 나선형 임금 상승과 대조적이다(2008년 6월 27일, IBEC의 사회교육정책관과 인터뷰)

또한 미국계 다국적기업인 휴렛패커드HP 인사관리 담당 매니저의 경우도 필자와의 인터뷰에서 다음과 같이 언급하고 있다.

내 생각에 사회협약은 대단히 중요하다. 왜냐하면 어떤 면에서 그것은 고용주와 노동자들 사이의 노사관계에서 벤치마킹의 기준을 수립한다. 노사관계에서 임금뿐만 아니라 직업 안정성 그리고 작업 환경 표준 등에 대해서도 기준을 세운다. 사회협약은 우리가 이런 노사관계에서 결정을 내릴 때 참고 기준을 제공한다. …… 내 생각에 사회 파트너십은 시장에서 안정성을 창출해 왔다. 임금과 노동조건 등 시장에서 안정성이 존재할 때 모든 기업들은 운영이 용이해진다. 대조적으로 사실 우리는 지속적인 스트라이크와 끊임없는 노조 운동으로 불안정한 시장 조건들[1980년대] 속에서 성장해 왔다. …… 그렇지만 이제 우리는 일관성을 가지고 있다. 그리고 사람들은 합의안에서 벗어날 수 없다(2008년 6월 30일, HP 인사관리 매니저와 인터뷰).

결국 사회협약이 주는 임금과 공공 정책의 안정성 그리고 예측 가능성으로 인해서 다국적기업들뿐만 아니라 아일랜드 고용주 단체인 IBEC와 건설산업고용주연합Construction Industry Federation, CIF 회원들의 다수는 사회협약을 적극 지지했던 것이다.

아일랜드에서 사회협약에 대한 지지는 단순히 관련 주요 행위자들인 노조나 고용주들에만 국한된 것은 아니었다. 더 주목할 사실은 사회협약이 정당들과 광범위한 사회 여론의 지지를 받았다는 것이다(Jones 2001, 90-92; FitzGerald and Girvin 2000, 282-284 Roche and Cradden 2003, 84-85; Roche 2007, 410). 1987년 사회협약의 시작과 더불어 경제 상황이 점점 호전되어 가자 사회협약에 대한 일반 시민들의 지지가 증가하기 시작했다. 1994년 여론조사에 따르면 일반 대중의 약 53%가 사회협약을 지지했는데 중간계급의 지지는 이보다 훨씬 높아서 66%에 달했고 심지어 신자유주의를 표방하는 진보민주당의 지지자들 중에서도 사회협약 지지자들이 69%로 증가했다. 또한 2차 사회협약인 PESP에서는 신자유주의를 지지하는 진보민주당이 사회협약을 비판했지만 여론조사에서 일반 시민의 4분의 3이 사회협약의 파기를 반대했다(Jacobsen 1994, 192).

그런데 1999년 한 여론 조사에 따르면 이전보다도 사회 파트너십에 대한 일반 시민들의 지지도가 훨씬 증가했다. 이에 따르면 78%의 시민들이 사회협약은 아일랜드 경제발전에 '매우 중요' 혹은 '꽤 중요하다'고 응답했다. 이들 중에서도 특히 중간계급은 가장 일관된 지지자들이었다. 아일랜드 중간계급들은 사회 파트너십의 영향에 대한 평가에서 자신들이 사회협약으로부터 가장 많은 혜택을 얻었다고 평가했다(FitzGerald and Girvin 2000, 283; Roche and Cradden 2003, 82).

사회 파트너십이 '켈틱 타이거'의 선순환 구조를 창출하는 데 결정적이었다는 평가에 따라 사회협약은 여론은 물론 정치권에서도 높은 지지를 받았다. 1987년 수립부터 시작해서 피어너 폴 출신의 정치인들 특히 1987년 당시 수상인 찰스 호히와 그 뒤를 이은 버티 아른은 사회 파트너십의 설립자이자 지속적인 정치적 버팀목이었다. 또 정부 구성에 참여하는 주요 정당들은 국론을 통일하고 사회 주요 행위자들의 협력을 이끌어

내는 데 사회협약이 결정적으로 중요하다는 것을 느끼고 있었다. 2005년 수상부의 비서실장 데르못 맥카시는 "사회 파트너십은 지속적인 정책 프레임의 유지와 사회 전반에 걸친 합의를 이끌어 냄으로써 아일랜드 경제 발전에 중요한 역할을 수행했다"고 평가했다(*IRN* 2005/05/19, 15; 2006/02/09, 15).

그런데 보다 주목할 사실은 사회협약이 진행됨에 따라 초기에 사회협약에 반대하던 정당들도 사회협약을 적극 지지하는 쪽으로 선회했다는 것이다(FitzGerald 1992, 41). 1987년 첫 사회협약인 PNR을 두고 의회에서 찬반 토론이 붙었을 때 피너 게일과 노동당을 비롯한 야당들은 사회협약에 반대했다. 비판자들의 주요 논지는 사회협약이 지나치게 '코포라티즘적'이라서 민주주의 체제 자체를 위협한다는 것이었다. 즉 민주적 책임성도 없는 사적 이익집단이 공적인 정책을 결정한다는 것은 민주주의에 커다란 위협이라는 것이다. 그러나 이런 비판은 1990년 두 번째 사회협약인 PESP 시기에는 상당히 줄어들었다. 1990년대 들면서 주요 야당인 피너 게일, 노동당 그리고 진보민주당은 사회협약의 목적과 효용성을 인정하기 시작했다(Hastings et al. 2007, 54-55).

좀 더 구체적으로 보면 아일랜드 제2당인 피너 게일은 첫 사회협약인 PNR의 수립 초기에는 부정적이었지만 이후에는 찬성으로 돌아섰다. 대표적 사례로 피너 게일의 지도자인 존 브루턴은 피너 게일이 야당일 때는 사회협약에 적극 반대했다. 그러나 1994년 피너 게일이 집권하고 자신이 1997년까지 수상으로서 '무지개 연정'Rainbow Coalition을 이끌게 되자 마음을 바꾸어 3차 사회협약인 PCW를 수립하는 데 적극적으로 나섰다. 더구나 그는 처음으로 사회협약의 참가자들을 보다 확장해 시민사회 내 다양한 공동체와 자발적 그룹들을 사회협약의 논의 속으로 포함시켰다(*IRN* 2008/02/14, 24; 2008/03/13, 20-21).

또한 자유시장을 강조하는 신자유주의적 노선으로 노조들에 의해 흔히 '아일랜드의 대처리즘'으로 간주되던 진보민주당은 영국과 다른 모습을 보여 주었다. 진보민주당 지도자인 마이클 맥도웰은 원래 사회 파트너십에 회의적이었지만 진보민주당이 1989년에서 1992년 피어너 폴과 첫 연정에 들어가면서 사회 파트너십에 대해서 적극적인 지지자로 돌아섰다. 이후에도 진보민주당은 1997년에서 2007년까지 피어너 폴의 하위 파트너로 연정에 참여하면서 사회협약의 구성을 지지했다(*IRN* 2008/03/13, 20-21). 진보민주당이 사회 파트너십을 지지한 이유는 정부의 관점에서 볼 때 사회 파트너십이 유용할 뿐만 아니라 사회 통합의 측면에서 중요하다고 생각했기 때문이다. 특히 1989년 1차 연정에 참가했을 때 진보민주당의 지도자인 데스몬드 오말리는 상공부 장관이 되었다. 이때 진보민주당은 사회 파트너십에 기초한 위기 극복의 지난 경험들을 보면서 사회협약이 산업 평화뿐만 아니라 경제발전에 많은 이점을 제공한다는 사실을 인정했다(Collins 2005, 107; 113).

결국 첫 사회협약인 PNR(1987~90년)에서부터 두 번째 사회협약인 PESP(1991~93년)를 거쳐 세 번째 사회협약인 PCW(1994~96년)가 끝날 때쯤에는 거의 모든 정당들이 사회 파트너십을 지지하는 것으로 돌아서 있었다. 첫 번째 사회협약인 PNR에서부터 세 번째 사회협약인 PCW가 끝날 때까지 약 10년간 다섯 개의 주요 정당들 — 제1당인 피어너 폴, 피너 게일, 노동당, 진보민주당, 민주좌파당Democratic Left — 이 연합 정부에 참여했다. 이들 다섯 개 정당들 중에서 피어너 폴, 노동당, 진보민주당은 최소한 한 번 이상 사회협약의 협상 과정에 관여했고 그 외 다른 정당들, 즉 피너 게일과 민주좌파당은 내각에 참여하면서 이미 체결된 사회협약을 적극 지지했다. 정부 구성에 참여함과 더불어 책임 있는 여당으로서 국정을 운영해야 하는 정당이 되자 거의 모든 정당들은 보다 통합적이고 협력적인 접근법을 강조하게 되었던 것이다. 이것은 영국의 '승자독식제'에 기초한 정당 체제와 달리 아일랜드는 다당제에 기초한 연합 정부 구성을 주로 하는 정치제도를 가지고 있기 때문이라고도 볼 수도 있다(Hastings et al. 2007, 55; Hardiman 2002, 6; 10-11; 22).

　　1990년대 아일랜드의 거의 모든 정당들이 사회 파트너십을 지지했다는 것은 초기 1987년 상황과 비교하면 엄청난 변화라고 할 수 있다. 1987년 첫 사회협약이 수립될 때는 집권당인 피어너 폴을 제외한 대부분의 야당들이 반대하던 것이 1997년경에는 아일랜드의 거의 모든 정당들이 사회 파트너십을 지지했다. 예를 들면 1997년 6월 총선에서 거의 모든 정당들은 이념과 강령의 차이에도 불구하고 한 목소리로 '자신들이 향후 내각을 구성하면 다음 파트너십인 P2000의 합의안을 존중하고 지지할 것'임을 표명하면서 사회 파트너십을 지지하는 성명서들을 발표했다(Hastings et al. 2007, 56; 74). 이런 주요 정당들의 사회 파트너십에 대한 지지로의 선회는 그것의 가치에 대한 사회적 합의와 정책적 수렴을 보여 주는 것이라고 할 수 있다. 아일랜드의 거의 모든 정당들은 사회협약을 지지했을 뿐만 아니라 사회협약에 정책의 우선순위를 두었던 것이다(Hardiman 2002, 6; 10-11).

3) 내생적 변화: 제도화와 해체의 동시성

사회 파트너십의 가치에 대한 광범위한 사회적 합의는 아일랜드에서 제도적 조건이 다소 미비함에도 불구하고 사회협약이 장기간 지속될 수 있었던 가장 주요한 원인이라고 할 수 있다. 그런데 여기서 주목해야 할 사실은 사회적 합의와 정당화는 결코 고정된 형태로 존재하는 것은 아니라는 것이다. 즉 사회협약의 가치와 평가는 실천 속에서 지속적으로 새로운 정당화를 필요로 했고 이를 통해 실제 내용은 변화해 갔다는 것이다. 본 연구가 강조하고 싶은 점은 오히려 이런 변화가 없었다면 사회 파트너십은 오랜 시간 동안 지속되기 어려웠을 것이라는 데 있다. 변화만이 제도의 지속을 보장한다고 보기 때문이다.

아일랜드에서 사회 파트너십이 광범위한 대중과 정당들의 지지를 얻은 이유는 무엇보다 그것의 경제적 성공 때문이었다. 아일랜드의 실질적인 경제적 도약과 성공은 1990년대 중반인 사회협약 P2000 이후에 본격적으로 시작되었지만 아일랜드 사람들은 첫 사회협약인 PNR이 성공하자 이미 초기부터 자신들이 올바른 길로 들어섰다는 것을 확신하기 시작했다(Hastings et al. 2007, 57; 2008년 7월 1일, ESRI 산업 전문가와 인터뷰). 그러나 사회협약의 경제적 성공이 자동적으로 사회협약을 강화하는 것만은 아니었다. 사회협약의 성공이 어떻게 사회협약의 해체를 구성하는 원인으로 작용했는지에 주목하는 것은 기존 연구들과 본 연구의 가장 큰 차이라고 할 수 있다. 기존의 제도주의자들, 특히 '단절적 균형이론'에 기초한 대부분의 접근들은 '어떤 제도의 성공은 곧 그 제도의 지속성 혹은 같은 제도의 반복'인 것으로 이해한다. 예를 들면 홀과 소스키스 그리고 피어슨과 같은 학자들은 '경로 의존적 발전'의 원인으로 제도의 성공에 기초한 '증가하는 이익' 혹은 '긍정적 피드백'만을 제시하고 있다(Hall and Soskice 2001; Pierson 2004)).

그러나 아일랜드 사례에서 보듯이 사회협약에 기초한 경제적 성공은 단순히 사회협약 제도를 강화한 측면만 있는 것은 아니다. 오히려 경제적 성공은 '국난 극복의 위기감'을 '안이함'complacency으로 변화시켰고 '성장보다 공정한 분배'와 같은 새로운 이슈를 등장시킴으로써 사회협약에 새로운 도전들을 제기했던 것이다. 예를 들면 사회협약의 성공적인 실천은 경제적 성공을 이룸으로써 사회협약의 가치를 높인 측면도 있었지만 첫 사

회협약을 가능하게 한 '국가 부도의 위기'라는 긴장감을 해체했다. 1987
년 첫 사회협약이 수립될 당시만 하더라도 국가 재정의 파탄, 높은 실업률
과 높은 해외 이민 등으로 아일랜드 민족국가가 붕괴될 수 있다는 위기감
으로 아일랜드 노동과 고용주들은 각자 분파적 이익 표출을 자제하고 전
체 국가의 이익을 고려하면서 사회협약을 성사시켰다. 그러나 이런 국가
부도의 위기감은 경제적 성공으로 인해서 1990년대 중반에 이미 완전히
'과거의 일'이 되어 버렸다(Hardiman 2002, 10). 위기였던 국가 재정은
1990년대 말에는 거의 건전성을 회복했고 1987년 17%에 달하던 높은 실
업은 1990년대 급속한 경제성장과 높은 고용 증가로 인해서 거의 완전고
용 혹은 노동력 부족의 상황으로 전환되었다(Hardiman 2002, 10).

국가 부도의 위기가 극복되자 주요 행위자들의 태도도 변화했다. 위
기감은 안이함으로 바뀌었다. 노동자들은 전국적 협상안보다 더 많은 임
금 인상을 요구하기 시작했다. 다시 말해 국민경제 전체 이익이나 사회협
약의 준수보다는 다른 집단과 비교해서 상대적으로 높은 자신들의 이익
을 추구하는 분파주의가 다시 나타나기 시작했다. 예를 들면 2000년 교원
노조인 ASTI는 사회협약의 전국임금합의안을 파기하면서 30%의 임금
인상을 요구했다. 교원노조가 30%를 추구한 이유는 간호원노조가 25%
의 임금 인상에 성공했기 때문이었다(IRN 2000/12/21, 15-17). 교원노조를
비롯한 노조들이 전국적 합의안을 파기하면서 상대적으로 높은 임금을
요구할 때 고용주 단체인 IBEC는 1987년 이전의 어렵던 상황을 돌아보
길 원했지만 이미 많은 노동자들에게 고용주들이 호소하는 1987년의 상
황은 먼 나라 이야기처럼 들렸던 것이다(IRN 2000/08/03, 13). 사회협약에
기초한 경제적 성공으로 합의안 파기와 분파주의가 만연해지자 피터 맥
룬 같은 노조 지도자들은 노조의 분파주의와 안이함에 대해 경고했다. 맥
룬은 2001년 ICTU 총회에서 노조들의 안이함에 적극적으로 대처할 것을

강조했다.

> [사회 파트너십에 대한] 여론의 지지를 당연하게 여겨서는 안 된다. 우리가 사회로부터 받는 존경과 사회에서의 위치를 유지하기 위해서 우리는 계속해서 함께 노력해야만 한다. 우리는 이기심으로 추동될 유혹에 대해 매우 강력히 저항할 필요가 있다(*IRN* 2001/07/12, 20).

또한 경제적 성공과 함께 위기감 대신 안이함이 만연해졌을 뿐만 아니라 사회협약의 정책적 우선성이 변화했다. 초기 사회협약은 심각한 경제 위기의 해결책에 초점을 두었던 데 반해 1990년대 중반부터는 EMU 가입과 함께 EMU의 기준에 거시 경제정책을 맞추는 데 초점을 두었고, 이후에는 아일랜드 산업의 경쟁력을 향상시키고 고용을 증대하는 데 초점을 두었다. 그리고 경제가 기록적으로 급성장하고 고용이 증가하자 사회협약의 관심은 기술의 증진과 노동 현장의 조직적 재조정을 비롯한 '구조조정'으로 옮겨 갔고, 2000년대 사회 파트너십은 '과열 경제'를 어떻게 관리할지 그리고 어떻게 사회구조를 유지할지로 정책적 관심이 옮겨졌다. 특히 2004년을 전후한 시기부터 사회협약은 이른바 사회협약의 '사회적 전환'으로 보다 평등주의적인 사회와 사회정의를 지향하는 방향으로 이동했다(Roche 2007, 399-401; Hardiman 2000, 289; Smith 2005, 122; O'Donnell and O'Reardon 2002, 202-203).

1987년 이래 약 20여 년간 아일랜드의 사회협약 혹은 사회 파트너십은 안정적으로 제도화되었다. 그러나 이런 안정적 제도화는 제도주의자들이 가정하듯이 동일한 제도의 지속이나 제도적 균형 상태가 아니라 끊임없이 새로운 정당화, 새로운 정치적 교환과 재조정 그리고 변화를 요구했다. 사회협약에 의한 엄청난 경제적 성공은 앞에서 언급했듯이 단순히 코포라티즘적 사회 조정을 강화하는 측면만 있었던 것이 아니라 위기의 긴장감에서 안이함으로의 전환, 분파 이기주의의 재발과 같은 새로운 도전들을 유발함으로써 주요 행위자들로 하여금 새로운 해결책을 강구할 것을 요구했던 것이다. 예를 들면 1987년에서 1999년까지 ICTU의 위원장이었던 피터 카셀스는 2001년 은퇴 연설에서 사회협약이 지속되기 위해서는 새로운 정당화와 새로운 노력들이 필요함을 역설하고 있다.

> 지난 수년간 사회 파트너십의 이익을 높이 평가하는 사람들 중 많은 경우는 그 과정을 너무나 당연하게 여기고 [새로운 노력을 기울이지 않고 분파 이기주의에 빠져] 안이하게 되었다. 많은 장소에서 나는 '사회협약이 새롭게 발전해야 한다. 그렇지 않으면 곧 붕괴한다'고 지속적으로 경고해 왔다(*IRN* 2001/ 07/12, 20).

사회협약의 성공적 실천은 '위기감의 안이함으로의 전환'과 '새로운 정책적 우선성의 등장'과 같은 새로운 상황의 변화를 유발했고, 이런 변화된 상황에서 사회협약을 재생산하기 위해서는 새로운 노력들이 필요했다. 즉 새로운 정당화, 사회협약에 새로운 의미와 역할 부여, 그리고 주요 행위자들 간의 새로운 정치적 교환과 합의가 요구되었다. 겉으로 보기에는 변화 없는 동일한 제도의 재생산처럼 보일지 모르지만 실제에 있어서는 새로운 해석과 노력 그리고 실질적 의미의 지속적인 변화가 있었던 것이다.

〈그림 7-1〉은 아일랜드 사회협약이 1987년 이래 약 20여 년간 안정적으로 제도화되고 지속적으로 재생산되었지만 실질적인 의미에서는 크게 변화했음을 보여 준다. 〈그림 7-1〉에서 보듯이 아일랜드 사회협약에서 핵심적인 역할을 했던 전국임금합의안 준수율은 1987년 이후 10여 년

그림 7-1 | 임금 합의 준수율과 노동비용 변화

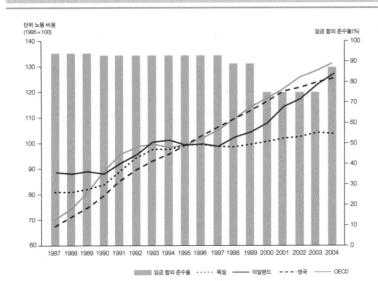

단위 노동 비용
(1995 = 100)

임금 합의 준수율(%)

▨▨▨ 임금 합의 준수율 ······ 독일 ——— 아일랜드 - - - - 영국 ——— OECD

		1987	1988	1989	1990	1991	1992	1993	1994	1995
단위 노동 비용	독일	81.1	81.5	82.1	84.0	89.1	94.6	97.9	98.1	100.0
	아일랜드	89.0	88.2	89.0	88.7	92.5	96.0	100.7	101.3	100.0
	영국	70.4	74.8	81.4	89.2	96.1	99.3	99.7	98.4	100.0
	OECD	68.1	72.2	75.3	79.7	85.7	89.9	93.3	96.0	100.0
아일랜드 임금 합의안 준수율		94	94	94	93	93	93	93	93	93

		1996	1997	1998	1999	2000	2001	2002	2003	2004
단위 노동 비용	독일	100.2	99.2	99.3	99.9	100.9	102.3	102.9	104.1	104.4
	아일랜드	100.0	99.4	102.9	104.8	108.1	114.8	118.0	123.5	127.8
	영국	102.3	105.6	110.1	114.0	117.8	122.2	125.9	128.8	131.2
	OECD	103.3	106.7	110.3	113.3	116.6	120.5	122.1	124.1	125.7
아일랜드 임금 합의안 준수율		93	93	89	89	75	75	75	75	87

출처: OECD Economic Outlook No. 73 (June 2003); 임금 합의안 준수율은 ICTWSS database 참조.

간 대체로 거의 93~94%에 달했다. 다만 2000년대 이후에는 경제 붐과 노동력 부족으로 인해서 합의안 준수율이 다소 줄었지만 여전히 높은 정도로 75% 수준을 유지했다.

그러나 이런 안정적인 재생산에도 불구하고 임금 인상 억제에 기초한 국난 극복이나 고용 증대라는 초기 사회협약의 의미는 크게 변화했다. 앞에서도 언급했듯이 사회협약의 성공은 분파 이기주의의 등장 그리고 '사회적 전환'과 같은 새로운 아젠다의 등장으로 인해 협약 성사 비용이 지속적으로 증가했다.

예를 들면 〈그림 7-1〉의 단위노동비용 측면에서 보면 1980년대 후반에서 1990년대 전반부까지는 비교적 안정세를 보여 준 반면, 1990년대 중반 이후부터는 높은 상승률을 보이고 있음을 알 수 있다. 1987년에서 1995년까지 아일랜드 단위노동비용 증가율은 약 11%로 영국의 약 30% 그리고 다소 안정적이었던 독일의 약 19%보다 월등히 안정적이었다. 그러나 이런 경향은 1990년대 중반 이후 '켈틱 타이거'의 고도성장을 거치면서 전혀 새로운 흐름으로 바뀌었다. 1996년에서 2004년 사이 아일랜드의 단위노동비용 상승률은 약 28%로 자유시장 체제인 영국의 약 29%와 유사한 반면, OECD 평균 22%보다 높았고 독일의 조정 체제(4%)보다는 월등히 높은 상승세를 보여 주었다.

2000년대 아일랜드 사회협약 체제하에서의 높은 임금 상승은 아일랜드 사회협약의 의미가 근본적으로 변화했음 보여 주는 하나의 징표라고 할 수 있다. 1990년대 중반 이전까지 약 10년간은 코포라티즘적 사회 조정을 통해서 사회적 비용을 줄이고 국제경쟁력을 높인 반면, 1990년대 중반 이후에는 오히려 코포라티즘적·사회적 조정을 위해서 많은 비용이 소요되었음을 의미한다. 그리고 이것은 단순히 양적인 변화만을 의미하지 않고 아래에서 살펴보듯이 사회협약의 실질적인 성격 변화를 의미했다.

이제 아일랜드 사회 파트너십이 안정적으로 제도화되고 재생산되는 과정에서 실제로 사회협약의 의미가 어떻게 변화해 갔는지를 살펴보자. 아일랜드 사회협약은 그것을 안정적으로 재생산하고자 하는 실천 과정에서 새로운 문제들에 직면했다. 그것은 ① 사회협약의 '사회적 전환'과 재정지출 확대, ② 공적 부문의 공정한 임금 책정을 위한 벤치마킹, ③ 코포라티즘적 사회협약의 민주적 책임성 강화와 관련된 문제들이었다. 그리고 사회협약을 유지하고 재생산하기 위한 이런 새로운 노력들은 다른 한편으로 사회협약을 지속적으로 변화시킨 내재적 과정을 구성했다.

(1) '사회적 전환'과 사회협약의 변형

1980년대 후반에서 1990년대 전반의 사회협약은 심각한 경제적 위기 극복과 경제성장에 우선성을 두었지만 사회협약의 성공과 함께 사회협약의 초점도 변화했다. 특히 2000년대 중반 아일랜드 사회 파트너십은 부의 공정한 분배를 강조하는 사회정의 혹은 보다 평등한 사회를 강조하는 방향, 다시 말하면 사회협약의 '사회적 전환'을 경험했다(Roche 2007, 400-401). 사회협약의 사회적 전환은 국가 재정지출 방식의 근본적 변화를 의미할 뿐만 아니라 다음에서 살펴볼 공공 부문 노조를 중심으로 한 벤치마킹 과정에서 보이듯이 임금 불균형을 시정하려는 노력 속에 임금의 급격한 상승을 유발했다.

먼저 사회협약의 사회적 전환은 국가 재정 운영 방향의 근본적인 변화를 초래했다. 1980년대 말 국가 부도의 위기에서 아일랜드 정부는 재정건전화를 위해서 노력했다. 그러나 1990년대 사회협약에 기초한 경제적 성공으로 국가 재정에 대한 관리는 다소 안이해졌다. 사실 '켈틱 타이거'의 고도성장 시기에 아일랜드 정부는 재정지출을 줄이고 불황에 대비해 재정을 비축할 필요가 있었다. 그러나 사회협약의 사회적 전환으로 인해서 정부의 재정지출은 결코 줄지 않았다. 아일랜드 정부는 사회협약을 성사시키기 위해서 노조의 사회정책 요구를 적극 수용하는 과정에서 재정건전성을 추구해야 한다는 목소리를 무시했던 것이다.

사회협약을 위한 사회정책의 확장은 2004년 이후 '사회협약의 사회적 전환'으로 가시화되었다. 당시 집권당이었던 피어너 폴은 2004년 지방 선거와 유럽연합 선거에서 상대적으로 큰 패배를 경험하자 보다 민감하게 노조와 노동자들의 요구에 대응하기 시작했다(Roche 2009, 200-202). 이 두 선거에서 피어너 폴은 1927년 창당된 이래 최고로 낮은 득표를 했던 것이다. 피어너 폴은 이 두 선거에서의 대패가 1997년 이래 지속해 온 진보민주당과의 연정으로 우경화되었기 때문이라고 평가하고 이를 계기로 좌경화로 정책의 방향을 돌리기 시작했다(O'Brien 2009, 23-50; Coleman 2009, 103-178).

1997년 '피어너 폴-진보민주당' 연정에서는 재무부 장관 맥크리비와 '기업·무역·고용부' 장관인 매리 하니를 중심으로 경제정책 운용이 우경화되는 모습을 보여 주었던 것이 사실이다. 재무부 장관인 맥크리비는 중간 소득자들과 고소득자들에게 유리한 세금 정책을 추진함으로써 노조와 대립했다(Collins 2005, 190). 맥크리비는 사회협약을 비판하면서 자신은 오직 전체 유권자의 이익을 대변한다고 역설했다. 기업·무역·고용부 장관인 하니도 또한 지방 공동체의 고용정책 프로그램을 축소함으로써 노조와 대립했다. 진보민주당원인 그녀는 사회민주적인 '베를린 모델'보다는 신자유주의의 '보스턴 모델'을 선호한다고 입장을 표명함으로써 더욱 문제를 야기하기도 했다. 사회협약의 사회적 전환은 이런 2004년 선거의 대패를 계기로 기존의 우경화된 정책들에 대한 비판과 반작용에 기인했다.

2004년 피어너 폴 수상인 아른은 일련의 사회민주적 정책을 통해서 사회협약의 성격을 전환했다. 아른 정부에서 '사회적 전환' 정책은 먼저 기존 맥크리비의 예산 및 재정정책보다도 더 재분배적인 성격을 보여 주었다. 또한 사회협약을 보다 장기적·구조적 전환의 토대로 활용하면서 새로운 사회협약인 '2016년을 향하여'T2016에서는 10년 단위의 사회 프로그램을 구축했다. 또한 '2007~2013년 국가발전계획'The 2007-2013 National

Development Plan에도 사회 지출 프로그램을 포함시켰다. 이로써 2006년 사회협약에서는 가장 포괄적이고 야심찬 사회정책 프로그램을 추구했던 것이다(Roche 2009, 200-202). 그러나 사회적 요구에 부응하기 위한 사회협약의 '사회적 전환'은 막대한 재정지출로 인해 재정 건전성 관리에 역행하는 방향으로 진행됨으로써 기존 사회협약의 성격을 변화시켰다.

여기서 주목할 사실은 먼저 이런 사회협약의 '사회적 전환'으로의 방향 변경은 아일랜드 사람들에게 '전혀 놀라운 사실이 아니라' 지극히 자연스러운 것으로 여겨졌다는 것이다. 이것은 사회적 전환이 많은 사람에게 정당하게 받아들여지고 지지되었다는 것을 의미한다. 국제경쟁력 향상과 고용의 창출을 위해서 임금 상승 억제라는 희생을 치러 온 계급들이 이제 성취된 번영에 대해 공정한 분배를 요구하는 것은 많은 사람들에게 정당하고 당연한 요구로 비춰졌던 것이다. 그러나 이런 자연스러움과 정당함에도 불구하고 사회적 전환에 기초한 사회협약 실천은 재정 문제와 급격한 임금 상승이라는 새로운 상황을 초래함으로써 사회협약에 대한 비판을 유발하는 계기가 되었다.

사실 1997년 이후 피어너 폴-진보민주당 연정에서 재무부 장관을 역임한 맥크리비는 1990년대 말 이후 국가 재정이 악화되는 것을 보면서 재정지출을 삭감하고자 했다. 당시 맥크리비를 비롯한 많은 사람들은 '세율은 낮추면서 분배성 지출을 지금처럼 계속 늘린다면 조만간 막대한 재정 문제에 봉착할 것'이라고 경고했다. 그러나 앞 절에서 살펴보았듯이 연정 내부에서는 번번이 수상 아른을 중심으로 한 친사회협약파들pro-partnership에 의해 맥크리비의 제안은 저지되었고 공공 지출은 전년 대비 증가율이 두 자릿수에 이를 정도로 계속 증가했다(Cooper 2009, 13-14; 94-95). 게다가 사회적 전환을 전후로 재정 건전성을 주장하는 재무부와 수상을 비롯한 친사회협약파의 대립으로 인해서 당시 재무부 장관인 맥크리비는 경

그림 7-2 | 세입과 총 재정지출 변화

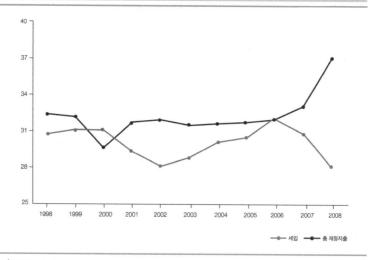

단위: GDP 대비 %

출처: ESRI Databank.

질되었고 2009년 위기시기에 아른의 뒤를 이어 수상이 된 브라이언 코윈이 당시 재무부 장관이 됨으로써 공공 지출은 더욱 확장되었다.

〈그림 7-2〉에서 아일랜드 재정지출의 변화 추이를 보면 2002년 GDP 대비 약 31% 정도이던 재정지출이 위기 이전인 2008년에는 약 37%로 급격히 증가했다. 재정지출의 급격한 증가와 함께 〈그림 7-2〉에서 보듯이 2006년부터는 재정지출이 조세수입을 초과해 그 차이가 크게 벌어지고 있음을 알 수 있다.

사실 재정지출의 확대가 더욱 심각해진 이유는 조세수입원의 비정상적 성장과도 관련이 있다. 아일랜드 정부는 사회협약을 성사시키기 위해 1987년 이래 줄곧 임금 상승 억제에 대한 정치적 교환으로 소득세 감면 정책을 펴왔다. 그리고 경제발전을 위해서 해외 자본 유치를 위한 법인세도 또한 지속적으로 낮게 유지했다. 그런데 이런 조세수입원의 축소에도 불구하고 공공 지출을 확대함으로써 재정 건전성이 위험하다는 경고가 나오는 것은 당연했다(Roche 2007, 398-399). 그래서 정부는 2000년대 들면서 재정지출의 확대를 보충하기 위해서 조세수입원으로 부동산과 주택 경기에 의존하는 왜곡된 모습을 보여 주었는데 결국 이것이 2008년 이후 아일랜드 위기의 원인으로 지목되었다.

아일랜드의 조세수입원은 2006년까지 전반적으로 증가했지만 대부분의 증가는 부동산과 주택 경기에 기초한 경제 활성화에 의존했다(FitzGerald 2007). 부동산과 주택 경기를 보여 주는 대표적인 조세수입원으로 인지세와 자본이득세가 있는데 인지세는 부동산의 임대차 계약과 관련된 상업적·법적 문서들에 부과하는 세금이고 자본이득세는 자산의 처분으로 발생하는 이득에 부과하는 세금이다. 그런데 〈그림 7-3〉에서 보듯이 2000년대 전반 아일랜드의 부동산 경기과열에 기초해 아일랜드 전체 조세수입에서 인지세와 자본이득세가 차지하는 비율이 2001년 7.5% 정도에서 2006년에는 15%까지 확대되었다. 절대 금액으로 치면 2001년 21억 유로에서 2006년 68억 유로로 급격히 증가했다. 그러나 이런 부동산과 주택 경기과열에 기초한 조세수입의 비정상적 확장은 부동산 경기가 식기 전까지는 수면 위로 드러나지 않은 채 재정지출 확대를 뒷받침하는 데 중요한 역할을 했다.

그러나 2008년 11월 미국발 금융 위기가 나타나기 이전인 2006년 이후부터 부동산 경기가 수그러지면서 앞의 〈그림 7-2〉에서 보았듯이 조세수입원과 재정지출 간의 괴리가 심각하게 드러나기 시작했다. 좀 더 구체적으로 〈그림 7-3〉을 보면 부동산과 건설 경기를 보여 주는 인지세와 자본이득세는 전체 조세수입원에서 차지하는 비율이 2006년 15%이던 것이 금융 위기가 한창이던 2010년에는 겨우 4% 수준으로 떨어졌다. 절대

그림 7-3 | 아일랜드 조세 구조의 변화

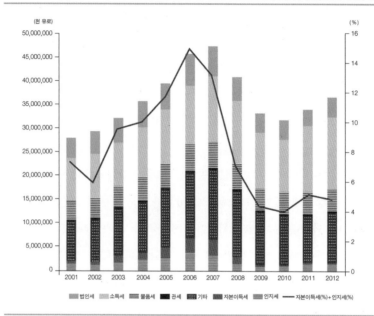

	2001	2002	2003	2004	2005	2006	2007	2008	2009	2010	2011	2012
자본이득세	3.1	2.1	4.4	4.2	4.9	6.8	6.5	3.5	1.6	1	1.2	1.1
인지세	4.3	3.9	5.2	5.8	6.9	8.1	6.7	4	2.8	3	4	3.8
합계	7.5	6.1	9.7	10.1	11.9	14.9	13.3	7.5	4.4	4.1	5.3	5

출처: Dellepiane and Hardiman(2012, 95, Figure 5.7) 참조 보안; 2011~12년 자료는 아일랜드 Department of Finance Exchequer Returns에서 업데이트.

적 금액으로 보면 2006년 68억 유로이던 것이 2010년에는 13억 유로로 2001년 수준 이하로 급락했다. 게다가 2009년 미국발 금융 위기로 인해 서 부동산에 막대한 자금을 대던 아일랜드 은행들이 도산하자 이를 구제 하기 위해 국가가 구제금융을 시행하면서 재정지출은 더욱 요구되었지만 경제 위기로 조세수입은 크게 줄어드는 상황이었다. 그 결과 아일랜드 국 가 재정은 더욱 악화되어 2011년 IMF-EU의 구제금융에 의존하지 않을 수 없게 되었던 것이다.

결국 사회협약에 기초한 경제적 성공은 자연스럽게 부의 공정한 분배라는 사회정의의 이슈를 제기하게 되었고 이 과정에서 사회협약의 '사회적 전환'은 재정지출의 지나친 확장, 그리고 조세수입원의 왜곡이라는 문제를 야기했다. 사회협약을 유지하기 위한 노력 속에서 제기된 '사회적 전환'은 거의 모든 정당들이 지지했지만 예상하지 못한 결과로 재정 악화가 가시화되자 오히려 사회협약에 대한 평가절하의 원인으로 작용했다. 2004년 사회협약의 사회적 전환이 이루어질 당시 지속될 수 없는 건설 경기에 경제가 지나치게 의존하고 있다는 평가가 있었음에도 불구하고 피어너 폴, 피너 게일 그리고 노동당을 비롯한 거의 모든 주요 정당들은 공공 지출의 확장을 지지했다. 이때까지는 문제가 덜 가시화되었고 사회적 전환이 어쩌면 자연스럽고 정당한 듯이 보였기 때문이다. 그래서 당시 집권당이던 피어너 폴은 재정 확대를 반대하던 맥크리비를 경질하고 코윈을 재무부 장관으로 앉히면서 공공 지출을 확대했다. 그리고 건설과 부동산 경기에 의존한 조세수입 확대로 이를 지탱했다. 그러나 앞에서 언급했듯이 건설과 부동산 경기의 과열이 지속될 수 없게 되자 재정 건정성 문제가 불거지게 되었던 것이다(Cooper 2009, xxv; 93). 이처럼 사회협약을 유지·강화하려는 시도였던 사회적 전환은 오히려 사회협약의 가치를 떨어뜨리는 결과로 귀착되었다. 2009년 위기 시기에 당시 수상이던 코윈에 대한 비판이 높았는데 이것은 코윈과 함께 사회협약이 2009년 경제 위기와 재정 위기의 먼 원인으로 평가되었음을 시사한다(*The Irish Times* 2010/05/08, 13).

(2) 공정한 임금 체계와 사회협약의 변화
사회협약에 기초한 경제성장과 이에 따른 자연스러운 요구로 등장한 '사회정의' 혹은 '부의 공정한 분배'는 사회정책의 확장뿐만 아니라 임금 체계의 공정성을 강조하는 것으로도 나타났다. 이것은 부의 공정한 배분을 강조해 임금 상승의 요구가 높아졌음을 의미할 뿐만 아니라 사적 부문에 비례한 공적 부문 임금 체계 개선 요구로 나타나기도 했다. 그러나 '벤치마킹'을 통한 공공 부문 임금의 재조정은 국가 재정의 과다 지출뿐만 아니라 경제 전체적인 임금 비용의 급격한 상승을 유도함으로써 공공 부문 노조뿐만 아니라 사회협약 자체에 대한 신뢰와 가치를 떨어뜨리는 효과를 낳았다.

공공 부문 임금 책정에서 벤치마킹은 2000년 여름 공공 부문 임금 책정 메커니즘의 개혁을 위해 도입되었다(Hastings et al. 2007, 123). 공공 부문 임금 체계 개혁은 한편으로는 오랫동안 지속되어 온 개혁의 실패에 대한 위기의식에서 나타난 것이고 또 다른 한편으로는 공·사 부문 간 불공정한 임금 협상을 개정하려는 의도로 도입되었던 것이다. 2000년 공공 부문 임금 책정 개혁을 실시하기 이전의 공공 부문 임금 결정 방식은 공공 부문 내 직업군들 사이의 '임금 연계 시스템'pay links system에 기초해 있었다. 이 체계에서는 공공 부문 내 한 직업군의 임금 인상이 다른 직업군과 연계되어 있었다. 그래서 공공 부문 내에서 A 직업군의 임금 인상은 자동적으로 B 직업군의 임금 인상으로 연계되었다(Hastings et al. 2007, 124-125). 이런 임금 연계 시스템은 기본적으로 서비스 개선이나 성과에 기초한 임금 상승이 아니었을 뿐만 아니라 사적 부문과의 비교가 부재한 체제였다. 그래서 한편으로는 공공 부문의 효율적인 서비스 개선에도 장애로 작용했지만 다른 한편으로는 1990년대 '켈틱 타이거'의 고도성장을 배경으로 한 사적 부문 임금의 실질적인 상승과 비교해서 공공 부문 임금이 상대적으로 뒤처지는 효과를 가지기도 했다.

공공 부문의 기존 '임금 연계 시스템'에 대한 문제가 가시화되기 시작한 것은 1997년과 1999년 간호사들의 임금 인상 투쟁 그리고 1997년 경찰공무원들Gardai의 임금 인상 투쟁에서였다. 간호사 노조는 1996년 2월 보건부와의 협상이 결렬된 이후 1997년 파업을 통해서 고위직의 경우 20%의 임금 인상을 성취했다. 1999년에도 간호사 노조들은 쟁의를 통해 많은 경우 사회협약의 3% 인상안보다도 훨씬 높은 20% 임금 인상에 성공했다. 그리고 1997년 경찰공무원들도 임금 인상 투쟁을 통해 1996년 7월까지 소급해서 4.5% 임금 상승과 1997년 7월까지 소급해서 추가적인 4.5% 임금 인상을 얻어냈다. 그런데 이런 간호사노조와 경찰공무원노조의 임금 인상 투쟁은 단순히 임금 상승 부담을 심화시켰다는 문제만이 아니라 안정적이고 예상 가능했던 사회협약의 전국적 조정 자체를 파괴할 위험을 가지고 있었다는 데 더 큰 문제가 있었다(Hastings et al. 2007, 130-133).

사회협약의 핵심인 전국 임금 협상안 자체가 파괴될 위험에 처하자 정부뿐만 아니라 노조에서도 적극적으로 새로운 공공 부문 임금 협상 체제를 수립할 필요를 느끼게 되었다. '공공서비스고위직노조'Public Services Executive Union, PSEU의 위원장이자 ICTU의 경제 전문가인 댄 머피는 당시 연이은 공공 부문 노조들의 경쟁적인 임금 인상으로 인해 사회협약 혹은 전국 임금 협상안이 붕괴할 것을 우려했다.

[추격적인 임금 상승으로] 경찰공무원들은 교도관들의 임금 인상을 쫓아갈 것이고, 간호사들은 다시 경찰공무원을 추격할 것이고 그렇게 한 바퀴를 돌 것이다. 그리고 어느 지점에서 …… 그런데 어느 지점이 될지 나는 모른다. …… 멈춰야 한다. 우리는 더 이상 이런 방식으로 해서는 안 된다(댄 머피와 인터뷰; Hastings et al. 2007, 133에서 재인용).

정부와 고용주 그리고 노조에 이르는 거의 모든 주요 행위자들이 이런 현상에 대해 우려했다. 정부 특히 재무부는 공공 부문 노조의 임금 인상이 통제 불능에 빠질 것을 우려했고 고용주들 또한 공공 부문의 임금 인상이 사적 부문으로 확장될 것을 두려워했다.

이로써 다섯 번째 사회협약인 PPF 체제하에서 2000년 7월 '공공서비스벤치마킹기구'PSBB가 수립되었다. 이 기구는 공공 부문과 사적 부문 간의 공정성뿐만 아니라 공공 부문 서비스의 현대화와 합리화를 추구했다. PSBB는 5개의 주요 국제 컨설팅 회사들을 고용해 공적 부문과 사적 부문의 업무와 임금 체계를 비교했다.[30] 그리고 PSBB에서 제출한 연구 보고서에 기초해서 공공 부문 임금 특히 상위 관리 감독직 임금이 크게 향상되었다. 벤치마킹 보고서의 구체적 실행 방안에 대해서는 여섯 번째 사회협약인 '지속적 진보'SP에서 협의되었다. 여기서 공공 부문 서비스 개선이 함께 요구되었는데 이를 검증할 조직으로 매니저 대표 2명, 노조 대표 2명, 외부 전문가 대표 2명으로 구성된 '6인 검증단'PVGs이 만들어졌다(Power 2009, 121; Hastings et al. 2007, 136-139).

공공 부문의 벤치마킹은 당시 위기에 빠진 사회협약 체제를 안정적으로 제도화하기 위한 중요한 조치였다. 공공 부문 벤치마킹은 공정한 임금의 조정을 요구하는 공공 부문 노동자들의 요구가 통제 불능의 임금 상승 경쟁으로 치닫는 상황에서 사회협약이 붕괴될지 모를 위험을 사전에 막았던 것이다. 공공 부문 벤치마킹은 먼저 공공 부문 임금의 공정성을 복원하고 공공 부문 임금 인상을 허용함으로써 공공 부문 일반 노동자들의 요

30_다섯 개의 주요 컨설팅 회사들은 PSBB에 의해 선발된 회사들로서 Alpha Consulting, TBR International, Hay Management Consultants, Mercer, Watson Wyatt Partner 등이다. 모두 국제적으로 저명한 회사들로 임금 체계 전문 회사들이다.

구를 만족시키는 것일 뿐만 아니라 사회협약의 전국 합의안에 기초한 조정을 유지하기 위한 것이었다. 또한 공공 부문 벤치마킹은 정부와 사회로부터 지속적으로 제기되어 온 공공 부문의 서비스 개선 요구도 수용했다 (Cooper 2009, 373; Hastings et al. 2007, 140).

그러나 공공 부문 임금 책정 체계 개혁 혹은 벤치마킹의 도입은 사회협약을 안정적으로 제도화하는 데 크게 기여했지만 또 다른 한편 임금의 공정성을 강조하는 과정에서 임금의 급격한 상승을 불러옴으로써 사회협약의 가치를 재평가하게 되는 주요한 계기로 작용했다. 특히 공공 부문 임금 체계의 재조정은 단순히 공공 부문 노동자들만의 임금 상승이 아니라 '공정한 부의 재분배'라는 새로운 이슈에 기초함으로써 전반적인 임금의 급격한 상승을 불러왔던 것이다. 또한 사적 부문에 비해 상대적으로 높은 임금 상승에도 불구하고 약속했던 공공 부문 서비스의 두드러진 개혁이 없자 공공 부문 노동자들에 대한 비판과 더불어 사회협약 자체에 대한 비판이 높아지기 시작했다.

그런데 여기서 먼저 주목할 것은 1990년대 말 공공 부문의 임금 책정 체계를 개혁하고자 한 노력은 결코 부당하게 느껴졌던 것이 아니었다는 사실이다. 즉 기존의 '임금 상승 억제와 국난 극복·고용 창출'의 정치적 교환이 이제 새로운 정치적 교환인 '부의 공정한 분배'로 이전되는 것이 당연하게 여겨지는 과정이었다. 1987년 이후 실질임금의 상승을 보면 공공 부문이든 사적 부문이든 임금 상승은 경제성장에 비해 대단히 미미했기 때문이다. 1988년에서 2000년 사이 아일랜드 실질 GDP가 약 132%나 증가하는 눈부신 경제성장에도 불구하고 이른바 '전체 국민경제 파이'national cake에서 임금이 차지하는 비율은 1988년에서 1997년 사이 약 25%나 감소했다(Baccaro 2003, 688; Baccaro and Simoni 2004, 5). 게다가 사적 부문과 공공 부문 임금 상승 차이도 컸다. 인플레이션을 감안해 계산된 실질임금의 누적적 증가율을 보면 1988년에서 1997년 사이 사적 부문의 임금 상승은 6.8%였던 데 반해 공공 부문의 임금 상승은 4.3%에 불과했다.[31] 이 때문에 고도성장에 대비되는 부의 불공정 분배에 대한 지적은 노조들뿐만 아니라 일반 시민들의 눈에도 정당한 것으로 인식되었던 것이다. 아일랜드의 대표적 일간지 『아이리시 타임스』도 사회협약의 아젠다가 사회정의로 이전한 것은 자연스러운 과정이었다고 언급하고 있다.

실업의 극적인 축소와 과열된 경기 팽창이라는 상황에서 전혀 놀랍지 않게 노조는 다음 사회협약 협상에서 부의 불평등한 분배를 교정하려고 시도했다. 1997년에서 2000년에 있었던 P2000 사회협약 체제에서는 공공 부문과 사적 부문 모두에서 약 10% 임금 상승의 보상이 주어졌다(*The Irish Times* 2008/08/22, 34, 강조는 필자).

이 시기 부의 공정한 배분은 두 가지 차원에서 제기되었다. 첫째는 전체 노동자들의 임금이 상대적으로 낮게 책정되었다는 것으로 전체 임금의 상승을 요구하는 것이었고, 둘째는 앞에서 살펴본 것처럼 사회협약이 시작된 이후 10년간 공공 부문 노동자들의 임금 상승(4.3%)이 사적 부문 노동자의 임금 상승(6.8%)보다 낮았기 때문에 이를 시정하자는 것이었다. 공공 부문 노동자들의 상대적 임금을 높여야 한다는 주장이 제기된 것은 이런 맥락에서였다. 이런 요구가 처음 나타난 것은 2000년 사회협약인 PPF 협상에서였다. PPF 협상에서 향후 2년 반 동안 사적 부문 임금 인상

31_"How wage agreements eroded competitiveness" *The Irish Times* 2008/08/22.

은 18%, 그리고 공공 부문 임금 인상은 24%로 하자는 임금 합의안이 결정되었다(*The Irish Times* 2008/08/22).

그러나 부의 공정한 분배를 요구하는 자연스러운 요구는 먼저 급격한 임금 상승을 초래함으로써 사회협약의 성격을 변화시키는 계기가 되었다. 앞의 〈그림 7-1〉에서도 보았듯이 1997년에서부터 2004년 사이 아일랜드 임금 상승률은 28.8%로, 독일 5.2%는 물론 OECD 평균 19%보다 훨씬 높았고 심지어 영국 25.6% 보다도 높았다. 그리고 이런 아일랜드의 전반적인 임금 상승을 주도한 것이 바로 공공 부문 벤치마킹 과정이었다.

더욱 문제가 되었던 것은 벤치마킹의 실행 과정에서 공공 부문과 사적 부문 간 새로운 임금 불평등 현상이 초래되었다는 것이다. 국가 연구 기관인 ESRI의 2008년 12월 보고서에 따르면 2006년 공·사 부문별 임금을 비교할 때 오히려 공공 부문의 부당한 임금 상승이 나타났다. 즉 2006년 공공 부문 고위직의 임금이 사적 부문 고위직의 임금보다 10%나 높았고 하위직 부문에서는 공공 부문이 사적 부문보다 24~32%나 높은 임금을 받았다고 한다. 다른 경험 연구에 따르면 2001년에서 2006년 사이 약 6년간 일반 산업 부문 임금은 고작 19%가 상승한 반면, 공공 부문 임금은 59%나 상승했다(Ó Dálaigh 2009, 17).

또한 벤치마킹을 통한 사회협약의 성사 노력은 공공 부문 임금의 상승이라는 비용 증가뿐만 아니라 공공 부문의 지나친 확장으로도 나타났다. 2000년에서 2008년 사이 공공 부문 고용은 급격히 증가했는데 이 기간 동안 공공 부문 임금 명부에 등록된 신규 인력은 8만 명이 넘었다. 공공 부문 연금은 2001년에서 2006년 사이 8억7천6백만 유로에서 15억 유로로 약 81.3%나 증가했다. 전반적인 임금과 공무원 연금을 합한 총 비용도 2000년 100억 유로에서 2008년 190억 유로로 급격히 증가했다. 이런 방만한 국가 관리와 재정 운영은 이후 경기가 후퇴하고 특히 건설·부동산 경기과열에 의존하던 조세수입이 축소되는 2006년을 전후로 하여 사회적 문제로 가시화되었다(Cooper 2009, 373-374; Ó Dálaigh 2009, 17).

이와 함께 부의 공정한 분배를 강조하면서 임금 책정의 재조정을 주도한 공공 부문 노조들은 오히려 임금 상승의 주범으로 전락하게 되었고 이를 뒷받침한 사회협약은 지지의 대상이 아니라 문제의 근원으로 파악되기 시작했다. 사회협약에서 공공 부문에 의해 임금 상승이 주도된 이유는 먼저 공공 부문 노조들이 아일랜드 노조들 중에서 가장 조직력이 높고 사회협약 과정에서 목소리가 높았기 때문이기도 하다. 2009년 '파트너십 성과 센터'NCPP에서 조사한 보고서에 따르면 공공 부문 노조 가입률은 사적 부문 노조 가입률보다 훨씬 높았다. 공공 부문 일반 노동자들 중에서 노조에 가입한 비율은 68.7%인 데 반해서 사적 부문 노동자들이 노조에 가입한 비율은 24.9%로 훨씬 낮았다. 아일랜드 전체 노동운동에서도 공공 부문 노조의 목소리는 상대적으로 높은 편이었다. 이와 함께 공공 부문이 사회협약을 통해서 임금 상승을 주도하게 된 데는 또한 정치적 요인이 작용했다. 당시 친사회협약 정부인 아른 정부가 사회협약의 원만한 타결을 원했기 때문이다. 아른 정부는 사회협약의 원만한 성사를 위해서 공공 부문 노조들을 불필요하게 자극하기를 꺼렸던 것이다.

그러나 무엇보다 공공서비스 개선과 공정한 임금 체계의 개선을 추구하려던 벤치마킹은 사회협약 내부의 투명하지 못한 평가 과정으로 인해 '은밀한 결탁'으로 비춰짐으로써 비판 여론은 더욱 악화되었다. 아일랜드의 유명한 경제 평론가인 짐 파워는 벤치마킹 과정의 문제점을 다음과 같이 기술하고 있다.

첫 번째 벤치마킹[2007년 두 번째 벤치마킹과 구별] 과정은 심각할 정도로 비용이 많이 들어서 국가 운영에 드는 연간 비용을 상당한 정도로 증가시켰음이

판명 났다. 그 과정은 투명성에 유사한 그 어떤 것도 찾을 수 없었다. 왜냐하면 벤치마킹이 부여하는 다양한 포상은 어떤 합리적 근거도 발견할 수 없었기 때문이다. 그것은 공공 부문 서비스들의 비용을 상승시켰고 그래서 생계비의 상승과 아일랜드 경제의 경쟁력 상실에 엄청나게 기여했다(Power 2009, 123).

결국 기존의 불공정을 시정하고 제도를 보다 안정화시키려는 시도로서 도입된 '공공 부문 벤치마킹'은 오히려 높은 임금 상승, 새로운 불평등의 초래 그리고 재정 악화라는 문제를 야기함으로써 아일랜드 사회협약의 성격과 가치를 크게 변화시켰던 것이다. 앞에서 살펴보았듯이 아일랜드 고용주들이 사회협약을 지지한 가장 중요한 이유들 중 하나는 바로 안정적인 임금 책정에 있었다. 또한 앞에서 언급했듯이 '켈틱 타이거'라는 고도성장이 가능했던 것은 바로 이런 안정적인 임금에 기초해서 산업 경쟁력을 향상시켰기 때문이었다. 그러나 2000년대 들어서 다른 경쟁국들에 비해서 임금이 가파르게 상승하면서 아일랜드는 점점 산업 경쟁력을 잃고 있었고 고용주들은 사회협약에 대한 선호를 잃어 가고 있었던 것이다(Hardiman 2010a, 20).

2002년 사회협약 PPF가 끝난 후 IBEC 내부에서 벌어진 사회협약에 대한 평가 토론에서는 많은 비판과 불만이 쏟아져 나왔다. 당시 IBEC의 내부 토론을 보고한 문서에 따르면 IBEC 회원들의 대다수가 사회 파트너십에 대한 심각한 의구심을 가지고 있었다고 한다(IBEC News, 2002/04). 당시 보고서를 작성한 고용주 단체 이사인 브렌던 맥긴티와 이사장인 투를로우 오설리반에 따르면, 지속적으로 거의 모든 고용주들과 모임을 가지면서 피드백을 했는데, 이 과정에서 고용주 대다수는 지난 사회협약 과정을 통해서 아일랜드 산업 경쟁력이 크게 상실되었다고 평가했다는 것이다(*IRN* 2002/04/11). 사회협약의 변화된 성격을 고려하면서 아일랜드 고용주들은 현행의 사회협약을 개혁해야 한다는 생각을 하기 시작했다. 2002년 PPF 사회협약의 문제점을 경험하면서 아일랜드 고용주 단체는 사회협약 개선을 요구하는 보고서인『2002년을 넘어서는 사회 파트너십을 위한 비전』을 출판했다. 당시 이 보고서를 준비한 IBEC의 이사인 맥긴티는 다음과 같이 말하고 있다.

> 그러나 전국적 협의 과정[사회협약]은 15년이 지나면서 김이 빠져 왔다. 만약 지난 PPF를 이은 다음의 새로운 전국적 합의안이 성사되려면 그것은 PPF와 매우 달라야 한다. IBEC는 합의적 접근을 강력히 선호한다. 그러나 만약 [개선이 부재해서] 합의적 접근이 이루어지지 못한다면 우리는 회사 단위의 협상으로 돌아갈 수밖에 다른 선택의 여지가 없다(*IRN* 2002/09/19).

이처럼 2008년 위기 훨씬 이전에 아일랜드 사회협약은 이미 안정적인 제도화 과정에서 변화에 직면하고 있었다. 역설적이게도 사회협약이 가장 성공한 시기에 오히려 새로운 도전들이 등장했던 것이다. 사회협약에 기초한 고도성장은 한편으론 사회협약의 가치와 지지를 높였지만 다른 한편으로는 부의 공정한 분배라는 새로운 이슈를 부각시킴으로써 재조정의 과정을 겪었다. 그리고 사회협약을 유지하기 위한 노력은 또 다른 비용과 정당화를 요구했다. 결국 노조, 고용주 그리고 정부는 지속적으로 사회협약의 의미를 재조정해야 했는데 이 과정에서 견해차는 점점 더 심해졌다. 2008년 세계 금융 위기가 발생하면서 국가 부도의 위기를 맞자 아일랜드는1987년처럼 국난 극복을 위한 사회협약을 시도하지만 실패했다. 가장 주요한 이유는 외적인 충격이나 경제 위기 때문이 아니라 살펴본 바와 같이 사회협약의 안정적 제도화 과정에서 사회협약의 성격이 변화했고 그로 인해 사회협약에 대한 가치 평가가 변화했기 때문이었다.

(3) 민주적 책임성 보완과 사회협약의 변형

앞에서도 언급했듯이 사회협약을 안정화하기 위한 노력들은 한편으로는 제도적 공고화를 이루는 측면이 있었지만 다른 한편으로는 새로운 문제와 비용을 야기했다. 사회협약의 민주적 책임성 문제를 보완하려는 노력들도 유사한 문제에 봉착했다. 아일랜드 사회협약은 피너 게일을 비롯한 자유주의적 시각에서 행해지는 코포라티즘에 대한 비판을 수정·보완하는 과정에서 전통적인 코포라티즘과는 달리 많은 시민 단체들의 참여를 허용하는 형태로 변화했다. 피너 게일을 비롯한 자유주의자들은 코포라티즘적 사회협약이 민주적 책임성을 결여하고 있다고 비판했다. 즉 국민들에 대한 대표성이 없고 선거에서 책임을 지지 않는 사적 이익 단체인 노조와 고용주 단체들이 공적인 사회경제 정책을 결정하는 것은 민주주의 원칙에 어긋난다는 비판이었다.[32]

그래서 아일랜드 사회협약은 1996년 이래 노·사·정 삼자만이 아니라 실업자 단체, 종교 단체를 비롯한 많은 시민 단체들을 협상 과정에 포괄함

32_ 한편 급진적 좌파나 시민사회 운동을 강조하는 사람들은 소수이지만 자유주의와는 다른 각도에서 사회협약을 비판하고 있다. 예를 들면 마이클 매키너니는 사회협약이 민주주의를 왜곡했다는 자유주의의 주장에 반대한다. 그렇지만 사회협약이 민주주의를 일정 정도 왜곡했다는 것에는 동의한다. 그에 따르면 아일랜드 사회협약의 문제는 국가·노조·고용주 등 주요 행위자들이 사회협약의 담론을 지배하고 시민 그룹들은 주요 어젠다에서 제도적으로 소외되거나 혹은 정부의 자금지원에 지나치게 의존하게 됨으로써 이들 시민사회 단체들의 비판 혹은 저항 정신을 없애 버렸다는 것이다(McInerney 2010). 이외에도 마르크스주의적 입장에서 유사한 비판을 하는 것에 대해서는 Allen (2010)과 Kirby(2010c) 등을 참조할 수 있다.

으로써 대표성을 늘리고 민주주의 책임성 문제를 해결하고자 했다. 이런 확장된 사회적 조정 체제로 인해서 몇몇 학자들은 아일랜드 사회협약을 코포라티즘보다는 '심의 민주주의 체제'로 개념화하기도 했다(O'Donnell and Thomas 1998; O'Donnell 2010). 그러나 사회협약이 가지는 민주주의 책임성 문제를 보완하기 위해서 많은 시민 단체들을 사회협약 과정에 참여시키는 것은, 한편으로는 민주주의 정당성을 강화함으로써 사회협약의 안정적인 제도화에 기여한 긍정적인 측면이 없지는 않았지만 다른 한편으로는 다양한 단체들의 난립으로 사회적 조정의 어려움을 조장했을 뿐만 아니라 많은 단체들의 지대 추구에 따른 비용의 증가라는 부정적 측면을 강화하기도 했다.

구체적으로 살펴보면, 아일랜드에서 코포라티즘적 사회협약에 참여하는 단체들의 범위가 본격적으로 확대되기 시작한 것은 1996년 10월 피너 게일이 이끄는 '무지개 연정'하에서 여덟 개 시민사회 조직들이 사회협약 과정의 '사회 부문'social pillar에 '시민사회 대표'로 참여하면서부터다 (Larragy 2006; Roche 2009, 196-197; Hastings et al. 2007, 158-159). 당시 여덟 개 시민 조직들이란 소규모 조직들의 연합인 '공동체조직'The Community Pillar, 빈민 단체인 '빈센트더폴협회'The Society of St. Vincent de Paul, '아일랜드전국가톨릭기구'CORI, '프로테스탄트구제조직'Protestant Aid, '전국청년협회'The National Youth Council, '전국여성협회'The National Women's Council, '전국실업자단체'INOU, 'ICTU실업센터'The ICTU Unemployed Centres 등이었다. 이 조직들이 아일랜드 사회협약에서 시민사회 대표로 참여하게 된 것은 실업과 빈곤이 여전히 높은 상황에서 사회협약의 정당성을 높이고자 한 취지도 있었지만 무엇보다 코포라티즘적 사회협약이 가지는 민주적 책임성 문제를 해결하고자 하는 시도였다. 피너 게일이나 다른 많은 정당들은 자유민주주의적 기본 원리에서 볼 때 사적 부문의 이익집단들에 의한 대표 체계는 민주주의 원칙에 어긋난다는 생각을 가지고 있었다. 코포라티즘적 사회 조정에서는 노조나 사적 단체들이 공적인 사회경제 정책을 결정하지만 실제로 이들은 시민들의 투표에 대해 전혀 책임을 지지 않는다는 문제가 있다. 따라서 피너 게일을 비롯한 자유주의자들은 시민사회 내 최대한 다양한 단체들을 사회협약 과정에 참여시킴으로써 이런 민주주의 대표성과 책임성 문제를 해결할 수 있다고 보았다.

한편 사회협약 과정에 참여 단체들을 확장함으로써 민주주의 책임성 문제를 해결하고자 했던 시도는 기존에 코포라티즘적 사회협약 과정에 반대하던 피너 게일과 노동당의 사고 전환에 기초하고 있다. 피너 게일은 코포라티즘적 사회 조정에 줄곧 비판적이었다. 예를 들면 1980년대 피너 게일과 노동당 연합 정부의 수상이었던 개럿 피츠제럴드는 자유주의적 의회주의liberal parliamentarism에 기초해서 정부가 노조를 직접 상대하고 전국적 임금 협상에 참여하는 것에 반대했다. 피너 게일은 자유주의적 의회주의에 기초해 코포라티즘적 직업 대표 체계에 반대하고 국민들의 '1인 1표'에 의해 구성된 의회와 정부에 의해 공공 정책이 결정되어야 한다고 생각했다(Roche 2009, 196-197). 1994년에서 1997년 사이 수상이 된 피너 게일의 존 브루턴 역시 1987년 첫 사회협약인 PNR에 대해 반대하면서 다음과 같이 말했다.

> 나는 사회 파트너십이 선거 민주주의를 대체할 수 있다고는 전혀 생각하지 않는다. 왜냐하면 사회 파트너로서 참가하는 사람들, 특히 [사적인] 사회조직들을 대표하는 사람들이 반드시 거대한 전체 인민을 대표하는 것은 아니기 때문이다. 그들은 [민주적 투표 과정을 통해서] 재선될 필요가 없다[민주적 책임성이 없다](Hastings et al. 2007, 157-158에서 재인용).

그러나 사회협약에 대한 반대는 피너 게일이 1994년 정부를 구성하면서 바뀌기 시작했다. 그것은 집권당으로서 사회 통합적 접근인 사회 파트너십의 가치를 무시할 수 없었기 때문이다. 피너 게일이 변화하게 된 계기는 먼저 연정의 파트너인 노동당의 변화로부터 비롯되었다. 노동당은 1980년대에는 국가주의적 접근statist approach에 기초해 사회협약에 대해서 회의적이었다. 그러나 이후 사회협약의 성공을 고려하면서 사회협약에 대한 지지로 돌아섰다. 피너 게일이 사회협약의 지지자로 돌아선 첫 번째 이유는 이런 변화된 노동당이 피어너 폴과 연합하지 않고 피너 게일과 연합하도록 견인할 필요가 있었기 때문이다. 또한 의회 민주주의 원리에 기초해 코포라티즘적 사회 파트너십이 근본적으로 문제가 있다고 생각하던 피너 게일의 수상 존 브루턴은 사회협약을 매우 상이한 정치 집단들 간 조화를 이끌어내는 수단으로 적극 고려하기 시작했던 것이다(Hastings et al. 2007, 157-158).

사회협약의 가치를 높이 평가하면서 일단 이것을 적극적으로 수용하자는 결정이 내려지자 존 브루턴은 시민 단체들에 대한 태도에서도 변화를 보였다. 이전에는 시민사회 단체들을 '자신들의 희생은 감내하지 않고 자신들의 정치적 목소리만 얻으려는 집단'으로 간주해 공공 정책 결정에 참여시킬 수 없다고 생각했던 브루턴은 이제 사회협약의 협의 과정을 서로를 이해하는 과정이자 보다 통합적인 민주적 과정으로 인식하게 되었던 것이다. 사회협약 과정의 통합적 가치를 높이 평가하면서 브루턴은 협의 참여자를 늘려야 한다는 취지로 다음과 같이 언급했다.

[시민 단체들이 사회협약에 참여하는 것] 그것은 전혀 해로울 게 없다. 그것은 [오히려] 보다 광범위한 그룹들에게 일이 보다 더 잘 받아들여지게 한다. 그리고 나는 사회 파트너들이 사회의 다른 부문들에서 무슨 일이 벌어지고 있는지

를 좀 더 잘 이해할 수 있게 되었다고 사람들이 평가하리라고 생각한다. 이것은 민주주의에 대단히 중요하다. 유권자들이 제때에 자신들의 목소리가 들리고 …… 제때에 정확한 정보를 얻을 수 있게 된다는 것은 [민주주의에 대단히] 좋다(Hastings et al. 2007, 158에서 재인용).

브루턴 정부는 사회협약의 민주주의 책임성 문제를 해결하고자 하는 소극적 자세만이 아니라 사회협약이 오히려 협의를 통한 사회 통합의 접근이라고 적극적으로 의미를 부여함으로써 보다 많은 시민 단체들을 협의 과정에 포괄하고자 했던 것이다. 그래서 피너 게일은 먼저 사회협약 프로그램의 논의에 시민 단체들뿐만 아니라 의회 대표도 포함할 필요가 있다고 강조했다. 노동당도 '의회사회경제위원회'Oireachtas Economic and Social Affairs Committee를 구성해 사회 파트너십 협의 과정에 참가할 수 있도록 요구했다. 이에 따라 피너 게일은 노동당, 민주좌파당과 '무지개 연정'을 구성할 때인 1994년에 사회협약 논의 기구들 중 하나인 '국가사회경제포럼'National Economic and Social Forum, NESF에 의회 대표와 시민 단체를 포함시켰다. 사회경제포럼은 1994년 기존의 사회 파트너들 대표 15명, 의회 대표 15명, 시민사회 대표들 15명으로 구성되었다. 그 후 1996년 네 번째 사회협약인 P2000을 협의하는 과정에서는 공식적으로 의회 대표뿐만 아니라 시민 단체들까지 참여가 확대되었다. 또한 협의 과정을 확장하는 것이 민주주의에 도움이 된다는 생각에 기존의 기업 부문business pillar도 확장해 상공회의소와 '아일랜드중소기업협회'ISME와 같은 조직들도 사회협약의 논의 과정에 참여하도록 했다(Roche 2009, 198; Hastings et al. 2007, 158).

또한 실행 과정에서 주요 정치 지도자들이 민주적 협의가 주는 이점을 인식하게 되면서 사회협약은 더욱 확장되었다. 예를 들면 장기간의 실업 문제를 다루는 과정에서 1994년 국가사회경제포럼NESF에 INOU가 참가하게 되었는데 그 성과가 긍정적으로 평가되었다. 즉 시민 단체들이 참여함으로써 '심의 민주주의'가 가지는 이점으로 상호 이해가 확산되고 협의 과정에서 기존의 선택들과는 다른 제3의 대안이 제기되는 등 긍정적인 측면이 두드러졌다. 또한 이런 과정을 통해 의회와 시민 단체들을 연계하고 고용주 단체들의 지원을 끌어내는 데 성공할 수 있었다(Hastings et al. 2007, 153-154). 이처럼 심의 민주주의의 장점들이 강조되면서 사회경제 문제들을 해결하는 협의 과정에 시민 단체들의 참여가 확대되었던 것이다.

아일랜드에서 많은 시민 단체들의 사회협약 참여와 사회협약 과정의 수평적·수직적 확장은 코포라티즘적 사회 조정의 민주적 약점을 보완하고 정당성을 높이는 긍정적 측면이 있었다. 그러나 이런 긍정성에도 불구하고 사회협약의 확장 과정은 다양한 사회집단들 간의 조정 문제와 비용 증가라는 부작용이 산출되는 과정이기도 했다. 이 과정은 곧 아일랜드 사회협약의 변형 과정이었다. 2007년 컨설팅 회사인 '프라이스워터하우스쿠퍼스'의 시장 비즈니스 담당 이사인 리갈 오로우르크는 아일랜드 사회협약을 다음과 같이 평가했다.

사회 파트너십은 완전한 변형을 거쳤다. …… 사회 파트너십은 경제적 문제를 해결하는 메커니즘에서 많은 비즈니스와 사회 그룹들을 포함하는 광범위한 토론 모임으로 변했다. 지금은 참여하는 그룹들이 대단히 많은데 각 그룹들이 자신들의 특별한 이슈들을 협상 테이블로 가지고 옴으로써 원래 있던 주요 행위자인 비즈니스 그룹들의 견해들은 다소 영향력이 떨어졌다(*IRN* 2007/03/29, 24-25).

아일랜드 사회협약의 확장 과정은 참가자들이 많아지면서 사회적 조정이 점점 어렵게 되는 측면이 없지 않았다. 시민 단체들이라고는 하지만

이 그룹들은 광범위한 견해 차이를 가지고 있었다. 예를 들면 실업 문제만 하더라도 INOU는 실업 문제가 사회적으로 해결될 수 있다고 믿는 반면, 가톨릭 단체 CORI는 실업은 인간 사회의 불가피한 자연현상이라고 전제 하면서 모든 사람들에게 기본임금을 보장하자는 혁명적 사고를 가지고 있었다. 그리고 가톨릭 단체와 달리 '프로테스탄트구제조직'Protestant Aid은 프로테스탄트들에 대한 고려가 없음을 강조한다(Hastings et al. 2007, 159). 결국 사회협약에서 여전히 주요 행위자들은 노·사·정 삼자였지만 그럼에도 불구하고 사회협약의 확장은 매우 상이한 견해를 가진 다양한 그룹들 간의 경쟁으로 인해서 협의 과정에서 상호 조정을 더욱 어렵게 하는 요인이 되었다.

그러나 아일랜드 사회협약의 확장 과정이 수반한 보다 심각한 문제는 정부 정책 심의와 집행 과정에 시민사회 단체들이 참여하면서 특히 이들의 경쟁적 지대 추구rent-seeking로 인해 사회협약의 협의 비용이 급격히 증가하게 되었다는 것이다. 사회협약 과정에서 참가한 많은 시민 단체들의 공통된 가장 주요한 목적은 '자기 부문을 위해 보다 많은 기금을 따내는 것'이었기 때문이다(Hastings et al. 2007, 159). 예를 들면 1996년 정부는 사회협약을 고려하면서 사회협약 비용 예산으로 2억5천만 파운드에서 3천만 파운드를 예상하고 있었다. 실제 과정에서는 훨씬 더 많은 비용이 들었다(Hastings et al. 2007, 159). 이와 같이 많은 시민 단체들의 사회협약 참여는 사회협약의 성사 비용을 증가시키는 결과를 가져왔다. 『2007년 회계감사 연보』The Annual Report of the Comptroller and Auditor-General에 따르면 공공서비스에서 시민 단체 컨설팅 비용은 1994년에서 1996년의 3년 사이에는 고작 983건에 7천9백만 유로이던 것이 2004년에서 2005년의 2년 동안에는 1,159건에 1억2천4백만 유로로 증가했다(Hardiman 2009a, 14).

아일랜드의 유명한 경제 평론가인 짐 파워는 2009년 아일랜드 경제 위기를 바라보면서 시민 단체들의 광범위한 참여와 함께 사회협약이 어떻게 변질되어 갔는지를 다음과 같이 기술했다.

[초기의 사회 파트너십은 아일랜드 전체 경제를 위해 훌륭히 작용했다. 그러나 우리가 1990년대를 경험하는 과정에서 사회 파트너십 모델은 많은 다양한 이익집단들을 협의 과정에 참가시키면서 점점 더 확장되어 갔다. 이 과정에서 시민사회 단체들의 영향력은 점점 더 커져 갔다. 하나의 '은밀한 클럽'nice cosy club이 발전했다. 그리고 여러 해 동안 우리는 텔레비전 화면에서 다양한 사회 파트너들이 우쭐대는 얼굴로 정부 건물들에 드나드는 장면을 자주 보아 왔다. 그들의 모습은 마치 '우리는 은밀한 클럽의 회원이다. 이 멤버십으로 인해 우리는 권력의 회랑corridors of power에 전혀 통제받지 않고 접근할 수 있다. …… 우리는 그걸 좋아하고 그 위에서 살찌고 있다'고 말하는 것 같다 (Power 2009, 117).

약간의 과장이 섞여 있다고 하더라도 파워는 2000년대 사회 파트너십이 아일랜드에서 어떻게 변해 갔는지 한 단면을 보여 준다. 사회협약의 민주적 정당성을 강화하기 위해서 도입된 다양한 시민 단체들과의 협의 과정 확장으로 사회단체들의 지대 추구가 증가하게 되었고 이는 재정 부담의 막대한 증가로 나타났다. 2009년 재정 위기가 가시화되자 '위기 해결을 위한 정부 위원회'An Bord snip Nua는 시민 단체들과 함께하는 광범위한 협의 과정에서 유발되는 비용을 철저히 삭감하고 이들이 담당한 일들이 핵심 정부 부처로 환원되도록 했다.

결국 사회협약은 2009년 경제 위기가 가시화되기 이전에 이미 그 성격이 변화했다. 2000년대 들면서 사회협약은 많은 사람들에게 그 유용성의 수명은 다했고 더 이상 아일랜드 경제발전을 위한 건설적 수단이 아니라 오히려 문제의 근원 혹은 비판의 대상으로 전환했던 것이다. 그런데 이런 변화는 살펴본 것처럼 사회협약을 안정적으로 제도화하려는 노력의 과정에서 나온 것이었다. 즉 사회협약을 안정적으로 제도화하려는 노력의 일환이었던 경제적 부의 공정한 배분, 공공 부문 임금 책정 체계의 개혁 그리고 사회협약의 민주적 정당성 강화 노력은 긍정적인 측면도 있었지만 사회협약을 성사시키기 위한 비용으로 임금의 급격한 상승과 재정 건전성의 악화라는 부작용을 낳았다. 위기의 국면에서 어떤 제도가 수립된다 하더라도 그것의 안정적인 제도화가 자동적으로 보장되는 것은 아니다. 오히려 아일랜드 사회협약의 경제적 성공에서 볼 수 있듯이 아무리 성공적인 제도적 실천이라도 예견하지 못한 새로운 도전을 불러오기 때문에 그 도전에 대응할 수 있는 새로운 정당화와 보완이 요구된다. 제도의 안정성은 이런 제도의 지속적인 재조정을 통해서만 가능하다. 하지만 재조정과 재해석 자체가 항상 제도의 재생산을 보장하는 것이 아니라 어떻게 재조정, 재해석되느냐가 중요하다. 즉 장기적으로 안정적인 제도의 재생산을 위해서는 기존 실천 방식의 반복이 아니라 지속적인 변화가 필요하고 이와 더불어 긴장을 가지고 부작용을 최대한 통제할 때만 성공적인 재생산이 가능하다고 할 수 있다.

제8장

맺음말

이 책은 세계화 시대에 아일랜드 발전 모델이 기존의 지배적인 비교정치경제 이론들과 긴장을 불러일으킨다는 점을 고려하면서 세계화 시대에 아일랜드 사회협약 발전 모델의 의미는 무엇인지, 어떻게 아일랜드 사회협약의 수립과 진화를 동태적으로 분석할 수 있을지에 초점을 두었다. 이 책을 마감하면서 이 장에서는 아일랜드 발전 모델과 기존 이론들 사이에 존재하는 긴장과 이론적 대안, 그리고 아일랜드 사회협약 모델이 한국 발전 모델에 주는 이론적 함의를 간략히 검토해 보는 것으로 결론을 대신하고자 한다.

아일랜드 발전 모델이 정책 입안자들뿐만 아니라 정치경제 및 사회 분야의 많은 학자들에게 관심을 끈 이유는, 먼저 아일랜드는 세계화 시대에 가장 성공적으로 급격한 고도성장을 이룬 나라이기 때문이다. 1980년대 말까지 아일랜드 하면 사람들은 대기근, 막대한 해외 이민 유출, 그리고 유럽 국가들 중에서 최빈국이라는 이미지를 떠올렸다. 그러나 이처럼 최빈국이던 아일랜드는 1990년대 들어와서 '켈틱 타이거'라고 명명될 만큼 급격한 경제성장을 이루었다. 이 시기 아일랜드는 매년 8~10% 이상의 고도성장을 이루면서 성장률에서 타의 추종을 불허했다. 아일랜드의 이런 경제성장 속도는 세계화 시대 가장 모범적인 자유시장 모델로 평가받았던 영국과 미국보다도 우수한 성적이었다. 1988년에서 2000년 사이 실질 GDP 성장에서 아일랜드는 132%의 고도성장을 이루어 당시 미국 45% 그리고 영국 29%에 비해 월등히 높은 성장세를 보여 주었다. 또 1970년대까지 1인당 국민소득에서 영국의 약 67% 수준에 그쳤던 아일랜드는 2003년경에는 세계 4위 수준으로 부상해 세계 최부국으로 발전했다. 이처럼 기존에 '유럽의 병자'로 불리던 아일랜드는 많은 국제 일간지와 경제지에서 '유럽의 빛나는 불꽃' 혹은 '기적'으로 찬사를 받으며 많은 국가들에게 '따라 배우기' 대상으로 주목받기도 했다. 2008년 세계 금융 위기로 인해 아일랜드도 국가 부도의 위기에 직면했지만 성공적으로 위기에서 벗어나면서 이제는 다시 상승 국면으로 돌아섰다. 위기가 가장 심각했던 2010년을 기준으로 아일랜드 1인당 국민소득을 보더라도 이는 35,982달러로 영국의 111%로 상회하고 있었다.

그러나 무엇보다 아일랜드가 관심을 끈 이유는 아일랜드의 성공 방식이 세계화 시대 지배적 담론인 신자유주의자들이 주장하는 영미식 자유시장 모델에 기초한 것이 아니라 코포라티즘적 사회 조정에 기초해 발전한 것이기 때문이다. 1980년대 영국이 전후 줄곧 시도하던 '집단주의적 경제 운영'도 포기하고 대처리즘의 개인주의적 자유시장 원리에 기초한 신자유주의 모델을 강화함으로써 발전했던 것과는 대조적으로 아일랜드는 1987년 이후 총 여덟 차례에 걸친 사회협약을 통해서 경제적 성공을 거둔 것이다. 또한 1980년대까지의 아일랜드 경험은 신자유주의적 자유시장 모델이 오히려 경제발전에 부정적일 수 있음도 보여 준다. 1980년대까지 아일랜드는 자유무역과 개방에 의해 선진 기술을 가진 외국 기업들을 유치함으로 경제발전을 꾀하고자 했다. 그러나 개방과 자유시장에 기초한 외국 기업의 유치는 오히려 '아일랜드 병'의 근원이 되었다. 당시까지 자유로운 노동시장 제도를 배경으로 국제경쟁력을 가진 첨단 외국인 기업들이 임금 책정을 선도함으로써 생산성이 낮은 아일랜드 토착 기업들은 붕괴하고 있었다. 이처럼 1980년대까지 아일랜드에서는 외국인직접투자FDI가 신자유주의의 기대와 달리 오히려 저성장과 경제 위기를 가져오는 원인이 되었다. 그러나 1987년 이후 발전한 사회협약에서는 전통적 토착 기업에 기초해 임금을 안정화함으로써 국가경쟁력 제고를 통한 경제성장에 성공할 수 있었다.

또한 2008년 세계 금융 위기로 시작된 심각한 경제 위기에서 아일랜드는 또다시 자유시장 체제로의 전환이 아니라 새로운 형태의 사회 조정 모델을 발전시킴으로써 성공적으로 위기에서 벗어날 수 있었다. 2010년대를 전후해 아일랜드를 비롯해서 그리스 등 유럽 전역은 '국가 부채 위기'에 직면했지만 그리스와 대조적으로 아일랜드는 성공적으로 국가 부채 위기를 극복했다. 그리스가 폭동에 가까운 많은 사회적 혼란과 갈등을 겪은 반면, 아일랜드는 안정적으로 그리고 상대적으로 사회적 통합을 유지하면서 2013년 12월 공식적으로 IMF-EU 구제금융 프로그램에서 졸업할 수 있었다. 아일랜드는 위기 극복 과정에서 기존 노·사·정 삼자 중심의 코포라티즘적 사회 조정 체제를 포기했다. 그러나 곧장 자유시장 체제로 전환한 것이 아니라 이른바 '구조화된 사회적 대화', 즉 공공 부문에서는 '크로크파크 합의', 사적 부문에서는 비공식적 프로토콜이라는 새로운 사회적 조정 형태를 발전시킴으로써 위기 극복에 성공할 수 있었다.

이런 아일랜드의 사례는 '자유시장이 보편적으로 타당하다'는 신자유주의 주장의 현실적 타당성에 문제를 제기하고 '세계화 시대에도 각국의 유효한 적응 전략과 발전 방향은 다양할 수 있다'는 본 연구의 첫 번째 가설이 현실적으로 타당함을 경험적으로 뒷받침한다. 다시 말해서 아일랜드 사례는 경제적 효율성이 제도적 맥락에 따라 매우 달라질 수 있음을 보여 준 것이다. 신자유주의자들은 자유시장 모델의 보편적 타당성에 기초해 '글로벌 경쟁의 격화'와 '생산 요소들의 자유로운 이동'을 전제로 세계화 시대에는 '가장 우수한 발전 방식'으로 수렴하지 않을 수 없다고 주장한다. 그러나 아일랜드의 사례가 보여 주듯이 자유시장이 항상 경제적으로 유효한 것은 아니다. 오히려 사회적으로 조정되지 않는 자유시장은 1980년대 아일랜드에서 보듯이 '임금의 경쟁적 상승'을 불러일으키든지 혹은 영미 국가들에서 보듯이 노동 숙련과 같은 산업 공공재 형성에 실패할 수 있다. 이와는 반대로 사회적 조정을 통한 기술 형성과 임금 책정은 오히려 산업의 경쟁력을 높이고 안정적인 선순환 구조에 기초한 경제성장을 유발할 수 있다. 본 연구가 '정치적·제도적 맥락에서 다양한 효율성의 형태들이 존재할 수 있다'고 주장하는 것은 제도주의자들의 논리와 맥을 같이한다.

그러나 본 연구는 경제적 효율성 혹은 자본주의 다양성의 형태들이 제도에 의해 일방적으로 결정된다고 보지 않는다는 점에서 기존의 제도주의와 구별된다. 제도주의자들이 주장하는 '제도적 상보성' 개념은 신자유주의의 '보편적 경제 효율성' 개념과 달리 효율성이 제도적 맥락에서 상이하게 나타남을 보여 준다는 점에서 중요하다. 다만 문제가 되는 것은 제도적 상보성을 구성하는 것이 제도주의자들이 주장하는 것처럼 주요 행위자들과 독립된 제도 자체의 '객관적' 이익으로부터 선험적으로 결정되는 것은 아니라는 것이다.

예를 들면, 1980년대까지 미국에서는 거대 기업들의 수직적으로 통합된 조직 구조가 안정적인 대량생산에 가장 합리적인 구조로 인식되었다. 하지만 빠르게 변화하는 상품시장에 대한 유연한 적응이 중요해지면서 생산과정과 상품의 빠른 혁신이 강조되기 시작하자 기존의 수직적으로 통합된 조직 구조 혹은 대량생산 체제는 오히려 빠른 혁신에 적합하지 않은 비효율적이고 비합리적인 구조로 평가되었다. 즉 관점의 변화로 인해 기존의 바람직한 모델이 제거되어야 할 장애물로 전환된 것이다.

제도적 조건이 미비한 아일랜드가 자유시장 체제가 아니라 사회협약 체제를 통해서 '켈틱 타이거'와 같은 고도성장을 이루게 된 과정도 유사한 사례라고 할 수 있다. 1980년대 후반까지 아일랜드는 유럽 대륙의 조정 시장 자본주의라기보다는 영국식 자유시장 자본주의에 가까운 체제였다. 아일랜드는 영국과 같이 기본적으로 자유무역과 외국인의 자유로운 투자를 보장하는 자유시장 체제로서 1980년대까지 여러 차례 집단적 조정을 시도했지만 번번이 실패했다. 이런 상황에서 제도주의자들의 논리대로라면 아일랜드와 같은 제도적 조건하에서는 당연히 영국의 대처리즘처럼 '자유시장' 요소들을 보다 강화하는 방향으로 개혁을 했어야 한다. 왜냐하면 그래야만 제도주의자들이 주장하는 제도적 상보성에 의해 성공을 거둘 수 있기 때문이다. 그러나 아일랜드는 제도주의자들의 예상과 정반대로 오히려 유럽 대륙의 조정 자본주의 요소인 '중앙 집중화된 사회협약'을 통해서 성공을 거두었다.

앞에서 언급했듯이 1980년대 후반까지 아일랜드 노동시장 제도는 사회적 조정보다는 탈집중적 시장 관계에 의존했다. 그러나 이런 시장 관계는 외국인투자와 자유무역, 자유주의 국가에 기초한 정치경제 체제하에서 오히려 부정적 효과를 나타냈다. 전통적으로 자유주의 국가관이 강했던 아일랜드 정부는 1980년대까지 사적 영역의 계약 관계에 개입하는 것을 꺼려서 소득정책에 적극적이지 않았다. 한편, 다원화된 노동 조직 구조와 탈집중화된 자유계약에 기초한 노동시장에서는 다양한 노조들이 경쟁적으로 임금 인상을 추구했다. 더구나 이런 임금 인상 경쟁에서 생산성과 경쟁력이 월등히 높은 외국 기업들이 안정적인 고용 관계를 유지하기 위해 평균 임금보다 훨씬 높은 임금을 제공함으로써 임금 인상을 선도했다. 1970년대 아일랜드 임금 인상률은 평균 12~14%로 미국 5~7%나 독일 3~7%, OECD 평균 8.5~9%와 비교했을 때 월등히 높았다. 문제는 이런 가파른 임금 상승을 아일랜드 토착 기업들이 감당하지 못하고 줄줄이 도산하게 되는 상황에 이르렀다는 것이다. 토착 기업의 도산으로 실업률은 가파르게 상승해 1980년대 중반에는 17%에 달했고 일자리를 찾아 해외로 떠나는 이민도 크게 증가했다. 게다가 경제 상황의 악화로 조세수입이 줄어들자 재정 건전성은 더욱 악화되어 결국 아일랜드는 1980년대 중반 국가 부도의 위기를 맞이했던 것이다.

그러나 1987년 이후 수립된 사회협약은 대륙의 조정 자본주의 요소를 수용한 것이었음에도 불구하고 아일랜드 경제를 성공의 길로 전환하는 데 결정적으로 크게 기여했다. 첫째, 사회협약을 통해서 3년간 안정적인 임금 인상을 보장한 사회적 조정은 정부의 소득세 인하와 더불어 산업 활동에 활기를 불어넣었고 새로운 일자리 창출을 견인했다. 둘째, 사회협약의 임금 책정은 첨단 산업의 외국 기업들이 아니라 토착 기업들이 선도함으로써 토착 기업들이 다시 경쟁력을 회복할 수 있는 토대를 마련했다. 셋째, 임금 책정이 전국적 단위의 집단 협상에서 이루어짐으로써 노동쟁의가 줄었을 뿐만 아니라 기업들은 비용과 물가 변동에 대한 예측 가능한 전망을 토대로 투자에 확신을 가지기 시작했다. 넷째, 사회협약에 의해 임금 협상을 둘러싼 갈등이 회사 외부로 이전됨으로써 기업들은 생산성 향상을 위한 생산방식의 재조정과 개선에 집중할 수 있었다. 그 외에도 사회협약은 회사와 공동체 단위의 파트너십 구축, 협력적 제도 개선과 같은 다양한 제도적 이점들을 제공함으로써 '외국인 투자-발전주의 국가-사회협약' 간에 새로운 제도적 상보성을 창출했다.

이렇듯 제도적 이점은 행위자들과 독립적으로 혹은 선험적으로 존재하는 것이 아니라 행위자들의 관점들에 따라서 그리고 행위자들의 정치적·담론적 상호작용 과정이라는 맥락에서 새롭게 재구성된다. 즉 제도적 상보성은 제도주의자들이 주장하듯이 제도 자체에 의해 고정되어 있지 않다는 것이다. '자본주의 다양성 학파'는 자본주의적 관계를 '조정' coordination의 문제로 파악하고 이 측면에서 일종의 이념형으로 '비시장적 조정' 체제와 '자유시장' 체제를 구분하고 있지만 사실 현실 자본주의 운영에서는 조정의 측면만이 중요한 것이 아니다. 비용, 혁신, 사회적 신뢰 등 다양한 가치와 관점들이 존재하고 이에 따라 여러 생산 요소와 제도들의 새로운 조합들이 가능하다. 즉 다양한 가치와 관점에 따라 때로는 외부의 제도적 요소들을, 때로는 과거의 요소들을 '창조적으로 재결합'함으로써 유효한 제3의 방식들이 나타날 수 있는 것이다.

그런데 영미식 자유주의적 다원주의 혹은 자유시장 모델로 분류되던 아일랜드가 제도적 조건들이 미비함에도 불구하고 왜 그리고 어떻게 코포라티즘적 사회협약 모델로 전환할 수 있었는가? 제도주의자들의 '경로 의존성' 개념이나 '자본주의 다양성 학파'의 '비교 제도 우위' 개념과 '제도적 상보성' 개념으로는 이런 아일랜드의 '경로 혁신적' 혹은 '다른 체제의 요소들을 받아들인' 전환을 설명하기 어렵다.

비교의 시각에서 보더라도 제도주의 설명이 많은 한계를 가지는 것은 분명하다. 예를 들면 코포라티즘적 사회 조정 제도가 가장 잘 갖추어졌다는 스웨덴과 덴마크 같은 스칸디나비아 국가들도 1970년대 오일쇼크 그리고 이후 세계화 과정에서 주요 행위자들인 고용주 단체들과 노조들이 문제 해결책과 중앙 집중화된 집단 협상 체제의 가치에 대해 견해 차이를 보임으로써 코포라티즘적 사회 조정에 실패했던 경험을 가지고 있다 (Blyth 2002, 202-207; Scharpf 2000, 36; 47-48). 스웨덴에서는 '임금 소득자 기금'의 의미 그리고 고용주들의 적정 이윤과 투자에 대해서 노조와 고용주들 사이에 견해 차이가 심해지면서 기존의 임금 안정과 사회복지 재투자와 같은 정치적 합의와 사회적 조정이 불가능하게 되었다. 덴마크에서도 오일쇼크로 실업이 가파르게 상승하고 있었지만 정부나 노조가 상승하는 실업 문제와 그 처방책에 대해서 다르게 인식함으로써 사회적 조정에 실패했다. 노조는 실업의 원인이 정부의 완전고용 의지 결여 때문이라고 평가한 반면, 정부는 임금 안정이 불가능해지자 환율과 통화정책을 통해서 문제를 해결하려 했던 것이다.

반면 최근 유럽에서 발전한 사회협약은 아일랜드를 비롯해서 이탈리아·스페인·포르투갈 등 전통적으로 코포라티즘적 사회 조정을 위한 제도적 조건들이 미비하다고 평가되는 국가들에서 많은 성공을 거두었다. 많은 경험 연구들에 따르면, 먼저 전후 1970년대까지 이루어진 사회협약이 주로 케인스주의적 사회민주주의 성격이 강했던 것과 달리 최근의 사회협약은 '수요 측면'이 아니라 '공급 측면'에서 사회적 조정을 하거나 혹은 국가경쟁력을 높이는 것에 초점을 두는 경향이 있다. 그래서 이전의 코포라티즘과 구별해 최근의 사회협약을 '경쟁적 코포라티즘'이라고 명명하기도 한다(Visser and Hemerijck 1997; Traxler et al. 2001). 보다 주목해야 할 사실은 바로 대부분의 사회협약이 '조직적·제도적 조건들이 부재한'그래서 사회협약이 "거의 발생하지 않을 것 같은 곳들"에서 성공했다는 것이다(Avdagic et al. 2011, 89-202; Regini 2003; Rhodes 2001; Baccaro 2003; Hamann and Kelly 2011; Fajertag and Pochet eds. 2000). 기존 이론들에 하나의 퍼즐로 등장한 이들 신생 사회협약들을 설명하기 위해서 많은 문헌들은 기존의 구조적·제도적 조건들보다 본 연구에서와 같이 바로 주요 행위자들의 전략적 상호작용과 문제 진단과 해결책에서의 '공유된 이해'를 강조하고 있다(Avdagic et al. 2011; Baccaro 2003; Regini 2000; Culpepper 2008).

기존 제도주의 이론이 문제가 있다고 해서 제도들이 중요하지 않다는 것은 결코 아니다. 제도들은 행위자들 간의 상호작용에 영향을 미치는 게임의 규칙을 제공할 뿐만 아니라, 행위자들 자체의 형성과 조직적 능력에 영향을 미치고, 역사적 전통 속에서 전략적 행위의 레퍼토리를 제공한다는 점에서 지대한 영향을 미친다는 것을 부인할 수 없다. 그러나 제도에 의한 행위 결과의 일방적 규정을 강조하는 제도주의 이론과 달리 행위자들의 실천적 관점에서 본다면 제도들은 항상 주어진 삶과 경험의 대상이고 주요 행위자들의 다양한 평가와 인식의 관점들에 의해 재해석되고 이용되는 재료들이다.

이런 재료의 양적·질적 차이가 주는 효과는 결코 작지 않다. 그러나 재료 자체가 모든 것을 결정하는 것은 아니다. 오히려 제도의 의미는 주요 행위자들의 해석에 의해 전혀 다른 의미로 작용하기도 한다. 예를 들면 '수직적으로 통합된 거대 생산조직'은 거래 비용을 줄이고 대량생산을 위한 안정적인 '규모의 경제'를 확보하기 위해서는 긍정적이지만 혁신이나 시장의 변화에 빠르고 유연하게 적응하기 위해서는 오히려 부담이나 비용으로 인식된다. 유사하게 아일랜드에서 고용주들은 처음에 조직 노동의 힘을 강화하고 노동시장 유연성을 낮춘다는 관점에서 코포라티즘적 사회협약에 반대했지만 안정적인 임금 책정과 산업 평화라는 관점에 무게가 실리면서 사회협약을 적극 지지하게 되었던 것이다.

본 연구가 제도주의와 다른 점은 제도가 행위자들의 인식 방식을 결정하기보다는 오히려 행위자들의 인식과 해석에 의해 제도의 의미가 재정의되고 제도의 다양한 요소들이 '창조적으로 재결합'된다는 것이다. 앞에서 살펴보았듯이 아일랜드는 전통적으로 영국식 자유시장 모델이지만 '자본주의 다양성 학파'가 예견하듯이 자기 제도들의 비교 우위를 추구하기 위해 자유주의 제도를 강화하기보다는 반대로 대륙의 조정시장경제 요소인 사회협약과 사회 조정의 요소들을 받아들여 새로운 제도적 상보성을 창출했다.

더구나 본 연구가 강조하고 싶은 것은 제도적 조건들이 부재한 경우라 하더라도 주요 행위자들이 전혀 다른 요소들을 동원해 '기능적 대체물'을 형성함으로써 상이한 양태의 모습으로 전환할 수 있다는 것이다. 아일랜드가 제도적 조건들이 부재함에도 불구하고 성공적으로 코포라티즘적 사회 조정 체제를 수립할 수 있었던 이유는 행위자들이 필요에 의해 '기능적 대체물'을 만들 수 있었기 때문이다. 예를 들면 아일랜드에서는 ICTU와 같은 정상 조직의 조직적·위계적 권위가 부재함에도 불구하고 모든 하위 조직들에게 자발적 찬반을 묻는 민주적 절차를 강화함으로써 조직적 권위 대신에 '정신적·도덕적 권위'를 강화할 수 있었다. 이로써 다양한 하부 단위 노조들은 합의안 준수가 강제되지 않더라도 자신들의 민주적 의사 결정의 결과들을 자발적으로 따르지 않을 수 없었다.

또한 본 연구가 주목하는 사실은 코포라티즘적 사회협약을 위한 제도적 조건이 부재하더라도 주요 행위자들 간의 '공유된 의식과 가치' 혹은 문제 진단과 해결 방향에 대한 '사회적 합의'가 있다면 협력적 사회 조정이 가능하다는 것이다. 앞에서 언급했듯이 코포라티즘적 제도들이 발전된 스웨덴과 덴마크의 경우라 하더라도 주요 문제와 처방에 대한 사회적 합의가 이루어지지 않고 대립적으로 문제를 인식할 때 코포라티즘적 사회 조정은 불가능했다. 유사하게 2008년 위기에서 아일랜드는 형식적·제도적 조건들이란 측면에서 보면 1987년보다 더 잘 갖추어져 있었지만 주요 행위자들 간 사회적 합의가 이루어지지 않으면서 국난 극복을 위한 사회 파트너십을 수립하는 데 실패했다. 반대로 코포라티즘적 사회 조정을 위한 제도적 조건이 부재한 경우라 하더라도 1987년 아일랜드에서 보듯이 주요 행위자들의 인식 변화를 통해서 사회 파트너십의 가치에 대한 합의가 이루어진다면 성공적으로 사회 조정이 이루어질 수 있다.

무엇보다도 본 연구는 아일랜드 사회협약이 제도적 조건에 의해 선험적으로 규정된 것이 아니라 주요 행위자들의 정치적 담론과 정치적 교환들에 의해 수립되고 지속적으로 재구성될 수 있었다는 점에 주목한다. 이는 본 연구의 두 번째 가설이 경험적으로 타당함을 보여 준다. 아일랜드 사회협약은 초기에는 임금 안정과 국가 재정 건전화라는 정치적 교환을 통해 수립될 수 있었고, 이후에는 고용 증대와 사회정의에 정책의 초점을 맞춤으로써 재생산될 수 있었다. 이는 사회협약의 재생산 과정이 동일한 제도의 반복이 아니라 형태와 의미에서 대단히 많은 변화를 거쳤음을 의미한다. 사회협약의 재생산 과정은 앞선 실천에 의해 변화된 상황 때문에 새로운 정당화를 필요로 했다. 아일랜드에서 초기 사회협약은 국난 극복을 위한 민족 통합을 위한 것으로 정당화되었지만 이후에는 경쟁력 강화를 위한 사회적 협력, 그리고 더 이후에는 국가경쟁력과 더불어 증대된 국가의 부에 대한 공정한 분배를 위한 것으로 재정의되었던 것이다. 그리고 이런 안정적인 제도화의 과정이 바로 내생적 변화의 과정을 구성했다.

본 연구가 기존 제도주의자들의 정태적 설명과 크게 구별되는 부분은 바로 이처럼 제도의 내생적 변화 과정에 주목한다는 것이다. 앞선 역사적 선택에 의해 이후 선택의 경로가 결정된다는 역사 제도주의, 행위자들의 합리적 선택에 의한 최적의 균형 상태를 강조하는 합리적 선택 제도주의, '당연한 것으로 간주되는' 인식의 틀을 강조하는 사회학적 제도주의 등 기존 제도주의 이론들은 모두 현재의 제도가 지속되고 반복되는 것만을 강조한다. 이런 설명에서 제도 변화는 오직 외부의 충격에 의해서만 가능하다. 물론 위기나 외부 충격이 변화를 유발하는 데 중요하지 않다는 것은 아니다. 위기나 외부 충격은 현재의 제도를 반성하고 재정의할 계기를 부여한다는 점에서 중요하다.

그러나 외부의 충격만으로는 변화의 방향이나 메커니즘을 설명하기 어렵다. 예를 들면 외생적 변화에 따른 설명 방식은 세계화라는 동일한 외부 압력에도 불구하고 상이하고 유효한 적응 방식들이 존재함을 설명하는 데 한계를 보인다. 또 기존 설명 방식은 본 연구에서 보듯이 아일랜드가 1987년과 2008년에 유사한 경제 위기에 직면했음에도 불구하고 상이한 방식으로 대응한 이유를 설명하지 못한다. 아일랜드에서 유사한 두 위기에 대응하는 방식이 달랐던 이유는 위기 자체의 성격 때문이 아니라 바로 위기의 진단과 처방책 그리고 사회협약에 대한 가치 평가에서 달랐기 때문이다. 즉 1987년에 사회협약은 위기 극복을 위한 해결책으로 여겨졌지만 2008년에는 위기의 원인 혹은 개혁의 대상으로 인식되었다. 이는 1987년 이후 20여 년간의 제도화 과정에서 사회협약의 의미가 크게 변화했기 때문이었다. 아일랜드 사회협약의 변화 과정은 기존에 변화를 설명하는 '단절적 균형이론'에 기초한 설명들이 전제하는 것처럼 위기 국면이 정상 국면과 그렇게 단절적이지 않음을 잘 보여 준다. 오히려 아일랜드 사례는 안정적 제도화 과정의 변화를 이해할 때만이 위기 국면에서 행위자들의 선택을 이해할 수 있음을 시사한다.

어떻게 안정적 제도화 과정에서 이루어지는 내생적 변화를 설명할 수 있을 것인가? 최근 다양한 흐름의 제도주의들 내부에서 보다 동태적이고 내생적인 변화를 설명하기 위해서 자기비판과 이론의 업그레이드가 이루어졌다. 합리적 선택 제도주의에서는 그라이프와 레이틴의 저작(Greif and Laitin 2004; Greif 2006), 역사 제도주의에서는 피어슨(Pierson 2004)과 슈트렉(Streeck 2009), 그리고 틸린과 그녀의 여러 공동 저자들의 저작들(Thelen 2004; Streeck and Thelen 2005; Mahoney and Thelen 2010)이 대표적 시도들이다. 그러나 이런 최근의 합리주의자들과 역사 제도주의 자들의 새로운 시도들도 제도들의 동태적인 '창조적 재구성'을 설명하는 데 많은 한계를 노정한다. 이들은 기존의 제도주의 문헌들이 제도의 지속 성만을 강조하고 변화를 설명하지 못한다는 점을 비판할 뿐만 아니라 무 엇보다 기존의 제도주의자들이 제도의 재생산 과정 혹은 피드백의 과정 을 보지 못했다는 점을 강조한다는 점에서 진일보했다고 할 수 있다. 그러 나 이들의 공통된 문제는 재생산 과정 혹은 피드백 과정에서 행위자들이 제도의 의미와 가치를 평가하는 방법이 지나치게 단순하거나 고정된 인 식 틀에서 벗어나지 못한다는 점이다.

예를 들면 피어슨의 경우는 제도적 실천이 항상 '증가하는 이득'을 낳 는다고 이해함으로써 제도적 실천이 많을수록 제도 변화는 더욱 어려워 진다고 본다(Pierson 2004). 물론 그라이프와 레이틴(Greif and Laitin 2004), 슈트렉(Streeck 2009) 등은 피어슨과 같이 긍정적 피드백만이 아니 라 부정적 피드백 과정을 상정함으로써 내생적 변화 혹은 '자기 파괴적' 과정을 제시하고 있다(Greif and Laitin 2004; Streeck 2009). 그러나 이런 합리주의자들의 새로운 이론적 시도도 변화를 '자기 강화적' 재생산 과정 과 '자기 파괴적' 과정이라는 두 유형으로만 설명한다. 그러나 2010년 아 일랜드에서는 기존의 사회협약도 아니고 영국식 자유시장 체제로의 수렴 도 아닌 제3의 형태인 이른바 '구조화된 사회적 대화'라는 조정 형태가 나 타났다. 합리주의자들의 새로운 이론적 시도들은 이처럼 단순 해체가 아 닌 제3의 대안적 제도의 창출 메커니즘을 설명하기 어렵다. 이에 비해 행 위자들의 해석을 강조하는 마호니와 틸린과 같은 역사 제도주의의 새로 운 이론적 시도는 보다 진일보한 측면을 보여 준다(Mahoney and Thelen 2010). 그러나 이들의 설명에서는 행위자들의 정체성이 다시 제도적 맥락에 의해 규정된다고 봄으로써 제도주의적 결정론에서 벗어나지 못하는 한계를 보여 준다.

동태적인 내생적 변화, 특히 다양한 제도적 요소들의 창조적인 재결합을 보다 잘 설명하기 위해서 본 연구는 제도적 삶 혹은 실천적·담론적 상호작용의 과정에서 제도의 의미와 정책의 우선성뿐만 아니라 자신의 선호에 대한 주요 행위자들의 아이디어가 변화한다는 점에 주목했다. 본 연구가 강조하는 아이디어는 실천적 행위자들로부터 독립된 그리고 완결된 아이디어와는 다르며, 반대로 실천적 과정에서 지속적으로 재구성되는 행위자들의 해석과 믿음을 의미한다. 이런 의미에서 앞에서 언급했듯이 제도적 안정화 시기의 삶이란 동일한 제도와 인식의 반복이 아니라 실천적 행위자들에 의해 지속적으로 재해석되고 재정의되는 과정이다. 왜냐하면 제도는 실제 경험의 과정에서 항상 의도하지 않는 결과들을 가지기 때문이다. 이 점에서 결국 본 연구의 네 번째와 다섯 번째 가설들도 내생적 변화를 이해하기 위해서는 필수불가결하게 유효하다고 할 수 있다. 즉 정치적·담론적 상호작용 과정에서 '가능한 선택지들'과 전략적 우선성이 변화함에 따라 주요 행위자들의 이익과 선호도 변화한다. 그리고 제도의 실천 과정에서 제도의 바람직함, 효율성 혹은 타당성에 대한 주요 행위자들의 주관적 평가가 변화하기 때문에 전쟁이나 글로벌 경제 위기와 같은 심대한 외적 충격이 없이도 제도의 의미는 내생적으로 변화해 간다.

예를 들면, 본 연구의 아일랜드 사례에서 보듯이 아무리 성공적인 제도라 하더라도 지속적으로 새로운 도전에 직면하게 된다. 아일랜드에서 사회협약의 성공적인 실천은 엄청난 경제적 성공을 낳음으로써 사회협약의 유효성을 강화하는 측면이 있었지만 다른 한편으로는 국난 위기감의 상실과 함께 행위자들의 '안이함'과 사회정의라는 새로운 이슈의 등장으로 새로운 도전들을 야기했다. 이는 사회협약의 재생산을 위해서는 과거와 같은 국가 위기감이나 조직의 정치적 정당성과는 다른 새로운 정당화와 새로운 조치들이 필요했음을 의미한다. 공식적인 혹은 형식적인 사회협약은 변화 없이 자동적으로 재생산되는 것 같았지만 사실은 변화를 통해서만이 지속될 수 있었던 것이다. 이런 재생산을 위한 새로운 시도들과 새로운 정당화 과정은 주요 행위자들로 하여금 사회협약의 의미를 재정의하고 자신들의 이익과 선호도 재해석할 것을 요구했다. 이처럼 아일랜드 사회협약은 20여 년간의 안정적인 정상 국면 동안 이런 실천과 새로운 정당화 과정을 통해 지속적으로 변화하고 있었다.

결국 내생적 변화를 보다 동태적으로 설명하기 위해서 본 연구는 정상 국면이 어떻게 위기 국면에 영향을 미치는지 그리고 심지어 형식적인 안정성을 보여 주는 정상 국면에서도 단순히 동일한 제도의 반복이 아니라 실천적·담론적 상호작용을 통해 어떻게 제도의 의미와 행위자들의 자기 선호가 지속적으로 재해석·재구성되는지를 이해해야만 한다고 주장한다.

끝으로 본 연구를 마감하면서 한국 정치에서 사회 협의와 사회 통합 정치의 가능성을 잠시나마 고려해 본다. 한국의 경우는 아일랜드와 같은 제도적 안정화 시기의 변화를 논의할 의미조차 없을지 모른다. 한국의 경우는 아직 아일랜드와 비교해서도 사회 파트너십을 위한 제도적 조건들이 턱없이 부족하다. 그만큼 한국에서 사회협약의 정치가 이루어질 가능성은 비현실적이라고 할 정도로 요원해 보인다. 그럼에도 불구하고 아일랜드의 경험에 기초해서 코포라티즘적 사회협약의 구체적인 실현 가능성이라는 관점에서보다는 좀 더 폭넓은 의미에서의 '사회 협치' 혹은 '사회 통합적 정치'가 한국에서 가능할 수 있을지 그리고 어떻게 가능할 수 있을지에 대해 잠시나마 생각해 보려고 한다.

한국에서도 1998년 노사정 위원회를 배경으로 사회협약의 가능성이 제기되기도 했다. 그러나 한국의 많은 학자들은 아직도 여전히 서구의 코포라티즘과 달리 한국의 조직적·제도적 조건들이 미비하다는 것, 혹은 한국 자본주의의 발전의 경로가 서유럽과 차이가 많음을 강조하고 있다. 필자가 보기에도 사회민주당의 부재, 산별노조와 같은 포괄적 조직 구조와 조직적·위계적 권위를 가진 정상 조직의 결여라는 제도적 조건의 미비는 실로 엄청난 실천적 어려움을 노정한다는 것을 부인할 수 없다. 그러나 제도주의와 제도의 중요성이 같은 것은 아니다. 제도주의의 주장과 달리 행위자들은 제도에 의해 일방적으로 규정되지는 않기 때문이다. 하지만 행위자들이 새로운 가능성을 모색함에 있어 재료의 많고 적음, 있고 없음은 행위자들이 추구할 수 있는 전략의 레퍼토리 자체에 지대한 영향을 미친다. 무엇보다 주요 행위자들의 형성이라는 측면에서 볼 때 전국적 차원의 정치에서 조직 노동이 가지는 정치적 발언권이 미미하다는 것은 가장 큰 문제다. 노조 가입률과 조직 방식 그리고 정치적 위상으로 볼 때 현재 한국에서 노동은 '주요 행위자'로 간주될 수 없는 상황일지도 모른다. 더구나 코포라티즘적 사회협약이 정착되기 위해서는 무엇보다 노동과 자본 같은 사적 이익대표들이 사회경제 공공 정책의 결정에 참여하는 것을 받아들여야 하는데, 한국의 경우는 자유주의적 공사 개념이 강한 편이다.

그러나 아일랜드 사례와 유럽의 여타 신흥 사회협약 국가들을 고려해 본다면 사회협약이 성공하기 위해 얼마만큼의 제도적 조건이 필요한가를 가늠하기는 어렵다. 무엇보다 제도적 조건이 모두 완비되고 난 연후에나 사회협약 정치를 위한 담론적 상호작용이 이루어질 수 있다는 주장은 사실이 아니다. 새로운 주체의 형성 또한 실천적·담론적 과정에서 이루어진다. 실천적 과정에서 행위자들의 인식 변화와 제도의 의미 변화는 새로운 주체 형성의 가능성과 함께 열려 있는 문제다. 다만 아일랜드의 사례가 보여 주듯이 제도적 조건들이 미비한 상태에서는 주요 행위자들에 의한

'기능적 대체물' 창조와 '사회적 합의'의 수립이 사회 통합의 정치와 사회 조정을 위해 절대적으로 필요하다. 그러나 이런 관점에서 보더라도 현재 한국의 정치는 여기에 턱없이 부족하다. 주요 행위자로서 굳이 노동만을 고집하지 않고 보다 폭넓은 정치사회 세력들이 함께 논의하고 협력하는 사회 협의의 정치 혹은 사회 통합의 정치를 위해서 현재 한국이 넘어야 할 장애물은 무엇인가?

한국에서는 통합적이고 협력적인 사회 조정을 하기에 주요 정치사회 세력들 사이의 견해 차이가 아직 너무나 크다. 무엇보다 현재 우리 사회에는 상대를 협력적 사회 조정을 위한 주요 파트너로 인정하지 않는 경향이 있다. 먼저 고용주들은 경영권을 '불가침의 권리'로 보고 미시적·거시적 차원에서 보다 효율적인 생산의 새로운 방안을 위한 협의에 노동의 참여를 인정하지 않는다. 다른 한편 노동 쪽에서는 협력적 노조나 시민 단체들을 어용으로 매도하는 경향이 없지 않다. 정당정치에서도 상대를 인정하지 않는다. 예를 들면, 지난 역사에서 상대 정치 세력의 뿌리가 독재나 반민주였다는 이유로 혹은 산업화와 안보에 무능했다는 이유 등으로 상대를 배제하는 것이 곧 내가 옳음을 보장한다는 안이한 사고가 팽배해 있다. 이런 관점들은 현재 한국에서 협력적 사회 통합과 사회 조정을 위해서는 반드시 극복해야 할 가장 큰 장애물이다.

실천적 과정에서 새로운 변화를 바라는 담론과 새로운 해석들이 제기된다면 그래서 구체적인 방법으로 과거와 다른 새로운 기능적 대체물들이 수립된다면 사회 통합적·협력적 사회 조정의 실현 가능성은 여전히 열려 있는 문제다. 다만 갈수록 주요 정치적·경제적·사회적 사건들이 터질 때마다 갈등적이고 양극화polarization하는 해석들이 축적되어 가면서 주요 행위자들 간 감정과 인식의 골이 더욱 깊어 가는 현재 한국의 상황에서는 사회 통합 혹은 사회 파트너십의 가능성은 더욱 어려워 보인다. 사회 통합 혹은 사회 파트너십을 원한다면 무엇보다 상대를 먼저 협력의 상대로 인정한 다음 '공유된 이해와 가치'를 넓혀 가는 것이 필요하다. 그리고 이를 위해서는 각 정치 주체들이 갈등적으로 상대방을 배제하고 비방하기보다는 먼저 상대를 함께 논의하고 함께 살아가야 할 주요 행위자로 인정하고, 그 다음으로는 '내가 상대편의 상황이라면', '내가 지금 집권당이라면' 등과 같이 역지사지의 상호성reciprocity에 기초한 관점으로 인식을 전환하는 것이 무엇보다 절실히 요구된다고 할 것이다.

| 참고문헌 |

국내 문헌

권형기. 2007. "분화하는 대륙형 자본주의: 독일과 네덜란드 비교."『국제정치논총』
　　　제47집 3호.
_____. 2009a. "경로혁신적 재편?: 아일랜드 모델."『대한정치학회보』제16집 3호.
_____. 2009b. "세계경제 위기에 대한 아일랜드의 대응."『민주사회와 정책연구』통권
　　　16호.
신장섭·장하준. 2004.『주식회사 한국의 구조조정 무엇이 문제인가』. 창비.
하비, 데이비드. 2007.『신자유주의: 간략한 역사』. 최병두 옮김. 한울아카데미.

신문과 주간지●

The Economist. 2009/03/21. "The Party is Definitely Over."
_____. 1997/05/17. "Ireland shines."
Financial Times. 1999/08/19. "Ireland's Miracle."
The Guardian. 2009/04/29. "Ireland's Unemployment Rises to 11.4%."
Industrial Relation News (years).

● 이 책에서 가장 주요한 일차적 자료는 저자의 인터뷰와 아일랜드 주요 일간지인『아이리
시 타임스』(*The Irish Times*)와 노사관계 관련 전문 주간지인『노사관계 뉴스』(*Industrial
Relations News, IRN*)다. 인터뷰나 일간지와 주간지들은 여기 참고 문헌에 일일이 명시
하지 않았다. 대신 본문과 각주에서 직접 언급했다. 다만 빈도가 적은 일간지와 주간지는
참고문헌에 명시했다.

The Irish Times. 2009/01/09. "Draft Framework for a Pact for Stabilisation, Social
    Solidarity and Economic Renewal."
_____. 2009/02/28. "IBEC Calls for Consensus on Economic Plan."
_____. 2009/10/05. "SIPTU Rejects Call for Pay Freeze."
_____. 2009/10/05. "IBEC Dismisses unrealistic Expectations of Pay Rises."
_____. 2009/10/05. "SIPTU Conference to Focus on Cuts Strategy."
_____. 2009/10/01. "Proposed Cutbacks Increasing Threat of Major Industrial
    Unrest."
_____. 2004/04/29. "China appreciates Irish growth and learning."
New Statesmean. 2009/01/12. "A Toothless Tiger."
The Sunday Times. 2009/02/15. "Ireland Could Default on Debt."
The Wall Street Journal. 1998/12/18. "Ireland's Europe rivals are green with envy."

해외 문헌

Acemoglu, Daron and James Robinson. 2006. *Economic Origins of Dictatorship
    and Democracy*. Cambridge University Press.
Adshead, Maura. 2008. "State Autonomy, State Capacity and the Patterning of
    Politics in the Irish State." Maura Adshead, Peadar Kirby and Michelle
    Millar eds. *Contesting The State: Lessons from the Irish Case*. Manchester
    University Press.
_____. 2010. "An Advocacy Coalition Framework Approach to the Rise and Fall
    of Social Partnership." *Irish Political Studies* vol. 26, no. 1.
Adshead, Maura, Peadar Kirby and Michelle Millar eds. 2008. *Contesting the State:
    Lessons from the Irish Case*. Manchester University Press.
AIAS(Amsterdam Institute for Labour Studies). ICTWSS Database.
    http://www.uva.aias.net/207
Allen, Kieran 2000. *The Celtic Tiger: The Myth of Social Partnership in Ireland*.
    Manchester University Press.
_____. 2003. "Neither Boston nor Berlin: Class Polarisation and Neo-liberalism in
    the Irish Republic." C. Coulter and S. Coleman eds. *The End of Irish
    History? Critical Reflections on the Celtic Tiger*. Manchester University Press.
_____. 2007. *The Corporate Takeover of Ireland*. Irish Academic Press.
_____. 2009. *Ireland's Economic Crash: A Radical Agenda for Change*. The Liffey
    Press.

_____. 2010. "The Trade Unions: From Partnership to Crisis." *Irish Journal of Sociology* vol. 18, no. 2.

Amsden, Alice H. 1989. *Asia's Next Giant: South Korea and Late Industrialization.* Oxford University Press.

Andrews, David M. 1994. "Capital Mobility and State Autonomy." *International Studies Quarterly* vol. 38.

Andrews, Todd. 1957. "Is emigration inevitable in Ireland?" Notes for lecture in Todd Andrews Papers.

Ansell, Christopher K. 2000. "The Networked Polity: Regional Development in Western Europe." *Governance* vol. 13. no. 2.

Antoniades, Andreas. 2008. "Examining Facets of the Hegemonic: The Globalization Discourse in Greece and Ireland." *Review of International Political Economy* vol. 14, no. 2.

_____. 2009. *Producing Globalisation: Politics of Discourse and Institutions in Greece and Ireland.* Manchester University Press.

Auer, Peter. 2000. *Employment Revival in Europe: Labour Market Success in Austria, Denmark, Ireland, and the Netherlands.* ILO.

Avdagic, Sabina, Martin Rhodes and Jelle Visser eds. 2011. *Social Pacts in Europe: Emergence, Evolution, and Institutionalization.* Oxford University Press.

Avellaneda, Sebastian Dellepiane. 2010. "The European Context of Ireland's Economic Crisis." *The Economic and Social Review* vol. 41, no. 4.

Baccaro, Lucio. 2003. "What is Alive and What is Dead in the Theory of Corporatism." *British Journal of Industrial Relations* vol. 41, no. 4.

Baccaro, Lucio and Sang-Hoon Lim. 2007. "Social Pacts as Coalitions for the 'Weak' and 'Moderate': Ireland, Italy and South Korea in Comparative Perspective." *European Journal of Industrial Relations*, vol. 13, no. 1.

Baccaro, Lucio and Marco Simoni. 2004. "The Irish Social Partnership and the 'Celtic Tiger' Phenomenon." Discussion Paper, no. 154 at Decent Work Research Programme, International Institute for Labour Studies, Geneva.

_____. 2007. "Centralised Wage Bargaining and the 'Celtic Tiger' Phenomenon." *Industrial Relations* vol. 46, no. 3.

_____. 2008. "Policy Concertation in Europe: Understanding Government Choice." *Comparative Political Studies* vol. 41, no. 10.

_____. 2010. "Organizational Determinants of Wage Moderation." *World Politics* vol. 62, no. 4.

Baker, T. J. 1988. "Industrial Output and Wage Costs 1980-1987." *Quarterly*

Economic Commentary, October. ESRI.

Barrett, Alan, Ide Kearney and Jean Goggin. 2009. Quarterly Economic
    Commentary, Autumn. ESRI.

Barrett, A., J. FizGerald and B. Nolan. 2002. "Earnings Inequality, Returns to
    Education and Immigration into Ireland." Labour Economics vol. 9, no. 5.

Barrett, Alan, Tim Callan and Brian Nolan. 1999. "Rising Wage Inequality, Returns
    to Education and Labour Market Institutions: Evidence from Ireland."
    British Journal of Industrial Relations vol. 37, no. 1.

Barry, Frank. 1996. "Peripherality in Economic Geography and Modern Growth
    Theory: Evidence from Ireland's Adjustments to Free Trade." The World
    Economy vol. 19, no. 2.

_____. 1999a. "Introduction." Frank Barry ed. Understanding Ireland's Economic
    Growth. Palgrave.

_____. 1999b. "Irish Growth in Historical and Theoretical Perspective." Frank
    Barry ed. Understanding Ireland's Economic Growth. Palgrave.

_____. 2000. "Convergence is not Automatic: Lessons from Ireland for Central
    and Eastern Europe." The World Economy vol. 23, no. 10.

_____. 2005. "Future Irish Growth: Opportunities, Catalysts, Constraints."
    Quarterly Economic Commentary, Winter. ESRI.

_____. 2006. "FDI and Irish Economic Development over Four Stages of European
    Integration." www.cepii.fr/anglaaisgraph/communications/pdf/2006/0910
    0206/barry.pdf

_____. 2007. "Foreign Direct Investment and Institutional Co-Evolution in
    Ireland." Scandinavian Economic History Review vol. 55, no. 3.

_____. 2008. "Third-level Education, Foreign Direct Investment and Economic
    Boom in Ireland." International Journal of Technology Management vol. 38,
    no. 3.

_____. 2009. "Social Partnership, Competitiveness and Exit from Fiscal Crisis." The
    Economic and Social Review vol. 40, no. 1.

_____ ed. 1999. Understanding Ireland's Economic Growth. Palgrave.

Barry, Frank and Aoife Hannan. 1995. "Multinationals and Indigenous
    Employment: An 'Irish Disease'?" The Economic and Social Review vol. 27,
    no. 1.

Barry, Frank, John Bradley and Aoife Hannan. 1999. "The European Dimension:
    The Single Market and the Structural Funds." Frank Barry ed.
    Understanding Ireland's Economic Growth. Palgrave.

Bates, Robert H, R. J. P. de Figueiredo and B. R. Weingast. 1998. "The Politics of Integration: Rationality, Culture and Transition." *Politics and Society* vol. 26, no. 2.

Berger, Suzanne. 1981. "Introduction." S. Berger ed. *Organizing Interests in Western Europe*. Cambridge University Press.

_____ ed. 1981. *Organizing Interests in Western Europe: Pluralism, Corporatism and the Transformation of Politics*. Cambridge University Press.

Berger, Stefan. 2002. "Social Partnership 1880-1989: The Deep Historical Roots of Diverse Strategies." Stefan Berger and Hugh Compston eds. *Policy Concertation and Social Partnership in Western Europe*. Berghahn Books.

Berger, Stefan and Hugh Compston eds. 2002. *Policy Concertation and Social Partnership in Western Europe*. Berghahn Books.

Bergin, A., T. Conefrey, J. FitzGerald and I. Kearney. 2009. "Recovery Scenarios for Ireland." Research Series, no. 7, ESRI.

Berliner, Joseph S. 1999. *The Economics of the Good Society*. Blackwell.

Berk, Gerald and Dennis Galvan. 2009. "How People Experience and Change Institutions: A Field Guide to Creative Syncretism." *Theory and Society* vol. 38.

Berman, Sheri. 1998. *The Social Democratic Moment: Ideas and Politics in the Making of Interwar Europe*. Harvard University Press.

Berndt, C. 2000. "Regulation, Power and Scale: 'Reworking' Capital-Labour Relations in German SMEs." ESRC Centre for Business Research, University of Cambridge, Working Paper, no. 157.

Bew, Paul and Henry Patterson. 1982. *Sean Lemass and the Making of Modern Ireland 1945-66*. Gill & Macmillan.

Blau, Francine D. and Lawrence M. Kahn. 2002. *At Home and Abroad: U.S. Labor Market Performance in International Perspective*. Sage.

Blavoukos, Spyros and George Pagoulatos. 2008. "The Limits of EMU Conditionality: Fiscal Adjustment in Advanced Economies." *Journal of Public Policy* vol. 28, issue 2.

Block, Fred. 2008. "Swimming Against the Current: The Rise of a Hidden Developmental State in the United States." *Politics and Society* vol. 36, no. 2.

Block, Fred and Matthew R. Keller eds. 2011. *State of Innovation: The U.S. Government's Role in Technology Development*. Paradigm Publishers.

Blyth, Mark. 1997. "Any More Bright Ideas? The Ideational Turn of Comparative Political Economy." *Comparative Politics* vol. 29, no. 2.

_____. 2002. *Great Transformations: Economic Ideas and Institutional Change in the Twentieth Century.* Cambridge University Press.

_____. 2004. "Book Review: The Future of European Capitalism." *Perspectives on Politics* vol. 2, no. 3.

_____. 2005. "Domestic Institutions and the Possibility of Social Democracy." *Comparative European Politics* vol. 3.

_____. 2006. "Interests and Ideas." Bernard E. Brown ed. *Comparative Politics: Notes and Readings.* 10th edition. Thomson & Wadsworth.

_____. 2009. "An Approach to Comparative Analysis or a Subfield within a Subfield?" Mark Irving Lichbach and Alan S. Zuckerman eds. *Comparative Politics: Rationality, Culture and Structure*, 2nd edition. Cambridge University Press.

Böss, Michael. 2010. "Towards a New Consensus." Michael Böss ed. *The Nation-State in Transformation: Economic Globalisation, Institutional Mediation and Political Values.* Aarhus University Press.

Boyle, Nigel. 2003. "Governance of the Irish Labor Market 1987-2000: FAS, the EU and the Irish State." Working Paper 03-2, European Union Center of California, Scripps College, Claremont.

Bradley, J. 1994. "The Legacy of Economic Development: The Irish Economy 1960-1987." C. Ó Gráda ed. *The Economic Development of Ireland since 1870.* Edward Elgar.

_____. 1999. "The History of Economic Development in Ireland, North and South." A. F. Heath, R. Breen and C. T. Whelan eds. *Ireland North and South: Perspectives from Social Science.* Oxford University Press.

Brannick, Teresa and Linda Doyle. 1994. "Industrial Conflicts." Thomas V. Murphy and William K. Roche eds. *Irish Industrial Relations in Practice.* Oak Tree Press.

Breathnach, Proinnsias. 1995. "Uneven Development and Irish Peripheralisation." P. Shirlow ed. *Development Ireland: Contemporary Issues.* Pluto Press.

_____. 1998. "Exploring the 'Celtic Tiger' Phenomenon: Causes and Consequences of Ireland's Economic Miracle." *European Urban and Regional Studies* vol. 5, no. 4.

Breznitz, Dan. 2007. *Innovation and The State: Political Choice and Strategies for Growth in Israel, Taiwan and Ireland.* Yale University Press.

_____. 2012. "Ideas, Structure, State Action and Economic Growth: Rethinking the Irish Miracle." *Review of International Political Economy* vol. 19, no. 1.

Calmfors, Lars and John Driffill. 1988. "Bargaining Structure, Corporatism and Macroeconomic Performance." *Economic Policy* 6.

Campbell, John L. 2004. *Institutional Change and Globalization*. Princeton University Press.

Campbell, John L., John A. Hall and Ove K. Pedersen eds. 2006. *National Identity and the Varieties of Capitalism: The Danish Experience*. McGill-Queen's University Press.

Cerny, Philip G. 1990. *The Changing Architecture of Politics*. Sage.

Chari, Raj and Patrick Bernhagen. 2011. "Financial and Economic Crisis: Explaining the Sunset over the Celtic Tiger." *Irish Political Studies* vol. 26, no. 4.

Checkel, J. 1998. "The Constructivist Turn in International Relations Theory." *World Politics* vol. 50, no. 2.

Chubb, Basil. 1970. *The Government & Politics of Ireland*. Stanford University Press.

_____. 1980. "Introduction." Donal Nevin ed. *Trade Unions and Change in Irish Society*. The Mercier Press.

Chuma, H., T. Kato and I. Ohashi. 2004. "What Japanese Workers Want: Evidence from the Japanese Worker Representation and Participation Survey." Working Paper at Research Institute of Economy, Trade and Industry (RIETI), Paper Series 04-E-019.

Clancy, Paula, Nat O'Connor and Kevin Dillon. 2010. *Mapping the Golden Circle*. Think-tank for Action on Social Change.

Clayton, Richard and Jonas Pontusson. 1998. "Welfare-State Retrenchment Revisited: Entitlement Cuts, Public Sector Restructuring, and Inegalitarian Trends in Advanced Capitalist Societies." *World Politics* vol. 51, no. 1.

Coakley, John. 2005a. "The Foundation of Statehood." J. Coakley and M. Gallagher eds. *Politics in the Republic of Ireland*. Routledge.

_____. 2005b. "Society and Political Culture." J. Coakley and M. Gallagher eds. *Politics in the Republic of Ireland*. Routledge.

Coleman, Marc. 2009. *Back from the Brink: Ireland's Road to Recovery*. Transworld Ireland.

Collings, D. G., P. Gunnigle and M. J. Morley. 2008. "Between Boston and Berlin: American MNCs and the Shifting Contours of Industrial Relations in Ireland." *The International Journal of Human Resource Management* vol. 19, no. 2.

Collins, Stephen. 2005. *Breaking the Mould: How the PDs Changed Ireland.* Macmillan.

Compston, Hugh. 2002. "The Poltics of Policy Concertation in the 1990s: The Role of Ideas." Stefan Berger and Hugh Compston eds. *Policy Concertation and Social Partnership in Western Europe.* Berghahn Books.

Conefrey, Thomas and John FitzGerald. 2010. "Managing Housing bubbles in Regional Economies under EMU: Ireland and Spain." *National Institute Economic Review* vol. 211, no. 1.

Cooper, C. and N. Whelen. 1973. Science Technology and Industry in Ireland. Report to the National Science Council. Dublin: Stationery Office.

Cooper, Matt. 2009. *Who Really Runs Ireland?* Penguin Ireland.

Cradden, T. 2004. "Social Partnership: A 'Rising Tide Lifts all Boats?'" N. Collins and T. Cradden eds. *Political Issues in Ireland Today.* Manchester University Press.

Crafts, N. 2005. "Interpreting Ireland's Economic Growth." Industrial Development Report 2005 Background Paper Series, United Nations Industrial Development Organization.

Crotty, James. 2009. "Structural Causes of the Global Financial Crisis: A Critical Assessment of the 'New Financial Architecture'." *Cambridge Journal of Economics* vol. 33, no.4.

Crouch, Colin. 2002. "The Euro and Labour Market and Wage Policies." K. Dyso ed. *European States and the Euro: Europeanization, Variation, and Convergence.* Oxford University Press.

_____. 2007. "Discussion Forum: Institutional Change and Globalization: How to do post-determinist institutional analysis." *Socio-Economic Review* vol. 5.

_____. 2009. "Privatised Keynesianism: An Unacknowledged Policy Regime." *The British Journal of Politics and International Relations* vol. 11.

Crouch, Colin and Wolfgang Streeck. 1997. "Introduction: The Future of Capitalist Diversity." Colin Crouch and Wolfgang Streeck eds. *Political Economy of Modern Capitalism: Mapping Convergence and Diversity.* Sage Publications.

Culpepper, Pepper. D. 2005. "Institutional Change in Contemporary Capitalism: Coordinated Financial System since 1990." *World Politics* vol. 57, no. 2.

_____. 2007. "Small States and Skill Specificity: Austria, Switzerland, and Inter employer Cleavages in Coordinated Capitalism." *Comparative Political Studies* vol. 40, no. 6.

_____. 2008. "The Politics of Common Knowledge: Ideas and Institutional

Change in Wage Bargaining." *International Organization* vol. 62.

Daly, Mary E. 1992. *Industrial Development and Irish National Identity, 1922-1939.* Gill & Macmillan.

Deeg, R. 2005. "Change from Within: German and Italian Finance in the 1990s." W. Streeck and K. Thelen eds. *Beyond Continuity: Institutional Change in Advanced Political Economies.* Oxford University Press.

Dellepiane, Sebastian and Niamh Hardiman. 2012. "Governing the Irish Economy: A Triple Crisis." N. Hardiman ed. *Irish Governance in Crisis.* Manchester University Press.

Delsen, Lei. 2002. *Exit Polder Model?: Socioeconmic Changes in the Netherlands.* Praeger.

DiMaggio, P. J. and W. W. Powell. 1991. "Introduction." P. J. DiMaggio and W. W. Powell eds. *The New Institutionalism in Organizational Analysis.* The University of Chicago Press.

Doherty, Michael. 2011. "It must have been love ⋯ but it's over now: The crisis and collapse of social partnership in Ireland." *Transfer: European Review of Labour and Research* vol. 17, no. 3.

Donaghey, Jimmy and Paul Teague. 2007. "The Mixed Fortunes of Irish Unions: Living with the Paradoxes of Social Partnership." *The Journal of Labor Research* vol. 28, no. 1.

Dore, Ronald. 2000. *Stock Market Capitalism: Welfare Capitalism-Japan and Germany versus the Anglo-Saxons.* Oxford University Press.

Dornbusch, Rudi. 1998. "On the Edge: Japan Could Topple as Reform Slips, Debt Mounts." *Far Eastern Economic Review* vol. 26.

Du Caju, E. Gautier, D. Momferatou and M. Ward-Warmedinger. 2008. "Institutional Features of Wage Bargaining in 22 EU countries, the US and Japan." ECB Working Paper, no. 974.

Durkan, Joseph. 1992. "Social Consensus and Incomes Policy." *Economic and Social Review* vol. 23, no. 3.

Durkan, Joseph and Colm Harmon. 1996. "Social Consensus, Incomes Policy and Unemployemnt." Working Paper 96/11, UCD Center for Economic Research.

Fahey, Tony. 2007. "How do we feel? Economic Boom and Happiness." T. Fahey, H. Russell, C. T. Whelan eds. *Best of Times? The Social Impact of the Celtic Tiger.* Institute of Public Administration.

Fahey, Tony, Helen Russel, Christopher T. Whelan eds. 2007. *Quality of Life in*

Ireland: Social Impact of Economic Boom. Springer.

Fajertag, Giuseppe and Philippe Pochet eds. 2000. *Social Pacts in Europe: New Dynamics*. European Trade Union Institute.

Fanning, Bryan and Patrick Paul Walsh. 2010. "Reappraising Irish Developmentalism: Editorial." *The Economic and Social Review* vol. 41, no. 3.

Feldmann, Horst. 2003. "Labor Market Regulation and Labor Market Performance: Evidence based on Surveys among Senior Business Executives." *KYKLOS* vol. 56, no. 4.

Ferner, Anthony and Richard Hyman eds. 1998. *Changing Industrial Relations in Europe*. Blackwell.

FitzGerald, Garret. 1991. *All in Life: An Autobiography*. Gill & Macmillan.

_____. 2007 "Recent Economic Growth Has Unhealthy Basis." *The Irish Times*, 24th Feb. 2007.

FitzGerald, John. 1999. "Wage Formation and the Labour Market." Frank Barry ed. *Understanding Ireland's Economic Growth*. Palgrave.

_____. 2000. "Ireland's Failure – and belated convergence." ESRI Working Paper, no. 133.

FitzGerald, Rona. 1992. "The First Fifty Years." Basil Chubb ed. *FIE Federation of Irish Employers 1942-1992*. Gill & Macmillan.

FitzGerald, Rona and Brian Girvin. 2000. "Political Culture, Growth and the Conditions for Success in the Irish Economy." B. Nolan, P. J. O'Connell and C. T. Whelan eds. *Bust to Boom?: The Irish Experience of Growth and Inequality*. Institute of Public Administration.

Fligstein, N. 1990. *The Transformation of Corporate Control*. Harvard University Press.

Friedman, Thomas. 2006. *The World is Flat: A Brief History of the Twenty-first Century*. Farrar, Straus and Giroux.

Frieden, Jeffry A. 1991. "Invested Interests: The Politics of National Economic Policies in a World of Global Finance." *International Organization* vol. 45, no.4.

Ganghof, S. and P. Genschel. 1999. "National Tax Policy under International Constraints." Paper prepared for the Conference on "Globalization, European Economic Integration and Social Protection." European University Institutes, Florence, Italy, 11-12, March.

Garrett, Geoffrey. 1998. *Partisan Politics in the Global Economy*. Cambridge University Press.

Geary, John F. 1998. "New Work Structures and the Diffusion of Team working Arrangements in Ireland." Paper presented at the 6th Annual John Lovett Memorial Lecture, University of Limerick, April.

_____. 1999. "The New Workplace: Change at Work in Ireland." *International Journal of Human Resource Management* vol. 10, no. 5.

Geary, Roy C. 1951. "Irish Economic Development Since the Treaty." *Studies* vol. 50.

Geary, P. T., B. M. Walsh and J. Copeland. 1975. "The Cost of Capital to Irish Industry." *Economic and Social Review* vol. 6, no. 3.

Gilpin, Robert. 2000. *The Challenge of Global Capitalism: The World Economy in the 21st Century*. Princeton University Press.

Gobeyn, M. J. 1993. "Explaining the Decline of Macro-corporatist Political Bargaining Structures in Advanced Capitalist Societies." *Governance* vol. 6, no.1.

Gofas, Andreas and Colin Hay eds. 2010. *The Role of Ideas in Political Analysis: A Portrait of Contemporary Debates*. Routledge.

Goldstein, Judith and Robert Keohane eds. 1993. *Ideas and Foreign Policy: Beliefs, Institutions, and Political Change*. Cornell University Press.

Goldthorpe, John H. ed. 1984. *Order and Conflict in Contemporary Capitalism*. Clarendon Press.

Goodman, J. B. and L. W. Pauly. 1993. "The Obsolescence of Capital Controls: Economic Management in an Age of Global Markets." *World Politics* vol. 46, no. 1.

Görg, Holger and Frances Ruane. 2001. "Multinational Companies and Linkage: Panel-Data Evidence for the Irish Electronics Sector." *International Journal of the Economics of Business* vol. 8, no. 1.

Görg, Holger and Eric Strobl. 2000. "Multinational Companies, Technology Spillovers and Firm Survival: Evidence from Irish Manufacturing." Research Paper 2000/12, Leverhulme Center for Research on Globalisation and Economic Policy.

_____. 2005. "Employment Dynamics in Foreign and Domestic Plants: Evidence from Irish Manufacturing." *International Review of Applied Economics* vol. 19, no. 2.

Gourevitch, Peter. 1986. *Politics in Hard Times: Comparative Responses to International Economic Crises*. Cornell University Press.

Grafton, D., Y. Murphy and V. McDermott. 1984. "The Twenty-Fourth Wage

Round: An Industrial and Economic Analysis of Pay Settlements During 1984/1985." *Industrial Relations News Report*, November.

Grahl, J. and P. Teague. 1997. "Is the European Social Model Fragmenting?" *New Political Economy* vol. 2, no. 3.

Greif, A. 2006. *Institutions and the Path to the Modern Political Economy: Lessons from Medieval Trade.* Cambridge University Press.

Greif, A. and D. Laitin. 2004. "A Theory of Endogenous Institutional Change." *American Political Science Review* vol. 98, no. 4.

Gunnigle, Patrick, David G. Collings and Michael J. Morley, 2006. "Accommodating Global Capitalism? State Policy and Industrial Relations in American MNCs in Ireland." A. Ferner, J. Quintanilla and C. Sanchez-Runde eds. *Multinationals and the Construction of Transnational Practices: Convergence and Diversity in the Global Economy.* Palgrave Macmillan.

Gunnigle, Patrick, Jonathan Lavelle and Anthony McDonnell. 2007. "Human Resource Practices in Multinational Companies in Ireland: A Large-Scale Survey." Research Paper, Kemmy Business School, University of Limerick.

Gunnigle, Patrick, Jonathan Lavelle and Sinead Monaghan. 2012. "Weathering the Storm? Multinational Companies and Human Resource Management through the Global Financial Crisis." Working Paper, Kemmy Business School, University of Limerick.

Gutmann, Amy and Dennis Thompson. 2004. *Why Deliberative Democracy?* Princeton University Press.

Hall, Peter A. 1986. *Governing the Economy: The Politics of State Intervention in Britain and France.* Oxford University Press.

_____. 1989. "Conclusion: The Politics of Keynesian Ideas." P. A. Hall ed. *The Political Power of Economic Ideas.* Princeton University Press.

_____. 1993. "Policy Paradigms, Social Learning, and the State: The Case of Economic Policymaking in Britain." *Comparative Politics* vol. 25, no. 3.

Hall, Peter A. and D. W. Gingerich, 2004. "Varieties of Capitalism and Institutional Complementarities in the Macroeconomy: An Empirical Analysis." MPIfG Discussion Paper 04/5, Max-Planck-Institute for the Study of Societies.

Hall, Peter A. and D. Soskice. 2001. "An introduction to Varieties of Capitalism." P. Hall and D. Soskice eds. *Varieties of Capitalism: The Institutional Foundations of Comparative Advantage.* Oxford University Press.

_____. 2003. "Varieties of Capitalism and Institutional Change: A Response to

Three Critics." *Comparative European Politics* vol. 1.

Hall, Peter A. and Rosemary Taylor. 1996. "Political Science and the Three New Institutionalisms." *Political Studies* vol. 44.

Hamann, Kerstin and John Kelly. 2011. *Parties, Elections, and Policy Reforms in Western Europe: Voting for Social Pacts.* Routledge.

Hancké, Bob and Andrea Monika Herrmann. 2007. "Wage Bargaining and Comparative Advantage in EMU." B. Hancké, M. Rhodes and M. Thatcher eds. *Beyond Varieties of Capitalism.* Oxford University Press.

Hancké, B. and M. Rhodes. 2005. "EMU and Labour Market Institutions in Europe: The Rise and Fall of National Social Pacts." *Work and Occupations* vol. 32, no. 2.

Hancké, B., M. Rhodes and M. Thatcher. 2007. "Introduction: Beyond Varieties of Capitalism." B. Hancké, M. Rhodes and M. Thatcher eds. *Beyond Varieties of Capitalism*, Oxford University Press.

Hansmann, Henry and Reinier Kraakman. 2000. "The End of History for Corporate Law." Yale Law School Working Paper No. 235.

Hardiman, Niamh. 1984. "Corporatism in Ireland: An Exchange of Views." *Administration* vol. 32, no. 1.

_____. 1988. *Pay, Politics, and Economic Performance in Ireland 1970-1987.* Clarendon Press.

_____. 2000. "Social Partnership, Wage Bargaining and Growth." Brian Nolan, Philip J. O'Connell and Christopher T. Whelan eds. *Bust to Boom: The Irish Experience of Growth and Inequality.* Institute of Public Administration.

_____. 2002. "From Conflict to Co-ordination: Economic Governance and Political Innovation in Ireland." *West European Politics* vol. 25, no. 4.

_____. 2009a. "The Impact of the Crisis on the Irish Political System." Paper presented at Symposium on Resolving Ireland's Fiscal Crisis, Statistical and Social Inquiry Society of Ireland, 26th November.

_____. 2009b. "Bringing Politics Back into Varieties of Capitalism: Shaping Ireland's Productive Capacity." Working Paper 2009/13, UCD Geary Institute.

_____. 2010a. "Economic Crisis and Public Sector Reform: Lessons from Ireland." Working Paper 2010/13, UCD Geary Institute.

_____. 2010b. "Bringing Domestic Institutions Back into an Understanding of Ireland's Economic Crisis." *Irish Studies in International Affairs* vol. 21.

_____. 2012. "Introduction: Profiling Irish Governance." N. Hardiman ed. _Irish Governance in Crisis_. Manchester University Press.

_____ ed. 2012. _Irish Governance in Crisis_. Manchester University Press.

Hardiman, Niamh and Muiris MacCarthaigh. 2010. "Organizing for Growth: Irish State Administration 1958-2008." _Economic and Social Review_ vol. 43, no. 3.

_____. 2011. "The Un-politics of New Public Management in Ireland." Jean-Michel Eymeri-Douzans and Jon Pierre eds. _Administrative Reforms and Democratic Governance_. Routledge.

Harvey, David. 2005. _A Brief History of Neoliberalism_. Oxford University Press.

Hassel, Anke. 1999. "The Erosion of the German System of Industrial Relations." _British Journal of Industrial Relations_ vol. 37, no. 3.

Hastings, Tim, Brian Sheehan and Padraig Yeates. 2007. _Saving the Future: How Social Partnership Shaped Ireland's Economic Success_. Blackhall Publishing.

Hay, Colin. 2008. "Constructivist Institutionalism." R. A. W. Rhodes, Sarah A. Binder and Bert A. Rockman eds. _The Oxford Handbook of Political Institutions_. Oxford University Press.

Hay, Colin and Nicola J. Smith. 2005. "Horses for Courses? The Political Discourse of Globalisation and European Integration in the UK and Ireland." _West European Politics_ vol. 28, no. 1.

Hayward, Jack. 1975. "The Politics of Planning in France and Britain." _Comparative Politics_ vol. 7, no. 2.

Herrigel, Gary. 2010. _Manufacturing Possibilities: Creative Action and Industrial Recomposition in the United States, Germany, and Japan_. Oxford University Press.

Hirsch, Paul M. and Michael Lounsbury. 1997. "Ending the Family Quarrel: Toward a Reconciliation of 'Old' and 'New' Institutionalism." _American Behavioral Scientist_ vol. 40, no. 4.

Honohan, Patrick. 1999. "Fiscal and Monetary Policy Adjustment." F. Barry ed. _Understanding Ireland's Economic Growth_. Macmillan.

_____. 2010. The Irish Banking Crisis: Regulatory and Financial Stability Policy 2003-2008: A Report to the Minister for Finance from the Governor of the Central Bank. Central Bank of Ireland.

Höpner, M. 2001. "Corporate Governance in Transition: Ten Empirical Findings on Shareholder Value and Industrial Relations in Germany." MPIFG Discussion Paper 01/5 Max-Planck-Institute for the Study of Societies, Cologne.

Horgan, John. 1997. *Sean Lemass: The Enigmatic Patriot*. Gill & Macmillan.

Horn, C. 2009. "Not Letting Cuts Harm Our Export Potential." *The Irish Times* 13rd April.

ICTU(Irish Congress of Trade Unions). 1998. What People Think of Trade Unions: Results of a National Survey Conducted by Research and Evaluation Services for the Irish Congress of Trade Unions. ICTU.

_____. 2009. "There is a better, fairer way." a Pamphlet of ICTU.

Industrial Policy Review Group. 1992. *A Time for Change: Industrial Policy in the 1990s [the Culliton Report]*. Industrial Policy Review Group.

IMF. 1996. *Ireland-Recent Economic Developments*. IMF.

Iversen, Torben. 2005. *Capitalism, Democracy, and Welfare*. Cambridge University Press.

Iversen, Torben and Anne Wren. 1998. "Equality, Employment and Budgetary Restraint: The Trilemma of the Service Economy." *World Politics* vol. 50, no. 4.

Iversen, Torben and David Soskice. 2006. "Electoral Institutions and the Politics of Coalitions: Why Some Democracies Redistribute More than Others." *American Political Science Review* vol. 100, no. 2.

Jacobsen, John Kurt. 1994. *Chasing Progress in the Irish Republic: Ideology, Democracy and Dependent Development*. Cambridge University Press.

Jensen, Nathan M. 2006. *Nation-States and the Multinational Corporation: A Political Economy of Foreign Direct Investment*. Princeton University Press.

Johnson, Chalmers. 1982. *MITI and the Japanese Miracle: The Growth of Industrial Policy, 1925-1975*. Stanford University Press.

Jones, J. 2001. *In Your Opinion: Political and Social Trends in Ireland Through the Eyes of the Electorate*. Town House.

Katznelson, Ira. 2003. "Periodization and Preferences: Reflections on Purposive Action in Comparative Historical Social Science." J. Mahoney and D. Rueschemeyer eds. *Comparative Historical Analysis in the Social Sciences*. Cambridge University Press.

Katzenstein, Peter J. ed. 1978. *Between Power and Plenty*. University of Wisconsin Press.

_____. 1985. *Small States in World Markets: Industrial Policy in Europe*. Cornell University Press.

Kearns, Allan. 2000. "Essays on the Consequences of Research and Development for Manufacturing Firms in Ireland." Unpublished Ph.D. Dissertation,

Department of Economics, University of Dublin, Trinity College.

Kelley, Morgan. 2009. "The Irish Credit Bubble." UCD Center for Economic Research Working Paper Series, WP09-32, University College Dublin.

Kelley, E., S. McGuinness and P. O'Connell. 2009. "The Public-Private Sector Pay Gap in Ireland: What Lies Beneath?" ESRI Working Paper, no. 321.

Kelly, J. 2004. "Partnership Agreements in Britain: Labor Cooperation and Compliance." *Industrial Relations* vol. 43, no. 1.

Kennedy, Kieran A. 1971. *Productivity and Industrial Growth: The Irish Experience.* Oxford University Press.

Kennedy, Kieran A., Thomas Giblin and Deirdre McHugh. 1988. *The Economic Development of Ireland in the Twentieth Century.* Routledge.

Kennedy, Kieran and Tom Healy. 1985. *Small Scale Manufacturing in Ireland.* ESRI.

Kenworthy, Lane. 2001a. "Wage-Setting Coordination Scores." Unpublished manuscript, Department of Sociology, Emory University.

_____. 2001b. "Wage-Setting Measures: A Survey and Assessment." *World Politics* vol. 54.

_____. 2006. "Institutional Coherence and Macroeconomic Performance." *Socio-Economic Review* vol. 4.

Keune, Maarten, Geny Piotti, András Tóth and Colin Crouch. 2009. "Testing the West German Model in East Germany and Hungary: The Motor Industry in Zwickau and Győr." C. Crouch and H. Voelzkow eds. *Innovation in Local Economies: Germany in Comparative Context.* Oxford University Press.

Kinderman, D. 2005. "Pressure from Without, Subversion from Within: The Two-Prolonged German Employer Offensive." *Comparative European Politics* vol. 3, no. 4.

Kirby, Peadar. 2002. *The Celtic Tiger in Distress: Growth with Inequality in Ireland.* Palgrave Macmillan.

_____. 2010a. *Celtic Tiger in Collapse: Explaining the Weakness of the Irish Model,* 2nd edition. Palgrave Macmillan.

_____. 2010b. "Lessons from the Irish Collapse: Taking an International Political Economy Approach." *Irish Studies in International Affairs* vol. 21.

_____. 2010c. "The Competition State: Irish Lessons." Michael Böss ed. *The Nation-State in Transformation: Economic Globalisation, Institutional Mediation and Political Values.* Aarhus University Press.

Kirby, Peadar and Mary P. Murphy. 2008. "Ireland as a 'competition state.'" M. Adshead, P. Kirby and M. Millar eds. *Contesting the State: Lessons from the Irish Case.* Manchester University Press.

Korpi, Walter. 1978. *The Working Class in Welfare Capitalism.* Routledge.

Krasner, Stephen D. 1984. "Approaches to the State: Alternative Conceptions and Historical Dynamics." *Comparative Politics* vol. 16, no. 2.

Kristensen, Peer Hull and Kari Lilja eds. 2011. *Nordic Capitalisms and Globalization: New Forms of Economic Organization and Welfare Institutions.* Oxford University Press.

Krugman, Paul. 1991a. "Increasing Returns and Economic Geography." *Journal of Political Economy* vol. 99, no. 3.

_____. 1991b. *Geography and Trade.* MIT Press.

_____. 1998. "Good News from Ireland: A Geographical Perspective." Alan W. Gray ed. *International Perspectives on the Irish Economy.* Indecon Economic Consultants.

Krugman, Paul and Robin Wells. 2010. "The Slump Goes On: Why?" *New York Review of Books* vol. 57, no. 14.

Kuemmerle, W. 1999. "Foreign Direct Investment in Industrial Research in the Pharmaceuticals and Electronics Industries-Results of a Survey of Multinational Firms." *Research Policy* vol. 28.

Kwon, Hyeong-ki. 2002. "The German Model Reconsidered." *German Politics and Society* vol. 20, no. 4.

_____. 2004a. *Fairness and Division of Labor in Market Societies: A Comparison of the U.S. and German Automotive Industries.* Berghahn Books.

_____. 2004b. "Associations, Civic Norms and Democracy: Revisiting the Italian Case." *Theory and Society* vol. 33, no. 2.

_____. 2007. "Varieties of Labor Market Regimes under Globalization." *Journal of EU Studies*(EU학 연구) vol. 12, no. 2.

_____. 2009. "Ireland's Response to Challenges under Globalization: From Growth Model to Crisis." *Korean Political Science Review* vol. 43, no. 5.

_____. 2012a. "Politics of Globalization and National Economy: The German Experience Compared with the United States." *Politics and Society* vol. 40, no. 4.

_____. 2012b. "The Irish Social Partnership Model: From Growth Promotion to Crisis Management?" Chang Kyung-Sup, Ben Fine and Linda Weiss eds. *Developmental Politics in Transition: The Neoliberal Era and Beyond.*

Palgrave Macmillan.

_____. 2012c. "Is Social Concertation A Viable Alternative under Globalization? Reconsidering the Case of Ireland." *Contemporary Politics* vol. 18, no. 4.

_____. 2013. "Politics of Institutional Change: Evolution of the Irish Social Concertation Model." *Comparative European Politics* vol. 11, no. 4.

Lane, Christel. 2005. "Institutional Transformation and System Change: Changes in the Corporate Governance of German Corporations." G. Morgan, R. Whitley and E. Moen eds. *Changing Capitalisms? Internationalization, Institutional Change, and Systems of Economic Organization*. Oxford University Press.

Lange, P., M. Wallerstein and M. Golden. 1995. "The End of Corporatism? Wage Setting in the Nordic and Germanic Countries." S. M. Jacoby ed. *The Workers of Nations: Industrial Relations in a Global Economy*. Oxford University Press.

Larragy, Joe. 2006. "Origins and Significance of the Community and Voluntary Pillar in Irish Social Partnership." *Economic and Social Review* vol. 37, no. 3.

Lash, S. and J. Urry. 1987. *The End of Organized Capitalism*. Polity Press.

Lee, Joseph. 1973. *The Modernisation of Irish Society 1848-1919*. Gill & Macmillan.

_____. 1979. "Aspects of Corporatist Thought in Ireland: The Commission on Vocational Organisaton, 1939-43." A. Cosgrove and D. McCartney eds. *Studies in Irish History Presented to R. Dudley Edwards*. University College Dublin.

_____. 1989. *Ireland 1912-1985: Politics and Society*. Cambridge University Press.

Lehmbruch, Gerhard and Philippe C. Schmitter eds. 1982. *Patterns of Corporatist Policy-Making*. Sage.

Levi, Margaret. 1996. "Social and Unsocial capital: A Review Essay of Robert Putnam's Making Democracy Work." *Politics and Society* vol. 24, no. 1.

_____. 2009. "Reconsiderations of Rational Choice in Comparative and Historical Analysis." M. I. Lichbach and A. S. Zuckerman eds. *Comparative Politics: Rationality, Culture and Structure*, 2nd edition. Cambridge University Press.

Li, Qi, Patrick Paul Walsh and Clara Whelan. 2007. "Building Export Capabilities by Promoting Inter-Firm Linkages: Ireland's Industrial Policy Revisited." Discussion Paper, UCD Geary Institute.

Lijphart, Arend. 1999. *Patterns of Democracy*. Yale University Press.

Lindsey, Brink and Aaron Lukas. 1998. "Revisiting the Revisionists: The Rise and Fall of the Japanese Economic Model." *Trade Policy Analysis*, no. 3.

Lipsey, R. 2003. "Discussion of EU Accession and Prospective FDI Flows to CEE Countries." H. Hermann and R. Lipsey eds. *Foreign Direct Investment in the Real and Financial Sector of Industrial Countries*. Springer.

Lodovici, M. S. 2000. "The Dynamics of Labour Market Reform in European Countries." G. Esping-Andersen and M. Regini eds. *Why Deregulate Labour Markets?* Oxford University Press.

MacNeill, Hugh. 1980. "Management View." Donal Nevin ed. *Trade Unions and Changes in Irish Society*. The Mercier Press.

MacSharry, Ray. 2000. "Social Partnership." Ray MacSharry and Padraic White eds. *The Making of the Celtic Tiger: The Inside Story of Ireland's Boom Economy*. The Mercier Press.

MacSharry, Ray and Padraic White. 2000. *The Making of the Celtic Tiger: The Inside Story of Ireland's Boom Economy*. The Mercier Press.

Mahoney, James. 2000. "Path Dependence in Historical Sociology." *Theory and Society* vol. 29.

Mahoney, James and Dietrich Rueschemeyer eds. 2003. *Comparative Historical Analysis in the Social Sciences*. Cambridge University Press.

Mahoney, James and Kathleen Thelen. 2010. "A Theory of Gradual Institutional Change." M. Mahoney and K. Thelen eds. *Explaining Institutional Change: Ambiguity, Agency, and Power*. Cambridge University Press.

Maier, Charles S. 1985. "Preconditions for Corporatism." John H. Goldthorpe ed. *Order and Conflict in Contemporary Capitalism*. Clarendon Press.

Mares, Isabela. 2003. *The Politics of Social Risk: Business and Welfare State Development*. Cambridge University Press.

Martin, Cathie Jo. 2006. "Corporatism in the Post-Industrial Age: Employers and Social Policy in the Little Land of Denmark." John L. Campbell, John A. Hall and Ove K. Pedersen eds. *The Danish Experience: National Identity and the Varieties of Capitalism*. McGill-Queen's University Press.

McCarthy, Charles. 1980. "The Development of Irish Trade Unions." D. Nevin ed. *Trade Unions and Change in Irish Society*. The Mercier Press.

McCarthy, Colm. 2009. "Fiscal Consolidation II - Lessons from the Last Time." www.irisheconmy.ie/media/ncc090818_acr_2009.pdf

McCarthy, W. E., J. F. O'Brien and V. G. Dowd. 1975. *Wage Inflation and Wage Leadership: A Study of the Role of Key Wage Bargains in the Irish System of Collective Bargaining*. ESRI

McInerney, Michael. 1956. "Economic Recovery Plan is Approved." *Irish Times*

Review and Annual.

McDonnell, Tom. 2012. "The Euro Crisis: Causes and Solutions." TASC Discussion Paper. Think-tank for Action on Social Change.

McDonough, Terrence and Tony Dundon. 2010. "Thatcherism Delayed? The Irish Crisis and the Paradox of Social Partnership." *Industrial Relations Journal* vol. 41, no. 6.

McGuinness, Seamus, Elish Kelly and Philip J. O'Connell. 2008. *The Impact of Wage Bargaining Regime on Firm-level Competitiveness and Wage Inequality: The Case of Ireland*. ESRI.

McHale, John. 2001. "Adding an Instrument to Social Partnership: A Proposal for Deferred Compensation." *Quarterly Economic Commentary*, March. ESRI.

McInerney, Chris. 2010. "Social Partnership in Ireland: Diluting or Deepening Democracy?" Michael Böss ed. *The Nation-State in Transformation: Economic Globalisation, Institutional Mediation and Political Values*. Aarhus University Press.

Madsen, Per Kongshøj. 2006. "How Can It Possibly Fly? The Paradox of a Dynamic Labour Market in a Scandinavian Welfare State." John L. Campbell, John A. Hall and Ove K. Pedersen eds. *The Danish Experience: National Identity and the Varieties of Capitalism*. McGill-Queen's University Press.

Moore, Barrington. 1966. *The Social Origins of Dictatorship and Democracy*. Beacon Press.

Moses, Jonathon. 1994. "Abdication from National Policy Autonomy: What's Left to Leave?" *Politics and Society* vol. 22, no. 2.

_____. 1995. "The Social Democratic Predicament in the Emerging European Union." *Journal of European Public Policy* vol. 2, no. 3.

Mueller, Frank. 1996. "National Stakeholders in the Global Contest for Corporate Investment." *European Journal of Industrial Relations* vol. 2, no. 3.

Munck, Ronaldo. 1993. *The Irish Economy: Results and Prospects*. Pluto Press.

Murphy, Gary. 2005. "From Economic Nationalism to European Union." Brian Girvin and Gary Murphy eds. *The Lemass Era: Politics and Society in the Ireland of Sean Lemass*. University of College Dublin Press.

Murphy, Tom. 1986. "Take-home Pay: An Examination of Trends in Wages, Wage Taxes and Inflation, 1969/70-1985/86." *Industrial Relations News*, 30th April 1986, no. 17.

National Competitiveness Council. 2009. *Annual Competitiveness Report 2008* vol.

1 and vol. 2. NCC.

NESC. 1985. *Economic and Social Policy Assessment*. NESC.

_____. 1986. *A Strategy for Development, 1986-1990*. NESC.

_____. 1987. *Engineering Industries in Ireland*. NESC.

North, Douglass. 1990. *Institutions, Institutional Change, and Economic Performance*. Cambridge University Press.

O'Brien, Dan. 2009. *Ireland, Europe and the World: Writings on a New Century*. Gill & Macmillan.

O'Brien, James F. 1987. "Pay Determination." T. Murphy ed. *Industrial Relations in Ireland: Contemporary Issues and Developments*. Department of Industrial Relations, UCD.

O'Connell, Philip J. 1999. "Astonishing Success: Economic Growth and the Labour Market in Ireland." Employment and Training Paper, no. 44, Employment and Training Department, ILO.

O'Connell, Philip J., Helen Russell, Dorothy Watson and Delma Byrne. 2010. *The National Workplace Surveys 2009: The Changing Workplace*. National Centre for Partnership and Performance.

Ó Dálaigh, Cearbhall. 2009. *Celtic Meltdown: Why Ireland is Broke and How We Can Fix It*. The Collins Press.

O'Donnell, Rory. 2001. "Towards Post-Corporatist Concertation in Europe." H. Wallace ed. *Interlocking Dimensions of European Integration*. Palgrave.

_____. 2008. "The Partnership State: Building the Ship at Sea." M. Adshead, P. Kirby and M. Millar eds. *Contesting the State: Lessons from the Irish Case*. Manchester University Press.

_____. 2010. "Negotiated Governance and Hybridity in Small European Countries: Ireland and Denmark." Michael Böss ed. *The Nation-State in Transformation: Economic Globalisation, Institutional Mediation and Political Values*. Aarhus University Press.

O'Donnell, Rory and Colm O'Reardon. 2000. "Social Partnership in Ireland's Economic Transformation." G. Fajertag and P. Pechet eds. *Social Pacts in Europe*. European Trade Union Institute.

_____. 2002. "Ireland: Recasting Social Partnership in a New Context." P. Pochet ed. *Wage Policy in the Eurozone*. P.I.E.-Peter Lang.

O'Donnell, R. and D. Thomas. 1998. "Partnership and Policy Making." S. Healy and B. Reynolds eds. *Social Policy in Ireland*. Oak Tree Press.

OECD. 1994. "Job Study Evidence and Explanations." OECD. *The Adjustment*

Potential of the Labour Market. OECD.

_____. 2004. "Chapter 3: Wage-Setting Institutions and Outcomes." *OECD Employment Outlook 2004.* OECD.

_____. 2006. *Economic Surveys 2006, Ireland.* OECD.

_____. 2008. *Review of the Irish Public Service.* OECD.

_____. 2010. *OECD Factbook 2010: Economic, Environmental and Social Statistics.* OECD.

Offe, Claus. 1981. "The Attribution of Public Status to Interest Groups: Observation on the West German Case." S. Berger ed. *Organizing Interests in Western Europe.* Cambridge University Press.

Ó Gráda, Cormac. 1997. *A Rocky Road: The Irish Economy since the 1920s.* Manchester University Press.

O'Hearn, Denis. 1987. "Estimates of New Foreign Manufacturing Employment in Ireland, 1956-1972." *Economic and Social Review* vol. 18, no. 3.

_____. 1989. "The Irish Case of Dependency: An Exception to the Exceptions?" *American Sociological Review* vol. 54, no. 4.

_____. 1990. "The Road from Import-Substituting to Export-led Industrialisation in Ireland: Who Mixed the Asphalt, Who Drove the Machinery, and Who Kept Making Them Change Directions?" *Politics and Society* vol. 18, no. 1.

_____. 1995. "Global Restructuring and the Irish Political Economy." Patrick Clancy, Sheelagh Drudy, Kathleen Lynch, and Liam O'Dowd eds. *Irish Society: Sociological Perspectives.* Institute of Public Administration.

_____. 1998. *Inside the Celtic Tiger: The Irish Economy and the Asian Model.* Pluto Press.

_____. 2001. *The Atlantic Economy: Britain, the US and Ireland.* Manchester University Press.

_____. 2003. "Macroeconomic Policy in the Celtic Tiger: A Critical Reassessment." C. Coulter and S. Coleman eds. *The End of Irish History? Critical Reflections on the Celtic Tiger.* Manchester University Press.

Ohmae, K. 1990. *The Borderless World: Power and Strategy in the Interlinked Economy.* Harper Collins Publishers.

_____. 1996. *The End of the Nation State: The Rise of Regional Economies.* Harper Collins Publishers.

O'Leary, Jim. 2006. "Social Partnership and the Celtic Tiger." Working Paper, Department of Economics at NUI-Maynooth.

O'Mahony. D. 1965. *Economic Aspects of Industrial Relations.* ESRI.

O'Malley, Eoin. 1981. "The Decline of Irish Industry in the Nineteenth Century."
    Economic and Social Review vol. 13, no. 1.

_____. 1986. "Foreign owned Industry in Ireland: Performance and Prospects."
    Medium Term Outlook no. 1, ESRI.

_____. 1989. *Industry and Economic Development: The Challenge for the
    Latecomer.* Gill & Macmillan.

_____. 1998. "The Revival of Irish Indigenous Industry 1987-1997." ESRI seminar
    paper, 26 February.

Ó'Riain, Seán. 2004a. *The Politics of High Tech Growth: Developmental Network
    States in the Global Economy.* Cambridge University Press.

_____. 2004b. "State, Competition, and Industrial Change in Ireland, 1991-1999."
    The Economic and Social Review vol. 35, no. 1.

_____. 2008. "Competing State Projects in the Contemporary Irish Political
    Economy." M. Adshead, P. Kirby and M. Millar ed. *Contesting the State:
    Lessons from the Irish Case.* Manchester University Press.

_____. 2010. "Addicted to Growth: State, Market and the Difficult Politics of
    Development in Ireland." Michael Böss ed. *The Nation-State in
    Transformation: Economic Globalisation, Institutional Mediation and Political
    Values.* Aarhus University Press.

_____. 2011. "From Developmental Network State to Market Marginalism in
    Ireland." Fred Block and Mathew R. Keller eds. *State of Innovation: The
    U.S. Government's Role in Technology Development.* Paradigm Publishers.

Orridge, Anthony W. 1983. "The Blueshirts and the Economic War: A Study of
    Ireland in the Context of Dependency Theory." *Political Studies* vol. 31,
    no. 3.

Ostrom, Elinor. 1990. *Governing the Commons: The Evolution of Institutions for
    Collective Action.* Cambridge University Press.

O'Sullivan, M. 2000. "The Sustainability of Industrial Development in Ireland."
    Regional Studies vol. 34.

O'Toole, Fintan. 2010. *Ship of Fools: How Stupidity and Corruption Sank the Celtic
    Tiger.* London: Faber and Faber.

Paridon, Kees van. 2003. "The German Labour Market Situatiojn from a Dutch
    Perspective." Uwe Blien and Frank den Butter eds. *Labour Participation
    and Unemployment.* The Hague: WRR Scientific Council for Government
    Policy.

Parsons, Talcott. 1937. *The Structure of Social Action.* Yale University Press.

Pedersen, Ove K. 2006. "Corporatism and Beyond: The Negotiated Economy." J. L. Campbell, J. A. Hall and O. K. Pedersen eds. *National Identity and Varieties of Capitalism: The Danish Experience*. McGill-Queen's University Press.

Pierson, Paul. 2000. "Increasing Returns, Path Dependence, and the Study of Politics." *The American Political Science Review* vol. 94, no. 2.

_____. 2004. *Politics in Time: History, Institutions, and Social Analysis*. Princeton University Press.

Pierson, P. and T. Skocpol. 2002. "Historical Institutionalism in Contemporary Political Science." I. Katznelson and H. V. Milner eds. *Political Science: State of the Discipline*, Norton.

Power, Jim. 2009. *Picking up the Pieces: Economic Crisis and Hope in Ireland*, Blackhall Publishing.

Raess, Damian. 2006. "Globalization and Why the 'Time is Ripe' for the Transformation on German Industrial Relations." *Review of International Political Economy* vol. 13, no. 3.

Regini, Marino. 1984. "The Conditions for Political Exchange: How Concertation Emerged and Collapsed in Italy and Great Britain." John H. Goldthorpe ed. *Order and Conflict in Contemporary Capitalism*. Clarendon Press.

_____. 2000. "Between Deregulation and Social Pacts: The Responses of European Economies to Globalization." *Politics and Society* vol. 28, no. 1.

_____. 2003. "Tripartite Concertation and Varieties of Capitalism." *European Journal of Industrial Relations* vol. 9, no. 3.

Rhodes, Martin. 1998. "Globalisation, Labour Markets and Welfare States: A Future of Competitive Corporatism?" M. Rhodes and Y. Meny eds. *The Future of European Welfare: A New Social Contract?* Macmillan.

_____. 2001. "The Political Economy of Social Pacts: 'Competitive Corporatism' and European Welfare Reform." Paul Pierson ed. *The New Politics of the Welfare State*. Oxford University Press.

Rios-Morales, R. and L. Brennan. 2009. "Ireland's Innovative Governmental Policies Promoting Internationalisation." *Research in International Business and Finance* vol. 23.

Roche, William K. 1994. "Pay Determination, the State and the Politics of Industrial Relations." Thomas V. Murphy and William K. Roche eds. *Irish Industrial Relations in Practice*. Oak Tree Press.

_____. 1997. "Between Regime Fragmentation and Realignment: Irish Industrial

Relations in the 1990s." *Industrial Relations Journal* vol. 29, no. 2.

_____. 2007. "Social Partnership in Ireland and New Social Pacts." *Industrial Relations* vol. 46, no. 3.

_____. 2009. "Social Partnership: From Lemass to Cowen." *The Economic and Social Review* vol. 40, no. 2.

_____. 2010. "The Breakdown of Social Partnership." *Industrial Relations News*, 10th March 2010.

Roche, W. K. and J. F. Geary. 2002. "Collaborative Production and the Irish Boom: Work Organisation, Partnership and Direct Involvement in Irish Workplaces." D. D'Art and T. Turner eds. *Irish Employment Relations in the New Economy.* Blackhall Publishing.

Roche, W. K. and T. Cradden. 2003. "Neo-corporatism and Social Partnership." M. Adshead and M. Millar eds. *Public Administration and Public Policy in Ireland: Theory and Methods.* Routledge.

Roche, F., P. R. O'Shea, J. T. Allen and D. Breznitz. 2008. "The Dynamics of an Emerging Entrepreneurial Region in Ireland." P. Phan, S. Venkataraman and R. Velanmuri eds. *Entrepreneurship Emerging Regions around the World: Theory, Evidence and Implications.* Edward Elgar.

Rogowski, Ronald. 1989. *Commerce and Coalition: How Trade Affects Domestic Political Alignments.* Princeton University Press.

Ross, Shane. 2009. *The Bankers: How the Banks Brought Ireland to its Knees.* Penguin Ireland.

Rothstein, Bo. 2005. *Social Traps and the Problem of Trust.* Cambridge University Press.

Ruane, F. and A. McGibney. 1991. "The Performance of Overseas Industry, 1973-1989." A. Foley and D. McAleese eds. *Overseas Industry in Ireland.* Gill & Macmillan.

Ruane, Frances and Ali Uður. 2002. "Foreign Direct Investment and Productivity Spillovers in the Irish Manufacturing Industry: Evidence from Firm Level Panel Data." *Trinity Economics Papers 2006,* Department of Economics, Trinity College, Dublin.

Rueschemeyer, Dietrich, Evelyne H. Stephens and John D. Stephens. 1992. *Capitalist Development and Democracy.* The University of Chicago Press.

Sabel, Charles. 1994. "Learning by Monitoring: The Institutions of Economic Development." Neil J. Smelser and Richard Swedberg eds. *The Handbook of Economic Sociology.* Princeton University Press.

Sachs, J. D. 1998. "Ireland's Growth Strategy: Lessons for Economic Development." Alan. W. Gray ed. *International Perspectives on the Irish Economy*. Indecon Economic Consultants.

Sands, A. 2005. "The Irish Software Industry." A. Arora and A. Gambardella eds. *From Underdogs to Tigers: The Rise and Growth of the Software Industry in Some Emerging Economies*. Oxford University Press.

Scharpf, Fritz W. 1987. *Crisis and Choice in European Social Democracy*. Cornell University Press.

_____. 2000. "Economic Changes, Vulnerabilities, and Institutional Capabilities." F. W. Scharpf and V. A. Schmidt eds. *Welfare and Work in the Open Economy: From Vulnerability to Competitiveness*. Oxford University Press.

Scharpf, Fritz W. and Vivien A. Schmidt eds. 2000. *Welfare and Work in the Open Economy: From Vulnerability to Competitiveness*. Oxford University Press.

Schmidt, Manfred G. 1982. "Does Corporatism Matter? Economic Crisis, Politics and Rates of Unemployment in Capitalist Democracies in the 1970s." Gerhard Lehmbruch and Philippe C. Schmitter eds. *Patterns of Corporatist Policy-Making*. Sage.

Schmidt, Vivien A. 2002. *The Futures of European Capitalism*. Oxford University Press.

_____. 2008. "Discursive Institutionalism: The Explanatory Power of Ideas and Discourse." *Annual Review of Political Science* vol. 11.

_____. 2010. "Taking Ideas and Discourse Seriously: Explaining Change Through Discursive Institutionalism as the Fourth New Institutionalism." *European Political Science Review* vol. 2, no. 1.

Schmieding, H., P. Hofheinz, J. Quitzau, A. Rossen and C. Schulz. 2011. *The 2011 Euro Plus Monitor: Progress amid the Turmoil*. The Lisbon Council. http://www.lisboncouncil.net/publication.

Schmitter, Philippe C. 1979. "Still the Century of Corporatism?" P. C. Schmitter and G. Lehmbruch eds. *Trends Toward Corporatist Intermediation*. Sage Publications.

_____. 1981. "Interest Intermediation and Regime Governability in Contemporary Western Europe and North America." S. Berger ed. *Organizing Interests in Western Europe*. Cambridge University Press.

Schmitter, Philippe, C. and Gerhard Lehmbruch eds. 1979. *Trends Toward Corporatist Intermediation*. Sage Publications.

Schregle, Johannes. 1975. *Restructuring of the Irish Trade Union Movement:*

Memorandum Submitted to the Irish Congress of Trade Unions. ILO.

Shanks, Michael. 1977. *Planning and Politics: The British Experience 1960-1976.* Allen and Unwin.

Sheehan, B. 2008. "Employers and the Traditional Industrial Relations System: How the Bonds Have Been Loosened." T. Hastings ed. *The State of The Unions: Challenges Facing Organized Labour in Ireland.* The Liffey Press.

Siaroff, Alan. 1999. "Corporatism in 24 Industrial Democracies: Meaning and Measurement." *European Journal of Political Research* vol. 26.

Siebert, Horst. 1997. "Labor Market Rigidities: At the Root of Unemployment in Europe." *Journal of Economic Perspectives* vol. 11, no. 3.

Sikkink, Kathryn. 1991. *Ideas and Institutions: Developmentalism in Argentina and Brazil.* Cornell University Press.

Silvia, Stephen J. and Wolfgang Schroeder. 2007. "Why Are German Employers Association Declining?: Argument and Evidence." *Comparative Political Studies* vol. 40, no. 12.

Skocpol, Theda. 1979. *States and Social Revolutions: A Comparative Analysis of France, Russia, and China.* Cambridge University Press.

_____. 1985. "Bringing the State Back In: Strategies of Analysis in Current Research." Peter B. Evans, Dietrich Rueschemeyer and Theda Skocpol eds. *Bringing the State Back In.* Cambridge University Press.

Smith, Nicola J. 2005. *Showcasing Globalisation? The Political Economy of the Irish Republic.* Manchester University Press.

_____. 2007. "Mapping Processes of Policy Change in Contemporary European Political Economies: The Irish Case." *British Journal of Politics and International Relations* vol. 8, no. 4.

Smith, Nicola and Colin Hay. 2008. "Mapping the Political Discourse of Globalisation and European Integration in the United Kingdom and Ireland Empirically." *European Journal of Political Science* vol. 47.

Soskice, David. 1990. "Wage Determination: The Changing Role of Institutions in Advanced Industrialized Countries." *Oxford Review of Economic Policy* vol. 6, no. 4.

_____. 1999. "Divergent Production Regimes: Coordinated and Uncoordinated Market Economies in the 1980s and 1990s." H. Kitschelt, P. Lange, G. Marks and J. D. Stephens eds. *Continuity and Change in Contemporary Capitalism.* Cambridge University Press.

Sterne, J. 2004. *Adventures in Code: The Story of the Irish Software Industry.* The

Liffey Press.

Strange, Susan. 1996. *The Retreat of the State: The Diffusion of Power in the World Economy*. Cambridge University Press.

_____. 1997. "The Future of Global Capitalism: Or, Will Divergence Persist Forever?" C. Crouch and W. Streeck eds. *Political Economy of Modern Capitalism*. Sage.

Streeck, Wolfgang. 1992. *Social Institutions and Economic Performance: Studies of Industrial Relations in Advanced Capitalist Economies*. Sage.

_____. 2009. *Re-forming Capitalism: Institutional Change in the German Political Economy*. Oxford University Press.

Streeck, Wolfgang and Philippe C. Schmitter. 1991. "From National Corporatism to Transnational Pluralism: Organized Interests in the Single European Market." *Politics and Society* vol. 19, no. 2.

Streeck, Wolfgang and Kathleen Thelen. 2005. "Introduction: Institutional Change in Advanced Political Economies." W. Streeck and K. Thelen eds. *Beyond Continuity: Institutional Change in Advanced Political Economies*. Oxford University Press.

Sweeney, Paul. 1998. *The Celtic Tiger: Ireland's Economic Miracle Explained*. Oak Tree Press.

_____. 2008. *Ireland's Economic Success: Reasons and Lessons*. Dunedin Academic Press.

Swenson, Peter. 2002. *Capitalists Against Markets: The Making of Labor Markets and Welfare States in the United States and Sweden*. Oxford University Press.

Taylor, George. 2005. *Negotiated Governance and Public Policy in Ireland*. Manchester University Press.

Teague, Paul. 1999. *Economic Citizenship in the European Union: Employment Relations in the New Europe*. Routledge.

_____. 2004. "Social Partnership and the Enterprise: Some Lessons from the Irish Experience." *European Political Economy Review* vol. 2, no. 1.

_____. 2006. "Social Partnership and Local Development in Ireland: The Limits to Deliberation." *British Journal of Industrial Relations* vol. 44, no. 3.

Teague, Paul and James Donaghey. 2004. "The Irish Experiment in Social Partnership." Harry C. Katz, Wonduck Lee and Joohee Lee eds. *The New Structure of Labor Relations: Tripartism and Decentralization*. Cornell University Press.

_____. 2009. "Why Has Irish Social Partnership Survived?" *British Journal of Industrial Relations* vol. 47, no. 1.

Thelen, Kathleen. 2000. "Why German Employers Cannot Bring Themselves to Dismantle the German Model." T. Iversen et al. eds. *Unions, Employers, and Central Banks: Macroeconomic Coordination and Institutional Change in Social Market Economies.* Cambridge University Press.

_____. 2004. *How Institutions Evolve: The Political Economy of Skills in Germany, Britain, the United States, and Japan.* Cambridge University Press.

_____. 2011. "Beyond Comparative Statics: Historical Approaches to Stability and Change in the Political Economy of Labor." G. Morgan, J. L. Campbell, C. Crouch, O. K. Pedersen and R. Whitley eds. *The Oxford Handbook of Comparative Institutional Analysis.* Oxford University Press.

Thelen, Kathleen and Sven Steinmo. 1992. "Historical Institutionalism in Comparative Politics." S. Steinmo, K. Thelen and F. Longstreth eds. *Structuring Politics: Historical Institutionalism in Comparative Analysis.* Cambridge University Press.

Thelen, K. and C. van Wijnbergen. 2003. "The Paradox of Globalization: Labor Relations in Germany and Beyond." *Comparative Political Studies* vol. 36, no. 8.

Therborn, Göran. 1986. *Why Some Peoples Are More Unemployed Than Others.* Verso.

Traxler, Franz and Bernhard Kittel. 2000. "The Bargaining System and Performance: A Comparison of 18 OECD Countries." *Comparative Political Studies* vol. 33, no. 9.

Traxler, Franz, Sabine Blaschke and Bernhard Kittel. 2001. *National Labour Relations in International Markets: A Comparative Study of Institutions, Change, and Performance.* Oxford University Press.

Tsarouhas, Dimitris. 2008. *Social Democracy in Sweden: The Threat from a Globalised World.* Tauris Academic Studies.

Vis, Barbara. 2009. "Governments and Unpopular Social Policy Reform: Biting the Buller or Steering Clear?" *European Journal of Political Research* vol. 48, no. 1.

Visser, Jelle and Anton Hemerijck. 1997. *A Dutch Miracle: Job Growth, Welfare Reform and Corporatism in the Netherlands.* Amsterdam University Press.

von Prondzynski, Ferdinand. 1998. "Ireland: Corporatism Revived." Anthony Ferner & Richard Hyman eds. *Changing Industrial Relations in Europe.* Blackwell.

Wade, Robert. 1990. *Governing the Market*. Princeton University Press.

Wallace, Joseph, Patrick Gunnigle and Gerard McMahon. 2004. *Industrial Relations in Ireland*, 3rd edition. Gill & Macmillan.

Walsh, Bredan. 2004. "The Transformation of the Irish Labour Market: 1980-2003." *Journal of The Statistical and Social Inquiry Society of Ireland* vol. 33, 2003/2004.

Walsh, Jim. 2007. "Monitoring Poverty and Welfare Policy 1987-2007." Mel Cousins ed. *Welfare Policy and Poverty*. Combat Poverty Agency and Institute of Public Administration.

Weathers, Charles. 2008. "Shuntō and the Shackles of Competitiveness." *Labor History* vol. 49, no. 2.

Weber, Max. 1949. "Objectivity in Social Science and Social Policy." E. A. Shils and H. A. Shils, trans. and eds. *The Methodology of the Social Sciences*. The Free Press.

Webb, M. C. 1991. "International Economic Structures, Government Interests, and International Coordination of Macroeconomic Adjustment Policies." *International Organization* vol. 45, no 3.

Weingast, Barry. 1995. "A Rational Choice Perspective on the Role of Ideas: Shared Belief Systems and State Sovereignty in International Cooperation." *Politics and Society* vol. 23.

_____. 2002. "Rational-Choice Institutionalism." I. Katznelson and H. Milner eds. *Political Science: The State of the Discipline*. Norton.

Weir, Margaret and Theda Skocpol. 1985. "State Structures and the Possibilities for Keynesian Response to the Great Depression in Sweden, Britain and the United States." P. Evans et al. eds. *Bringing the State Back In*. Cambridge University Press.

Williamson, Oliver E. 1981. "The Economics of Organization: The Transaction Cost Approach." *The American Journal of Sociology* vol. 87, issue 3.

White, Timothy J. 2010. "Celtic Collapse, or Celtic Correction?: Ireland's Recession in Historical Perspective." *New Hibernia Review* vol. 14, no. 4.

Whyte, J. H. 1980. *Church and State in Modern Ireland, 1923-1970*. Gill & Macmillan.

Wickham, J. 1989. "The Over Educated Engineer? The Work, Education, and Careers of Irish Electronics." *Journal of Irish Business and Administration Research* vol. 10.

| 찾아보기 |